TÜRKISCHE VOLKSMÄRCHEN

TÜRKISCHE VOLKSMÄRCHEN

Herausgegeben von
PERTEV NAILI BORATAV

Illustrationen
ABIDIN DINO

Eugen Diederichs Verlag

Dieser Band erschien in den
„Volksmärchen. Eine internationale Reihe“,
herausgegeben vom Zentralinstitut für Geschichte
der Akademie der Wissenschaften der DDR
durch Gisela Burde-Schneidewind

CIP-Titelaufnahme der Deutschen Bibliothek

Türkische Volksmärchen / hrsg. von Pertev Naili Boratav. Ill Abidin Dino. [Übers. von Doris Schultz u. György Hazai]. – 1. Aufl. – München : Diederichs, 1990
ISBN 3-424-01014-6
NE: Boratav, Pertev Naili [Hrsg.]

Erste Auflage 1990
Lizenzausgabe für den Eugen Diederichs Verlag, München

Gesamtherstellung: VEB Druckerei „Thomas Müntzer“,
5820 Bad Langensalza
ISBN 3-424-01014-6
Printed in GDR

Vorwort

Von den in diesem Buch enthaltenen Märchen sind 22 in einem türkischen Band unter dem Titel *Es war zu einer Zeit, zu einer Zeit ...*[1] erschienen. Darin wurden außerdem 21 *Tekerleme* veröffentlicht. Als wir die deutsche Ausgabe vorbereiteten, die wir hiermit den Lesern vorlegen, haben wir davon abgesehen, diese *Tekerleme* einzubeziehen, weil sie in der Mehrzahl eine Art von Wortspielen sind, die der besondere Bau des Türkischen ermöglicht und die beim Übersetzen in eine fremde Sprache ihren ursprünglichen Stil und Wert verlören. An ihre Stelle haben wir 18 neue Märchen gesetzt, so daß das Buch insgesamt 40 Märchen umfaßt.

Alle in diesem Buch vorliegenden Märchen stammen aus mündlichen Quellen. Angaben zu den Quellen und Erläuterungen verschiedener Besonderheiten finden sich wie bei den anderen Bänden dieser Reihe am Ende des Buches. Wir haben es als vorteilhaft erachtet, die Ausdrücke und Wörter, von denen wir annahmen, daß sie dem deutschen Leser fremd seien, auf der betreffenden Seite in Fußnoten zu erklären. Das Buch schließt mit einer Untersuchung über die Eigenart und die Vergangenheit des türkischen Märchens sowie über die Geschichte und den heutigen Stand der Märchenforschung. So wird jeder, von den Märchenfreunden aller Altersklassen bis zum Folkloristen, der die vollständigen Texte der türkischen Märchen als Studienmaterial benutzen will, aus unserem Buch Nutzen ziehen können.

Wir übernahmen 17 der hier vereinigten Märchen aus Sammlungen, die unsere Studenten der Universität Ankara zwischen 1943 und 1947 aufzeichneten, während 3 von Studenten des Hasanoğlan Köy Enstitüsü[2] gesammelt wurden.

[1] *Zaman zaman içinde. Tekerlemeler-Masallar*. İstanbul 1958.

[2] Landlehrerhochschule in Hasanoğlan.

Die Namen dieser Helfer werden in den Anmerkungen genannt. Ich empfinde Freude, mich ihrer hier noch einmal mit Dank zu erinnern.

Leider konnte ich keine Gelegenheit finden, mit den Märchenerzählern, die die Märchen den Sammlern vortrugen und diktierten, persönlich bekannt zu werden; wie ich hoffe, haben die meisten von ihnen noch immer die Möglichkeit, ihre schönen Märchen Kindern und Erwachsenen zu erzählen; allen gelten meine herzlichen Grüße. Unter ihnen gibt es vielleicht auch einige, die seit jener Zeit unsere Welt verlassen haben; ihrer werde ich stets mit großer Achtung gedenken.

20 Märchen des Buches wurden von meiner 1965 im 78. Lebensjahre stehenden Mutter in der Zeit von 1928 bis 1962 erzählt und diktiert. Sie haben für mich einen besonderen Wert. Meine Mutter war der erste Mensch, der mich hinter den zauberhaften Vorhang der Märchenwelt blicken ließ. Jahre später, als ich die türkischen Volkstraditionen zu studieren und zu untersuchen begann, war sie auch wieder die erste, an die ich mich wegen meiner Sammlungen wandte. Unter den veränderten Lebensbedingungen hat sie wohl die meisten der Märchen vergessen; was in ihrem Vorratsschatz vorhanden war — fast 30 Märchen —, hatte sie gegeben. Einige von diesen Märchen können in dieser Fassung hundert Jahre alt sein, andere aber noch älter.

In der türkischen Ausgabe bemühte ich mich, an der Sprache und am Stil der Märchen so wenig wie möglich zu ändern. Bei der Übersetzung ins Deutsche ist nolens volens sehr viel von ihren Eigenheiten verlorengegangen. Aber ich hoffe dennoch, daß man einiges über die Gefühle und Gepflogenheiten des türkischen Volkes wie über sein Verhalten den verschiedenen Ereignissen gegenüber erfahren kann: In den Märchen der verschiedenen Völker gibt es so viele Gemeinsamkeiten, daß dank ihrer das Verständnis für Menschen, die verschiedene Sprachen sprechen, sehr erleichtert wird.

Ich fühle mich verpflichtet, Frau Dr. Schultz für die Übersetzung zu danken, ebenso Herrn Dr. Hazai, deren beider Verdienst es ist, daß die türkischen Märchen auch in deutscher Sprache gelesen werden können, ohne daß ihr ursprüngliches Genre verblaßte. Mein Dank gilt außerdem Frau Dr. Burde-Schneidewind und Herrn Dr. Geißler, die bei den Redaktionsarbeiten vor keiner Mühe zurückschreckten. Und nicht zuletzt freue ich mich, den Herausgebern und besonders Herrn Prof. Dr. Steinitz von ganzem Herzen dafür danken zu können, daß es mir möglich ist, das Buch in dieser Reihe zu veröffentlichen.

Ivry-sur-Seine, 20. Juni 1965
P. N. Boratav

Meinen Enkeln,
David und Sarah

1

Der Mensch ist undankbar

Es war einmal, und es war auch nicht . . . Es war einmal ein Mann aus vornehmer Familie. Sein Haus stand jedermann offen, und jeder Wanderer oder Fremde, der durch dieses Land kam, kehrte in seinem Hause ein. An seinem Tisch fehlten Gäste nie.

Der Mann wurde alt und sehr krank und gab schließlich alle Hoffnung auf Genesung auf. Er hatte einen Sohn, den rief er zu sich:

„Komm, mein Sohn, ich will dir einen guten Rat geben, da ich nun aus dieser Welt scheide. Vergiß nicht, was ich dir sage: Tu allen Geschöpfen auf der Erde Gutes, und tu auch allen Geschöpfen im Himmel Gutes, den Menschen aber tu nichts Gutes!"

Dies verkündete er dreimal . . . Dann starb der Mann, und man trug ihn feierlich zu Grabe. Der Sohn aber führte die Geschäfte seines Vaters weiter. Als eine Zeit vergangen war, machte er sich eines Tages auf, belud sein Pferd, nahm auch seinen Diener mit, und so ziehen sie hinaus . . .

Während sie unterwegs sind, sieht er, daß an einem Loch eine Katze mit der Pfote auf eine Schlange einschlägt und sie gleich töten wird. Die Schlange versucht verzweifelt, in das Loch zu entkommen, aber die Katze hindert sie daran. Sofort steigt der Mann vom Pferd und versetzt der Katze einen Hieb mit der Peitsche, da läuft die Katze davon, und die Schlange kriecht in ihr Loch. Der Mann besteigt wieder sein Pferd, und sie setzen ihren Weg fort . . . Sollen sie gehen . . . .

Sie kommen an einen Baum; im Geäst machen Storchenjunge — lak-lak — einen Heidenlärm. Er sieht eine Schlange auf die Storchenjungen zukriechen. Da treibt er sein Pferd an, verjagt die Schlange mit einem Peitschenhieb und legt die Storchenjungen in ihr Nest. Ihre Mutter kreist oben um-

her und sieht das. Der Mann besteigt wieder sein Pferd, treibt es an und reitet seines Weges ...

So erreichen sie nach einiger Zeit ein Land, wo er Kinder auf einer Tenne spielen sieht. Da ist auch ein Kind darunter, zu dem läuft eins und gibt ihm eine Ohrfeige, ein anderes kommt und tritt nach ihm, ein drittes stößt es, das vierte wirft es in den Schmutz; so quälen sie es.

Da sagt sich der Mann: Was soll ich nur tun, mein Vater hat mich gewarnt ... Aber die Barmherzigkeit läßt das doch nicht zu ...

Er steigt vom Pferd, tritt zu dem Kind und fragt:

„Mein Sohn, warum schlagen sie dich? Hast du denn gar niemanden?"

„Nein", antwortet das Kind, „ich habe weder Mutter noch Vater, ich habe überhaupt niemanden."

Der Mann denkt an die letzten Worte seines Vaters, sagt aber doch zu dem Kind:

„Mein Sohn, kommst du mit mir, wenn ich dich an Kindes Statt annehme?"

„Ja, ich komme mit."

Der Mann setzt das Kind hinter sich aufs Pferd. An einer Herberge steigen sie ab, da gibt er das Kind seinem Diener und sagt:

„Geh nach Hause und sage meiner Frau, sie soll diesen Jungen durchs Hemd gehen lassen.[1] Ich habe ihn an Kindes Statt angenommen, sie soll ihn auch annehmen."

So reist er einige Zeit geschäftlich in jenen Ländern umher und kommt schließlich nach Hause. Er gibt das Kind in die Schule und läßt es unterrichten. Der Bursche wächst auf. Wie es der Vater des Mannes getan hatte, so deckte auch dieser jeden Tag für Gäste. Und jeden Abend brachte die Schlange, die er von der Katze befreit hatte, ein Goldstück und legte es auf den Tisch, und die Mutter der vor der Schlange erretteten Störche brachte ein gebratenes Huhn und legte es auf den Tisch. Der Bursche aber konnte dieses Geheimnis nicht ergründen und dachte: Woher kommen

[1] Das Kind durch sein Hemd gehen lassen — An Kindes Statt annehmen.

das Huhn und das Geld? Ist der Mann ein Zauberer? – In ihm erwachte eine Gier. Er überlegte, was er tun könne, um seines Vaters Stelle einzunehmen.

Schließlich verfaßt er eines Tages ein Schreiben an den Herrscher jenes Landes:

„Ich habe einen Vater ... der tut dies und tut jenes ... wenn er in deinem Lande bleibt, wird er es unter seine Herrschaft bringen."

Er schickt dieses Schreiben ab. Der Padischah liest es und läßt seinen Wesir[1] und seine Minister rufen und sagt zu ihnen:

„Beseitigen wir diesen Menschen!"

Da sagt der Wesir:

„Nein, Majestät, ohne Untersuchungen und Verhöre kann man das nicht erledigen ... Verkleide dich, ich werde dich begleiten, und wir werden beide verhören und danach das Nötige veranlassen."

Dem Padischah gefällt der Vorschlag des Wesirs, und so verlassen sie den Palast und gehen in jene Gegend. Ob sie nun einen Tag reisten oder fünf, einerlei ... schließlich fragen sie:

„Wer ist hier vornehm,[2] wer nimmt Gäste auf?"

„Hier gibt es einen Händler, der nimmt Gäste auf."

Sie kommen hin, klopfen an die Tür des Händlers, und der Bursche öffnet. Sie fragen:

„Könnt ihr uns Herberge geben?"

„Wartet, ich will meinen Vater fragen!"

Er geht und bestellt es seinem Vater. Der Händler kommt und bittet sie einzutreten. Sie gehen die Treppe hinauf. Der

[1] Hoher Staatsbeamter, Minister.

[2] Vornehm (türk. hanedan) – Dieses Wort, das eigentlich soviel wie „Hausbesitzer" bedeutet, hat im heutigen Türkisch die Bedeutung „adlige Familie", „Familie, die von einem bedeutenden Geschlecht abstammt", angenommen. Hier bezeichnet es eine angesehene Person, die es als Ehre empfindet, Fremde in ihrem Haus aufzunehmen. Auf dem Dorf oder in der Kleinstadt gilt das auch als Maßstab des Reichtums, da es dem Hausbesitzer Ruhm einbringt, einen Fremden als Gast aufzunehmen.

Mann merkt gleich, daß sie von vornehmer Herkunft sind. Er bewirtet sie reichlich. Es wird elf Uhr,[1] und der Tisch im Gästezimmer wird gedeckt. Da kommt eine Schlange und legt ein Goldstück auf die Decke. Als nach kurzer Zeit auch der Vogel kommt und ein Huhn hinlegt, sagen sie:

„Aha, die Sache ist klar."

So essen sie und waschen sich die Hände in einem silbernen Waschbecken mit Wasser aus einer silbernen Kanne. Es wird Kaffee getrunken, und sie sitzen beieinander. Der Mann sagt:

„Jetzt ist Zeit zu plaudern, und da will ich euch etwas erzählen. Ihr habt euch sicher gewundert, daß die Schlange Gold und der Vogel ein gebratenes Huhn gebracht hat. Ihr werdet wissen wollen, welche Bewandtnis es damit hat. Ich hatte einen Vater, der war hundert Jahre alt geworden. Als er im Sterben lag, rief er mich und gab mir folgenden Rat: Mein Sohn, tu allen Geschöpfen auf der Erde und im Himmel Gutes, den Menschen aber tu nichts Gutes! Er sagte: Wenn du jemanden im Schmutz siehst, tritt auch du ihn! Als ich dann in Geschäften unterwegs war, habe ich diese Schlange vor einer Katze und die Jungen dieses Vogels vor einer Schlange gerettet. Deshalb bringt mir die Schlange jeden Abend ein gelbes Goldstück, und der Vogel legt mir ein gebratenes Huhn auf den Tisch. Kurz darauf begegnete ich diesem Kind. Alle Kinder hatten es umringt und quälten es, da nahm ich es zu mir. Dank der Obrigkeit und dem Volk ist es ein Mensch geworden. Weil wir kein Kind hatten, haben wir es an Kindes Statt angenommen. Es wird uns bestimmt keine Schande bringen."

Der Padischah fragt den Mann:

„Kannst du lesen?"

„Ja."

„Bevor wir hierherkamen, fanden wir einen Brief, konnten ihn aber nicht lesen, lies du ihn uns einmal vor!"

Der Mann nimmt das Blatt und liest. Sofort fällt er dem Padischah zu Füßen und sagt:

[1] Jeweils eine Stunde vor Sonnenuntergang (nach der alten islamischen Zeitrechnung).

„Mein Hals ist dünner als ein Haar,[1] ich habe ja den Rat meines Vaters nicht befolgt. Bestrafe mich nun, womit du willst, ich habe es verdient!“

„Nein, verzeih du uns, wir haben eine Sünde begangen und an dir gezweifelt und waren gekommen, dich zu töten. Wenn einer Strafe verdient hat, dann dieser Bursche. Ein Kind, das deine Güte so mit Füßen getreten hat, wird auch keinem anderen etwas Gutes tun“, entgegneten sie — und lassen den Burschen köpfen.

Dann sagen sie „Auf Wiedersehen!“ und gehen nach Hause ...

Sie kamen und gingen vorüber, aßen und tranken und gingen heim ... Wir wollen auch essen und trinken und auf den Diwan steigen.

2

Der Papagei

Es war einmal, und es war auch nicht. Es war einmal ein Padischah. Dieser Padischah hatte eine wunderschöne, kluge Tochter. Sobald die Tochter morgens aufgestanden war, ging sie zu ihrem Vater ins Zimmer und küßte ihm die Hand. Ihr Vater küßte sie auf beide Wangen und fragte sie:

„Möge dein Traum Glückliches bedeuten! Was hast du geträumt?“

Daraufhin erzählte sie ihren Traum und verließ das Zimmer. Das ging lange Jahre so.

Das Mädchen wurde fünfzehn Jahre alt und erzählte eines Tages wieder ihren Traum dem Padischah. Daraufhin geriet der Padischah in Zorn, rief sofort seinen Lala[2] und sagte zu ihm:

„Schaffe dieses Mädchen weg, erstich es und bringe mir ihr blutiges Hemd!“

Alle Wesire fielen dem Padischah zu Füßen, baten für

[1] Mein Leben hängt an einem seidenen Faden.

[2] Vertrauter des Padischahs, auch Kinderbetreuer, Erzieher.

das Mädchen um Verzeihung, aber der Padischah nahm sein Wort nicht zurück, sondern forderte:

„Ihr blutiges Hemd soll unbedingt gebracht werden!"

Schließlich gibt er seinem Lala den Befehl, gibt ihm zwei Henker zur Seite, sie packen das Mädchen und gehen. Der Lala aber hatte das Mädchen sehr gern. Als das Mädchen geht, füllt sie ihre Tasche mit Juwelen und nimmt sie mit sich; auch der Lala nimmt, was er an Dingen hat, gering an Gewicht und groß an Wert, und sie gehen fort.

Sie steigen auf einen Berg. Der Lala sagt zu den Henkern:

„Ach, vergebt doch der Sultanin! Was ich in vierzig Jahren an Hab und Gut erworben habe, will ich euch geben. Kommt, wir wollen dieses Mädchen nicht töten, sondern am Leben lassen!"

Aber die Henker sagten:

„Nein, wir verraten den Padischah nicht, sondern führen seinen Befehl aus!"

Auch das Mädchen fällt ihnen zu Füßen und sagt:

„Seht, ich habe so viele Juwelen, nehmt sie und laßt mich frei!"

Sie antworteten: „Nein, wir verraten den Padischah nicht, wir werden seinen Befehl ausführen", und wetzten ihre Messer.

Als sie auf das Mädchen zutreten und gerade mit ihren Messern zustechen wollen, hebt sie ihren Gesichtsschleier hoch, und als die Henker das Gesicht des Mädchens erblikken, merken sie, daß es eine Weltschöne ist. Ihre Hände sinken herab, und sie sagen:

„Ach, Sultanin, wir wagen uns nicht an dich heran."

Da finden sie einen Hasen, den schlachten sie und bestreichen ihr Hemd mit seinem Blut, lassen die Sultanin auf dem Berg zurück und gehen weg. Das Mädchen küßt dem Lala die Hand, und er küßt sie auf die Augen und sagt:

„Geh, meine Tochter, Allah sei dein Beschützer und Helfer!" Und sie trennen sich.

Das Mädchen setzt sich unter einen Baum und beginnt zu weinen.

„O Herr, wohin soll ich gehen?"

Da wird sie müde und schläft ein. Plötzlich dringt —

klapp-klapp — das Geräusch eines Pferdehufeisens an ihr Ohr. Als sie die Augen öffnet, sieht sie, daß es ein Derwisch[1] ist, der fragt sie:

„Meine Tochter, was tust du hier?"

Das Mädchen erzählt seine Erlebnisse so, wie sie sich zugetragen haben.

Der Derwisch sagt zu ihr:

„Willst du für immer meine Tochter sein?"

Das Mädchen antwortet:

„Ja!"

Der Derwisch läßt das Mädchen die Kruppe seines Pferdes besteigen und sagt:

„Schließe die Augen!"

Das Mädchen schließt die Augen. Als sie sie dann öffnet, findet sie sich vor einem großen zerfallenen Haus wieder. Sie treten ein. In einem der Zimmer liegen ein ungegerbtes Fell und ein Rosenkranz. Der Derwisch holt vierzig Schlüssel heraus und gibt sie dem Mädchen.

„Von den vierzig Zimmern darfst du nur eines nicht öffnen, die anderen kannst du aufschließen."

Er zeigt auch einen Schrank und sagt:

„Wenn du etwas haben möchtest, geh an diesen Schrank und rufe: Gül-Boy-Dadi[2], Gül-Boy-Dadi!, dann erhältst du, was du wünschst."

Nachdem der Derwisch das gesagt hat, geht er hinaus. Das Mädchen sitzt lange, dann bekommt sie Hunger.

Sie öffnet den Schrank und ruft:

„Gül-Boy-Dadi, Gül-Boy-Dadi, ich habe Hunger!"

Was sieht sie da? Als sich der Schrank wieder öffnet, stehen mundgerechte Speisen, ganze Gerichte mit Suppe und Nachspeise vor ihr. Sie nimmt sie und ißt und trinkt und stellt die Gefäße in den Schrank. Schließlich gewöhnt sie sich daran und wünscht sich jeden Tage von ihm, was sie braucht.

[1] Angehöriger eines islamischen Bettelordens. In den Märchen erscheinen die Derwische als menschenfreundlich oder -feindlich und mit übernatürlichen Kräften begabt.

[2] Kindermädchen mit dem Namen Gül-Boy; Gül — Rose.

Eines Tages wünscht sie sich einen Besen, reinigt die neununddreißig Zimmer gründlich, richtet sie ein und räumt auf. Als sie die ganze Arbeit beendet hat, geht sie im Haus umher. So verstreichen die Tage. Eines Tages sagt sie:

„Ach, ich will auch dieses vierzigste Zimmer öffnen und reinigen!"

Das Mädchen öffnet die Tür, und was sieht sie da? Das ist ein schmutziges, verstaubtes Zimmer. Es hat ein Fenster, durch das sieht sie hindurch nach draußen, und sie erblickt ein Feld, soweit sie sehen kann, alle pflügen und säen ...

Das Mädchen sagt:

„Ach, gut, daß ich gekommen bin, hier habe ich wenigstens ein Menschenantlitz gesehen."

Sie nimmt sich einen Stuhl und setzt sich ans Fenster. Ihr gegenüber stand ein Baum, auf den läßt sich ein Papagei nieder, der seine Augen auf das Mädchen heftet und sie ganz aufmerksam ansieht und sagt:

„Verrücktes Mädchen, verrücktes Mädchen, der Vater Derwisch erzieht dich und zieht dich groß, dann ißt er dich — knirsch-knirsch!"

Als das Mädchen diese Worte von dem Papagei gehört hat, ist sie wie vom Schlage gerührt, schließt sogleich das Fenster, geht in ihr eigenes Zimmer und weint bitterlich bis zum Abend. Es wird Abend, und der Vater Derwisch kommt und fragt:

„Meine Tochter, was ist mit dir? Bist du krank?"

Das Mädchen sagt:

„Ich bin nicht krank. Du erziehst mich und ziehst mich groß, und dann ißt du mich — knirsch-knirsch —, deshalb habe ich viel geweint und bin traurig."

Der Vater Derwisch lacht und sagt:

„Wer hat dir das gesagt, meine Tochter?"

Sie antwortet:

„Der Papagei hat es gesagt."

Er sagt:

„Habe ich dich nicht gewarnt, jenes Zimmer zu öffnen? Warum hast du es geöffnet?"

„Mein lieber Vater, verzeih mir, ich hatte Langeweile, da habe ich jenes Zimmer geöffnet, um es zu säubern."

„Gut, wenn es so ist, dann zieh morgen noch schönere Kleider an und setz dich ans Fenster. Wenn der Papagei wieder so zu dir spricht, dann sag zu ihm: Verrückter Papagei, mein Vater, der Derwisch, erzieht mich und zieht mich groß, um mich deinem jungen Herrn zu geben."

Das Mädchen tut, was der Derwisch gesagt hat. Der Papagei kommt und sagt:

„Verrücktes Mädchen, verrücktes Mädchen, der Vater Derwisch erzieht dich und zieht dich groß, dann ißt er dich — knirsch-knirsch!"

Das Mädchen aber antwortet:

„Verrückter Papagei, verrückter Papagei, mein Vater, der Derwisch, erzieht mich und zieht mich groß, um mich deinem jungen Herrn zu geben!"

Als sie so spricht, sagt der Papagei „dshak", verliert die Hälfte seines Gefieders und verläßt sie. So kommt das Mädchen jeden Tag und setzt sich ans Fenster, der Papagei setzt sich auf den Baum, und sie wiederholen diese Unterhaltung. Bei jeder Unterhaltung verliert er einen Teil der Federn. Schließlich kommt es so weit, daß der Papagei fast ganz kahl wird und nur noch fünf, sechs Federn hat. Jener Papagei war aber dem Sohn des Padischahs von Jemen sehr lieb.

Der Prinz wunderte sich und sagte:

„Was ist bloß mit meinem Vogel los?"

Er machte sich große Sorgen. Eines Tages verfolgt der Jüngling den Vogel, und als er hinzukommt, versteckt er sich hinter den Baum und setzt sich hin. Auf einmal sieht er, daß sich ein Fenster öffnet und der Vogel sich gegenüber auf den Baum setzt. Was sieht er da? Ein Mädchen, schön wie der Vollmond, das an das Fenster getreten ist. Das Mädchen sagt etwas, der Papagei auch. Sowie der Papagei „dshak" sagt, fallen die fünf, sechs Federn, die er noch hat, auch ab, und der Papagei fliegt weg.

Die Augen des Jünglings aber bleiben am Fenster, er weiß nicht, was mit ihm ist, er verliebt sich in das Mädchen. Mit Mühe gelingt es ihm, sich von ihrem Anblick loszureißen und nach Hause zu gehen. Er ißt nicht, er trinkt nicht, er denkt nur immer nach. Seine Mutter, die Sultanin, kommt und fragt:

„Mein Sohn, du hast etwas, worüber denkst du nach? Was ist mit dir?"

Der Jüngling sagt:

„Höre, wie mir geschehen ist: Hier gegenüber sitzt am Fenster eines großen zerfallenen Hauses ein Mädchen. Ich weiß nicht, ob es ein Geist oder eine Fee ist. Der Papagei und sie haben einander etwas gesagt, und die drei bis fünf Federn, die der Vogel noch hatte, die hat er verloren. Ich wußte nicht, wie mir geschah. Ach, liebe Mutter, ich bin in dieses Mädchen von ganzem Herzen verliebt. Wenn ich dieses Mädchen nicht bekomme, sterbe ich bestimmt!"

Was die Mutter auch zu ihrem Sohn sagt, er hört nicht darauf, sondern sagt:

„Gehe morgen und freie für mich um das Mädchen!"

Das wird gebilligt und beschlossen. Sie überlegen, was für ein Geschenk dem Mädchen gebracht werden soll. Sie steigen in die Schatzkammer hinab und suchen ein Paar kostbarer Armbänder aus.

Der Jüngling sagt:

„Bringe dies hin, Mutter!"

Obwohl seine Mutter sagt: „Ach, mein Sohn, die hebe ich für das Handküssen[1] auf", erwidert der Jüngling: „Ach, Mutter, für das Handküssen wird sich etwas anderes finden, laß uns das als Geschenk bringen!"

Sollen sie das dort vorbereiten, wir wollen zum Vater Derwisch gehen. Der Vater Derwisch gibt dem Mädchen Anweisungen:

„Sie werden kommen, um dich für den Sohn des Padischahs von Jemen in Augenschein zu nehmen; wenn sie kommen, tu das und das!"

Das Mädchen steht am Morgen auf, öffnet den Schrank und gibt Gül-Boy-Dadi die Anweisungen des Vaters Derwisch. Als es Abend wird, legt sie sich nieder und schläft. Als sie am anderen Morgen aufsteht, sieht sie, daß da ein vollständig eingerichtetes Haus steht. Vom Straßentor bis zum mittleren Stockwerk stehen vierzig Haremswächter ne-

[1] Heiratszeremonie — Die Braut küßt die Hand der Schwiegereltern, die ihr dann ein Geschenk überreichen.

beneinander. Vom mittleren Stockwerk bis zur Tür ihres eigenen Zimmers stehen vierzig Dienerinnen nebeneinander, eine schöner als die andere. An der Zimmertür steht Gül-Boy-Dadi. Das Zimmer des Mädchens ist ganz rot ausgestattet. Für das Mädchen befindet sich dort rote Kleidung, und ein mit Rubinen ausgelegter Thron steht da.

Das Mädchen beginnt die Kleider anzuziehen und nimmt auf dem Thron Platz. Plötzlich sieht sie, daß vor dem Tor Wagen halten. Die Mutter des Prinzen und zwei Dienerinnen steigen aus. Kaum sind sie durch das Straßentor eingetreten, fragen sie den Haremswächter:

„Wo ist die Sultanin? In welchem Gemach?"

Man antwortet ihnen barsch:

„Geht hinauf, im mittleren Stockwerk!"

Sie gehen ins mittlere Stockwerk hinauf, und die Dienerinnen dort behandeln sie genauso. Als sie nach der Herrin fragen, sagt Gül-Boy-Dadi:

„Hier, in dieses Zimmer!"

Die Sultanin tritt in das Zimmer ein, und was sieht sie da? Wirklich ein wunderschönes Mädchen, bei dessen Anblick es einem geradezu vor den Augen flimmert ... Das Mädchen beachtet sie nicht und sitzt mit übereinandergeschlagenen Beinen auf dem Thron.

Sie sagen:

„Selamünaleyküm, meine Tochter!"

Sie entgegnet: „Aleykümselam"[1], nichts weiter.

Die Ankömmlinge setzen sich in einen Winkel. Die Sultanin holt das Schmuckkästchen heraus, entnimmt ihm die Armbänder und sagt:

„Meine Tochter, mein Sohn hat mir einen Gruß aufgetragen und Euch dies, was Eurer eigentlich gar nicht wert ist, geschickt. Mein Sohn ist der Sohn des Padischahs von Jemen."

Das Mädchen lächelt und ruft:

„Gül-Boy-Dadi, Gül-Boy-Dadi!"

Gül-Boy-Dadi sagt: „Zu Diensten, meine Sultanin!" und tritt ins Zimmer.

[1] Selamünaleyküm, Aleykümselam — Friede sei mit Euch!

Sie sagt:

„Bringe mir meine Hapil und Kopil!"

Sofort bringt Gül-Boy-Dadi zwei Schoßhündchen. Das Mädchen schwenkt die Peitsche, die es in der Hand hat, und beginnt mit den Hunden zu spielen. Als die Hunde miteinander spielen, reißt das Band am Hals des einen, und Gül-Boy-Dadi sagt:

„Sultanin, ach, das Band ist gerissen!"

Die Bänder aber waren mit Juwelen besetzt. Nachdem das Mädchen das zerrissene Halsband in der Hand hin- und hergedreht hat, sagt sie zu dem Hund: „Du Taugenichts, du!" und wirft das Band aus dem Fenster und fährt fort:

„Gül-Boy-Dadi, gib das Schmuckkästchen her, wir wollen einmal sehen!"

Sie öffnet das Schmuckkästchen und legt dem Hund das Armband um den Hals.

„Ja, das ist gut!"

Sofort nimmt sie auch dem anderen Hund das Halsband ab, und nachdem sie es gleichfalls aus dem Fenster geworfen hat, legt sie ihm das andere Armband um. Als die Mutter des Prinzen, die ja gekommen war, um das Mädchen zu freien, das sieht und hört, ist sie wie vom Schlag gerührt, bricht sofort auf und geht weg.

Der Sohn des Padischahs von Jemen aber hatte an der Haustür die Ankunft seiner Mutter sehnsüchtig erwartet. Als er seine Mutter kommen sieht, fragt und bestürmt er sie:

„Nun, liebe Mutter, welche Nachricht bringst du?"

Seine Mutter antwortet: „Warte, mein Sohn, ich bin zu aufgeregt!", stürzt in einen Winkel und setzt sich hin.

„Mein Sohn, das Mädchen ist wirklich noch zehnmal schöner, als du gesagt hast, aber so unerzogen, daß ich es nicht beschreiben kann. Und nicht nur sie ist ungezogen, sondern auch ihre Leute."

Die Mutter berichtet, wie sich der Besuch abgespielt hat. Der Jüngling beginnt zu flehen:

„Das macht nichts, meine liebe Mutter, geh morgen noch einmal, da werden sie dich gut empfangen!"

Diesmal war eine Brillantkrone in der Schatzkammer,

die nimmt er. Obwohl seine Mutter sagt: „Ach, mein Sohn, die habe ich zum Gesichtsehen[1] aufgehoben“, einigen sie sich schließlich, sie hinzubringen.

Dort aber bereitet sich das Mädchen genau wie am vorhergehenden Tag vor. Diesmal ist die Kleidung weiß, der Thron weiß, sie steht ganz in Brillanten und nimmt auf dem Thron Platz.

Die Mutter des Prinzen kommt, und wie zuvor wird ihr keine Beachtung geschenkt. Die Mutter des Prinzen setzt sich wie jemand, der das Gnadenbrot ißt, in eine Ecke. Dann öffnet sie das Schmuckkästchen und sagt zu dem Mädchen:

„Mein Sohn läßt Euch grüßen und diese Krone schicken, die Eurer eigentlich gar nicht wert ist.“

Das Mädchen sagt nichts. Kurz darauf klatscht sie einmal in die Hände, ruft Gül-Boy-Dadi und sagt:

„Du hast gestern gesagt, daß der Deckel der einen Schüssel verlorengegangen ist. Bring sie einmal her, wir wollen sehen, ob dies als Deckel paßt!“

Die Schüssel wird gebracht, und sie sehen, daß die Krone als Deckel dafür wie geschaffen ist.

„Ich bin zufrieden“, sagt sie, „so ist alles wieder vollständig.“

Die Sultanin steht auch diesesmal kleinlaut auf und geht weg. Als sie nach Hause kommt, berichtet sie ihrem Sohn, wie sich der Besuch abgespielt hat.

„Das macht nichts, meine liebe Mutter, das hat auch der Sache gedient.“

Es wird wieder Morgen. In der Schatzkammer gab es einen äußerst wertvollen, kunstvoll gearbeiteten Koran, den nimmt sie und bringt ihn hin.

Diesmal verhalten sie sich dort, weil der Vater Derwisch eine neue Anweisung gegeben hatte, anders, genau wie er gesagt hatte. So wie das Haus grün eingerichtet war, trägt auch das Mädchen grüne Kleidung, und der Thron ist auch grün. Das Straßentor öffnet sich sperrangelweit, die Haremswächter reichen der Sultanin den Arm, sagen „Will-

[1] Heiratszeremonie — Geschenk des jungen Ehemanns an seine Frau in der Hochzeitsnacht, wenn er ihren Gesichtsschleier lüftet.

kommen!“ und führen sie in das obere Stockwerk. Im oberen Stockwerk empfangen sie die Dienerinnen: „Bitte schön, bitte schön!“ An der Zimmertür empfängt sie Gül-Boy-Dadi, küßt ihr die Säume und nimmt den Koran.

Das Mädchen steigt diesmal vom Thron herab, empfängt die Sultanin an der Tür und bietet ihr einen Platz in der Ecke an. Sie fragt nach ihrem Befinden, nimmt Gül-Boy-Dadi den Koran aus den Händen, küßt ihn und legt ihn auf einen Ehrenplatz.

Die Sultanin sagt:

„Meine Tochter, ich komme, um auf Allahs Befehl für meinen Sohn um Euch zu freien. Mein Sohn ist auch der einzige Sohn im Haus. Wenn seinem Vater etwas zustößt, wird er den Thron besteigen und Padischah werden. Auf Allahs Geheiß hin will er Euch haben. Ich weiß nicht, was Ihr dazu sagt.“

„Sultanin, ich habe einen Derwisch als Vater. Ohne ihn zu fragen, kann ich keine Antwort geben. Wenn ich es nicht vergesse, werde ich ihn am Abend fragen und dann Bescheid geben“, antwortet das Mädchen.

„Ach, meine Tochter, vergiß es nur nicht!“ bittet sie.

Das Mädchen sagt:

„Seht, ich habe so viele Sorgen im Kopf, vielleicht vergesse ich es.“

Die Frau fleht und fleht, sagt „Auf Wiedersehen!“ und geht hinaus.

Als die Mutter nach Hause kommt, bringt sie ihrem Sohn mit lachendem Gesicht die gute Kunde:

„Heute bin ich sehr freundlich aufgenommen worden“, sagt sie und erzählt, wie es gewesen ist.

Am nächsten Tag macht sich die Mutter wieder auf und geht hin. Man empfängt sie auch diesmal freundlich, und sie sagt:

„Meine Tochter, habt Ihr gefragt?“

„Ja, ich habe gefragt. Unter drei Bedingungen nimmt er an. Die erste ist, daß Euer Sohn bei uns wohnen muß. Die zweite ist, daß er den Papagei, den er hat, tötet. Die dritte ist, daß am Hochzeitsabend ich den Kopf des Papageien esse und er das Herz ...“

Die arme Frau beginnt nachzudenken:

„Meine Tochter, wir haben einen einzigen Sohn, wie können wir ihn bei Euch wohnen lassen? Außerdem — sein Papagei ist sehr wertvoll, wie wird er ihn da opfern?"

Das Mädchen aber sagt:

„Wenn das nicht geht, bemüht Euch nicht und kommt nicht wieder!"

Die Sultanin steht auf und geht. Der Prinz wartet wieder am Tor auf seine Mutter und fragt:

„Nun, meine liebe Mutter, welche Nachricht bringst du?"

Die Mutter aber sagt:

„Mein Sohn, die Bedingungen sind so, daß man sie nicht erfüllen kann."

„Was geht denn nicht zu machen? Sag es, dann werden wir sehen!" spricht er. Die Mutter nennt alle Bedingungen nacheinander.

„Aber Mutter, was gibt es dabei Unmögliches? Wenn ich als Schwiegersohn zu ihnen ziehe, sterbe ich ja nicht, sondern ziehe nur hin, und der Papagei, ist er nicht bloß ein Vogel? Soll er geopfert werden! Nachdem sie seinen Kopf gegessen hat, esse ich auch sein Herz", sagt er. So wie der Jüngling einverstanden ist, bringt er auch seine Mutter dazu, einverstanden zu sein.

Die Hochzeit beginnt, und sie feiern vierzig Tage und vierzig Nächte Hochzeit. Die Braut wartet mit einem Hochzeitsschleier an der Tür. Der Vater Derwisch öffnet den Schrank, holt ein goldenes Waschbecken heraus, ersticht den Papagei und läßt die Braut den Kopf und den Schwiegersohn das Herz verzehren.

Er holt zwei Marmorbecken aus dem Schrank. Eins stellt er in die eine und das andere in die andere Ecke. Auf ihre Abflußrohre streicht er mit einem Finger etwas vom Blut des Papageien. Da beginnt es aus beiden zu fließen, aus dem einen Gold, aus dem anderen Silber. Er spricht:

„Meine Tochter, wer sagt ‚Um Allahs willen', dem gebt eine Schöpfkelle Gold, und dem, der sagt ‚Um des Geistes von Habibullah[1] willen', dem gebt eine Schöpfkelle Silber!"

[1] „Gottesfreund", der Prophet Mohammed.

Er legt ihnen die Hand auf die Schultern und sagt: „Seid glücklich, meine Kinder! Das war meine Aufgabe. Ihr werdet mich nicht wiedersehen", und verschwindet.

Das Mädchen rauft sich das Haar, wirft den Brautschleier und den Schmuck beiseite und sagt: „Ach, mein lieber Vater Derwisch!" und beginnt zu weinen und zu schluchzen.

Allmählich gerät alles in Vergessenheit. Endlich sind sie glücklich und leben in Freuden. Jeden Montag öffnet sich das Tor. Das Mädchen spannt in einer Ecke einen Vorhang auf und setzt sich hin, und der Jüngling setzt sich auch in eine Ecke. Allen, die kommen und sagen „Um Allahs willen", geben sie eine Schöpfkelle Gold, und denen, die sagen „Um des Geistes von Habibullah willen", geben sie eine Schöpfkelle Silber. So kommt es, daß es in jener Gegend keinen Armen mehr gibt ... Alle lassen ihre Türschwellen mit Silber und ihre Türen mit Gold überziehen.

Sollen sie da leben, wir wollen zum Padischah von Istanbul gehen, dem Vater des Mädchens ... Mit dem Padischah von Istanbul hatte der Padischah von Ägypten einen großen Krieg begonnen, und der Krieg dauerte schon Jahre.

Eines Tages ging der Padischah von Istanbul mit seinem Lala ins Bad. Als sie im Bad waren, überfiel das ägyptische Heer Istanbul, und man begann den Padischah zu suchen. Der Padischah verließ mit seinem Lala das Bad und floh splitterfasernackt. Der Padischah begab sich mit seinem Lala nach dem Berg, wo das Mädchen ausgesetzt worden war.

Sie durchwanderten Dorf um Dorf und Land um Land und kamen, überall bettelnd, in ein Dorf. Jemand in diesem Dorf sagt:

„Ach, Vater, warum bettelt Ihr dauernd? Einen Tag weit von hier entfernt ist eine Stadt, dort lebt ein Prinz mit seiner Sultanin. Sie geben demjenigen, der sagt ‚Um Allahs willen', eine Schöpfkelle Gold, und demjenigen, der sagt ‚Um des Geistes von Habibullah willen', eine Schöpfkelle Silber, geht dorthin!"

Sie machen sich auf und gehen dorthin. Sie treten ein, und das Mädchen erkennt ihren Vater und den Lala. Sofort befiehlt sie:

„Bringt sie schnell ins Bad! Laßt den einen Padischahkleidung und den anderen Wesirskleidung anziehen und führt sie dann her!"

Vor Furcht beginnen sie zu zittern, und nachdem die Diener sie ins Bad gebracht und gebadet haben, kleiden sie sie an und bringen sie ins Zimmer.

Da kommt die Sultanin hinter dem Vorhang hervor und gibt dem Prinzen das Zeichen, seinen Platz zu verlassen. Das Mädchen ergreift die Hände des Lala, küßt sie und sagt:

„Er ist mein Lebensretter und mein wohltätiger Erzieher. Dieser aber ist ein hochmütiger Padischah und mein Vater. Ich hatte geträumt, daß mein Vater vom Thron stürzen und in großes Elend geraten würde. Dank meiner Hilfe würde er wieder Padischah werden. Als ich ihm das erzählte, wurde er zornig, übergab mich den Henkern und befahl ihnen, mich auf dem Berg zu töten. Aber mein Erzieher fiel den Henkern zu Füßen und gab ihnen, was er in vierzig Jahren gesammelt hatte, und brachte sie dazu, mich freizulassen. Jetzt bin ich meinem Erzieher dankbar, bis ich sterbe. Der da aber ist mein Vater, ich verzeihe ihm natürlich."

Sie wendet sich an den Prinzen und sagt:

„Jetzt bitte ich dich, einige Bataillone Soldaten nach Istanbul zu senden und meinem Vater zu helfen, den Thron wiederzugewinnen!"

Der Befehl wird schnell gegeben, das Heer zieht aus und rettet Istanbul vor den Ägyptern.

Der Padischah aber umarmt seine Tochter und sagt:

„Ach, meine Tochter, ich habe einen großen Fehler begangen, vergib mir!"

Er geht, besteigt in Istanbul den Thron, und sie leben in Frieden bis zum Tode.

Sie haben das Ziel ihrer Wünsche erreicht, und wir steigen auf den Diwan ...

3

Der Faulpelz

Es war einmal, und es war auch nicht ... In früheren Zeiten hatte eine alte Frau einen einzigen Sohn. Der Bursche war zu allem zu träge, und er war ein richtiger Faulpelz. Wenn seine Mutter einmal sagte: „Mein Sohn, tu dies, geh dorthin", sagte er: „Ich bin zu faul, ich kann das nicht machen und kann nicht gehen", und drückte sich von der Arbeit.

Eines Tages gingen die Kinder des Nachbarn Holz holen. Die Alte ging und flehte sie an:

„Ach, Kinder, nehmt meinen Sohn auch mit!"

Als sie kamen, um ihn zu holen, und sagten: „Auf, wir wollen gehen!", sträubte er sich mit den Worten:

„Ich bin zu faul, ich gehe nicht."

Sie packten ihn an Kragen und Hosenboden und luden ihn auf einen Esel und brachten ihn zum Berg.

Alle hatten Brennholz gehackt und aufgeladen. Als sie sagten: „Los, Faulpelz, hacke auch du Brennholz und lade es auf deinen Esel!", sagte dieser Bursche: „Ich bin zu faul, ich tu es nicht", und rührte sich nicht von der Stelle.

Schließlich luden seine Gefährten, nachdem sie Holz gehackt hatten, auch welches auf seinen Esel. Als sie dann sagten: „Los, Faulpelz, steh auf, wir wollen gehen!", antwortete er: „Ich bin zu faul, ich gehe nicht", und blieb sitzen.

Daraufhin sagten seine Gefährten:

„Wenn es so ist, bleib hier, dann sollen die Wölfe kommen und dich fressen. Dann soll deine Mutter dich auch los sein."

Sie ließen ihn allein und gingen fort.

Als der Faulpelz dort saß, kam eine graue Schlange. Sie hob den Kopf, und als sie auf ihn zukam, um ihn zu beißen, sagte er:

„Wenn du willst, beiß mich! Ich bin zu faul, ich fliehe nicht. Wer wird sich vor einem Biß fürchten und aufstehen, wenn er zu faul ist?"

Diese Worte gefallen der Schlange; sie sagt zu ihm:

„Wünsch dir von mir, was du möchtest!“

„Ich bin zu faul, ich wünsche mir nichts von dir“, sagte der Bursche.

Die Schlange sagt: „Wenn du in Schwierigkeiten bist, sagst du: ‚Auf Allahs Geheiß, auf das Versprechen der grauen Schlange hin‘, und ich werde alles tun, was du willst.“

Als die Schlange das gesagt hat, verschwindet sie. Der Bursche sitzt und sitzt und bekommt Hunger.

Er sagt:

„Auf Allahs Geheiß, auf das Versprechen der grauen Schlange hin soll eine Schale Suppe kommen.“

Die Suppe kommt, und er ißt sie. Sobald er satt ist, legt er sich unter einen Baum und schläft.

Es wird Morgen. Als er aufwacht, kommt ihm eine Teufelei in den Sinn, und er wünscht:

„Auf Allahs Geheiß, auf das Versprechen der grauen Schlange hin soll die Tochter des Padischahs von mir schwanger werden.“

Er sitzt und sitzt da. Er langweilt sich. Da sagt er:

„Auf Allahs Geheiß, auf das Versprechen der grauen Schlange hin soll man mich in meine Hütte tragen.“

Da sieht er hin und findet sich in seiner Hütte wieder. Seine Mutter sagt:

„Weshalb bist du gekommen? Wärest du doch dort sitzengeblieben!“

Der Faulpelz erzählt seiner Mutter der Reihe nach alles, was er erlebt hat:

„Ich bin einer Schlange begegnet. Sie tut alles, was ich will.“

Die Mutter freut sich und sagt:

„Wenn das so ist, dann wünsche dir reichlich zu essen.“

Darauf sagt der Faulpelz:

„Auf Allahs Geheiß, auf das Versprechen der grauen Schlange hin soll Essen zu uns kommen.“

In die Hütte kommen die verschiedensten Speisen. Sie setzen sich hin und füllen sich die Bäuche.

Im Märchen vergeht die Zeit schnell ... Als neun Monate und zehn Tage um sind, bringt die Tochter des Padischahs einen Sohn zur Welt. Der Padischah gerät in Zorn, fragt:

„Von wem ist dieses Kind?“ und beschließt, seine Tochter zu töten.

Die Tochter sagt:

„Ich weiß es nicht.“

Daraufhin versammelt er alle Wesire:

„O Padischah, verschone deine Tochter“, sagen sie. „Wir wollen sehen: Wenn das Kind groß ist, zu dem es dann Vater sagt, der ist sein Vater.“

Dieses arme Mädchen schließen sie in ein Zimmer ein. Sie geben ihr nur so viel zu essen, daß sie nicht stirbt. Sieben Jahre sitzt sie dort gefangen. Nach sieben Jahren versammeln sich wieder alle Wesire und beschließen:

„Ein Ausrufer soll bekanntmachen: ‚Alle Männer, die es gibt, ob alt oder jung, sollen über diesen Platz gehen‘, und wir werden sehen, zu wem das Kind Vater sagt.“

Sie lassen das Kind auf einen Thron steigen. Die Männer des ganzen Landes hatten sich hier versammelt und gingen nacheinander an dem Kind vorbei. Niemand blieb schließlich übrig. Aber das Kind hatte zu keinem Vater gesagt ... Der Padischah fragt:

„Ist niemand übriggeblieben?“

Man sagt ihm:

„In einer Hütte gibt es einen Faulpelz. Nur er ist nicht gekommen.“

Der Padischah befiehlt:

„Los, holt ihn, wir wollen sehen!“

Sie bringen den Faulpelz. Als das Kind ihn vor sich sieht, sagt es: „Mein lieber Vater“, läuft hin und umarmt ihn.

Darüber wird der Padischah zornig. Er schickt sowohl seinen Enkel als auch seine Tochter in die Hütte des Faulpelzes. Als es Abend wird, beginnt das Mädchen nachzudenken: Was soll diese meine Prüfungszeit?

Daraufhin sagt der Faulpelz:

„Auf Allahs Geheiß, auf das Versprechen der grauen Schlange hin möge Essen kommen, das für die Tochter des Padischahs geeignet ist.“

Sofort kommen ausgesuchte Speisen. Schließlich lernt das Mädchen das Geheimnis des Burschen kennen und versteht auch, wie sie schwanger geworden ist.

Als das Mädchen sagt: „Los, Faulpelz, hier am Ufer dieses Meeres soll ein Palast für uns stehen“, sagt der Faulpelz: „Ich bin zu faul.“ Das Mädchen kann ihn auf keine Weise dazu bringen, das zu sagen. Das Mädchen läßt nicht nach, sie fleht wieder und bettelt. Daraufhin sagt der Faulpelz:

„Auf Allahs Geheiß und auf das Versprechen der grauen Schlange hin möge am Ufer dieses Meeres ein Palast gebaut werden, der der Tochter des Padischahs würdig ist.“

Am nächsten Morgen wachen sie auf, einen derartigen Palast hatten sie noch nicht gesehen. Alle Wände aus Smaragd und Rubin. Der Bursche und das Mädchen gingen hinein und lebten von nun an glücklich ...

Eines Tages geht der Padischah mit einem großen Gefolge am Ufer des Meeres spazieren. Als das Mädchen ihren Vater sieht, zieht sie sofort Männerkleidung an. Sie fleht den Faulpelz an:

„Ich bitte dich, Faulpelz, mache, daß in meinem Gesicht ein Schnurrbart ist.“

So steigt das Mädchen in Männergestalt zum Meeresufer hinab. Als der Padischah sie sieht, gefällt sie ihm; sie unterhalten sich. Das Mädchen sagt zu dem Padischah:

„Bitte, laßt uns bei uns essen! Bringt auch Euer Gefolge mit!“

Der Padischah folgt dem Mädchen. Sie kommen an.

Als der Padischah den Palast sieht, wundert er sich. In seinem Leben hat er so etwas noch nicht gesehen. Er tritt mit seinem Gefolge ein. Drinnen sind Speisedecken und auf goldenen Schalen verschiedene feine Speisen ... Dienerinnen ... ein solcher Prunk, daß man nur staunen kann.

Nachdem die Speisen verzehrt sind, geht das Mädchen zu dem Faulpelz und fleht:

„Mein lieber Faulpelz, wünsche, daß der Deckel einer der goldenen Schüsseln, ohne daß mein Vater es bemerkt, ihm in den Mantelbausch gerät.“

Daraufhin wünscht der Faulpelz:

„Auf Allahs Geheiß, auf das Versprechen der grauen Schlange hin soll der Deckel einer goldenen Schüssel dem Padischah in den Mantelbausch geraten, ohne daß er es merkt ...“

Nach dem Essen verabschieden sich die Gäste. Sie gehen hinaus und besteigen das Boot. Gerade, als sie vom Ufer ablegen, schwenkt das Mädchen eine Fahne aus dem Fenster und sagt:

„Haltet an, fahrt nicht!"

Sie springt die Treppen hinab und sagt:

„Oh weh, mein Padischah, der Deckel von einer unserer goldenen Schüsseln fehlt. Vielleicht hat einer der Soldaten sie genommen. Tastet einmal ab!"

Sie ziehen alle Soldaten aus und untersuchen sie. Der Padischah sagt:

„Mein Sohn, durchsucht auch mich! Wir wollen euch nicht in schlechter Erinnerung bleiben."

Der Padischah zieht sich aus. Auf einmal fällt — plumps — etwas zur Erde. Daraufhin sagt der Padischah:

„Mein Sohn, was soll ich dazu sagen? Ohne daß ich es gemerkt habe, ist dieser Deckel in meinen Mantelbausch gekommen."

Hierauf entblößt das Mädchen den Kopf und läßt ihr Haar herab. Sie sagt:

„Mein lieber Vater, was soll ich denn dazu sagen? Auch dieses Kind ist ohne mein Wissen in meinen Leib gekommen."

Der Padischah erkennt seine Tochter. Sie umarmen sich und küssen sich. Das Mädchen erzählt von den Kunstfertigkeiten des Faulpelzes. Der Padischah richtet für die beiden eine Hochzeit von vierzig Tagen und vierzig Nächten aus. Bisher hatte sich das Mädchen dem Faulpelz noch nicht genähert. Sie gehen ins Brautgemach und sind glücklich ...

Sie haben das Ziel ihrer Wünsche erreicht, und wir steigen auf den Diwan ...

4

Die Lämmer Aysche und Fatma

Es war einmal, und es war auch nicht ... Es war einmal ein Schaf, das hatte zwei Lämmer; das eine hieß Aysche, das andere Fatma. Jeden Tag, wenn das Schaf zur Weide gegangen war und mit vollem Euter zur Tür kam, sagte es:

„Aysche und Fatma, ihr Lämmer, meine Zitzen sind voll Milch und tun mir weh! Öffnet die Tür, ich will euch zu trinken geben!"

Aysche und Fatma öffneten die Tür und tranken an den Zitzen ihrer Mutter.

Ihr Nachbar war ein böser Wolf. Eines Tages sagte er:

„Ich will gehen und diese Aysche und Fatma fressen."

Er lief vor die Tür und sagte mit tiefer Stimme:

„Ihr Lämmer Aysche und Fatma, meine Zitzen sind voll Milch und tun mir weh! Öffnet die Tür, ich will euch zu trinken geben!"

Die Lämmer dachten, es sei ihre Mutter, und öffneten die Tür. Der Wolf fraß Aysche und Fatma und legte ihre Knochen auf einen Haufen.

Die Mutter kehrte bald darauf zurück und rief an der Tür:

„Ihr Lämmer Aysche und Fatma, meine Zitzen sind voll Milch und tun mir weh! Öffnet die Tür, ich will euch zu trinken geben!"

Von drinnen antwortete keine Stimme, sie rief wieder, die Tür wurde nicht geöffnet. Das Schaf stieß einmal mit seinem Horn zu und öffnete die Tür, da sah es, daß Aysches und Fatmas Knochen dort auf einem Haufen lagen.

„Das kann nur dieser böse Wolf getan haben", sagte sie, ging auf die Gasse und verfolgte die Spur des Wolfes. Sie sah den Wolf an einer Stelle auf dem Rücken liegen und sich lecken. Das Schaf sprach:

„Bruder Wolf, meine Aysche und Fatma sind gestorben, für ihre Seelen werde ich Pilav und Zerde[1] kochen. Komm morgen, wir wollen es essen!"

[1] Kalte Reisspeise mit Safran und Zucker.

Als das Schaf nach Hause kam, hob es eine Grube aus und legte darin Brennholz und Reisig auf einen Haufen, entzündete es, deckte es von oben ab und legte ein großes Sitzkissen darauf.

Der Wolf kam am anderen Tag, und das Schaf sagte: „Bruder Wolf, bitte schön, setz dich auf dieses Kissen!"

Als sich der Wolf auf das Kissen setzte, fiel er in das Feuer und begann zu brennen. Er rief:

„Oh weh, meine Ohren!"

Das Schaf fragte:

„Sagst du: O weh, meine Ohren? — Hast du meine Aysche und meine Fatma gefressen?"

„O weh, meine Beine!"

„Sagst du: O weh, meine Beine? — Hast du meine Aysche und meine Fatma gefressen?"

„O weh, mein Kopf!"

„Sagst du: O weh, mein Kopf? — Hast du meine Aysche und meine Fatma gefressen?" fragte das Schaf.

So verbrannte der Wolf zu Asche. Das Schaf brachte noch einmal zwei Lämmer zur Welt. Sie waren vor dem Wolf gerettet und lebten glücklich.

5

Die Zimmermannstochter

In früheren Zeiten lebte einmal ein wohlhabender Zimmermann. Dieser gute Mann hatte kein Kind. Eines Tages bekommt er Lust und schnitzt aus Holz eine große Puppe, putzt sie an, schmückt sie und setzt sie ins Fenster. Er liebte dieses leblose Mädchen wie ein Kind.

Eines Tages ging der Sohn des Padischahs an dem Haus vorbei. Er sieht das Mädchen und verliebt sich in sie. Als er in den Palast zurückkehrt, schickt er seine Mutter, daß sie um die Tochter des Zimmermanns werbe. Der arme Zimmermann und seine Frau wissen nicht, was sie antworten sollen. Sie sagen aber zu den Boten, die da kommen:

„Wir wollen es noch einmal bedenken."

Sie bedenken es lange hin und her. Was sollen sie machen? Wenn sie sagen: „Dieses Mädchen ist nicht lebendig, es ist eine Holzpuppe", befürchten sie, daß ihnen der Kopf abgeschlagen wird, weil sie den Sohn des Padischahs getäuscht haben. Am nächsten Tag sagen sie zu den Boten, die zu ihnen kommen:

„Wir geben dem Prinzen unsere Tochter, aber wir geben sie nur unter einer Bedingung: Niemand soll das Mädchen sehen, bevor es das Brautgemach betreten hat!"

Die Boten bringen diese Kunde in den Palast des Padischahs. Der Padischah ist einverstanden. Nachdem sie vierzig Tage und vierzig Nächte Hochzeit gefeiert haben, kommt eine Prunkkutsche, die Braut abzuholen.

Die Frau des Zimmermanns aber war sehr gewitzt. Nachdem sie überlegt hatte: Was kann ich tun, um unsere Haut zu retten?, findet sie einen Ausweg:

„Ich werde einen schweren Stein mitnehmen. Wenn wir über den Fluß fahren, werde ich ihn der Braut anbinden und sie in den Fluß werfen. Wenn sie in den Fluß hinabgesunken ist, sollen sie sie doch suchen und finden!"

Sie putzen das hölzerne Mädchen und schmücken es mit Goldfäden und Schaumünzen. Niemand außer der Mutter wird sie ja sehen, so daß keiner etwas merkt. Sie besteigen die Wagen. Gerade als der Festzug den Fluß überquert, bindet die Frau der Puppe den Stein um die Hüfte, schleudert sie schnell aus dem Fenster des Wagens und erhebt ein Wehgeschrei: „Oh weh, kommt zu Hilfe, die Braut ist ins Wasser gefallen!"

Der Festzug hält an. Die Taucher beginnen, den Fluß abzusuchen. Als sie hier und dort suchen, wickelt sich um die Hand des einen eine Haarsträhne. Sie greifen danach, ziehen sie heraus und sehen, daß es ein Mädchen ist, schön wie der Vollmond ... Sie bringen sie zum Wagen. Die Frau des Zimmermanns wundert sich darüber, freut sich aber sehr. Sie zieht die Braut wieder an und schmückt sie. Der Festzug setzt seine Fahrt fort. Sie kommen zum Palast. Die Frau des Zimmermanns bringt die Braut in ihr Zimmer. Nachdem sie etwas bei ihr gesessen hat, geht sie hinaus. Hinter ihr verschließt das Mädchen sofort die Tür. Als es Abend wird, kommt der Prinz an die Tür, aber die Tür ist verschlossen ... Er klopft, hämmert, schlägt mit der Faust dagegen, vergebens, die Tür öffnet sich auf keine Weise. Er beginnt zu flehen:

„Laß das, Zimmermannstochter! Hör auf, Zimmermannstochter! Öffne die Tür, ich bin gekommen!"

Was er auch sagt, wie er auch fleht, die Tür öffnet sich nicht einmal eine Handbreit. Als es Morgen wird, geht er zu seiner Mutter und sagt:

„Mutter, geht und werbt um die Tochter des Großwesirs!"

Obgleich die Mutter sagt, er möge sich etwas gedulden, hört der Prinz nicht darauf. Schließlich kommt die Tochter des Großwesirs als Braut in den Palast.

Am nächsten Tag sagt die neue Braut: „Ich will einmal gehen und mir meine Nebenfrau ansehen", kommt an die Tür, die sich nicht öffnet, aber ihr öffnet sie sich. Da sieht sie, daß in der Mitte des Zimmers ein Mädchen sitzt, schön wie eine Peri[1], und mit Fäden aus ihren goldenen Haaren am Stickrahmen stickt. Die Zimmermannstochter steht auf und bittet ihre Besucherin Platz zu nehmen. Nach den Begrüßungsworten sagt sie von dem Platz aus, an dem sie sitzt:

„Kaffee, koch schnell und komm!"

Da war der Kaffee schon fertig gekocht, stand auf einem Tablett und kommt zu der Tochter des Wesirs. Wir wollen uns nun nicht aufhalten ... Der Kaffee wird getrunken. Das Mädchen ruft wieder:

„Teller, Messer!"

Teller und Messer eilen — klapp-klirr — herbei. Das Mädchen sagt „Ya Allah, ya bismillah"[2], zerschneidet fünf ihrer Finger und wirft sie auf den Teller. Jeder Finger wird zu einer frischen Salatgurke. Nachdem die Tochter des Wesirs gegessen und getrunken hat, steht sie auf und geht. Die Tür der Zimmermannstochter wird wieder verschlossen.

Da sagt die Wesirstochter: „Sie hat mir ihre Künste gezeigt ... Was ist schon daran, ich kann das auch", und bittet ihre Sklavin um einen Teller und ein Messer.

[1] Fee.

[2] Ya Allah, ya bismillah (verkürzt: Bismillah) — Im Namen Allahs.

Sie beginnt ihre Finger zu zerschneiden und hineinzuwerfen, aber ihre Finger sind voll von rotem Blut, sie fällt um und stirbt. Als der Prinz das merkt, wird er böse; er kommt wieder an die Tür der Zimmermannstochter und sagt:

„Laß das, Zimmermannstochter, halt die Tür nicht zu, öffne die Tür! Ich habe einmal geheiratet, du hast etwas getan, ich weiß nicht was, die Braut ist gestorben und nicht mehr da. Wenn du nicht öffnest, gehe ich und heirate noch einmal."

So fleht er, spricht zu ihr und schreit, aber alles vergebens, er kann nicht erreichen, daß die Tür auch nur einen Spalt geöffnet wird.

Diesmal heiratet der Prinz die Tochter des zweiten Wesirs. Auch diese geht eines Tages hin, um sich ihre Nebenfrau anzusehen. Nach ehrenvoller Bewirtung sagt wieder die Zimmermannstochter:

„Bratpfanne mit Fett, brate und komm!"

Die Bratpfanne mit dem Fett kommt.

Das Mädchen steckt die linke Hand in die Bratpfanne, da werden ihre fünf Finger zu fünf frischen Fischen und braten. Während der Rauch noch aufsteigt, essen sie die Fische, und die Wesirstochter kann sich an ihrem Geschmack nicht genug laben.

Die Wesirstochter sagt: „Ich werde das auch machen, was ist schon groß dabei", und läßt, als sie in ihr Zimmer kommt, eine Pfanne mit heißem Öl bringen, und sobald sie ihre Hand in die Bratpfanne steckt, verbrennt diese prasselnd. Sie stirbt. Als der Prinz das erfährt, wird er wieder sehr böse. Er kommt an die Tür der Zimmermannstochter und sagt:

„Laß das, Zimmermannstochter, hör auf, Zimmermannstochter! Ich habe zweimal geheiratet, und du hast das Blut der beiden auf dich geladen. Öffne die Tür! Siehe, ich werde wieder heiraten."

Aber dennoch öffnet sich die Tür nicht.

Diesmal heiratet der Prinz die Tochter des dritten Wesirs. Als sie auch wie die anderen geht, um sich die Zimmermannstochter anzusehen, ruft das Mädchen diesmal:

„Backofen, brenn an und komm!"

Der heiße Backofen kommt brennend an. Die Zimmermannstochter sagt einmal „Bismillah“ und stürzt sich in den Backofen. Sie dreht sich einmal nach rechts und einmal nach links. Ein ganz braungebackenes Lamm kommt auf einem Tablett zu der Tochter des Wesirs. Aber die Zimmermannstochter kommt heil und gesund aus dem Backofen heraus. Sie essen und trinken.

Als die Wesirstochter in ihr Zimmer gegangen ist, läßt sie einen heißen Backofen bringen, und kaum hat sie sich hineingestürzt, da verbrennt sie und wird zu Asche.

Diesmal beginnt der Prinz nachzudenken. „Da ist irgend etwas nicht geheuer.“ Als er an diesem Abend in Gedanken versunken in sein Haus zurückkehrt, kommt ein Greis zu ihm und sagt:

„Was ist los, mein Prinz? Ist der Kummer mein und die Wehmut dein? Was hast du? Warum bist du so in Gedanken versunken?“

Der Prinz sagt: „Ach, mein lieber Vater, wer hat solchen Kummer wie ich?“ und erzählt, was er erlebt hat.

Der Greis hört zu, hört zu und gibt ihm den Rat:

„Mein Prinz, eine Stunde vor Abendzeit gehst du zu der Tür und rufst: ‚O weh, in einer Stunde werden viele Gäste zu mir kommen. Mach mir schnell fünf bis zehn verschiedene Gerichte fertig!‘ Setz dich vor die Tür und horch hinein. Dann wollen wir einmal sehen, was drinnen vor sich geht.“

Nachdem der Greis das gesagt hat, verschwindet er. Der Prinz aber geht an die Tür der Zimmermannstochter, tut, wie ihm der Greis gesagt hat, und horcht an der Tür. Wollen wir einmal sehen, was da drinnen vor sich geht!

Die Zimmermannstochter bereitet die Speisen zu und deckt den Tisch. Sie legt Teller und Messer an Ort und Stelle. Dann läßt sie ihre Augen über den Tisch schweifen. Auf dem Tisch fehlen Salz und Pfeffer ... Sie klatscht in die Hände und ruft: „Salz und Pfeffer, kommt schnell!“

Salz und Pfeffer begannen auf dem Wandbrett um den Vortritt zu streiten. Die Zimmermannstochter wartet einmal, wartet zweimal, es kommt nichts ... Sie wird böse und ruft:

„Kommt schnell, um meines Mondvaters und meiner Sonnenmutter willen, sonst komme ich und werde euch beide mit meinem Fuß zerstampfen!“

Daraufhin kamen Salz und Pfeffer gelaufen. Der Prinz hört das an der Tür und wundert sich: Also ist dies keine Zimmermannstochter, sondern eine Peri! Nun versteht er alles.

Kaum hat er diesmal dem Mädchen zugerufen: „Öffne, um deines Mondvaters und deiner Sonnenmutter willen", da öffnet sich die Tür. Sofort ergreift der Prinz das Mädchen bei den Händen. Das Mädchen sagt:

„Wie du der Sohn eines Padischahs bist, so bin ich eine Padischahstochter. Doch wenn ich auch nur eine Zimmermannstochter wäre, ziemt es sich für dich, mich zu beleidigen und eine Nebenfrau zu nehmen?"

Aber sie verträgt sich wieder mit dem Prinzen, weil er die Namen ihres Mondvaters und ihrer Sonnenmutter erwähnt hat ...

Wieder wird vierzig Tage und vierzig Nächte Hochzeit gefeiert, und sie werden glücklich.

Sie haben das Ziel ihrer Wünsche erreicht, wir aber wollen auf den Diwan steigen.

6

Prinz Hüsnü Yusuf[1]

Es war einmal, und es war auch nicht ... In früheren Zeiten, als das Sieb noch im Stroh lag ... Ein Padischah hatte eine sehr schöne Tochter. Eines Tages war das arme Mädchen traurig und sagte das ihrer Dienerin. Die Dienerin sprach:

„Ach, meine Sultanin, ich will dir einen Stickrahmen geben. Arbeite daran, dann wirst du wieder froh sein!"

So begann die Sultanin am Stickrahmen zu arbeiten.

Eines Tages saß sie am Fenster und arbeitete am Stickrahmen. Da kam — prrr ... — ein weißer Vogel angeflogen und flog weg, sowie er die Schere erschnappt hatte. Die Sul-

[1] Hüsnü Yusuf, d. h. schön wie Yusuf (Joseph des Alten Testaments). Der Prophet Yusuf war durch seine Schönheit berühmt.

tanin sah dem Vogel verblüfft hinterher und konnte ihn gar nicht mehr vergessen.

Die Zeit verging, und als sie eines Tages wieder am Fenster arbeitete, ließ sie einmal ihre Arbeit sinken und fing an zu grübeln. Da kam derselbe Vogel, nahm diesmal den Fingerhut und entfloh.

Die Sultanin aber welkte von Tag zu Tag dahin und wurde bleicher und bleicher. Der Vogel, der da immer kam, sah keinem anderen Vogel ähnlich.

Danach vergingen wieder Tage. Die Sultanin hatte die Arbeit am Stickrahmen beendet, und als sie wiederum grübelnd am Fenster stand, kam der Vogel, nahm diesmal den Stickrahmen und flog weg.

Nun aß und trank das arme Mädchen nicht mehr. Überall wurde bekanntgegeben, daß die Sultanin krank sei, aber niemand konnte ein Mittel gegen ihren Schmerz finden. Schließlich blieb auf der Welt kein Doktor und kein Arzt mehr übrig. Zuletzt kam doch noch einer.

Die Sultanin sprach zu ihm: „Ich bin krank aus Liebe. Sagt zu meinem Vater: Eure Tochter muß allein eine Reise unternehmen, sonst wird sie nicht wieder gesund", und gab ihm einen Sack voll Gold.

Der Mann ging zu dem Padischah und sagte:

„Wenn Ihr wollt, daß Eure Tochter gesund wird, erlaubt, daß sie auf Reisen geht. Aber niemand soll bei ihr sein."

Dem Padischah tat das sehr leid, aber er ließ es um der Gesundheit seiner Tochter willen geschehen.

So nimmt die Sultanin nun alles, was gering an Gewicht und groß an Wert ist, und zieht über Berge und Felsen, durch Täler und über Hügel, sie geht monatelang und sucht überall den weißen Vogel, kann ihn aber nicht finden. Schließlich kommt sie eines Tages, vor Müdigkeit erschöpft, in eine Stadt. Mit dem Geld, das ihr verblieben ist, baut sie ein Bad und läßt in alle Himmelsrichtungen bekanntgeben:

„Jeder soll herkommen und den Kummer, den er hat, und was er erlebt hat, erzählen. Wer etwas zu erzählen hat, darf sich kostenlos in diesem Bad baden ..."

Diese Nachricht dringt überall hin. So füllt sich das Bad und leert sich wieder.

In jenem Land gab es auch einen Grindkopf. Er wohnte in einem Dorf, brachte Brennholz zur Stadt und verkaufte es.

Eines Tages hatte dieser Grindkopf wieder sein Holz verkauft und wollte in sein Dorf zurückkehren, da führte ihn sein Weg an der Stelle vorbei, wo das Bad stand. Er sah die Menschenmenge, drängte sich hinein und fragte:

„Was gibt's?"

Die Leute, die das sahen, begannen ihn zu hänseln:

„Grindkopf, was hast du für Erlebnisse gehabt, was wirst du schon erleben? Wenn du etwas erlebt oder eine Sorge hättest, könntest auch du dich in diesem Bad kostenlos baden."

Der Grindkopf kratzte sich am Kopf und machte sich auf den Weg. Am nächsten Tag erreichte er das Dorf. Er sagte zu seiner Mutter:

„Steh auf, Mutter, wir werden in die Stadt gehen, um uns zu baden."

Die Frau fuhr den Burschen grob an:

„Geht man denn zwei Tage, um ins Bad zu kommen?"

Der Grindkopf sagte:

„Mutter, in diesem Bad kann man sich kostenlos baden; statt zu bezahlen, erzählt man eine Geschichte."

Mit einem Wort, die Frau konnte ihn nicht davon abbringen. Sie sah, daß es unmöglich war, schloß sich dem Burschen an, und sie machten sich auf den Weg.

Es wurde Nacht, der Grindkopf ließ seine Mutter sich unter einen Baum legen, und er stieg hinauf. In dieser Nacht schien der Mond, alles ringsum war hell erleuchtet. Da kamen — krach-krach ... — irgendwelche Laute. Der Grindkopf glaubte, die Berge stürzen ein, und begann vor Furcht zu zittern. Plötzlich sah er, daß da vierzig Kamele ohne Herrn entlanggingen. Der Grindkopf stieg sofort leise vom Baum herab und ging hinter den Kamelen her. Schließlich kamen sie an eine Höhle. Die Kamele luden ihre Juwelenlasten ab, nachdem sie durch eine Tür getreten waren, die sich von selbst öffnete. Alles ging von allein vor sich ... Dann liefen sie hinaus und verschwanden. Als der Grindkopf ganz erstaunt dreinschaute, flogen drei Vögel herbei. Zwei blieben unten, und einer flatterte in das obere Stockwerk. Da sagte der Grindkopf: „Darin steckt irgendein Geheimnis ...“, und folgte ihm ganz heimlich. Auf einmal sah er, daß da ein Becken steht ... Der Vogel stieg hinein, flatterte einmal so, wurde zu einem Jüngling, schön wie der Vollmond, und stieg hinaus. Er öffnete ein Schubfach, holte ein Schmuckkästchen heraus, entnahm ihm eine Schere, einen Fingerhut und einen Stickrahmen, küßte das alles und weinte.

„Ach, meine Sultanin, wo bist du? Dein Palast ist schwarz angestrichen. Schon seit sechs Monaten sind alle Leute im Haus in Trauer ...“

Nachdem er eine Zeit weinend gesprochen hatte, legte er die Schere, den Fingerhut und den Stickrahmen wieder auf ihren Platz, wurde zu einem Vogel, machte „prrr ...“ und flog weg. Der Grindkopf wunderte sich über das alles ...

Da sieht er, daß es Morgen wird. Sofort ging er zu seiner Mutter und hieß sie aufstehen. Sie machten sich wieder auf den Weg und gingen in die Stadt. Aber der Grindkopf ließ seiner Mutter gegenüber nichts von dem verlauten, was er in der Nacht beobachtet hatte ...

Sie kamen ins Bad und sahen, daß wie jeden Tag ein fürchterliches Gedränge und ein Auflauf herrschte ... Schließlich fanden sie auch eine Gelegenheit, sich hineinzudrängen, und begannen sich auszuziehen. Die Sultanin erblickte sie hinter einem Gitter und sagte:

„Wartet einmal, habt ihr etwas zu erzählen? Bevor ihr das nicht erzählt habt, könnt ihr euch nicht waschen.“

Die arme Frau sagte: „Ach, meine Tochter, was werden wir schon für Kummer haben ... Wenn nur nicht dieser Sohn wäre ...“, und begann zu erzählen, was sie von dem Grindkopf zu erdulden hatte.

Das Mädchen sagte:

„Das ist doch kein Kummer, aber weil du von weither kommst, wasch dich!“

Die Frau freute sich sehr und fuhr fort, sich auszuziehen. Die Sultanin aber wandte sich an den Grindkopf:

„He, Grindkopf, was hast du für Kummer?“

„Jeder nennt mich Grindkopf, und keiner gibt mir seine Tochter“, sagte er.

Auf diese Worte des Grindkopfs hin lachte sie seit Monaten zum ersten Mal wieder. Sie ließ den Grindkopf neben sich Platz nehmen. Da sagte er:

„Sieh einmal, Herrin, ich werde dir etwas erzählen, hör nur zu ...“

So begann der Grindkopf alles zu erzählen, was er in jener Nacht erlebt hatte. Die Mutter aber fällt dem Sohn immer wieder ins Wort:

„Meine Tochter, glaub es nicht, es ist alles Lüge ... Wenn etwas gewesen wäre, hätte ich es nicht gehört? Wir waren zusammen ... er lügt.“

Aber was der Grindkopf erzählt hatte, hatte der Sultanin gefallen, und sie hörte zu. Der Grindkopf erzählte und erzählte, und als er gerade erzählte, daß er drei Vögel gesehen habe und daß der eine von ihnen weiß gewesen sei, da machte die Sultanin „plumps“ und fiel ohnmächtig zu Boden.

Von allen Seiten liefen sie herbei, um die Sultanin wieder zu sich zu bringen, und die Mutter schlug den Grindkopf mit dem Holzpantoffel und sagte:

„Du sollst erblinden! Was hast du getan, was hast du der Herrin gesagt, daß sie ohnmächtig umgefallen ist?“

Jedenfalls brachten sie die Sultanin wieder zu sich. Kaum war sie zu sich gekommen, da sagte sie:

„Grindkopf, wo bist du stehengeblieben? Erzähle, was dann kam!“

Der Grindkopf erzählte es ... Als er sagte, daß der Vogel in das Becken hineingestiegen war, sich geschüttelt hatte und zu einem schönen Jüngling geworden war, daß er dann aus einem Schubfach eine Schere, einen Fingerhut und einen Stickrahmen hervorgeholt habe, fiel die Sultanin wieder ohnmächtig um. Die Mutter des Grindkopfs schlägt und beschimpft ihn von neuem ... Aber sie brachten die Sultanin wieder zu sich. Kaum hatte sie die Augen geöffnet, da flehte sie den Grindkopf an:

„Ach, Grindkopf, das Bad soll dir gehören! Bring mich dorthin, wo du den Vogel gesehen hast!“

Um so besser für den Grindkopf ... Schließlich hörte die Mutter auf, ihren Sohn zu schlagen, als sie von dieser Wohltat der Sultanin hörte, verstand aber nichts von alledem ...

Die Sultanin und der Grindkopf machten sich auf den Weg. Als sie zu der Höhle kamen, ließ der Grindkopf die Sultanin dort und kehrte um. Es wurde Nacht. Die Sultanin fürchtete sich in der Dunkelheit schrecklich, rührte sich aber nicht von der Stelle.

Da erschien eine Kamelkarawane, aber da war weder ein Kameltreiber noch irgend etwas anderes ... Die Kamele warfen ihre Lasten von sich ab, ließen sie dort und gingen. Danach verstrich eine Zeit, und — prrr ... — flogen drei Vögel herbei und ließen sich nieder. Zwei von ihnen blieben unten, und der weiße flog hinauf. Die Sultanin eilte ihm nach ... Sie versteckte sich hinter der Tür. Der Vogel ging in ein goldenes Becken hinein und wurde zu einem schönen Jüngling. Dann öffnete er die Schublade, holte ein goldenes Schmuckkästchen heraus, und als er weinend klagte: „Ach, meine Sultanin, wo bist du? Seit sechs Monaten ist dein Palast schwarz angestrichen", sagte das Mädchen: „Hier bin ich", und stürzte hervor.

Der Jüngling lief zu ihr, und sie fielen einander in die Arme. Sie setzten sich und unterhielten sich bis zum Morgen. Als es begann hell zu werden, sagte der Jüngling:

„Ach, meine Sultanin, man darf dich hier nicht sehen. Ich bin der Sohn eines Padischahs. Am siebenten Tag nach meiner Geburt haben mich Peris aus dem Wochenbett[1] gestohlen. Seit der Zeit trauern meine Eltern. Mein Land ist neun Monate von hier entfernt. Ich bringe dich auf meinem Rükken dorthin. Im Palast öffnen sie niemandem die Tür, aber wenn du sagst: Um Prinz Hüsnü Yusufs willen, öffnet!, werden sie dir öffnen. Wenn wir ein Kind haben werden, nennst du es Bahtiyar."

Dann nahm er das Mädchen auf seinen Rücken, wurde wieder zu einem Vogel und flog davon ... sie flogen und flogen ... sie flogen einen Monat, fünf Monate, neun Monate. Schließlich kamen sie in ein Land. Der Prinz beschrieb dem Mädchen das Haus, machte „prrr ..." und flog fort.

Das Mädchen kam müde und erschöpft zum Palast. Sie

[1] Ein der Wöchnerin für die Zeremonie am siebenten Tage nach der Geburt hergerichtetes Bett.

klopfte an der Tür, aber wie sehr sie auch flehte und bettelte, man öffnete die Tür nicht. Als sie schließlich sagte: „Um Prinz Hüsnü Yusufs willen, öffnet!“, regte es sich in dem Palast, und es entstand ein riesiges Durcheinander. Man lief und benachrichtigte die Sultanin. Die Sultanin weinte und sagte:

„Seit zwanzig Jahren kommt zum ersten Mal jemand ans Tor und nennt den Namen meines Sohnes. Öffnet dem armen Mädchen ... Macht in der Strohscheune einen Platz zurecht, sie soll dort wohnen.“

Das arme Mädchen richtete sich ein. Am Tage versieht sie den Dienst, und nachts legt sie sich dort nieder. Aber sie wird von dem Gesinde auf alle mögliche Art gequält, doch läßt sie alles über sich ergehen.

Eines Nachts bekam sie Wehen und brachte einen Knaben zur Welt. Da sagte die Sultanin:

„Er fürchtet sich vielleicht, gebt ihm eine Dienerin bei!“ Sie gaben ihm eine taube Dienerin. Als es Nacht war, sang das Mädchen dem Kleinen ein Schlaflied:

„Die Krone meines Vaters, des Padischahs,
ist aus Diamanten.
Der Herzensschmerz, was ist das für ein großer
Schmerz,
Selbst der Arzt Lokman, er kann nicht helfen!

O weh, mein Bahtiyar, du hast mich getötet,
Meinen Leib, der wie eine Rose war,
Hast du zum Welken gebracht.“

Gerade da klopfte es an das Fensterglas — tick-tick. Ein weißer Vogel kam und sagte:

„Schläft mein Bahtiyar? Er soll schlafen, er soll schlafen, Rosen sollen ihn einhüllen!“

Ohne noch etwas zu sagen, flog er wieder — prrr — hinweg.

Am nächsten Tag kam die Dienerin zur Sultanin und sagte:

„Ach, meine Herrin, dieses Mädchen hat in der Nacht mit irgend jemandem über irgend etwas gesprochen. Wer weiß, wer das war? Wir wollen sie hinauswerfen!“

Die Sultanin sagte: „Wir wollen einmal sehen, wer er ist und mit wem sie spricht. Das wollen wir schon richtig herausfinden“, und gab dem Mädchen diesmal eine Dienerin bei, die tat, als sei sie stocktaub.

Die Dienerin stellte sich schlafend und horchte, was das Mädchen sang.

„Die Krone meines Vaters, des Padischahs,
ist aus Diamanten.
Der Herzensschmerz, was ist das für ein großer
Schmerz,
Selbst der Arzt Lokman, er kann nicht helfen!

O weh, mein Bahtiyar, du hast mich getötet,
Meinen Leib, der wie eine Rose war,
Hast du zum Welken gebracht.

Auf meinen Stickrahmen hat sich ein Vogel
gesetzt.
Mein Herz ist entbrannt, es hat sich verblutet ...
Heilung für meinen Schmerz hat der
Grindkopf gefunden.

O weh, mein Bahtiyar, du hast mich getötet,
Meinen Leib, der wie eine Rose war,
Hast du zum Welken gebracht.“

Als das Mädchen das Wiegenlied sang, kam — prrr ... — ein Vogel an und sagte: „Schläft mein Bahtiyar? Er soll schlafen, er soll schlafen, Rosen sollen ihn einhüllen!“ und flog fort.

Als die Dienerin dies alles gehört hatte, konnte sie nicht verstehen, was das sein sollte, und konnte bis zum Morgen nicht einschlafen.

Am Morgen ging sie weinend zu der Sultanin und sagte:

„Ach, Sultanin, ich kann nicht sagen, mit wem das Mädchen in der Nacht gesprochen hat. Geht Ihr und horcht!“

Es wurde Nacht. Die Sultanin und der Padischah verbargen sich hinter der Tür und lauschten. Das Mädchen begann wieder zu singen:

„Die Krone meines Vaters, des Padischahs,
ist aus Diamanten.
Der Herzensschmerz, was ist das für ein großer
Schmerz,
Selbst der Arzt Lokman, er kann nicht helfen!

O weh, mein Bahtiyar, du hast mich getötet,
Meinen Leib, der wie eine Rose war,
Hast du zum Welken gebracht.

Auf meinen Stickrahmen hat sich ein Vogel
gesetzt.
Mein Herz ist entbrannt, es hat sich verblutet ...
Heilung für meinen Schmerz hat der
Grindkopf gefunden.

O weh, mein Bahtiyar, du hast mich getötet,
Meinen Leib, der wie eine Rose war,
Hast du zum Welken gebracht!

Die Strohscheune ist mein Palast geworden,
Meine tauben Dienerinnen haben mich
geschlagen.

Schlaf, mein Bahtiyar, du hast mich getötet,
Meinen Leib, der wie eine Rose war,
Hast du zum Welken gebracht."

Aus den Augen des Padischahs kamen Tränen, und er sagte zu der Sultanin:

„Sie ist die Tochter eines Padischahs. Ihr habt die Arme wohl sehr gequält."

Da klopfte es — tick-tick — an das Glas, und ein Vogel kam.

Er sagte: „Schläft mein Bahtiyar? Er soll schlafen, er soll schlafen, Rosen sollen ihn einhüllen! Haben es meine grausamen Eltern noch nicht gehört? Haben sie dich noch nicht in das Wochenbett und meinen Sohn in eine goldene Wiege gelegt?" und flog — prrr ... — davon.

Der Padischah und die Sultanin gerieten außer sich und gingen hinein. Jetzt hatten sie alles verstanden, aber wie kann man den Vogel in die Hand bekommen? ... Jedenfalls nahm der Padischah das Kind, die Sultanin die Braut und brachten sie hinauf. Das Schlafzimmer des Sohnes, das zwanzig Jahre verschlossen gewesen war, wurde geöffnet, gereinigt, und sie legten das Mädchen in das Wochenbett und das Kind in die goldene Wiege.

Es kam die nächste Nacht, und der Vogel flog wieder in die Strohscheune. Er sah, daß da niemand war, und sagte:

„Ach, haben sie sie hinausgeworfen? Oder sind sie in den Palast umgezogen?"

Er ging in den Palast hinein und geradewegs in sein Schlafzimmer. Er zog sein Vogelkleid aus und wurde zu einem Jüngling. Das Mädchen und das Kind aber schliefen, und er begann sie zu liebkosen. Gerade in dem Augenblick kamen seine Eltern herein, und als sie sahen, daß ihr Sohn das Vogelkleid abgelegt hatte, ergriffen sie sofort die Hülle und wollten sie ins Feuer werfen. Da sagte der Jüngling:

„Ach, wartet, sonst verliert ihr mich ganz! Wenn ihr mich retten wollt, dann entzündet morgen auf dem Berg dort ein großes Feuer und werft meine Hülle hinein. Aber vorher müßt ihr jede Stelle im Palast ganz fest verschließen, so daß nicht einmal ein Nadelöhr offenbleibt. Vierzig weiße und vierzig schwarze Sklavinnen sollen klagen: Prinz Hüsnü Yusuf hat sich ins Feuer gestürzt! Dann werden alle Peris, soviel es auch gibt, sich in das Feuer stürzen, um mich zu retten. Und ich werde vor ihnen gerettet sein."

Am nächsten Tag entzündeten sie, wie der Prinz gesagt hatte, ein großes Feuer auf dem Berg und warfen die Hülle hinein. Während die vierzig weißen und die vierzig schwarzen Sklavinnen klagten: „Prinz Hüsnü Yusuf hat sich ins Feuer gestürzt", schritten sie klagend um das Feuer. Die Peris kamen alle nacheinander herbei und stürzten sich in das Feuer und verbrannten prasselnd. So wurde der Prinz vor den Peris gerettet.

Die gute Nachricht erreichte die Eltern des Mädchens, und sie kamen auch. Sie machten vierzig Tage und vierzig Nächte Hochzeit. Sie lebten glücklich bis an ihr Lebensende.

Sie haben das Ziel ihrer Wünsche erreicht, und wir wollen auf den Diwan steigen ...

7

Der schwarze Lala

Es war einmal, und es war auch nicht .... In früheren Zeiten, als das Sieb noch im Stroh lag, da hatte ein Padischah drei Töchter. Für alle war die Zeit zu heiraten vorbei, niemand hatte sie nehmen wollen. Zu der ältesten Tochter sagte eines Tages ihr Lala:

„Meine Tochter, sieh, deine Jugend vergeht, aber niemand ist gekommen und hat um dich geworben. Komm, ich will dich an einen bestimmten Ort bringen. Du siehst ihn dir an, und wenn es dir dort gefällt, bleibst du dort. Wenn es dir aber nicht gefällt und du nicht dortbleiben willst, komme ich und hole dich zurück."

Das Mädchen sagte: „Gut."

Sie stiegen in eine Kutsche ein und machten sich auf den Weg. Sie fuhren und fuhren, sie fuhren durch Täler und über Hügel, und als sie sich einmal umsahen, merkten sie, daß sie erst einen Weg so lang wie eine Packnadel zurückgelegt hatten. Schließlich kamen sie an ein vornehmes Haus und stiegen aus der Kutsche aus. Die Tür des Hauses öffnete sich von selbst, und sie traten ein. Der Lala sagte zu dem Mädchen:

„Meine Tochter, stell dich hinter die Tür, dann wirst du sehen, was hier vor sich geht ... Morgen komme ich wieder. Wenn es dir hier gefällt, lasse ich dich hier, wenn du aber nicht bleiben willst, hole ich dich zurück."

Dann bestieg er die Kutsche und kehrte in den Palast zurück, das Mädchen aber versteckte sich hinter der Tür und wartete. Inzwischen verging die Zeit. Da ertönte ein schepperndes Geräusch, das immer näher kam und schließlich vor dem Palast verstummte. Da öffneten sich die Türen von allein — klapp-klapp. Was sieht das Mädchen auf einmal? Eine Kamelkarawane mit einem Esel an der Spitze kommt herein, aber niemand führt sie an. Die Kamele laden ihre Lasten ab, und die Karawane zieht wieder hinaus, wie sie gekommen ist ... Das Mädchen aber zitterte hinter der Tür vor Furcht wie Espenlaub.

So wartete sie dort voller Angst bis zum Abend ... Da kam der Abend heran. Als es dunkelte, öffnete sich die Tür wieder von selbst. Das Mädchen sah einen Neger hereinkommen, mit der einen Lippe auf der Erde und der anderen am Himmel, zwei Vögel und ein Gewehr in der Hand. Als das Mädchen dies sah, fiel sie vor Schreck ohnmächtig zu Boden. Als sie wieder zu sich kam, merkte sie, daß es Morgen geworden war. Kurze Zeit darauf erschien der Lala und sagte:

„Meine Tochter, hast du vor zu bleiben?“

Sie antwortete:

„Ach, mein lieber Lala, ich bin vor Furcht vergangen, bring mich von hier weg!“

Der Lala sagte: „Gut“, nahm das Mädchen und brachte es zum Palast.

Am nächsten Morgen sagte er zu dem mittleren Mädchen:

„Komm, heute will ich dich mitnehmen!“

Das Mädchen war auch einverstanden. Sie fuhren und fuhren durch Täler und über Hügel. Als sie sich einmal umsahen, merkten sie, daß sie erst einen Weg, so lang wie die Gerste hoch ist, zurückgelegt hatten. Wieder kamen sie an denselben Palast und hielten an. Die Tür öffnete sich von selbst, und sie traten ein. Der Lala ließ das Mädchen hinter der Tür, sagte: „Ich komme morgen früh“, und ging. Soll das Mädchen dort warten...

Es ertönte ein schepperndes Geräusch. Kamele kamen und luden ihre Lasten ab, aber keiner führte sie... Das Mädchen zitterte vor Furcht wie Espenlaub... Da wurde es Abend, und ein Neger kam herein, mit der einen Lippe auf der Erde und der anderen am Himmel, in der einen Hand seine Vögel, in der anderen ein Gewehr. Das mittlere Mädchen fiel auch vor Angst ohnmächtig zu Boden. Als sie wieder zu sich kam, merkte sie, daß es Morgen geworden war. Da kam der Lala und fragte:

„Meine Tochter, hast du vor zu bleiben oder mitzukommen?“

Das Mädchen flehte:

„Ach, mein lieber Lala, ich bin vor Furcht vergangen, bring mich von hier weg!“

Der Lala nahm das Mädchen und brachte es in den Palast.

Am nächsten Tag sagte das jüngste Mädchen:

„Lala, was kann schon geschehen, bring mich auch dorthin ..."

So sehr der Mann versuchte, sie davon abzubringen: „Meine Tochter, deine beiden Schwestern sind gegangen und unverrichteterdinge wieder zurückgekehrt. Ich will dich jetzt hinbringen, aber morgen wirst auch du zurückkehren ...", das Mädchen hörte nicht auf zu flehen: „Ach, mein lieber Lala, laß mich doch ...", und überredete schließlich den Lala dazu, sie hinzubringen ... Sie bestiegen die Kutsche und machten sich auf den Weg ...

Während sie fahren und fahren und durch Täler und über Hügel kommen, finden sie den Palast ... Sie steigen aus der Kutsche und gehen hinein. Der Lala läßt das Mädchen hinter der Tür und geht ... Danach verstreicht eine Zeit, und es erhebt sich ein Getöse: eine Kamelkarawane ... Die Tür öffnet sich von selbst. Die Kamele kommen herein, laden ihre Lasten ab und lassen — bim-bim — ihre Glöckchen ertönen und gehen zurück, aber niemand führt sie ... Das Mädchen steht eine Zeitlang da und langweilt sich. Schließlich kommt sie hervor und streift durch den ganzen Palast. Sie sieht, daß alles voll Staub und Sand ist. Sie sucht alle Ecken und Winkel ab und findet einen Besen. Sie putzt und fegt das ganze Haus, wischt überall Staub und macht alles blitzsauber. Dann geht sie in die Küche, kocht Essen und macht Süßspeisen. Sie deckt auch den Tisch, denn es war Abend geworden ... Wieder verbirgt sie sich hinter der Tür. Als es zu dunkeln beginnt, öffnet sich die Tür von selbst. Ein Neger kommt herein, die eine Lippe auf der Erde und die andere am Himmel, mit zwei erlegten Vögeln und einem Gewehr in der Hand. Was sieht er da? Das ganze Haus ist geputzt, gefegt, das Essen fertig, und die Speisen sind aufgetragen. Da erkennt der Neger, der schwarze Lala, alles. Er geht dahin, wo das Mädchen ist, und sagt:

„Gut gemacht, meine Tochter! Vor dir sind deine beiden älteren Schwestern gekommen, und denen war vor Schreck die Galle geplatzt. Du hast alles saubergemacht und das

Essen gekocht ... So bist du die Tochter des Hauses. Jeden Tag wirst du die Arbeit verrichten und dich hier hinsetzen."

Dann kocht er einen der Vögel und gibt ihn dem Mädchen zu essen. Nachdem sich das Mädchen sattgegessen hat, gibt er ihr noch ein Glas Fruchtsaft zu trinken. Kaum hat sie den getrunken, da versinkt sie in tiefen Schlaf ...

So vergehen nun die Tage: Jeden Abend kam der schwarze Lala, kochte einen der Vögel und gab ihn dem Mädchen zu essen, gab ihr ein Glas Fruchtsaft zu trinken und versetzte sie in Schlaf ...

Eines Tages hat das Mädchen wieder das Haus geputzt und gefegt, das Essen gemacht und sich hingesetzt. Da klopfte es an der Tür.

Das Mädchen lief hin und öffnete. Da sah sie, daß es ihr Lala war, der sie in diesen Palast gebracht hatte. Als das Mädchen das sieht, fordert sie ihn auf:

„Tritt ein, mein lieber Lala!"

Der Lala sagt:

„Ich werde nicht eintreten, meine Tochter. Deine älteren Schwestern haben sich Kleider machen und auch für dich eins nach demselben Schnitt nähen lassen. Du brauchst nur den Schneider zu bezahlen."

Das Mädchen sagt:

„Gut, mein lieber Lala. Wieviel Lira kostet es?"

„Zehn Lira."

„Gut, komm morgen und hol es!"

Daraufhin geht der Lala. Ein Gedanke beherrscht das Mädchen: Woher soll sie denn nur das Geld nehmen? Sie weint und fällt tränenüberströmt in Ohnmacht. Es wird Abend, der schwarze Lala kommt, und was sieht er da? Das Mädchen liegt ohnmächtig auf der Erde. Sofort besprengt er sie mit Wasser und bringt sie wieder zu Bewußtsein.

Er fragt:

„Meine Tochter, was ist dir zugestoßen?"

Sie erzählte alles: Ihr sei es soundso ergangen.

Der schwarze Lala sagt:

„Sorge dich nicht, meine Tochter, wir werden einen Ausweg finden!"

Jeden Abend nämlich, nachdem das Mädchen eingeschlafen war, kam der Prinz dieses Palastes. Der schwarze Lala gab ihm den zweiten Vogel zu essen und legte den Prinzen neben das Mädchen ... Das Mädchen weiß von nichts.

Der schwarze Lala gibt dem Mädchen wieder satt zu essen und Fruchtsaft zu trinken. Das Mädchen fällt in Schlaf. Der Prinz kommt. Der schwarze Lala gibt auch ihm satt zu essen. Dann, als sich der Prinz die Hände wäscht, gießt ihm der schwarze Lala drei Tropfen Wasser zuviel auf die Hände. Da sagt der Prinz:

„Ich stehe zu Diensten, mein lieber Lala!"

Der schwarze Lala berichtet vom Kummer des Mädchens. Der Prinz sagt:

„Meine Sultanin soll keinen Kummer haben ... Nimm diesen Holzhammer, schlag auf die kleine Schublade, hol einen Beutel Gold heraus und bring ihn der Sultanin, damit sie ihn ihrem Lala gibt!"

Der schwarze Lala schlägt mit dem Hammer auf die kleine Schublade und nimmt einen Beutel Gold heraus. Am nächsten Morgen gibt er ihn dem Mädchen.

Das Mädchen räumt wieder das Haus auf und bringt es in Ordnung. Die Tür klappt, und ihr Erzieher kommt. Das Mädchen bringt schnell den Beutel herbei und sagt:

„Nimm, mein lieber Lala!"

Der Erzieher nimmt den Beutel voll Gold und geht.

Danach vergeht einige Zeit. Eines Tages klopft es wieder an der Tür.

Das Mädchen läuft hin und öffnet. Da sieht sie, daß es wieder der Lala ist, der sagt:

„Mein Kind, deine Mutter und deine Schwestern wollen dich sehen. Sie wollen kommen, um dich und ihren Schwiegersohn und Schwager zu sehen."

Das Mädchen antwortet:

„Gut, mein lieber Lala! Ich werde es meinem Gebieter sagen. Ich werde morgen sagen, an welchem Tag sie kommen sollen."

Der Lala geht.

Das Mädchen beginnt zu weinen. „Was soll ich jetzt tun?" Sie weint ununterbrochen und fällt ohnmächtig hin. Am Abend kommt der schwarze Lala und sieht, daß das Mädchen ohnmächtig ist. Er bespritzt sie sofort mit Wasser und läßt sie an Zitronen riechen, da kommt das Mädchen zu sich.

Der schwarze Lala sagt:

„Was ist dir zugestoßen, meine Tochter?“

Das Mädchen erzählt, was sie mit ihrem Lala besprochen hat.

Der schwarze Lala sagt:

„Ach, meine Tochter, das ist etwas schwierig, aber mach dir keine Sorgen, wir werden unbedingt einen Ausweg finden!“

Er gibt dem Mädchen satt zu essen und zu trinken. Als das Mädchen eingeschlafen ist, kommt der Prinz. Der schwarze Lala gibt auch ihm satt zu essen. Als sich der Prinz die Hände wäscht, gießt ihm der schwarze Lala drei Tropfen Wasser zuviel auf die Hände. Da sagt der Prinz:

„Ich stehe zu Diensten, mein lieber Lala, was gibt es?“

Der schwarze Lala wiederholt, was die Sultanin gesagt hatte.

Der Prinz sagt:

„Nimm diese Keule und geh und schlag auf das große Schubfach! Zimmerleute sollen kommen und den ganzen Palast in Ordnung bringen. Das Haus soll von oben bis unten ausgestattet und eingerichtet werden. Vierzig weiße und vierzig schwarze Sklavinnen sollen die Speisen auftragen. Die Sultanin soll ein Kleid tragen, das nicht mit der Nadel genäht und nicht mit der Schere zugeschnitten ist ... Das Kleid, das ihre Schwestern geschickt haben, soll sie der Dienerin an der Tür geben ... Sie soll sagen: Mein Prinz ist unterwegs.“

Es wird Morgen. Als die Sultanin erwacht, was sieht sie da? Sie sieht, daß das Haus ausgestattet und eingerichtet ist, die Tische vorbereitet sind und vierzig weiße Sklavinnen in dem Haus umhergehen. Der schwarze Lala bringt dem Mädchen das Kleid. Das Mädchen zieht es an: es ist voll von Juwelen ... Die Dienerinnen umringen sie und sagen: „O, Sultanin!“ Auf die Ermahnung des schwarzen Lala hin läßt sie das Kleid, das ihre Schwestern geschickt haben, die Dienerin an der Tür anziehen.

Als schließlich ihr früherer Lala kommt, um sich Bescheid zu holen, antwortet sie:

„Sie sollen heute kommen!"

Schließlich bereiten sie alles vor, denn im ganzen Haus wird Besuch sein. Da klappt die Tür, und die Mutter und die Schwestern des Mädchens erscheinen. Die Türen öffnen sich: „Tretet ein, tretet ein!" Die Mädchen halten die Dienerin an der Tür für ihre Schwester und fallen ihr um den Hals, doch da erkennen sie, daß es die Dienerin ist ... Dann wenden sie ihre Augen nach oben, zum oberen Treppenabsatz, und was sehen sie da? Dort steht ihre Schwester mit einer schwarzen und einer weißen Dienerin am Arm, von Diamanten und Juwelen bedeckt. Als die Mädchen sie so sehen, vergehen sie vor Neid. Die Mutter sieht, wie es ihrer Tochter geht, und freut sich. Das Mädchen empfängt sie mit den Worten: „Bitte, tretet ein", und bringt sie in ein großes Fremdenzimmer. So kommt die Mittagszeit heran. Sie sagt:

„Meine liebe Mutter, mein Prinz ist unterwegs, so werde ich euch ehrenvoll empfangen. Gestattet mir nachzusehen, wie sie den Tisch gedeckt haben."

Sie geht hinab, und was erblickt sie da? Von den zwei Truthähnen, die auf den Tisch gestellt worden waren, hat den einen eine große schwarze Katze geholt ... Das Mädchen läuft hinterher. Die Katze läuft, und das Mädchen auch ... Da springt die Katze von einer Mauer hinab, das Mädchen hinter ihr her ... Auf einmal sieht sie: Da ist ein Teich, daneben steht ein großes Bett, in dem ein schlanker, ranker Jüngling mit einer Frau liegt. Neben ihnen in einem Bett ein Kind ... Die Sonne hatte darauf geschienen, das Gesicht des Kindes ist schweißbedeckt. Sofort nimmt sie ein perlenbesticktes Tuch von ihrer Brust und legt es dem Kind aufs Gesicht ... Da war die Katze verschwunden, wie kann man nur ihre Spur finden ... Sie kehrt unverrichteterdinge zurück. Da sieht sie plötzlich, daß der Truthahn auf dem Tisch wieder auf seinem Platz steht ... Jene Katze war niemand anderes als der schwarze Lala. Um das Mädchen an den Teich zu bringen, war er zu einer schwarzen Katze geworden und hatte den Truthahn geholt ... Sofort geht das Mädchen zu ihrer Mutter. Sie setzen sich dort hin.

Sollen sie warten, daß das Essen fertig wird, wir wollen in jenen Garten gehen ...

Der Jüngling, der dort lag, war nämlich der Prinz des Mädchens, und die Frau neben ihm die Tochter des Peri-Padischahs ... Sie erwacht und sieht, daß ihr Kind ein perlenbesticktes Tuch auf dem Gesicht hat. Da versteht sie alles, weckt den Prinzen und sagt: „O mein Prinz, also hast du eine Sultanin in deinem Palast und hast sie vor mir verborgen?... Bisher warst du mein, jetzt ist mein Glück dahin, ab heute gehörst du ihr", nimmt ihr Kind und fliegt davon.

Da schickt der Prinz Nachricht in den Palast, daß die Sultanin sagen soll, der Prinz sei von der Reise zurückgekehrt ... Das ganze Haus gerät in Aufregung. Es wird Musik gemacht, und der Prinz fährt in einer Kutsche mit vier Pferden vor, die Sultanin empfängt ihn am Tor und sagt: „Tritt ein, mein Prinz!" Sie erkennen, daß es ein Jüngling ist, schön wie der Vollmond ... Als ihre Schwestern sehen, wie schön er ist, kommen sie vor Neid fast um, aber was nützt es, kann man die verpaßte Gelegenheit wiederbringen? Schließlich essen alle fröhlich ihre Speisen. Danach sagt der Prinz:

„Meine liebe Mutter, ich will unserem Vater Nachricht schicken, er soll kommen und uns trauen."

Sie schickten ihm Nachricht. Der Padischah kommt. Sie machen vierzig Tage und vierzig Nächte Hochzeit. Sie haben das Ziel ihrer Wünsche erreicht, und wir steigen auf den Diwan ...

8

Tschember-Tiyar

Es war einmal, und es war auch nicht. Allah hat viele Diener. Vieles Sprechen ist ja eine Sünde.

Irgendwann hatte ein Padischah drei Töchter ... Zeit kommt, Zeit vergeht, die älteste Tochter wurde von dem Sohn eines Wesirs gefreit, und man hatte sie ihm gegeben. Kurz darauf gab man auch die mittlere Tochter dem Sohn eines anderen Wesirs.

Eines Tages kamen die beiden Mädchen ihren Vater besuchen. Sie hatten ein Pferd, das sie sehr liebten. Das fraß nichts anderes als Rosinen. Das jüngste Mädchen nahmen sie auch mit, um diesem Pferd Rosinen zu geben. Das Pferd fraß die Rosinen nicht, die ihm die beiden älteren Mädchen gaben. Es fraß nur, wenn es das jüngste Mädchen fütterte.

Am nächsten Tag gaben die Mädchen dem Pferd wieder Rosinen, aber es fraß nicht die Rosinen der beiden Mädchen, sondern nur die des jüngsten Mädchens. Wenn dieses Mädchen an ihm vorbeiging, hielt das Pferd es mit dem Maul fest. Die anderen Mädchen erschraken und flohen. Wenn das Pferd mit dem jüngsten Mädchen allein im Stall war, schüttelte es sich, und es wurde zu einem fünfzehnjährigen Jüngling, der zu dem Mädchen sagte:

„Heirate keinen, heirate nur mich!"

Sie lagen sich beide in den Armen.

Zeit kommt, Zeit vergeht, viele Wesire und reiche Männer warben um das Mädchen.

Das Mädchen sagte: „Nein, ich werde nur das Pferd meines Vaters nehmen", und heiratete nicht.

Weil sie die Lieblingstochter des Padischahs war, sagte er: „Diese Tochter soll zu Hause bleiben."

Er gab dem Mädchen auch das Lieblingspferd.

Eines Tages war in dem Land Hochzeit. Die Männer des ältesten und des mittleren Mädchens bestiegen auch Pferde und ritten auf den Plan, um ein Reiterspiel zu spielen. Diese Mädchen prahlten immer vor ihrer jüngsten Schwester:

„Geh, Schmutzfink! Du hast das Pferd geheiratet, und was hast du davon? Sieh einmal, wie schön unsere Männer sind!"

Plötzlich erschien ein Jüngling auf einem roten Pferd, rot gekleidet und mit einem roten Stock. Er schlug jene Schwiegersöhne und rang sie nieder, hetzte alle Leute auf dem Plan aufeinander und verschwand wieder ...

Als die Mädchen am nächsten Tag wieder vor ihrer jüngsten Schwester prahlten, erschien ein Jüngling auf einem weißen Pferd, weiß gekleidet und mit einem weißen Stock. Er hetzte alle Leute aufeinander, und als alle fragten: „Heda, wer ist denn dieser Jüngling?", riß dem jüngsten Mädchen die Geduld, und sie sagte:

„Ach, ihr Dummköpfe, das war doch mein Verlobter!"

Dann ging sie in den Pferdestall und verbrannte das Pferdekleid des Jünglings, denn die Zauberkraft des Jünglings lag in dieser Kleidung. Er hatte zu dem jüngsten Mädchen gesagt: „Verrate niemandem etwas von dem, was du gesehen hast!" und sie streng gewarnt. Als nun die Kleidung brannte, drang der Geruch davon sofort dem Jüngling auf dem Plan in die Nase. Der Jüngling wurde zu einer Taube und flog zu dem Mädchen:

„O weh, meine Schöne", sagte er, „du hast mir das Schlimmste angetan, was du mir antun konntest! Nun kann ich nicht mehr hierbleiben. Auf Wiedersehen! Du kannst mich dort suchen, wo deine Eisenschuhe durchlöchert und dein Eisenstab gebogen sind, unter dem Namen Tschember-Tiyar."

Dann flog er fort.

Das Mädchen weinte und klagte, aber was nützt es? ... Was geschehen ist, ist geschehen, es läßt sich nicht mehr ändern ... Sie sagte ihrem Vater, daß er ein Paar eiserne Schuhe und einen Eisenstab anfertigen lasse, und machte sich auf den Weg.

Sie ging und ging, sie ging durch Täler und über Hügel, sie ging sechs Monate und einen Herbst lang ... Sie kam zu einer Quelle. Auf einmal bemerkte sie dort, daß ihr Eisenstab gebogen und ihre Eisenschuhe durchlöchert waren. Da setzte sie sich hin und sah plötzlich, daß ein Mädchen herbeilief, um Wasser zu holen. Das Mädchen sagte zu ihr:

„Geh zurück, geh zurück! ... Tschember-Tiyar ist von weither zurückgekommen, bald werde ich ihm Wasser bringen."

Das Mädchen verstand, daß Tschember-Tiyar dort ist ... Sie bat das Mädchen um Wasser aus ihrer Kupferkanne, um zu trinken. Als das Mädchen es nicht gab, sagte sie: „Um Tschember-Tiyars willen!" Sie erhielt das Wasser, und als sie trank, ließ sie in das Gefäß den Ring von ihrem Finger fallen.

Als Tschember-Tiyar Wasser trank, fiel ihm der Ring in den Mund, und er erkannte ihn.

Er fragte:

„Mädchen, wer war an der Quelle?"
Als sie antwortete: „Niemand", befahl er:
„Sprich die Wahrheit! Wer war da?"
Da sagte sie:
„Eine Bettlerin war dort."
Sofort ging Tschember-Tiyar zur Quelle, verwandelte das Mädchen in einen Apfel, steckte ihn in seine Tasche und ging nach Hause. Das Haus war das Haus von Devs[1]. Die Devs riefen von überall her:
„Es riecht nach Menschenfleisch!"
Tschember-Tiyar aber sagte:
„Schwört, daß ihr es nicht fressen werdet, dann hole ich es heraus!"
Die Devs sagten: „Der große Krug soll über unseren Köpfen zerspringen!" Das war ihr schwerster Eid.
Der Jüngling aber zog das Mädchen heraus und sagte:
„Sie wird eure Hausarbeiten verrichten."
Als Tschember-Tiyar am nächsten Tag weggegangen war, wollten die Devs sie fressen, aber sie hatten ja geschworen.
Die Mutter der Devs sagte zu dem Mädchen: „Also, ich gehe jetzt weg. Fege dieses Zimmer und fege es auch nicht, fege und fege es auch nicht!" Und ging fort.
Das Mädchen begann zu weinen. „Mein Gott, soll ich fegen? Soll ich nicht fegen?" ... Da kam Tschember-Tiyar und sagte:
„Meine Mutter und alle Verwandten wollen dich fressen, und um ihren Eid brechen zu können, sprechen sie so. Fege das Zimmer und häufe den Schmutz in der Mitte an. Wenn meine Mutter kommt, schiebe den Schmutz mit einem Fuß hierhin und mit dem anderen dorthin und verstreue ihn rundum und setze dich in die Mitte!"
Das Mädchen tat, was er gesagt hatte. Die alte Devfrau kam.
„Ach, du elendes Balg, du Hure! Das ist nicht dein Werk, das ist Tschember-Tiyars Werk", sagte sie.
Diesmal schickte die Devfrau das Mädchen zu ihrer Nachbarin, sie um ein Sieb zu bitten, damit sie sie fressen konnte.

[1] Dev — Dämon, riesiger Geist.

Sie wollte Tschember-Tiyar nämlich seine Kusine zur Frau geben. Das Mädchen fürchtete sich und begann zu weinen. Da kam Tschember-Tiyar und sagte:

„Geh zu jenem Haus, öffne die geschlossene Tür und schließe die offene! Gib das Fleisch, das vor dem Pferd liegt, dem Hund, und das Gras, das vor dem Hund liegt, dem Pferd! Eine Devfrau wird zu dir herauskommen, die hat ihre Brüste über die Schultern geworfen und arbeitet an einem Stickrahmen ... Häng dich sofort an ihre Brüste und trink, bitte um ein Sieb, nimm es und komm her, ohne dich umzusehen!"

Das Mädchen tat, was ihm gesagt worden war. Sie brachte das Sieb und gab es hin.

Die Devfrau sagte:

„Ach, du elendes Balg, du Hure! Das ist nicht dein Werk, das ist Tschember-Tiyars Werk!"

Sie gab dem Mädchen einen riesigen Kessel in die Hand und sagte:

„Du wirst ihn bis zum Abend mit Tränen füllen!"

Das Mädchen weinte und weinte ... Es sammelte sich nicht einmal ein Tropfen von einer Träne an. Tschember-Tiyar kam wieder und sagte:

„Füll Wasser in den Kessel und wirf Salz hinein!"

Das Mädchen füllte Wasser ein und warf Salz hinein.

Die Devfrau kam und sah, daß der Kessel voll war. Sie kostete und stellte fest, daß es salzig war.

„Ach, du elendes Balg, du Hure! Das ist nicht dein Werk, das ist Tschember-Tiyars Werk", sagte sie. Sie gab dem Mädchen einen sehr großen Sack in die Hand und sagte:

„Fülle ihn mit Federn und bringe ihn her!"

Als das Mädchen weinte und sich fragte: „Wo soll ich so viele Federn finden?", kam Tschember-Tiyar und sagte:

„Geh zu dem und dem Berg! Darüber fliegen zahllose Vögel hinweg. Sag: Berge und Steine, fliegende Vögel! Tschember-Tiyar hat Hochzeit, werft euren Flaum und eure Federn ab und fliegt weiter!"

Das Mädchen ging und sagte so. Die Vögel warfen alle ihre Federn ab und zogen weiter. Das Mädchen füllte den Sack und brachte ihn. Da sagte die Devfrau wieder:

„Ach, du elendes Balg, du Hure! Das ist nicht dein Werk, das ist Tschember-Tiyars Werk!"

Am nächsten Tag sollte Tschember-Tiyar heiraten. Das Mädchen hatte man an einen Pfahl im Brautzimmer gebunden, ihr auf die zehn Finger zehn Kerzen gesteckt und ihr auf den Kopf eine größere Kerze gestellt ...

Tschember-Tiyar sah, daß das Mädchen brannte. Sofort band er sie los, band an ihrer Stelle die Tochter des Devs an, steckte ihr die Kerzen auf die Finger und setzte ihr eine Kerze auf den Kopf. Er sagte dem Mädchen:

„Auf, nimm einen Kamm, ein Stück Seife und eine Kanne Wasser und laß uns fliehen!"

Sie nahmen das alles und machten sich auf den Weg.

Als sie ein großes Stück Wegs zurückgelegt hatten, fragte Tschember-Tiyar:

„Mädchen, sieh dich um, kommt da Staub?"

Das Mädchen sagte:

„O weh, mein Lieber, er kommt schneller als wir voran."

„O weh, dann wirf den Kamm hin!"

Da warf das Mädchen den Kamm hin, und hinter ihnen entsteht auf der ganzen Erde eine Dornenhecke. Die Devs können sich nur mit Mühe und Not, die Hände und Füße wund, von den Dornen losmachen. Wieder holen sie sie ein. Tschember-Tiyar fragt:

„Mädchen, sieh dich um, kommt da Staub?"

Als sie antwortet: „O weh, mein Lieber, er kommt schneller als wir voran", sagt er: „Wirf die Seife hin!"

Als sie die Seife hingeworfen hat, wird hinter ihnen alles zu Seife. Die Devs laufen durch sie hindurch, obwohl ihre Füße dauernd ausrutschen und die Seife in ihren Wunden brennt. Sie holen sie wieder ein.

Diesmal werfen sie die Kanne hin, da wird hinter ihnen alles zu Wasser. Die Devs schwimmen — platsch-platsch — hindurch. Als der Bursche sieht, daß sie näherkommen, verwandelt er das Mädchen sofort in einen Garten, und er selbst wird zu einem tauben Gärtner. Als die Devs kommen und fragen: „Ist hier ein Bursche mit einem Mädchen vorbeigelaufen?", tut Tschember-Tiyar, als verstünde er nicht:

„Ich gieße erst seit kurzem den Garten, ich gieße erst seit kurzem den Garten ..."

„Ach, wir fragen dich nicht nach dem Garten! Ist hier ein Bursche mit einem Mädchen vorbeigelaufen?"

Er antwortet:

„Es ist noch unreif, mein Vater ... es ist noch unreif, es ist noch nichts ..."

Da lassen sie ihn in Ruhe und gehen fort.

Der Bursche aber holt das Mädchen zu sich, und sie laufen weiter. Da sehen sie, daß die Devs kommen. Sofort verwandelt der Bursche das Mädchen in einen Baum, er aber wird zu einer großen Schlange und windet sich um den Baum. Diesmal erkennen ihn die Devs.

Sie sagen:

„Laß den Baum los, Tschember-Tiyar, wir wollen dieses Mädchen töten!"

Er läßt nicht los. Da brechen die Devs dem Baum einen Ast ab und gehen weg. Sofort läßt die Schlange los.

Als er fragt: „O weh, meine Schöne, was haben sie dir abgebrochen?", antwortet sie: „Fürchte dich nicht! Sie haben mir meinen kleinen Finger abgebrochen."

Da sehen sie, daß die Devs wiederkommen. Sofort werden sie zu einem Strauß Rosen und fliegen dem Padischah in die Arme. Es war gerade Winter ... Da kommen die Devs zu dem Padischah. Der Padischah fürchtet sich und fragt:

„Was wollt ihr? Sprecht euren Wunsch aus ..."

Da antworten die Devs:

„Deine Gesundheit!"

Als er sagt: „Meine Gesundheit nützt euch nichts. Was wollt ihr?", verlangen sie: „Wir wollen deinen Speichel haben!"

Als er sagt: „Mein Speichel nützt euch nichts, wünscht euch etwas", wünschen sie: „Wir wollen die Blumen in deiner Hand haben!"

Der Padischah antwortet: „Nun, wenn ihr meint, daß ich der Blumen, die mir in dieser strengen Kälte in die Hände geraten sind, nicht wert bin, dann nehmt sie!" und wirft sie ihnen hin. Sie werden zu Hirsekörnern und kullern auseinander.

Ein Dev wird sofort zu einer Glucke und sammelt die Hirsekörner einzeln auf.

Die Devs sagten: „Nun haben wir die beiden getötet", und gehen. Aber unter dem Mantel des Padischahs waren zwei Hirsekörner übriggeblieben. Als jene Devs gegangen waren, schütteln sie sich heraus und werden zu einem Mädchen und einem Burschen. Sie erzählen dem Vater des Mädchens, was sie erlebt haben, und der Padischah verheiratet sie miteinander.

Sie essen und trinken und haben das Ziel ihrer Wünsche erreicht.

9

Der Eselskopf

Es war einmal, und es war auch nicht. In früheren Zeiten lebte ein Bauer mit reinem Herzen. Er hatte nur eine Frau, aber keine Kinder.

Als dieser Mann eines Tages pflügte, wurde er müde und dachte: O Herr, gib mir Nachkommen, dann kann ich mich im Alter ausruhen, legte seinen Pflug hin und seufzte:

„Uff!"

Da erschien ein Neger und sagte:

„Was willst du, Bruder Bauer?"

Er antwortete:

„Allah hat mir keine Nachkommenschaft gegeben, da wurde ich traurig, und deshalb habe ich geseufzt."

Der Neger holte einen Apfel aus seiner Tasche und sagte:

„Nimm diesen Apfel und iß die eine Hälfte, die andere Hälfte soll deine Frau essen. Dann wird euch Allah Nachkommenschaft geben."

Sprach's und verschwand.

Der Bauer begann wieder zu pflügen, und ihm wurde warm.

„Kann man von einem Apfel ein Kind bekommen? Dann will ich ihn essen", sagte er und aß den ganzen Apfel.

Danach vergingen neun Monate.

Als er eines Tages wieder pflügte, verspürte er Stiche im Leib. Er hockte sich hin, um auszutreten, und da kam ein großer Eselskopf heraus.

Der Mann wunderte sich, er grub und grub und grub den Eselskopf dort ein. Er lief geschwind nach Hause und sagte zu seiner Frau:

„Weib, wenn ich dir erzähle, was ich erlebt habe, wirst du staunen!"

„Was ist denn geschehen, lieber Mann?" fragte seine Frau, und er erzählte:

„Vor neun Monaten hat mir ein Derwisch einen Apfel gegeben und gesagt, daß wir davon ein Kind bekommen werden. An dem Tag ist mir warm geworden, und ich habe den Apfel gegessen. Heute habe ich Stiche im Leib verspürt und mich hingesetzt, und kommt da nicht ein Eselskopf heraus! Ich wußte nicht, was ich tun sollte. Ich habe sofort einen Platz für ihn ausgehoben und ihn vergraben."

Als seine Frau sagte: „Das hast du gut gemacht, lieber Mann", ruft der Eselskopf: „Ich bin hier, lieber Vater!"

Die Eheleute begannen zu überlegen, was sie nun tun sollten. Der Mann sagt:

„Lege dieses Ding in Windeln und wickle es in irgend etwas ein, und ich werde gehen und es in das Meer hineinwerfen."

Er geht und wirft den Eselskopf in das Meer. Der Mann kommt nach Hause und sagt zu seiner Frau:

„Vielen Dank, meine liebe Frau, wir sind gerettet, ich habe den Eselskopf ins Meer geworfen."

Plötzlich sehen sie, daß der Eselskopf von Wasser triefend in einer Ecke sitzt.

„Ach, Frau, was sollen wir bloß tun? Das ist unser Verhängnis."

Sie richten ihm im Schrank einen Platz her und lassen ihn auf einem Kissen sitzen.

Im Märchen vergeht die Zeit schnell, da wird der Eselskopf achtzehn, zwanzig Jahre alt. Eines Tages öffnet er die Tür des Schrankes und sagt:

„Mutter, ich will heiraten!"

Seine Mutter antwortet:

„Mein Sohn, wer wird dir ein Mädchen geben?"
Er aber sagt:
„Geh und freie für mich um die Tochter des Padischahs!"
Seine Mutter fragt:
„Mein Sohn, bist du noch bei Sinnen, wird uns der Padischah wohl seine Tochter geben?"
Der Eselskopf aber beharrt darauf. Er holt ein Bündel aus dem Schrank und sagt:
„Nimm, was darin ist, und zieh es an, gehe und freie um die Tochter des Padischahs!"
Da öffnet die Frau das Tuch und sieht, daß Pelze, Wäsche, Kleider, alles vorhanden ist. Vor der Tür aber steht ein Wagen. Die Frau zieht sich an und schmückt sich, besteigt den Wagen und fährt zum Padischah.
„Ich komme, auf Allahs Geheiß für meinen Sohn um die Sultanin zu bitten", sagt sie. Der Padischah mustert die Frau von oben bis unten und sagt:
„Ich habe eine einzige Tochter, ich will sie nicht weit weggeben. Laßt meinem Haus gegenüber einen für meine Tochter geeigneten Palast bauen, richtet ihn ein und stattet ihn aus, danach gebe ich meine Tochter deinem Sohn."
Die Frau steht auf und geht. Sie erzählt:
„Mein Sohn, der Padischah hat soundso gesagt."
Die Frau legt sich hin und schläft, und als sie am Morgen aufstehen, sehen sie, daß dem Palast des Padischahs gegenüber ein sehr schöner Palast gebaut worden ist. Sie lassen ihn innen einrichten und ausstatten. Der Bursche sagt zu seiner Mutter:
„Nun gehe zum Padischah und sage, daß der Palast gebaut ist, aber daß wir auch eine Bedingung stellen: Mein Sohn wird nachts kommen und frühzeitig gehen, das Haus soll leer sein, es soll niemand im Haus sein, außer der Sultanin soll niemand meinen Sohn sehen!"
Die Frau geht zum Padischah und nennt die Bedingungen des Sohnes. Der Padischah entgegnet: „Sehr gut, sehr gut", und ist einverstanden.
Sie machen keine große Hochzeitsfeier, damit niemand den Schwiegersohn sieht. Sie kleiden die Braut an, schmükken sie und führen sie in den Palast. Die Ausrufer rufen

aus. Die Dienerinnen und Mägde ziehen sich in ihre Zimmer zurück. Die Mutter legt den Eselskopf auf ein Tablett, deckt ein Handtuch darüber, geht und setzt es der Sultanin ins Zimmer. Die Sultanin sitzt, wartet einen Augenblick, wartet noch etwas, der Bräutigam kommt nicht. Da sagt sie:

„Man hat etwas zu essen hergestellt, davon will ich essen."

Als sie das Handtuch hebt, was sieht sie da? Einen Eselskopf.

Sofort stürzt sich der Eselskopf auf die Erde, schüttelt sich einmal, und da wird er zu einem Jüngling, schön wie der Vollmond. Er sagt: „Fürchte dich nicht, meine Sultanin", und legt den Arm um sie. „Wenn du mich willst, zeig mich niemandem, sage dieses mein Geheimnis keinem, dann werden wir beide glücklich sein!"

Es wird Morgen. Die Sultanin hat den Jüngling sehr gern. Der Jüngling wird wieder zu einem Eselskopf, die Sultanin geht hinaus und befiehlt den Dienerinnen:

„Alle sollen sich in ihre Zimmer zurückziehen."

Der Eselskopf rollt — holterdiepolter — die Treppe hinab.

Inzwischen vergehen Monate. Jeder platzt vor Neugier, was das wohl für ein Schwiegersohn ist.

Die Sultanin hatte eine einäugige Kinderfrau, die verbirgt sich unter der Treppe, um diesen Schwiegersohn zu sehen.

Es wird Abend, und als der Eselskopf — holterdiepolter — ankommt, erblickt ihn die Kinderfrau. Da fängt sie an zu jammern:

„O weh, die Sultanin ist hereingefallen, wie kann sie mit diesem Eselskopf zusammenleben?"

Der Eselskopf sagt: „Nun hast du mich doch verraten! Siehst du, ich gehe", und verschwindet.

Die Sultanin weint, schlägt sich vor Verzweiflung an den Kopf, kann aber nichts ändern. Sie schreibt einen Brief an ihren Vater:

„Mein lieber Vater, ich habe den Bräutigam verloren, ich habe ihn erbost und werde ihn suchen, bis ich ihn finde. Laß auf dem Berg ein Bad erbauen; in dieses Bad soll jedermann kommen und seinen Kummer erzählen."

Der Padischah befiehlt, und auf dem Hügel wird ein schönes Bad gebaut. Die Sultanin trägt Schwarz und setzt sich in das Bad.

„Jedermann soll kommen und erzählen, was er erlebt hat, und sich kostenlos in dem Bad baden", läßt sie durch einen Ausrufer überall verkünden.

Bauer und Städter, alle strömen sie in das Bad. Sie hört sich an, was jeder erlebt hat, diejenigen aber, die erzählt haben, baden sich und gehen wieder fort.

Am Rande eines Dorfes gab es einen grindköpfigen armen Burschen mit seiner Mutter. Der Grindkopf sagt zu seiner Mutter:

„Liebe Mutter, wir wollen auch gehen und uns in jenem Bad baden."

Seine Mutter antwortet:

„Wir haben nichts zu erzählen, wie sollen wir da gehen?"

„Wir werden uns eben etwas ausdenken", sagt er.

Die Mutter sagt:

„Wenn es so ist, dann schnell, bring eine Last Holz vom Berg, wir wollen unsere Wäsche waschen und morgen hingehen!"

Als der Sohn das Licht des Mondes erblickte, glaubte er, daß es Morgen sei, erhob sich und ging in den Wald. Während er das Holz zurechtmachte, sah er plötzlich: Zwei Menschen mit vierzig Maultieren kommen ihm entgegen. Die Männer kleben mit den Rücken aneinander. Der Bursche steigt auf den Wipfel eines Baumes und sagt:

„Ich habe die Geschichte gefunden, die ich der Sultanin zu erzählen habe."

Die Männer beginnen das Holz zu spalten. Der eine spaltet es, und der andere lädt es den Maultieren auf. Als das Holz alle ist, machen sie sich auf den Heimweg. Der Bursche läuft hinter dem letzten Maultier her, faßt es am Schwanz, und sie gehen weiter. Unter der Erde öffnet sich eine Tür, die Maultiere schreiten hindurch, und der Grindkopf geht auch hindurch. Die Maultiere verschwinden, und die Tür schließt sich. Der Bursche sieht lange Reihen von Kesseln, in denen Essen kocht. Er öffnet einen der Deckel, um etwas davon zu essen. Plötzlich dringt eine Stimme an sein Ohr:

„Iß nicht, bevor der Besitzer gegessen hat!“

Der Bursche erschrickt und schließt den Deckel des Kessels. Er sieht hierhin und dorthin, und während er sagt: „Was soll ich machen, o Allah?“, sieht er ein Zimmer, zu dem man über drei, vier Treppenstufen hinaufsteigt. Er steigt die Treppe hinauf, öffnet die Tür des Zimmers und tritt ein. Was sieht er da? In der Mitte des Zimmers steht ein Becken, ein schön ausgestattetes und eingerichtetes Zimmer, der Tisch ist fertiggedeckt. Der Bursche sagt: „Jetzt kommt bestimmt gleich jemand hierher.“ Er verbirgt sich irgendwo auf dem Schrank.

Auf einmal sieht er, — holterdiepolter — kommt ein Eselskopf, geht in das Wasserbecken, schüttelt sich und wird zu einem schönen Jüngling. Er ißt die Speisen auf dem Tablett nicht, sondern legt sie, so wie sie sind, auf ein Wandbrett. Dort ißt der Grindkopf die Speisen, bindet ein Hosenbein zu und füllt das übrige Essen hinein.

Da sieht der Grindkopf, daß eine Taube herbeifliegt, in das Becken geht, sich badet, sich schüttelt und zu einem wunderschönen Mädchen wird. Sie geht zu dem Jüngling und fragt:

„Mein Herr, mein Sultan, weshalb bist du traurig, warum lachst du nicht?“

„Ich bin traurig, laß mich“, erwidert der Eselskopf.

Der Grindkopf beobachtet sie bis zum Morgen. Am Morgen taucht das Mädchen ins Becken ein, wird zu einer Taube und fliegt weg. Der Jüngling wird zu einem Eselskopf, geht hinaus und verschwindet. Der Grindkopf steigt wieder hinab. Er hört die Maultiere, läuft zu ihnen und hält sich am Schwanz des hintersten Maultieres fest und gelangt hinaus. Er nimmt einen Arm voll Holz und geht zu seiner Mutter.

Seine Mutter wartete und wartete auf den Grindkopf und sorgte sich sehr.

Der Grindkopf sagt:

„Ach, liebe Mutter, ich habe eine sehr schöne Geschichte gefunden, die ich der Sultanin erzählen kann.“

Sie stehen auf und gehen ins Bad, und die Sultanin sagt:

„Komm, Grindkopf, ich bin gespannt, was du gehört und gesehen hast.“

Der Grindkopf erzählt:

„Als ich gestern früh den Mond sah, dachte ich, es sei Morgen, und ging nach Holz.“

Da sagt die Sultanin:

„Oh, Grindkopf, du riechst so! Geh etwas weg und erzähle von dort aus!“

Da sagt er:

„Hinter vierzig Maultieren waren zwei miteinander verbundene Männer. Sie haben Holz gehackt, ich aber bin hinter einem Maultier hergegangen und mitgelaufen. Ich bin an einen unterirdischen Ort gekommen, da kochten Kessel. Ich öffnete den Deckel des einen, da ertönte eine Stimme: ‚Iß nicht, bevor der Besitzer gegessen hat!‘ Dort habe ich ein Zimmer gesehen, bin hineingegangen, und in der Mitte steht ein Wasserbecken.“

Als er fortfuhr: „Ein Eselskopf kam“, sagte die Sultanin:

„Ach, Grindkopf, komm etwas näher und erzähle!“

„Ich versteckte mich auf einem Wandbrett, der Eselskopf ging ins Becken und wusch sich, da wurde er zu einem wunderschönen Jüngling. Plötzlich kam eine Taube, die schüttelte sich und wurde ein wunderschönes Mädchen. Das Mädchen flehte den Jüngling an und sagte: ‚Sieh mich an!‘ Er aber antwortete: ‚Laß mich, ich bin traurig!‘ Bis zum Morgen habe ich sie beobachtet, am Morgen stieg das Mädchen in das Wasserbecken, wurde eine Taube und flog fort, der Jüngling aber wurde zu einem Eselskopf und verschwand auch. Ich ging aus dem Zimmer und bin gleich hergekommen, nachdem ich mich einem Maultier an den Schwanz gehängt hatte.“

Die Sultanin sagte:

„O Grindkopf! Dieses Bad soll dein sein, ich werde dir so viel Geld geben, wie du wünschst, bring mich dorthin!“

„Gut“, erwidert der Bursche.

Am Morgen stehen sie früh auf, sie klettern in den Wipfel jenes Baumes, die zusammengeklebten Männer kommen und spalten das Holz.

Nun sagt der Bursche:

„Auf, meine Sultanin, faßt dieses Maultier am Schwanz und geht!“

Das Mädchen tut, was der Bursche sagt, sie tritt auch in jenes Zimmer und versteckt sich auf dem Wandbrett.

Der Eselskopf kommt, badet sich im Wasser, schüttelt sich und wird zu einem Jüngling. Der Jüngling beginnt zu überlegen. Da sieht er, daß eine Taube herbeifliegt, die Taube sich auch schüttelt und zu einem Mädchen wird. Die Taube beginnt den Burschen anzuflehen. Sie bittet:

„Mein Prinz, was hast du für Kummer, erzähle es mir!"

Der Jüngling sagt:

„Laß mich in Ruhe!"

Als es zu dämmern beginnt, fliegt die Taube davon. Der Bursche sieht das Mädchen, läßt es von dem Wandbrett herabsteigen und sagt:

„Mich hat die Tochter des Königs der Vögel gefangengenommen, nun wollen wir überlegen, wie wir uns aus ihren Händen erretten können. Du läßt aus Draht einen Käfig anfertigen, so daß wir beide hineinpassen. Die Drähte sollen alle als Dornen nach außen stehen, und wir beide wollen in den Käfig hineingehen. Die Sultanin der Vögel wird Soldaten schicken, um uns zu zerstückeln, aber die Vögel, die gegen die Dornen fliegen, werden sterben. Schließlich wird die Sultanin selbst kommen, und wenn wir auch sie töten können, retten wir uns."

Das Mädchen tut, was der Jüngling sagt, geht in den Käfig hinein und wartet auf den Eselskopf. Der Eselskopf kommt, schüttelt sich und wäscht erst seine Haut ab. Dann kommt er in den Käfig und beginnt, sich mit dem Mädchen zu vergnügen.

Die Vögel, die das sehen, gehen hin und erzählen das der Königin. Sie aber schickt eine Abteilung Soldaten und befiehlt:

„Haut den Burschen und das Mädchen in Stücke!"

Die Vögel kommen und machen einen Überfall auf den Käfig, aber alle werden zerrissen und stürzen auf den Boden.

Danach kommt die Königin selbst. Sie sieht, daß der Prinz ein Mädchen umarmt, das noch schöner ist als sie selbst, und beginnt auch zu flattern, fliegt gegen die Drähte an, wird gleichfalls zerrissen und stirbt.

Sie verlassen den Käfig und gehen in ihr Haus. Das Mädchen schenkt dem Grindkopf das Bad und eine Satteltasche mit Gold. Die beiden gehen geradewegs zu ihrem Vater und küssen ihm die Hand.

Das Mädchen sagt:

„Mein lieber Vater, da bringe ich dir deinen Schwiegersohn!"

Nun ist der Bursche kein Eselskopf mehr, sie machen vierzig Tage und vierzig Nächte lang Hochzeit. Der Jüngling brachte auch seine Eltern und setzte sie auf einen Ehrenplatz des Hauses. Der Bauer mit dem guten Herzen lebt nun sein Leben in Freuden dahin.

Sie haben das Ziel ihrer Wünsche erreicht, wir wollen auch unser Ziel erreichen ...

10

Die Tochter des Holzfällers

Es war einmal, und es war auch nicht ... Es war einmal ein armer alter Holzfäller, der hatte eine Frau und eine Tochter. Dieser Holzfäller schlug Holz im Wald und verkaufte es. Davon lebten sie.

Eines Tages hatte er wieder Holz gefällt, auf seinen Rükken geladen und ging zur Stadt. Er war müde und legte seine Last auf einen Stein, setzte sich nieder, lehnte sich an einen Felsen und seufzte tief „Uff". Da rückte der Stein von der Stelle, und vor dem Alten pflanzte sich ein Neger auf, die eine Lippe auf der Erde und die andere am Himmel. Er sagte zu dem Holzfäller:

„Ich heiße Uff. Du hast mich gerufen, was wünschst du?"

Der Alte sagte:

„Ich habe dich nicht gerufen, ich war müde und habe nur uff gesagt."

Der Neger wurde böse:

„Du hast mich ohne Grund von meinem Platz aufstehen lassen, so werde ich dich essen!"

Der Holzfäller bekam Angst und begann zu flehen:

„Iß mich bloß nicht, ich will dir auch geben, was du willst!"

Der Neger sagte:

„Ich werde dir kein Leid antun, aber nur unter einer Bedingung: Den ersten Menschen, der dir zu Haus entgegenkommt, wirst du mir bringen!“

Der Alte versprach dies aus Angst, stand auf und machte sich auf den Weg nach Hause. Als er die Tür öffnete, kam ihm seine Tochter entgegen. Sowie der Mann seine Tochter sah, begann er zu weinen.

Seine Frau und seine Tochter wollten den Grund wissen und fragten, weshalb er weine.

Der arme Mann erwiderte: „Wie sollte ich denn nicht weinen?“ und erzählte, was er erlebt hatte.

Das Ehepaar klagte eine Zeitlang, das Mädchen wurde auch traurig, aber was soll sie machen? Um ihre Eltern zu retten, stimmte sie zu und tröstete:

„Seid nicht traurig! Ich werde oft kommen, um euch zu besuchen, oder ihr kommt und besucht mich.“

Am nächsten Tag nahm der Holzfäller das Mädchen und brachte es an denselben Felsen, an dem er am Tage zuvor war. Der Neger wußte, daß sie kommen, und gleich rückte der Felsen von der Stelle. Nachdem der Neger das Mädchen an der Hand gefaßt hatte, zog er sie unter den Felsen hinunter. Hier war es dunkel wie in einer Höhle... Als sich die Augen des Mädchens an die Dunkelheit gewöhnt hatten, sah sie, daß sie oben an einem Treppenabsatz standen. Der Neger hielt das Mädchen an der Hand und führte sie die Treppe hinab. Sie kamen in einen Flur, auf den viele Zimmer führten. Der Neger sagte:

„Ich habe dich auf Allahs Geheiß von deinem Vater weggeholt. Nun bist du die Herrin dieses Hauses. Da hast du die Schlüssel von allen Zimmern. Du kannst öffnen, welche du willst, und sie betreten. Aber öffne nicht die Tür am Ende des Flures. Hier ist außerdem noch der Schlüssel des Gartens. Wenn du dich langweilst, kannst du hinausgehen und dort spazieren.“

Verwundert betrachtete das Mädchen diesen riesigen Palast. Der Neger aber war verschwunden.

Das Mädchen öffnete die Zimmer nacheinander und begann im Palast umherzuschlendern. Wenn sie sich langweilte, lief sie in den Garten hinaus. Aber dennoch ging ihr das Zimmer nicht aus dem Sinn, von dem der Neger gesagt hatte, daß sie es nicht betreten solle, und sie grübelte, was wohl darin sei ... Eine Woche hielt sie es aus, aber schließlich konnte sie ihre Neugier nicht mehr bezähmen. Sie sagte: „Komme, was wolle", und öffnete das Zimmer. Was sah sie da? Im ganzen Zimmer Menschenknochen, Leichen, von denen das Fleisch in Fetzen herabhing, am Boden Blutflecke. Als das arme Mädchen das alles sah, stieß sie einen Schrei aus, schloß die Tür und floh, aber obwohl sie floh, wich ihre Angst nicht. Sie suchte einen Menschen, dem sie dieses Geheimnis anvertrauen konnte.

Als der Neger am Abend nach Hause kam, sagte das Mädchen zu ihm:

„Ich möchte gern Vater und Mutter sehen, bring sie mir!"

Der Neger sagte:

„Gut, morgen werde ich deine Mutter herbringen."

Am nächsten Tag kam die Mutter des Mädchens. Sie lagen sich in den Armen, und die Mutter fragte:

„Wie ist es, meine Tochter, ist es hier schön?"

Das Mädchen blickte zur Seite, und als sie den Neger nicht sah, begann sie zu erzählen, was sie in jenem geheimen Zimmer gesehen hatte. Während das Mädchen erzählte, verdrehte ihre Mutter auf einmal die Augen, so daß das Weiße hervorleuchtete. Da sagte das Mädchen:

„Ach, Mutter, tu das nicht, deine Augen ähneln denen des Negers!"

Als das Mädchen zu Ende gesprochen hatte, schüttelte sich die Mutter einmal und wurde zu dem Neger. Er sagte zu dem Mädchen:

„Zieh dich schnell aus, jetzt werde ich dich verschlingen!"

Das Mädchen begann zu weinen und zu flehen, aber der Neger hatte kein Erbarmen. Als sie sah, daß Weinen und Flehen keinen Zweck hatte, bat sie:

„Wenn es so ist, erlaube mir, ins Bad zu gehen, mich zu reinigen und eine religiöse Waschung zu vollziehen, dann kannst du mich verspeisen."

Der Neger war einverstanden und sagte:

„Gut, geh, aber komm schnell zurück! Ich werde an der

Tür des Bades warten. Denke nicht, daß du heimlich fliehen kannst, ich finde dich, auch wenn du am Ende der Welt bist!"

Das Mädchen machte sich fertig und ging ins Bad. Sie zog sich aus, ging hinein und setzte sich in eine Ecke. Die Badeverwalterin sah, daß sich alle wuschen, in einer Ecke aber eine Frau saß, die sich weder badete noch unterhielt, sondern lautlos vor sich hinweinte, und sie trat zu ihr und fragte:

„Frau, was hast du für Kummer? Was weinst du?"

Das Mädchen wollte es zuerst nicht sagen, aber als die Badeverwalterin in sie drang, begann sie zu erzählen, was sie erlebt hatte. Die Badeverwalterin versank in tiefes Nachdenken und sagte dann:

„Weine nicht, Frau, ich habe einen Ausweg gefunden! Wir werden jetzt eine meiner Dienerinnen aus dem Bad losschicken und zwei bis drei Ellen Leinwand, etwas Pech und auch etwas Watte besorgen lassen. Wir werden nach deiner Figur eine Form aus der Leinwand schneiden, Pech darauf streichen und die Watte aufkleben. Dann ziehst du diese Kleidung an und wirst ganz entstellt aussehen. In dieser Gestalt kannst du das Bad verlassen, woran soll dich dann dein Mann erkennen?... Danach möge dir Allah gnädig sein..."

Sie schickte sofort eine ihrer Dienerinnen los, und die brachte die Sachen, die sie sich ausgedacht hatten. Sie schnitten nach der Figur des Mädchens eine Form zu, bestrichen sie mit Pech, beklebten sie mit Watte und zogen dem Mädchen diese Hülle an. Die Badeverwalterin gab dem Mädchen einen Stock in die Hand und sagte:

„Nimm diesen Stock in die Hand, und geh gebeugt wie ein altes Weib! In diesem Aufzug kann dich der Neger nicht erkennen, da kannst du hinausgehen und dich davonmachen. Vorwärts, das Glück sei mit dir!"

Das Mädchen verließ das Bad, nachdem sie getan hatte, was die Badeverwalterin gesagt hatte, und ging davon...

Wollen wir nach dem Neger sehen: Es wurde Abend. Als er merkte, daß seine Frau nicht herauskam, schlug er mit der Keule, die er in der Hand hatte, einmal zu, zertrümmerte die Tür des Bades, durchsuchte und durchstöberte alle Ecken und Winkel, das Mädchen jedoch ist verschwunden.

Er wurde böse, geriet außer sich und sagte: „Eines Tages werde ich dich doch in die Hand bekommen, dann weiß ich, was ich mit dir tun werde", und ging.

Dort aber lief und lief das Mädchen, sie wanderte durch Täler und über Hügel, sie ging sechs Monate und einen Herbst lang... Sie kam an den Saum eines Waldes. Sie war so ermüdet, daß sie sagte:

„Ich will mich hier ein bißchen hinlegen und mich etwas ausruhen."

Sie streckte sich nieder und schlief ein. Plötzlich erwachte sie von einem Geräusch und sah, daß sie von zehn, fünfzehn Reitern umringt war. Das war nämlich der Padischah jenes Landes mit seinem Gefolge. Sie waren in den Wald gezogen, um zu jagen. Der Padischah fragte die, die um ihn herumstanden:

„Was ist das wohl für ein weißes Geschöpf?"

Die Leute sahen und sahen hin und sagten:

„Das muß wohl ein weißer Affe sein, mein Padischah."

Dieses weiße, gefiederte Tier gefiel dem Padischah sehr, und er sagte:

„Komme, was da wolle, ich werde es mit in den Palast nehmen!"

Sie nahmen das Mädchen und brachten es in den Palast. Als sie durch die Tür traten, rief der Padischah seiner Mutter zu:

„Sieh, Mutter, ich bringe hier ein Federtier, das soll dir Gesellschaft leisten!"

So heißt es nun Federtier unten und Federtier oben ... Das Mädchen gewöhnte sich an den Palast und lief in dem Palast frei umher...

Eines Tages wollte der Padischah wieder auf die Jagd gehen. Seine Mutter setzte sich hin, um ihm mit eigener Hand Gebäck zuzubereiten. Das Federtier ging auch zu dem Teigbrett, nahm von dem Teig und wollte Gebäck machen. Da wurde die Sultanin böse und rief:

„Weg mit deinen schmutzigen Händen, laß das!"

Da kam auch der Padischah dorthin und sagte zu seiner Mutter:

„Laß, Mutter, soll es auch etwas backen und dann wieder gehen!“

Das Mädchen begann Gebäck zu machen... Da zog sie den Ring vom Finger und steckte ihn heimlich in den Teig. So wurde der Teig fertig, und sie wollten ihn in den Ofen schieben, aber das Gebäck des Federtiers wollte man nicht backen.

Da flehte der Padischah wieder seine Mutter an:

„Es wäre schade, habt Mitleid und backt auch seinen Teig!“

Das Gebäck wurde gebacken. Sie bereiteten dem Padischah die Wegzehrung, warfen aber das Backwerk des Federtieres beiseite. Irgendwie jedoch gelang es dem Mädchen, ohne daß es jemand sah, ihr Gebäck zu dem anderen zu legen.

Der Padischah zog auf die Jagd. Am Ufer eines Gewässers rasteten sie und setzten sich, um ihre Wegzehrung zu essen. Plötzlich kam dem Padischah — kling — etwas zwischen die Zähne. Der Padischah holte es vorsichtig heraus und sah, daß es ein Ring war, und zwar in dem Gebäck, das das Federtier gebacken hatte. Er sagte niemandem von seinem Gefolge etwas davon. Als sie das Essen beendet hatten, gab er sofort den Befehl, in den Palast zurückzukehren ...

Sie kamen zum Palast. Der Padischah ging zu seiner Mutter und sagte:

„Auf Allahs Geheiß heirate ich das Federtier.“

„Bist du verrückt, mein Sohn, das ist kein Mensch, das ist ein Tier oder so etwas, ein seltsames Geschöpf... Kann man so etwas heiraten?“ entgegnete die Sultanin.

Der Padischah zeigte den Ring, den er in dem Gebäck gefunden hatte, aber seine Mutter war trotzdem nicht einverstanden.

Da sagte der Padischah:

„Wenn ihr nicht für mich um das Federtier freit, sterbe ich vor Kummer.“

Da die Sultanin keinen Ausweg fand, war sie einverstanden und sagte:

„Nun gut, wir wollen um das Tier freien! Aber wenn wir einmal nicht da sind, beobachte es in seinem Zimmer, was es ißt und trinkt, und was es tut, ob es ein Tier oder ein Mensch ist. Dann werden wir es besser erkennen."

Eines Tages paßte der Padischah die Zeit ab und beobachtete sie durch das Schlüsselloch. Er sah, daß das Federtier sich nicht hinlegte, sondern das Federkleid, das es anhatte, abwarf und daß ein Mädchen, schön wie der Vollmond, zum Vorschein kam. Der Padischah lief fort und rief seine Mutter. Sie betraten beide das Zimmer des Mädchens und fragten, was das zu bedeuten habe. Das Mädchen erzählte nacheinander, was es erlebt hatte — so wie ich es euch erzählt habe. Dann sagte sie:

„Jener Neger wird alles versuchen, was in seiner Macht steht, um meine Spur zu finden. Er kann in allen möglichen Gestalten auftreten. Nehmt nichts von draußen, ohne es mir zu zeigen!"

Der Padischah gab sein Wort.

Es wurde überall bekanntgemacht, daß ein Fest von vierzig Tagen und Nächten gegeben wird, da der Padischah heiraten werde. Trommeln und Flöten begannen zu spielen. Das Volk aß und trank, vierzig Tage und vierzig Nächte wurde gefeiert, es war ein Riesenauflauf, ein Getümmel...

Als der Padischah eines Tages aus seinem Fenster sah, kam eine Herde von Schlachtschafen am Palast vorbei. Aus der Herde gefiel dem Padischah ein Schafbock besonders gut, und er wollte ihn kaufen. Sofort — er hatte doch sein Wort gegeben — zeigte er ihn seiner Frau. Mann und Frau sahen genau hin, aber sowie sie hinsah, schrie sie auf:

„Oh, die Augen des Schafbockes sehen aus wie die Augen des Negers! Hüte dich, ihn zu kaufen!"

Obwohl der Padischah daran zweifelte, daß dieses Tier gar ein Neger sei, kaufte er den Schafbock nicht, um seine Frau nicht zu erzürnen. Von jenem Tag an wurde die Furcht des Mädchens immer größer, so daß der Padischah vor ihrem Schlafzimmer einen Löwen und einen Tiger anband; sie hatten sie mit Fleisch gefüttert und an sich gewöhnt.

Eines Tages sah der Padischah auf dem Basar eine schöne Zigarettenspitze und sagte zu sich:

„Das kann ja nun kein Neger sein! Die will ich kaufen!"

Er nahm sie, brachte sie nach Hause und warf sie in eine Ecke auf dem Wandbrett des Schlafzimmers.

Als es Nacht war und alles schlief, schüttelte sich plötzlich die Zigarettenspitze auf dem Wandbrett und wurde zu dem Neger. Der Neger band sofort den Schlaf aller Schloßbewohner und des Löwen und des Tigers, legte ihn in eine Schale und tat sie in einen Schrank am Kopfende der Betten der Sultanin und des Padischahs. Als er seine Arbeit getan hatte, weckte er das Mädchen. Als das Mädchen den baumlangen Neger sah, erbleichte sie und begann zu zittern... Sie stieß ihren Mann an, um ihn zu wecken.

Der Neger sah das und sagte:

„Das ist zwecklos, hoffe nicht, daß du deinen Mann wekken kannst! Ich habe den Schlaf aller Bewohner des Hauses gebunden. Diesmal werde ich dich fressen, du kannst dich nicht mehr vor mir retten!"

Er ergriff das Mädchen am Handgelenk und wollte sie wegschleppen. Um sich vor dem Neger zu retten, stieß das Mädchen, nachdem es sich mit ganzer Kraft losgerissen hatte, mit einer Hand in den Schrank an ihren Betten. Die Zauberschale dort fiel um, und der Padischah und alle Hausbewohner erwachten. Sie liefen auf das Geschrei des Mädchens hin zu ihr, ergriffen den Neger und warfen ihn dem Löwen und dem Tiger vor, und die Tiere rissen ihn in Stücke.

Der Padischah gab einen Befehl, und wieder war ein Hochzeitsgelage von vierzig Tagen und Nächten. Sie aßen und tranken und haben das Ziel ihrer Wünsche erreicht.

11

Mehmet der Räuber

Es war einmal, und es war auch nicht... In früheren Zeiten, als das Sieb noch im Stroh lag... Da war einmal ein Padischah. Dieser Padischah hatte drei Töchter...

Die Schatzkammer dieses Padischahs wurde häufig von Dieben besucht. Wie viele Wachen auch aufgestellt wurden,

es nützte nichts. Die Wachen schliefen ein, und die Diebe gelangten ohne weiteres in die Schatzkammer und plünderten sie.

Eines Tages sagte die älteste Tochter:

„Lieber Vater, diese Nacht will ich endlich einmal aufpassen ... das kann nicht so weitergehen ...“

Das Mädchen ging und bewachte in jener Nacht die Schatzkammer.

Aber am nächsten Tag sahen sie hin — da war die Schatzkammer wieder geplündert worden ...

Am folgenden Tag bewachte die mittlere Tochter die Schatzkammer, aber wieder plünderten die Diebe ...

Am dritten Tag kam die jüngste Tochter zu ihrem Vater und sagte:

„Vater, diese Nacht will ich einmal wachen.“

Der Padischah erwiderte:

„Ach, meine Tochter, deine Schwestern haben gewacht, und was haben sie erreicht? Wenn du auch wachst, es kommt doch nichts dabei heraus.“

Das Mädchen widersprach:

„Nein, ich werde unter allen Umständen wachen.“

Ihr Vater sagte: „Gut“, und erlaubte es ...

Die jüngsten Töchter sind ja klug ... Schnurstracks lief diese Tochter nun los und umwickelte ihren Finger straff mit einer Schnur. Sie nahm auch einen Sack Leckereien mit sich und versteckte sich in einem verborgenen Winkel der Schatzkammer. Durch den Schmerz an ihrem Finger kann sie natürlich nicht schlafen ... Ab und zu ißt sie von den Leckereien, und schon verfliegt ihre Müdigkeit.

Bald wurde es Mitternacht. Da knarrte es auf einmal ... An der Zimmerdecke öffnete sich eine geheime Klappe. Sofort zog das Mädchen sein Schwert aus der Scheide und verbarg sich an einer Stelle. Durch jenes Loch steigt ein Dieb, und als er hereinkommen will, sagt sie „O Allah, bismillah“, schlägt einmal mit dem Schwert zu, und da fällt des Menschen Kopf nach der einen Seite und der Körper nach der anderen ... Jenes Loch war so groß wie ein Mensch, die Diebe kamen hintereinander herab ... Jeder Dieb dachte: Mein Gefährte ist hinuntergestiegen, ich will auch hinuntersteigen — und bückte sich, und sie tötet ihn. Der nächste bückt sich, und sie tötet ihn. So tötet sie vierzig von ihnen ... Es waren aber einundvierzig gewesen ... Der einundvierzigste bückt sich. Das Mädchen hebt ihr Schwert und schlägt zu, kann ihn aber nicht töten, sondern verwundet ihn nur. Der Mann weicht zurück und flieht ...

Es wird Morgen. Sie kommen und sehen, und was erblikken sie da? In der Schatzkammer sind Menschenköpfe aufgehäuft ... Schließlich kommt die frohe Botschaft zum Padischah. Es wird getrommelt und ein Volksfest veranstaltet. Die ganze Hauptstadt ist außer sich.

Der verwundete, entflohene Dieb heißt Mehmet der Räuber. So geht Mehmet der Räuber ins Krankenhaus, um sich heilen zu lassen.

Mehmet der Räuber überlegte hin und her, wie er sich an dem Mädchen rächen könnte ...

So kommt der Räuber nach einiger Zeit gesund aus dem Krankenhaus. Er fängt ein neues Leben an und siedelt sich in jenem Land als Kaufmann an ... Eines Tages freit er bei dem Padischah um dessen jüngste Tochter. Der Padischah antwortet:

„Diese jüngste Tochter ist mir das liebste von meinen Kindern. So ohne weiteres kann ich sie nicht hergeben. Aber wenn du meinem Palast gegenüber einen ebensolchen bauen und von dem einen zum anderen eine goldene Brücke schlagen läßt, so gebe ich dir meine Tochter ... Ich will meine Tochter immer sehen ..."

Außerdem wollte der Padischah auch auf diese Weise herausfinden, ob der Kaufmann reich ist ... Er dachte: Diesen Palast und diese Brücke kann er auf keinen Fall bauen lassen.

Mehmet der Räuber sagte: „Schön" ... Der Räuber hatte viel Geld, jahrelang hatte er die Schatzkammer geplündert und geplündert, des Padischahs gesamtes Geld hatte er ...

So beginnen schließlich Meister und Zimmerleute die Arbeit — klopf-klopf — ... Nach kurzer Zeit wird dem Palast gegenüber ein Palast gebaut, wie der Padischah es gesagt hatte. Nun kann sich der Padischah nicht mehr herausreden, sondern wird seine Tochter hergeben müssen.

Die Hochzeit beginnt. Vierzig Tage und vierzig Nächte dauert die prunkvolle Hochzeit. In der einundvierzigsten Nacht kommt der Bräutigam... Mehmet der Räuber hatte nur immer überlegt: Wie kann ich mich an dem Mädchen rächen? Als er den Schleier des Mädchens hob, was sah er da? Sie war schön wie der Vollmond, und zudem eine kluge und wohlerzogene Prinzessin... Mehmet der Räuber wurde von solch einer Leidenschaft zu seiner Frau erfaßt, daß er dachte: Es ist besser, alles zu vergessen und zu vergeben; was gewesen ist, ist gewesen. Ich bin Besitzer dieses Glückes geworden. Wie soll ich eine solche Prinzessin töten?

Mit einem Wort, sie gewinnen einander sehr lieb. Sie leben in großer Eintracht...

Danach vergehen Tage, es vergehen Wochen... Eines Tages saß die Prinzessin in einer Sommernacht bei Mondschein auf dem Balkon. Mehmet der Räuber kam auch und legte seinen Kopf in ihren Schoß. Als er lag, begann die Prinzessin den Kopf ihres Mannes ein wenig zu kraulen. Als sie so kraulte, stieß ihre Hand an eine Narbe.

„Oh, mein Herr, was ist das an deinem Kopf?" fragte sie. Da schwoll plötzlich seine Räuberader an, und er wurde wütend.

„Oh, du Verfluchte, du hast es getan, und jetzt fragst du noch? Du bist das Mädchen, das meine vierzig Gefährten umgebracht hat... Ich habe dich sowieso nur aus Rache genommen. Vorwärts, geh!"

Das Mädchen begann zu flehen:

„Oh, mein Herr, verzeih... wir wollen vergessen, was gewesen ist! Sieh, wir haben einander liebgewonnen und leben glücklich. Wir wollen vergessen, was war..."

Aber sie konnte den Zorn des Mannes nicht besänftigen. Mehmet der Räuber sagte:

„Vorwärts, geh, ich werde dich verbrennen, daß es prasselt! Ich wundere mich, wie ich das bis heute aushalten konnte."

Schließlich fiel das Mädchen weinend und schreiend vor ihrem Mann nieder. Mehmet der Räuber brachte die Prinzessin mit Stößen und Püffen zum Gipfel eines Berges, stellte sie an einen Baum und band sie fest.

„Ich will gehen und Gestrüpp sammeln. Ich werde dich verbrennen, daß es prasselt!" sagte er.

Er geht, um das Gestrüpp zu sammeln. Soll er gehen...

Da kam eine Karawane von vierzig mit Baumwolle beladenen Kamelen dort vorbei, wo das Mädchen angebunden war. Als das Mädchen sie sah, ruft es „O weh, rettet mich! Um Allahs willen, rettet mich!" und beginnt zu wehklagen.

Die Karawanenleute kommen und zerschneiden die Stricke. Die Baumwolle aus dem einen Sack verteilen sie auf die anderen Säcke, stecken das Mädchen in diesen Sack und machen ein Zeichen daran. Dann setzen sie ihren Weg fort. Nach kurzer Zeit sehen sie, daß ihnen Mehmet der Räuber, mit Gestrüpp beladen und ein Lied singend, entgegenkommt. Die Karawane zieht ihres Weges, und die Kamele läuten mit ihren Glocken — bim-bam.

Mehmet der Räuber sieht, daß das Mädchen nicht mehr dort am Baum ist, läuft hinter den Karawanenleuten her und ruft:

„He, haltet an! Ich habe etwas verloren..."

Die Karawanenleute fragen:

„Was hast du verloren?"

Mehmet der Räuber sagt nicht, was es ist.

„Ich habe etwas verloren. Ich werde eure Lasten durchsuchen", sagt er.

Obwohl die Karawanenleute sagen: „Wir haben nichts, was jemand verloren hat", läßt Mehmet der Räuber sie anhalten. Er macht einen großen Spieß heiß. Diesen Spieß stieß er — piek — in die Säcke. Diese Karawanenleute sind vierzig Mann, und was machen sie? Sie brachten das Tier, auf das jener gezeichnete Sack geladen war, von dort weg und steckten es zwischen die mit den durchstochenen Säcken.

Mit einem Wort, als Mehmet der Räuber alle Säcke — piek-piek — durchstochen hatte, läßt er sie gehen.

„O du Hure", sagt er bei sich, „irgendwie finde ich dich schon. Auch wenn du ein Vogel bist, entkommst du meinen Händen nicht."

Nun verlangt ihn weder nach dem Palast noch nach sonst irgend etwas. Er kehrt nicht heim, sondern beginnt wieder von Berg zu Berg zu ziehen und zu rauben.

Dort aber hatte der Padischah schon seinen ganzen Palast schwarz anstreichen lassen, denn es herrschte Trauer, weil seine Tochter und sein Schwiegersohn verschwunden sind. Er läßt überall suchen und nachfragen, aber niemand weiß etwas.

Hier aber nehmen die Karawanenleute das Mädchen mit ihren Baumwollballen mit, ziehen von Land zu Land und kommen schließlich in eine Gegend, wo sie an einer Herberge absteigen.

Sie sagen:

„Wir sind nun vierzig Männer und ein Mädchen. Wenn sie einer von uns nimmt, sind die anderen nicht einverstanden, und wir werden uns zanken. Das beste ist, wir verkaufen das Mädchen und teilen dann das Geld."

Aus Angst vor Mehmet dem Räuber hatte das Mädchen nicht gesagt, zu wem sie gehört.

So bringen sie das Mädchen auf den Basar, um sie zu verkaufen.

Der Sohn eines Beys[1] in diesem Land wollte heiraten und suchte ein Mädchen ... Er sah dieses Mädchen auf dem Basar und fand Gefallen an ihr. Er gab den Karawanenleuten viel Geld und erhielt das Mädchen. Sie kamen nach Hause, aßen, tranken, legten sich hin und schliefen ... Kaum nickt das Mädchen etwas ein, da schreckt sie auf und erwacht, weil sie fürchtet, daß Mehmet der Räuber kommt. Ihr Mann steht auf und fragt:

„Was ist mit dir?"

Das Mädchen antwortete: „Ach, ich habe etwas Schreckliches geträumt", legt sich wieder hin und schläft weiter, aber kurz darauf schreckt sie wieder auf und erwacht, und so kommen weder sie noch ihr Mann bis zum Morgen zum Schlafen.

Es wird Morgen, und sie stehen auf. Der Sohn des Beys sagt:

„Du hast ein Geheimnis, das mußt du mir unbedingt verraten."

Das Mädchen beginnt zu weinen und sagt:

[1] Bey — Herr, Vornehmer, ehemaliger Adelstitel.

„Ach, vielleicht haben Sie gehört, daß es in dem und dem Land einen Padischah gibt, und ich bin dessen Tochter."

So erzählt sie nun, was sie erlebt hat.

Der Sohn des Beys ist verwundert und sagt:

„Ach, meine Sultanin, wenn wir dir gegenüber falsch gehandelt haben, entschuldige! Fürchte dich nicht, wir geben dich Mehmet dem Räuber nicht! Wir tun, was wir können."

So zerstreut er die Furcht des Mädchens.

Am nächsten Tag lassen sie sofort Handwerker holen und um ihr Haus herum, um alle vier Seiten, wie bei einer Festung, eine Mauer errichten. Als ob niemand erfahren würde, wozu die Mauer gebaut worden ist ...

Von der Mutter des Mannes bis zu den Dienerinnen, von den Dienerinnen bis zu den Knechten erfährt jedermann von Mehmet dem Räuber. Auch nach draußen dringt es.

Zeit kommt, Zeit vergeht, Mehmet der Räuber kommt in das Land. Er sucht alles ab, um endlich die Spur des Mädchens zu finden.

Eines Tages geht er in das Kaffeehaus eines Stadtviertels. Als er sich hingesetzt hat, fragt er:

„Holla, ich war vor einiger Zeit in diesem Land, da gab es diese Festung noch nicht, warum ist sie errichtet worden?"

Da sagt einer der Schwätzer:

„Siehst du, Reichtum ist ein wahres Unglück ... Der Sohn des Beys hat auf dem Basar eine Tscherkessin gekauft. Die Tscherkessin hat sich während der Nacht im Traum vor Mehmet dem Räuber gefürchtet. Damit er nicht kommt, haben sie diese Festung bauen lassen."

„Ach so", sagt Mehmet der Räuber, „ist das wahr?"

Bei sich aber denkt er: Gut, ausgezeichnet, jetzt weiß ich, was ich tun werde!

Sofort geht er zum Schmied und läßt zwei „Sikke" genannte, große Nägel machen. An ihren Spitzen befestigt er eine Strickleiter ...

Als es Nacht geworden ist, geht er zu der Festung und schlägt einen der Nägel in die Erde ein. Den anderen erhitzt er in einem höllisch heißen Feuer. Er sagt „O Allah, bismillah" und schleudert ihn auf die Mauer. Der heiße Nagel bleibt stehen. Mehmet der Räuber gelangt über die Leiter auf die Mauer. Von dort zieht er den Nagel aus der Erde heraus und wirft ihn diesmal mit dem freien Ende der Strickleiter in den Garten hinunter. Er steigt hinab und geht hinein. Es gab damals Totenerde; wenn man diese Totenerde Schlafenden auf die Augen streut, wachen sie nicht auf...

Mehmet der Räuber streut allen Leuten im Palast Totenerde auf die Augen, nur dem Mädchen nicht... Er tritt an das Mädchen heran, stößt es an und sagt:

„Steh auf!"

Das Mädchen erwacht und sieht Mehmet den Räuber vor sich. Er sagt:

„Los, wecke deinen Mann, er soll dich retten!"

Das Mädchen beginnt ihren Mann anzustoßen und zu rufen:

„Ach, steh doch auf, Herr! Mehmet der Räuber ist gekommen, rette mich!"

Aber was sie auch tut und sagt, sie kann ihn nicht wachbekommen.

Sie schreit und läuft zu jedem einzelnen, aber von niemandem kommt Hilfe. Alle schlafen, und es ist unmöglich, sie aufzuwecken. Da höhnt Mehmet der Räuber:

„Auf, gehe und wecke deine Schwiegereltern! Vielleicht retten sie dich."

Das Mädchen läuft auch zu ihnen, aber vergebens.

Mehmet der Räuber sagt: „Ich habe geschworen, dich zu verbrennen, daß es prasselt."

Unten war der Heizraum des Bades. Mehmet der Räuber geht und heizt das Bad.

Wieder verhöhnt er das Mädchen:

„Nun, wir wollen einmal sehen, vielleicht sind sie erwacht."

Das Mädchen geht voller Hoffnung hinauf, ruft und schreit, kann aber niemanden wecken... Sie kommt an die Treppe. Jetzt hat sie alle Hoffnung auf Rettung aufgegeben. Aus vollem Herzen stöhnt sie einmal:

„Uff!"

Da erscheint ein weißbärtiger Mann mit grünem Turban und einem Tonkrug in der Hand.

Er fragt:
„Was wünschst du, meine Tochter?"
„Ach, lieber Vater, rette mich vor Mehmet dem Räuber!"
Der Greis wirft den Krug in seiner Hand zu Boden, da kommt eine Abteilung Soldaten heraus, bewaffnet und mit Messern in den Händen...
Als Mehmet der Räuber zurückkehrt, um das Mädchen zu holen, was sieht er da? Das Haus ist voll Soldaten. Er ist verblüfft, läuft hierhin und dorthin, ist in höchster Not, aber es gibt keine Rettung. Er hatte doch das Bad geheizt, dahin läuft er geradewegs. Er hält die Tür des Heizraumes für einen Ausgang, stürzt ins Feuer und fängt an zu brennen...
Der Derwisch sagt:
„Gehe, meine Tochter, wecke deine Schwiegereltern und deinen Mann! Wenn du es später sagst, werden sie es nicht glauben, sie sollen es mit eigenen Augen sehen."
Er spricht eine Beschwörungsformel und haucht alle an, nun erwachen sie auf einmal, und was sehen sie da? Einen Derwisch, Soldaten... Mehmet der Räuber aber brennt prasselnd im Heizraum. Die Soldaten und der Derwisch aber verschwinden plötzlich...
Schließlich ist ja Mehmet der Räuber umgebracht, und schnell wird dem Vater des Mädchens ein Freudenbote geschickt, der meldet, daß seine Tochter gefunden worden ist...
Kurz darauf macht sich das Mädchen auf und geht zu ihrem Vater heim. Sie erzählt nacheinander, was sie alles erlebt hat. Dann schickt der Sohn des Beys Leute und freit wieder auf Allahs Geheiß bei dem Vater um dessen Tochter, und vierzig Tage lang ist Hochzeit... Der Palast von Mehmet dem Räuber aber bleibt ihnen, und bis zum Tode leben sie glücklich.
Sie haben das Ziel ihrer Wünsche erreicht, wir wollen auch unser Ziel erreichen...

12

Sitti Nusret

Es war einmal, und es war auch nicht... Es war einmal ein reicher Kaufmann, der war sogar so reich, daß er seine Habe nicht einmal mehr zählen konnte.

Dieser Kaufmann hatte kein Kind, und so lebten nun Mann und Frau dahin, ohne irgendeinen Gefallen an der Welt finden zu können.

Als der Kaufmann eines Tages auf der Straße entlangging, traf er einen Derwisch, der zu ihm sagte:

„Selamünaleyküm, mein Herr!"

Der Kaufmann antwortete auf den Gruß des Derwischs mit:

„Aleykümselam, Vater Derwisch!"

„Weshalb bist du so traurig?" fragte der Derwisch.

„Ach, Vater Derwisch", sagte der andere, „Allah hat mir über die Maßen viel Besitz geschenkt, aber ein Kind hat er mir nicht gegeben. Deshalb kann ich gar keinen Gefallen an der Welt finden."

Darauf sagt der Derwisch:

„Vollziehe heute nacht eine religiöse Waschung und verrichte ein Gebet von der Dauer zweier Verneigungen. Auf Allahs Geheiß wirst du eine Tochter bekommen. Bis ins siebente Jahr ist sie dein, aber danach mein... Gebt ihr keinen Namen, bevor ich komme."

Der arme Mann entgegnet: „Gut, meinetwegen", und ist einverstanden.

Er sagt:

„Ich will sieben Jahre das Gesicht des Kindes sehen, und dann soll es dein sein."

Der Derwisch verläßt ihn und geht davon, der Mann aber kommt nach Hause. Er vollzieht eine religiöse Waschung, wie es der Derwisch gesagt hat, und betet zu Allah.

Nach neun Monaten kommt ein wunderschönes Mädchen zur Welt. Die Eltern geraten vor Freude außer sich, aber andererseits wieder in Trübsal und denken: Wie können wir sie hingeben, wie können wir es ertragen, uns von ihr zu trennen? Das war ihr einziger Gedanke von früh bis spät.

Das Kind wächst, es wird sieben Jahre und hat noch keinen Namen. Der Derwisch ließ sich nicht sehen. Die Eltern überlegen und beschließen dann, ihr Kind zur Schule zu schicken. Schließlich veranstalten sie eine prunkvolle Feier und schicken das Mädchen zur Schule.

Da naht der Abend jenes Tages. Das Mädchen kommt weinend aus der Schule und fragt:

„Habe ich keinen Namen? Alle lachen mich aus."

Daraufhin erzählen die Eltern dem Mädchen alles, was der Derwisch gesagt hat. Das arme Mädchen wird sehr traurig und fühlt einen Stich in seinem Herzen, sagt aber nichts.

Sie besucht die Schule und läßt die Scherze der Kinder über sich ergehen.

Als sie eines Abends nach Hause kommt, tritt ihr ein Derwisch entgegen und sagt:

„Meine Tochter, du heißt Sitti Nusret[1] ... Frage deine Eltern, ob sie ihr Versprechen halten!"

Das Mädchen sagt: „Gut", aber bis sie nach Hause kommt, vergißt sie die Worte des Derwischs.

Am nächsten Tag tritt der Derwisch dem Mädchen wieder in den Weg und fragt:

„Meine Tochter, weshalb hast du es vergessen?"

Dann legt er dem Mädchen eine Handvoll Steine in die Tasche und sagt: „Wenn deine Kinderfrau am Abend fragt: Was bedeuten diese Steine?, so erinnere dich an das, was ich dir gesagt habe, geh hinaus und wiederhole es deiner Mutter."

Das Mädchen sagt: „Gut, Vater Derwisch ...", und geht.

Es wird Abend. Als die Kinderfrau das Kind auszieht, sieht sie die Steine in der Tasche und fragt:

[1] Sitti — Ursprünglich arabisches Wort, das im Bezirk Kilis, aus dem das Märchen stammt, im Sinne von „Frau" und „Fräulein" verwendet wird. Dieses Wort ist eines der Elemente, die den Einfluß der arabischen Sprache im genannten Bezirk zeigen. Nusret bedeutet „Sieg".

„Kleines Fräulein, was bedeuten diese Steine?“

Das Mädchen geht zu seiner Mutter hinaus, ohne zu antworten, und sagt zu ihr:

„Mein Name soll Sitti Nusret sein ... Ich habe einen Derwisch getroffen, der hat das gesagt ... Er hat auch gefragt: Halten deine Eltern ihr Versprechen?“

Die Eltern hatten mit Furcht im Herzen immer auf dieses Zeichen gewartet ... Bis zum Morgen weinen sie am Bett ihrer Tochter.

Früh am Morgen wird an die Tür geklopft. Der Derwisch kommt auf einem Pferd angeritten. Sie lassen das Mädchen hinuntergehen und reichen es dem Derwisch zu; der Derwisch nimmt das Mädchen und reitet fort. Als sie sich ein wenig entfernt haben, sagt er:

„Schließ die Augen!“

Das Mädchen schließt seine Augen.

Als er sagt: „Öffne die Augen!“, tut sie es ... Plötzlich, was sieht sie da? Da sieht sie ein großes Haus ...

Der Derwisch steckt das Mädchen in eines der unten gelegenen Zimmer ... Dort befinden sich ein ungegerbtes Fell, ein Rosenkranz und ein Koran. Der Vater Derwisch setzt sich, verrichtet sein Gebet und liest seinen Koran ... Danach nimmt er das Mädchen und führt es überall im Haus umher. Zuletzt zeigt er ihr ein verschlossenes Zimmer und warnt:

„Hüte dich, dieses Zimmer zu öffnen!“

Schließlich schenkt der Vater Derwisch der Erziehung des Mädchens so viel Aufmerksamkeit, daß man es nicht beschreiben kann. Er läßt ihr jeden Wunsch erfüllen ... Aber das arme Mädchen bekam keines anderen Menschen Gesicht als das des Derwischs zu sehen ...

Eines Tages geht der Derwisch auf die Straße. Da steht Sitti Nusret auf und öffnet die Tür, die sie nicht öffnen sollte. Und was sieht sie da? Einen großen Friedhof, so weit das Auge reicht. Der Derwisch hatte sich hinter einen Stein gesetzt, holt die Toten heraus und ißt ihre Leber.

Das Mädchen hat solche Angst, daß sie nicht weiß, was sie tun soll. Sie wollte schnell fliehen, da fällt einer der silbernen Fußreifen, die sie an den Füßen hatte, auf dem Fried-

nof ab. Sie kommt in ihr Zimmer, setzt sich in eine Ecke, und die Augen schwellen ihr vom Weinen.

Plötzlich kommt der Vater Derwisch, sieht, daß das Mädchen anders ist als sonst, und fragt:

„Meine Tochter, was ist mit dir? Geht es dir nicht gut?"

„Nichts ist, Vater Derwisch, der Kopf tut mir etwas weh."

„Was hast du mit deinem Fußreifen gemacht?"

„Ich weiß es nicht ..."

„Wie kennst du deinen Vater Derwisch?"

„Ich kenne ihn sehr gut. Er betet, liest den Koran und betet den Rosenkranz ... er ist ein sehr guter Mensch", antwortet das Mädchen.

Jeden Tag, den Allah werden ließ, fragte der Derwisch:

„Was hast du mit dem Fußreifen gemacht? Wie kennst

du deinen Vater Derwisch?", und das Mädchen gab immer dieselbe Antwort.

Es vergehen die Jahre, und das Mädchen wird groß, es wird dreizehn, vierzehn Jahre alt. Eines Tages sagt der Derwisch:

„Meine Tochter, hast du Lust, deinen Vater zu sehen? Soll ich deinen Vater holen?"

„Natürlich habe ich Lust! Wenn du ihn holst, freue ich mich."

Da geht der Vater Derwisch und tritt nach einer halben Stunde als der Vater des Mädchens ein ... genau wie ihr Vater ... Er läuft herbei, umarmt seine Tochter und sagt:

„Meine Tochter, ich leide unter der Sehnsucht nach dir. Was tust du hier? Was ist, ist alles in Ordnung? Bist du zufrieden mit deinem Vater Derwisch?"

Das Mädchen sagt:

„Mein lieber Vater, es ist alles in Ordnung, es geht mir sehr gut."

Mit einem Wort, der Derwisch wollte sie aushorchen, aber was sie auch sagt, es kommt keine Klage über ihre Lage, er hört kein schlechtes Wort über ihren Vater Derwisch. Er sagt:

„Auf Wiedersehen, meine Tochter!"

Das Mädchen wünscht seinem Vater viel Glück auf den Weg. Sie selbst geht hinaus und macht sich an die Arbeit. Nach einiger Zeit erscheint der Derwisch.

Als er sich nach ihrem Befinden erkundigt hat: „Wie geht es dir, meine Tochter?", fragt er: „Was hast du mit deinem Fußreifen gemacht?"

Das Mädchen antwortet wie immer.

Er fragt:

„Wie kennst du deinen Vater Derwisch?"

Das Mädchen sagt wieder:

„Ich kenne ihn gut."

Diesmal sagt er zu Sitti Nusret, daß er ihre Mutter bringt. Das Mädchen freut sich.

Der nächste Tag kommt heran. Der Derwisch erscheint als Mutter des Mädchens. Sie umarmt ihre Tochter und fragt sie, wie es ihr geht und wie sie mit dem Vater Derwisch zusammenlebt. Das Mädchen gibt die Antworten, die sie ihrem Vater gegeben hat.

Beim dritten Mal kommt der Derwisch als ihre Kinderfrau... Das Mädchen nimmt sie auch auf, wie sie ihren Vater und ihre Mutter aufgenommen hat, und gibt dieselben Antworten auf ihre Fragen.

Danach vergeht eine Woche, es vergehen zehn Tage. Eines Tages sagt der Vater Derwisch:

„Auf, meine Tochter, die Zeit ist um! Ich will dich nach Hause bringen!"

Das Mädchen war sechzehn, siebzehn Jahre alt und ein außergewöhnlich schönes Mädchen geworden... Der Derwisch besteigt sein Pferd und nimmt Sitti Nusret in den Arm.

Er sagt:

„Meine Tochter, schließ die Augen!"

Das Mädchen schließt die Augen.

Er sagt:

„Öffne die Augen!"

Sie tut es und sieht, daß sie einen Palast erreicht haben. Der Derwisch klopft an die Tür und läßt das Mädchen in das Haus ihrer Eltern eintreten. Das Mädchen steigt hinauf. Ihre Eltern freuen sich, als wäre sie zum zweiten Mal zur Welt gekommen.

Sitti Nusret ist ein ernsthaftes, kluges, wohlerzogenes Mädchen... Sie denkt an nichts anderes als beten, Koran lesen und sich mit Arbeit zu befassen! Ihre Eltern wollten, daß sie umhergehen, Besuche machen solle, aber an solchen Dingen hatte sie kein Vergnügen.

Eines Tages lud ihre Mutter die Mädchen des ganzen Stadtviertels ein und sagte: „Auf, meine Tochter, lach auch du mit den Gästen und spiele!" und schickte sie in den Garten.

Als sie im Garten spielten und verschiedene Reigen tanzten, sah auch der Prinz den Mädchen zu, da nämlich seine Fenster in jenen Garten hinausgingen... Sollen die Mädchen dort spielen und tanzen, diese Sitti Nusret verrichtete eine religiöse Waschung und stellte sich zum Nachmittagsgebet auf ... Danach nahm sie den Koran in die Hand, setzte sich unter einen Baum und las den Koran... Darüber geriet der Sohn des Padischahs in Verwunderung, ging zu seiner Mutter und fragte:

„O Mutter, wachsen denn heutzutage noch solche Mädchen auf?... Meine liebe Mutter, ich werde dieses Mädchen heiraten!"

Die Sultanin sieht sich Sitti Nusret an, und des Mädchens Aussehen, Benehmen und Erziehung gefallen ihr. Der nächste Tag kommt heran. Als Brautwerberin geht sie und freit auf Allahs Geheiß bei dem Kaufmann um dessen Tochter.

Da sagen sie: „Können wir sie einem Besseren verheiraten als dem Prinzen?" und geben ihr Einverständnis.

Die Hochzeitsvorbereitungen gehen zu Ende. Sie machen vierzig Tage und vierzig Nächte lang Hochzeit. Schließlich ist dieses Mädchen im Palast so hoch geschätzt, daß man es nicht beschreiben kann. Der Prinz bangt um sie...

Sitti Nusret erwartet ein Kind. Zwei Monate vor der Geburt sollte der Prinz nach Hedschas[1] gehen... er verabschiedet sich von jedermann im Haus... Er umarmt seine Mutter und sagt: „Meine liebe Mutter, ich vertraue dir meine Frau mit meinem Kind an, was da zur Welt kommen wird...", verläßt sie und begibt sich auf die Reise.

Der Tag und die Stunde kommen heran, und das Kind wird geboren: ein Knabe, gesund und kräftig. Die alte Sultanin weiß nicht, was sie tun soll. Der Prinz hatte ein diamantbesetztes Amulett, das bringt sie und hängt es dem Kind um.

Es wird Nacht, und jedermann versinkt in Schlaf. Auf einmal sieht Sitti Nusret, daß sich die Wand öffnet und der Vater Derwisch herauskommt, das Kind nimmt und wegträgt. Er streicht ihr einen Finger voll Blut auf den Mund und geht.

Die alte Sultanin wacht plötzlich am Morgen auf, sieht sich um, und was sieht sie da? Das Kind ist fort, und der Mund seiner Mutter ist voll Blut.

Wie oft sie auch fragte: „Was hast du mit dem Kind ge-

[1] Nach Mekka auf Pilgerfahrt.

macht? Was hat das zu bedeuten?", von Sitti Nusret kommt kein Laut. Das Mädchen schwieg und sagte keinen Ton.

Weil die Schwiegertochter dem Prinzen sehr lieb war, erzählte die Sultanin niemandem, was sie gesehen hatte, und jeder ist überzeugt, daß das Kind gestorben ist.

Nach einem Jahr kehrt der Prinz aus Hedschas zurück. Er kommt in sein Haus, sieht, daß jedermann trauert, und fragt:

„Meine liebe Mutter, weshalb trauert ihr? Wo ist mein Kind?"

Seine Mutter sagt:

„Mein Sohn, widersetzt du dich Allahs Willen? Das Kind ist gestorben. Ach, wenn ihr beide, du und meine Schwiegertochter, nur gesund bleibt, dann werdet ihr schon noch ein Kind haben!"

So kehrt die Freude in den Palast zurück. Jedermann ist wieder bei seiner Arbeit und seinem Vergnügen... Wir wollen uns kurz fassen, die Braut wird von neuem schwanger ... Der Prinz ging alle zwei Jahre nach Hedschas. Zwei Monate vor der Geburt reiste er fort.

Die Zeit und die Stunde kommen, und Sitti Nusret bringt noch einen Knaben zur Welt. Dieses Mal hängt die alte Sultanin dem Kind eine Amulettbüchse des Prinzen um den Hals. In der Nacht geht sie nicht von dem Bett der Wöchnerin weg, sitzt zu Häupten der Schwiegertochter und wartet. Um Mitternacht übermannt sie der Schlaf. Das Kind und seine Mutter schliefen, so daß sie meinte: „Ich will mich auch einmal ausstrecken ..." Nach einer Weile erwacht sie, und was sieht sie da? Das Kind ist fort, und wieder ist der Mund seiner Mutter voll Blut... Sie weiß nicht, was sie tun soll. Sie fragt die Schwiegertochter:

„Wo ist das Kind?"

Die Schwiegertochter sagt nichts.

Die Sultanin fragt: „Meine Tochter, was ist denn das? Warum tust du das?" Aber es ist zwecklos.

Sie fürchtet, wenn sie ihrem Sohn erzählt, was geschehen ist, daß er krank wird, denn der Prinz hängt sehr an seiner Frau... Mit einem Wort, sie sagt auch diesmal wie vorher:

„Das Kind ist gestorben."

Im nächsten Jahr geht der Prinz wieder nach Hedschas. Diesmal bringt Sitti Nusret ein schönes Mädchen zur Welt. Die Sultanin nimmt das Kind in ihre Arme... Der Prinz hatte ein perlenbesetztes Kopftuch, das deckt sie dem Kinde auf das Gesicht. Sie hielt das Mädchen ganz eng an sich, um sie vor dem zu schützen, was sie befürchtete. In der Nacht, als sie wieder im Zimmer der Wöchnerin ist, wird sie schläfrig, und die Augen fallen ihr zu... Sie öffnet ein Auge und sieht, daß sie das Kind nicht mehr im Arm hat... Mund und Gesicht der Schwiegertochter sind voll Blut. Schließlich kann sie es diesmal nicht mehr ertragen und sagt, was ihr in den Mund kommt:

„Was kann man anderes erwarten? Ein Mädchen, daß in der Einöde der Berge erzogen ist, ist ein Untier. Ich kann das nicht mehr ertragen. Ich werde dem Prinzen alles erzählen..."

Von diesem Tag an geht sie nicht mehr in das Zimmer der Schwiegertochter und sieht sie nicht an... Tage und Monate vergehen. Eines Tages kehrt der Prinz aus Hedschas zurück. Nach den Begrüßungsworten fragt er seine Mutter:

„Wo ist deine Schwiegertochter? Wo ist mein Kind?"

Da sagt die Frau:

„Mein Sohn, was kann man anderes erwarten? Wer aus den Bergen kommt, ist ein verwilderter Mensch. Sie ist zu einem Menschenfresser geworden... Sie hat deine drei Kinder, die wie Kugeln von purem Gold waren, gefressen. Bei zweien habe ich es ertragen, aber bei diesem dritten konnte ich es nicht mehr ertragen... Eines Tages wird sie auch dich fressen. Noch ist es Zeit, laß sie uns in das Haus ihrer Eltern schicken... Ich habe meinen Dienerinnen nicht geglaubt und selbst in ihrem Zimmer gewacht. Ich bin erwacht und habe gesehen, daß das Kind nicht mehr da ist und daß Mund und Gesicht der Schwiegertochter voll Blut sind..."

Der Prinz vertraute seiner Mutter und glaubte ihrem Wort:

„Meine liebe Mutter, was soll man zum Schicksal sagen? Das war uns vorbestimmt. Aber ich habe auch eine Bitte an dich. Wir wollen meine Frau nicht zu ihrer Mutter schikken. Geben wir ihr ein Zimmer, dort soll sie sich aufhalten, und wir beachten sie nicht. Sie soll tun und lassen, was sie will ..."

Bei diesem Entschluß bleiben Mutter und Sohn. Sie schikken das Mädchen ins untere Geschoß hinab. Die Braut sagt wieder kein Wort, sondern ließ es über sich ergehen... Sie ergibt sich darein und schließt sich in ihrem neuen Zimmer ein.

Von diesem Tage an begann die alte Sultanin ein Mädchen für ihren Sohn zu suchen... Die Tochter des Wesirs gefällt ihnen. Sie verloben sie mit dem Prinzen... Sie beschließen, die Hochzeit bei seiner Rückkehr aus Hedschas zu machen. Der Prinz trifft die Reisevorbereitungen und geht nach Hedschas ... Wenn er zurückkehrt, soll die Hochzeit sein. Soviel Dienerinnen und Dienstmädchen es im Haus gibt, alle werden gefragt, was sie sich zur Hochzeit wünschen, der Prinz will es aus Hedschas als Geschenk mitbringen... Nachdem der Jüngling jedermanns Wunsch vernommen hatte, sagt er:

„Meine liebe Mutter, wenn du erlaubst, fragen wir auch die im unteren Zimmer. Wir wollen einmal sehen, was sie sich wünschen wird..."

Eine der Hauptdienerinnen geht zu dem Mädchen hinein:

„Der Herr geht nach Hedschas, und wenn er zurückkommt, wird Hochzeit sein. Er wird uns allen verschiedene Geschenke mitbringen. Sage auch du, was du haben möchtest, er will es dir mitbringen..."

Das Mädchen beginnt zu weinen und sagt:

„Er soll mir einen Kamm, ein Federmesser und einen Geduldstein bringen..."

Die Hauptdienerin geht und sagt dem Prinzen, was sich das Mädchen gewünscht hat. Der Prinz sagt: „Sehr gut", schreibt sich auch dies auf und reist ab...

Nachdem drei Monate vergangen sind, kommt die Freudenbotschaft, daß der Prinz aus Hedschas zurückkehrt. Die Leute gehen, ihn zu empfangen. Es ist ein Riesenauflauf, alles ist in Bewegung.

Der Prinz eilt in den Palast und teilt allen ihre Geschenke aus. Er gibt auch die Geschenke, die ihm das Mädchen aufgetragen hat...

Sofort beginnt die Hochzeit. Das Brautbad wird eröffnet. Wieder fleht der Prinz seine Mutter an:

„Mein liebes Mütterchen, gestatte, daß auch jenes Mädchen in das Brautbad geht!"

Die Dienerinnen sagten dem Mädchen Bescheid:

„Schnell, du wirst auch ins Bad gehen!"

Das Mädchen geht tieftraurig ins Bad, findet einen einsamen Winkel und setzt sich dort an das Wasserbecken. Sie legt das Federmesser, den Kamm und den Geduldstein auf den Rand des Wasserbeckens und beginnt sich zu unterhalten:

„He, Geduldstein, ich will dir meinen Kummer erzählen. Wenn du ertragen kannst, was ich dir erzähle, will ich das auch ertragen und außerdem das, was noch kommen wird."

Sie beginnt:

„Meine Eltern liebten mich sehr; bis ins siebente Jahr breiteten sie ihre Fittiche über mir aus und zogen mich auf. Eines Tages kam ein Derwisch und brachte mich in ein altes Haus auf einem Berg. Dort wuchs ich sieben Jahre lang in Sehnsucht nach meinen Eltern auf ... Ich habe das ertragen. Geduldstein, kannst du das ertragen?"

Der Geduldstein beginnt zu schwellen ...

„Schließlich habe ich eines Tages eine Tür geöffnet. Was habe ich dort gesehen? Der Vater Derwisch saß da und aß die Leber der Toten auf einem Friedhof. Dieses Geheimnis habe ich niemandem gesagt. Ich habe es ertragen und erduldet und dahingelebt ... Geduldstein, kannst du das ertragen?"

Der Geduldstein schwillt noch etwas an ...

„Dann brachte mich Vater Derwisch zu meinen Eltern ... Dort warb der Prinz um mich, weil ihm mein Aussehen, meine Erziehung und mein Benehmen gefielen, und sie gaben mich ihm. Ich hielt mich nun für den glücklichsten Menschen der Welt. Ein Jahr nach meiner Hochzeit brachte ich einen Sohn zur Welt. Als ich im Wochenbett lag, öffnete sich die Wand, Vater Derwisch trat heraus und sagte: Meine Tochter, wie kennst du deinen Vater Derwisch? Ich antwortete: Sehr gut. Daraufhin nahm er mein Kind, strich mir einen Finger voll Blut auf den Mund und ging. Ich habe alle möglichen bitteren Worte von meiner Schwiegermutter ertragen. Ich habe die Geheimnisse von Vater Derwisch nicht verraten. Wenn du an meiner Stelle wärest, könntest du es ertragen, Geduldstein?"

Der Geduldstein schwoll weiter an ...

„Nach zwei Jahren bekam ich wieder ein Kind. Auch dies hat Vater Derwisch genommen und ist gegangen. Auch dies habe ich ertragen. Ich habe das Geheimnis Vater Derwischs nicht verraten. Kannst du das ertragen, Geduldstein?"

Der Geduldstein schwoll immer mehr an ...

„Beim dritten Male brachte ich ein Mädchen zur Welt. Vater Derwisch kam, nahm sie und trug sie weg. Auch dies habe ich ertragen ... Diesmal verzieh mir meine Schwiegermutter nicht, sondern sagte dem Prinzen, daß ich meine Kinder gegessen hätte, und sie sperrten mich allein in ein Zimmer. Fern von meinen Eltern habe ich dort drei Jahre gelebt. Kannst du das ertragen, Geduldstein?"

Der Geduldstein schwoll immer mehr an ...

„Nun heiratet der Prinz auch noch eine andere Frau. Ich gebe den Prinzen, den ich mehr als meine Seele liebe, einer Fremden. Wie kann ich das ertragen ..."

Als das Mädchen zu Ende gesprochen hat, zerspringt der Stein — platz — ... Sofort nimmt das Mädchen das Federmesser und sagt:

„Wie soll ich ertragen, was du nicht ertragen konntest?"

Sie stürzt sich mit dem Leib auf das Messer. Gerade als sie sich töten will, zerteilt sich die Wand, der Vater Derwisch kommt heraus, ergreift das Mädchen am Handgelenk und sagt:

„Gut gemacht, meine Tochter! Du hast bewiesen, daß du meine Tochter bist. All das habe ich getan, um dich auf die Probe zu stellen."

Er küßt sie auf Gesicht und Augen und sagt dann: „Sei auf beiden Welten geschätzt, Allah möge dir leichtmachen, was du unternimmst ... Da sind deine Kinder", und bringt die drei Kinder vor ihre Mutter: Das älteste ist sieben, das mittlere fünf und das jüngste drei Jahre alt ... Um den Hals hat der älteste Junge das Amulett, das ihm die alte Sultanin umgehängt hatte, der mittlere trägt die Amulettbüchse und das Mädchen das perlenbestickte Kopftuch ...

Vater Derwisch sagt:

„Kommt, meine Kinder, geht nach Hause, füllt alle Eßkessel, so viele es auch sind, mit Steinen und Erde und zerbrecht die Teller und irdenen Schüsseln. Wenn irgend jemand etwas sagt, hört nicht auf ihn, ruft: ‚Wir wollen unseren Herrn Vater haben! Wo ist unser Herr Vater?' Bringt alles durcheinander! Auf, meine Tochter Sitti Nusret, geh auch du, öffne dein Zimmer und warte oben an der Treppe auf den Prinzen!" Damit verläßt sie Vater Derwisch und geht weg.

Die Kinder kommen und stellen alles auf den Kopf, wie es der Derwisch gesagt hat.

Der Oberkoch sagt: „Der Zerdekessel ist voll Erde und der Pilavkessel voll Steine. Wessen Kinder sind das?" und macht großen Lärm.

Die Kinder klagen:

„Wir wollen unseren Vater haben!"

So viele Teller und Gläser es dort drinnen gab, alle zerbrechen sie und stürzen die Tische um. Die alte Sultanin erfährt es. Sie kommt, und was sieht sie da? Alles ist auf den Kopf gestellt ...

Sie fragt: „Wer sind diese Schlingel?" und geht auf sie zu, und was sieht sie da? Die Knaben gleichen völlig dem Prinzen, und das Mädchen ihrer früheren Schwiegertochter. Sie tragen die Amulettbüchse, das Kopftuch und das Amulett, alle Dinge, die sie ihnen selbst angelegt hat ... Schnell läßt sie dem Prinzen Bescheid sagen. Als der Prinz durch die Tür tritt, werfen sich ihm die Kinder an den Hals und beginnen zu rufen:

„Lieber Herr Vater, wessen Hochzeit ist das? Unsere Mutter erwartet dich oben ..."

Da geht der Prinz nach oben und sieht, daß seine Frau an der Treppe steht.

„Wessen Kinder sind das?"

„Mein Prinz, frag die Kinder selbst, wessen sie sind!"

„Wo wart ihr?" sagt er zu den Kindern.

„Wir waren bei unserer Großmutter."

„Wer ist euer Vater?"

„Du!"

„Wer ist eure Mutter?“

„Unsere Mutter ist auch hier“, sagen sie.

„Was hat das zu bedeuten?“

Das Mädchen sagt:

„Mein Prinz, du hast mich, ohne zu überlegen und ohne mich anzuhören, zu Unrecht erniedrigt. Ißt der Mensch etwa seine Kinder? Bei uns ist es so Brauch, daß die Kinder sechs, sieben Jahre bei der Großmutter aufwachsen ...[1] So ist heute die Zeit um, und sie haben sie geschickt.“

Da fällt der Prinz Sitti Nusret zu Füßen und bittet um Verzeihung ... Die andere Braut schickt er nach Hause, nachdem er gesagt hat, sie soll seine Blutsschwester sein. Er lebt mit seiner Frau glücklich bis an sein Lebensende. Sie haben das Ziel ihrer Wünsche erreicht ...

13

Der Blitz-Padischah

Es war einmal, und es war auch nicht. In früheren Zeiten, als das Sieb noch im Stroh lag, war einmal ein Padischah. Dieser Padischah hatte eine Frau und eine Tochter.

Die Frau des Padischahs wird eines Tages krank, ruft ihren Mann, gibt ihm ihren Ring und sagt:

„Wenn ich sterbe, heirate diejenige, der dieser Ring paßt!“

Danach vergeht die Zeit, die Frau kann nicht geheilt werden und stirbt.

Da sagt der Padischah zu seiner Tochter:

„Meine Tochter, nimm diesen Ring! Diejenige, der dieser Ring auf den Finger paßt, die werde ich auf Allahs Geheiß heiraten.“

Das Mädchen nimmt den Ring, verläßt den Palast und durchwandert das ganze Land. Sie durchstreift alle vier

[1] Wahrscheinlich das Zeichen dafür, daß die Kinder in den ersten Jahren fern von ihrer Mutter, an manchen Orten durch Weggeben an arabische Beduinenammen, aufgezogen wurden. Dieser Brauch war früher in einigen Teilen Südostanatoliens verbreitet.

Himmelsrichtungen. Der Ring paßt niemandem. Sie kommt zu ihrem Vater und berichtet:

„Dieser Ring paßt niemandem auf den Finger."

Ihr Vater sagt: „Komm, laß mich einmal sehen", nimmt den Ring, steckt ihn dem Mädchen auf den Finger, und er paßt wie angegossen.

Er sagt:

„Meine Tochter, auf Allahs Geheiß werde ich dich heiraten."

Das Mädchen weint und fleht:

„Mein lieber Vater, wie soll denn das gehen?"

„Das ist der letzte Wille deiner Mutter", erwidert der Padischah.

Was soll das Mädchen da machen, sie willigt schließlich ein, aber vergießt viele, viele Tränen. Und da wird auch schon zur Hochzeit gerüstet.

Der festgesetzte Tag kommt heran, und das Mädchen legt die Hochzeitskleidung an. Es wird Abend, und als die Zeit naht, sich in das Brautgemach zu begeben, sagt das Mädchen:

„Mein lieber Vater, erlaubt mir hinauszugehen!"

Sie geht, vollzieht die religiöse Waschung, verrichtet die Gebetsübung zweimal und fleht Allah inbrünstig an. Plötzlich wendet sie sich nach hinten um, und was sieht sie da? Die Wand hat sich geöffnet. Sie läuft hinab und sieht einen großen Garten, so weit das Auge reicht. Sie läuft und kommt an einen Teich. Dort steht ein großer Palast. Das Mädchen setzt sich an den Rand des Teiches und wartet. Als die Sonne untergeht und das Wasser dunkel wird, sieht sie einundvierzig Tauben herbeifliegen. Sie tauchen in das Wasser des Teichs, und da kommen die einundvierzig Tauben als Mädchen heraus, schön wie der Vollmond. Dann wenden sie sich dem Palast zu. Aber als sie den Teich verlassen, sieht eine Schlaue, die unter ihnen war, das Mädchen und fragt:

„Holla, wer ist denn die dort?"

Sie kehren um, gehen zu dem Mädchen und fragen:

„Was suchst du hier?"

„Nichts", sagt das arme Mädchen.

Sie prügeln das Mädchen einmal tüchtig durch und wollen sie von dort vertreiben.

Eine von ihnen sagt:

„Lassen wir sie, soll sie bleiben! Sie wird unsere Hausarbeit verrichten."

Die anderen sind einverstanden. Sie nehmen das Mädchen mit hinein. Da wird es Morgen, und gleich müssen die Peris aufbrechen. Sie geben dem Mädchen ein Bund Schlüssel und sagen:

„Mädchen, nimm diese Schlüssel, öffne die vierzig Zimmer und säubere sie! Koch uns Essen, tu dies und jenes, aber hüte dich, das einundvierzigste Zimmer zu betreten!"

Das Mädchen macht sich an die Arbeit und erledigt, was ihr die Peris aufgetragen haben. Sie kommt zum einundvierzigsten Zimmer und weiß nicht, ob sie eintreten soll oder nicht. Aber die Neugier peinigt sie, was wohl in diesem Zimmer ist. Jedenfalls kann sie es schließlich nicht aushalten und öffnet die Tür. Da erblickt sie einen Thron. Auf dem Thron sitzt der Blitz-Padischah. Als das Mädchen ihn sieht, will sie sofort hinauslaufen. Da sagt der Blitz-Padischah:

„Komm, Mädchen, was kann ich dir schon zuleide tun?"

Das Mädchen geht zu dem Padischah. Der Padischah nimmt das Mädchen, sie setzen sich und unterhalten sich. Der Blitz-Padischah streichelt dem Mädchen die Hände. Schließlich sagt er:

„So, Mädchen, nun geh!"

Das Mädchen geht und schließt die Tür. Als sie durch den langen Gang läuft, sieht sie auf einmal, daß alle ihre Finger mit Henna[1] gefärbt sind. Spornstreichs rennt sie zu einem Wasserhahn und wäscht ihre Hände gründlich. Aber das Henna läßt sich nicht von ihren Händen abwaschen.

Was soll sie nun tun? Aus Angst vor den Mädchen wickelt sie sich Leinwand um die Finger, damit sie es nicht sehen sollen.

[1] Aus dem Hennastrauch oder auch der Alkannawurzel gewonnener Farbstoff zum Rot- und Rotgelbfärben der Nägel und anderer Körperteile. Die Alkannawurzel wird in der Türkei angebaut.

Es wird Abend. Die einundvierzig Tauben fliegen wieder herbei, und nachdem sie in den Teich eingetaucht sind, kommen sie als einundvierzig Mädchen heraus. Sie gehen in den Palast und sagen zu dem Mädchen:

„Mädchen, laß uns einmal sehen, was du getan hast!“

Sie zählt der Reihe nach auf, was sie getan hat. Aber da fragt das schlaue Mädchen:

„Holla, was ist denn da mit deinen Fingern geschehen?“

Sie antwortet:

„Ich habe mich mit dem Messer geschnitten und mich verbunden.“

Das schlaue Mädchen ruft:

„Messer, Messer, warum hast du dem Mädchen in die Finger geschnitten?“

Sofort kommt da das Messer und sagt:

„Ha, ha, ha ... Ich habe nicht geschnitten. Sie ist zum Blitz-Padischah gegangen, und er hat sie mit Henna gefärbt.“

Da trennen sie die Leinwand auf und sehen, daß die Finger wirklich mit Henna gefärbt sind. Nun prügeln sie das Mädchen tüchtig durch und sagen:

„Wenn du noch einmal gehst, werfen wir dich hinaus!“

Das arme Mädchen aber zeigt Reue und verspricht:

„Ich werde nicht noch einmal gehen.“

Am nächsten Tag werden die einundvierzig Mädchen zu einundvierzig Tauben und fliegen fort. Das Mädchen öffnet die vierzig Zimmer nacheinander und reinigt sie. Als sie zum einundvierzigsten kommt, zögert sie wieder, ob sie öffnen soll oder nicht.

Schließlich kann sie es nicht aushalten, öffnet die Tür ein ganz klein wenig und sieht hinein.

Der Blitz-Padischah ruft:

„Komm, komm, Mädchen! Komm, ich werde dir kein Leid zufügen!“

„Ich komme nicht“, sagt das Mädchen. „Gestern hast du mir die Finger mit Henna gefärbt, und sie haben mich verprügelt. Wenn ich noch einmal zu dir komme, werden sie mich fortjagen. Ich komme nicht!“

„Mädchen, komm, ich werde dir nichts zuleide tun!“

Schließlich kann es das Mädchen nicht aushalten, und es zieht sie zu dem Padischah.

Sie sitzen und unterhalten sich.

Diesmal streichelt der Padischah dem Mädchen die Brust und sagt:

„So, Mädchen, nun geh!"

Das Mädchen steht auf, schließt die Tür und geht. Als sie durch den langen Gang läuft, kommt ihr ein Ankleidespiegel entgegen. Das Mädchen sieht auf einmal, daß um ihren Hals eine Kette funkelnd gleißt. Sie faßt hin, macht so und so, kann sie aber nicht abnehmen. Sie windet sich ein Stück Leinwand um den Hals und will am Abend, wenn sie fragen, antworten: „Mir tut der Hals weh ..."

Es wird Abend, die Vögel kommen, tauchen wieder in den Teich und werden zu einundvierzig Mädchen. Sie gehen in den Palast.

Die Schlaue sieht, daß dem Mädchen etwas um den Hals gebunden ist, und fragt:

„Mädchen, was ist mit deinem Hals?"

Sie antwortet:

„Ich habe Halsweh bekommen, und darum habe ich ihn umwickelt."

Da sagt die Peri:

„Halsweh, Halsweh, was bist du dem Mädchen in den Hals gekommen?"

Das Halsweh sagt da:

„Ha, ha, ha ... Ich bin ihr nicht in den Hals gekommen. Sie ist in das Zimmer vom Blitz-Padischah gegangen, und der Padischah hat ihr eine Kette umgelegt."

Sie lösen den Verband ab und sehen, daß das Mädchen eine Kette umhat, aber so eine, wie sie auf der Welt noch nie zu sehen war.

Da gehen sie erst einmal mit einem Stock auf das Mädchen los, dann warnen sie wieder:

„Du gehst nicht noch einmal in das Zimmer! Wenn du doch hineingehst, werden wir dich keine Minute länger hierbehalten."

Am nächsten Tag werden die Peris wieder zu Vögeln und fliegen weg.

Diesmal geht das Mädchen geradewegs in das Zimmer des Padischahs und öffnet die Tür.

Als der Padischah sie sieht, sagt er wieder:

„Komm, Mädchen, komm!"

„Oh, ich komme nicht mehr", antwortet das Mädchen. „Du hast meine Hände mit Henna bestrichen, du hast mir eine Kette um den Hals gelegt. Sie haben mich grausam behandelt. Diesmal werden sie mich nicht mehr behalten, sondern aus dem Palast verjagen."

Der Padischah sagt wieder:

„Komm, Mädchen, komm, ich werde dir nichts zuleide tun!"

Das Mädchen kann es nicht aushalten und tritt ein. Sie sitzen und unterhalten sich. Dann streicht er dem Mädchen über das Haar und sagt:

„So, nun geh!"

Das Mädchen geht hinaus. Als sie durch den Gang läuft und wieder zu dem Spiegel kommt, sieht sie auf einmal, daß ihr ein Kopfputz auf dem Kopf steckt und ringsum gleißt und glänzt. Sie bemüht sich, ihn abzunehmen, das gelingt ihr aber nicht.

Sie sagt:

„O weh, was soll ich jetzt machen? Sie werden es wieder sehen."

Es hilft nichts, sie bindet ein großes Kopftuch um, damit sie es nicht sehen sollen.

Es wird Abend, wieder fliegen die Tauben herbei, tauchen in den Teich ein und kommen alle als Mädchen heraus. Sie gehen in den Palast. Die Schlaue sieht, daß das Mädchen ein riesiges Kopftuch auf dem Kopf hat, und fragt:

„Mädchen, was ist mit deinem Kopf?"

„Ich habe mich gekämmt, und da ist mir der Kamm in den Kopf eingedrungen."

Da ruft das schlaue Mädchen:

„Kamm, Kamm!"

„Hier bin ich!"

„Weshalb bist du dem Mädchen in den Kopf eingedrungen?"

„Ha, ha, ha ... Ich bin nicht eingedrungen. Sie ist zum

Blitz-Padischah gegangen, und er hat ihr eine Krone aufgesetzt."

Sie öffnen das Kopftuch und sehen, daß auf dem Kopf des Mädchens wirklich eine Krone gleißt und glänzt. Sie nehmen das Mädchen in ihre Mitte, prügeln sie einmal tüchtig durch und sagen:

„Haben wir es dir nicht gesagt?"

Mit einem Wort, sie prügeln sie tot.

Da kommt plötzlich eine Wolke, ein Blitz, ein Sturm, ein Donner, ein Nebel ... Erde und Himmel vermischen sich, und unter Staubwolken, Rauch und Nebel erscheint der Blitz-Padischah. Er rettet das Mädchen aus den Händen jener einundvierzig Mädchen. Was sieht da das Mädchen auf einmal? Sie findet sich im Zimmer des Blitz-Padischahs wieder. Der Padischah sagt:

„Komm einmal her, meine Sultanin, deine Geduld soll belohnt werden!"

Dann ruft er jene einundvierzig Mädchen und gibt sie der Sultanin als Sklavinnen.

Danach ist vierzig Tage und vierzig Nächte Eheschließung, vierzig Tage und vierzig Nächte Hochzeit. Es ist eine Hochzeit, daß kein Stein auf dem anderen bleibt. Ich war auch dort und habe gegessen und getrunken.

Sie haben das Ziel ihrer Wünsche erreicht, und wir wollen die Sänfte besteigen.

Vom Himmel sind zwanzig Apfelsinen herabgekommen, zehn für mich, zehn für die Märchenerzählerin.

14

Meister Nazar

Es war einmal, und es war auch nicht ... Es waren einmal ein Mann und eine Frau. Der Mann war ein solcher Angsthase, daß er vor Angst keinen Schritt aus dem Haus tun konnte. Die arme Frau war sehr betrübt über die Feigheit ihres Mannes.

Eines Nachts sagte sie zu ihrem Mann:

„Sieh einmal, welch schönes Mondlicht! Komm, wir wollen hinausgehen und es uns ansehen!"

Der Mann sagte: „Ich habe Angst", und drückte sich in eine Ecke.

Indem die Frau sagte: „Mein Lieber, komm, wir gehen zusammen hinaus", zwang sie den Mann mit Gewalt aufzustehen, brachte ihn an die Türschwelle und schob ihn nach draußen und schloß die Tür hinter ihm.

Der Mann flehte und bettelte sehr:

„O weh, meine liebe Frau, öffne die Tür, ich habe Angst!" Aber die Frau hörte nicht darauf.

Der Mann hatte nur einen Knüppel bei sich ... Da er seiner Frau nichts mehr sagen konnte, was sollte er da tun? Es bleibt ihm nichts übrig, als, sich auf seinen Stock stützend, davonzulaufen, und er wandte sich um und ging hinweg ...

Er ging und ging und kam durch einen Wald ... Von ferne sah er ein Haus. Er ging näher und trat ein. Er sah, daß da vierzig Betten in einer Reihe stehen ... Er warf einen Blick auf ihre Länge und Breite und sagte:

„Das hier muß ein Haus von Devs sein."

Dann setzte er sich und schrieb auf seinen Stock:

„Ich heiße Meister Nazar — zerquetsche vierzig auf einen Streich — wenn auch einer davon am Leben bleibt, wird er doch hinken."

Er war sehr müde geworden ... Er trat an das erste Bett, legte sich hin und stellte den Stock neben sich.

Es wurde Mittag, und die Devs kehrten nach Hause zurück. Sie kamen näher, und da drang ihnen Menschengeruch in die Nase. „Wir haben wieder eine Beute", freuten sie sich.

Als sie hineinkamen, sahen sie, daß da ein Mensch schläft und auf dem Stock neben ihm geschrieben steht: „Ich heiße Meister Nazar — zerquetsche vierzig auf einen Streich — wenn auch einer davon am Leben bleibt, wird er doch hinken ..."

Die Devs begannen sich zu fürchten. Sofort gingen sie in die Küche hinunter, um Essen zuzubereiten ... Und als sie ihre Arbeit getan hatten, warteten sie darauf, daß Meister Nazar endlich aufwacht.

Schließlich wachte Meister Nazar auf. Die Devs sagten:

„Willkommen! Welcher Wind hat dich hierher geweht?"

Meister Nazar antwortete:

„Ich habe mit den Ringkämpfern des Königs von Moskau gerungen. Einen hab ich in die Luft geworfen, und er ist noch nicht wieder auf die Erde herabgefallen ... Ich suche ihn schon seit sechs Monaten ... Mein Weg hat mich hierher geführt ..."

Sie sagten:

„Das war gut! Willkommen, willkommen!"

Nun gehen die Devs von diesem Tag an auf die Jagd, verrichten alle Hausarbeiten, und Meister Nazar sitzt und ißt und trinkt ... Von Tag zu Tag vermehrt sich seine Kraft, und sein Nacken wird kräftiger.

Weil die Devs sehen, daß dieser Meister Nazar nicht vorhat zu gehen, unterhalten sie sich eines Abends heimlich miteinander: Sie verabreden, ihn zu töten. Aber Meister Nazar hat alles mit angehört, was sie gesagt haben. Bevor sich die Devs schlafen legten, schliffen sie vierzig Beile und hielten sie bereit. Sie warten darauf, daß Meister Nazar schläft.

Er aber steht von seinem Bett auf, als die Devs gerade eingeschlafen sind, legt an seine Stelle einen großen Holzklotz und versteckt sich irgendwo. Um Mitternacht erwachen die Devs, und die vierzig stürzen sich mit vierzig Beilen auf Meister Nazar und lassen die Beile niedersausen ...

Es wird Morgen, und bevor noch die Devs aufwachen, holt Meister Nazar den Holzklotz aus seinem Bett, reinigt es von den Splittern, wirft den Holzklotz hinaus und geht selbst zu Bett ... Nach kurzer Zeit erwachen die Devs und staunen, als sie Meister Nazar gesund und munter in seinem Bett liegen sehen. Meister Nazar wachte auch auf und sagte:

„Heute nacht sind wohl Mäuse über mich hinweggelaufen, was? Irgend etwas war es, was getrappelt ist."

Die Devs beschließen, in dieser Nacht den großen Mühlstein an der Tür auf Meister Nazar fallen zu lassen. Aber er hörte wieder, worüber sie sich unterhielten. Als in der Nacht die Devs gerade eingeschlafen waren, stand er von seinem Bett auf und legte wieder einen Holzklotz an seine Stelle. Die Devs standen ein wenig später auf und warfen den Mühlstein auf sein Bett, um ihn ganz platt zu quetschen.

Die Devs legten sich hin, Meister Nazar aber wälzte den Mühlstein weg, legte sich selbst in das Bett, zog die Bettdecke über sich und schlief ein.

Es wurde Morgen. Die Devs wachten auf, traten an das Bett und sahen, daß Meister Nazar gesund und munter ist und der Stein neben ihm liegt.

Meister Nazar sagte:

„Diesen Stein haben heute nacht Devs neben mich gerollt. Ich habe die teuflische Lust, ihn zu nehmen und hinter den gegenüberliegenden Berg zu werfen."

Die Devs flehten:

„O weh, Meister Nazar, das ist ein Andenken von unseren Ahnen, wirf ihn nicht, laß das ..."

Schließlich lassen sich die Devs von Meister Nazar über alle Maßen einschüchtern. Eines Tages fragten sie:

„He, Meister Nazar, willst du nicht endlich nach Hause gehen? Vielleicht ist der Moskauer Ringkämpfer schon auf die Erde herabgefallen?"

Da sagte er:

„Ich will gehen."

Sie gaben ihm eine Satteltasche, wie sie die Devs haben, voll Gold. Einer von ihnen lud sie sich auf, und Meister Nazar machte sich auf den Weg zu seinem Haus.

So kamen sie an das Haus, nahmen die Tasche herunter, und der Dev sagte „Lebe wohl!" und trennte sich von ihm. Als er zurückkam, begegnete ihm der Teufel und sagte zu ihm:

„Dieser Meister Nazar, das ist aber ein richtiger Angsthase! Wenn seine Frau nicht da ist, kann er nicht einmal hinausgehen, um Wasser zu lassen ..."

Obwohl der Dev sagte: „Immerhin hat er uns dies angetan und jenes gemacht", und alle Künste Meister Nazars aufzählte, fand der Teufel für alles eine Begründung und überredete den Dev ... Beide, der Teufel vorneweg und der Dev hinterher, machten sich auf den Weg zu Meister Nazars Haus und gelangten dorthin ... Der Dev wollte Meister Nazar mit einem Bissen auffressen ... Als Meister Nazar sie von weitem sah, rief er seiner Frau zu:

„Frau, der Teufel hat sein Wort gehalten, bravo ... er

bringt den Dev, den er mir versprochen hat ... Steh auf und halte mein Beil bereit, ich will dem Dev gleich den Kopf abhacken!"

Als der Dev diese Worte hörte, warf er sich auf den Teufel und sagte: „Du wolltest mich überlisten und mich umbringen, was?" und tötete den Teufel.

Meister Nazar war nun gerettet ... Mit dem Gold, das er den Devs abgenommen hatte, lebten sie ruhig bis ans Ende ihres Lebens ...

15

Die sieben Brüder

Es war einmal, und es war auch nicht ... In früheren Zeiten hatten ein Mann und eine Frau sieben Söhne. Die gingen jeden Tag auf die Jagd, verkauften die Tiere, die sie getötet hatten, und ernährten ihre Eltern.

Zeit kommt, Zeit vergeht, eines Tages wurde ihre Mutter wieder schwanger. Da sagten die Jünglinge:

„Mutter, wenn du auch diesmal einen Sohn zur Welt bringst, machen wir uns auf und gehen weg."

Ihre Mutter war ganz still ...

Der bestimmte Tag kam, und die bestimmte Stunde kam, und die Wehen fingen an. Die sieben Burschen gingen und riefen die Hebamme.

Sie sagten:

„Mutter Hebamme, wir gehen! Wenn unsere Mutter ein Mädchen zur Welt bringt, hängt eine rote Fahne heraus, wenn sie einen Jungen zur Welt bringt, eine schwarze ..."

Die Frau brachte ein Mädchen zur Welt. Sie sagte: „Meine Söhne werden sich freuen ...", und wartete auf ihre Rückkehr ... Aber wer weiß, weswegen die alte Hebamme diesen Jünglingen feind war. Sie zog eine schwarze Fahne auf dem Dach auf.

Es wurde Abend. Die sieben Brüder kamen zu der Burg gegenüber ihrem Haus. Von dort sahen sie, daß eine schwarze Fahne gehißt war. Sie sagten: „Unsere Mutter hat wieder einen Sohn geboren ...", wandten sich um, trieben ihre Pferde an und ritten davon.

Inzwischen vergingen Jahre. Das Mädchen wurde groß ... Als sie eines Tages auf der Straße spielte, riefen sie ihre Gefährtinnen:

„Mädchen mit den sieben Brüdern!"

Das Mädchen wunderte sich darüber, lief schnell ins Haus und fragte ihre Mutter. Zuerst sträubte sich die Mutter und sagte nichts. Aber als das Mädchen in sie eindrang, konnte sie nicht umhin zu erzählen:

„Meine Tochter, du hattest sieben Brüder, die alle älter waren als du. Eines Tages sind sie in die Berge auf die Jagd gegangen und nicht wieder zurückgekehrt."

Daraufhin begehrte das Mädchen:

„Ich will zu ihnen gehen ..."

Da redete ihr die Mutter ab:

„Meine Tochter, wie kannst du gehen? Auf dem Weg gibt es wilde Tiere, auf dem Berg gibt es böse Devs, mit einem Biß werden sie dich verschlingen ..."

Aber das Mädchen ließ sich nicht davon abbringen. Schließlich machte ihr die Mutter aus Asche einen Esel und gab ihr einen Stock in die Hand und sagte:

„Ruf nie brr, ruf immer nur hüh, hüh, hüh ... Sei auf der Hut! Wenn du brr sagst, löst er sich auf und fällt auseinander, und du bleibst unterwegs liegen, und die Devs werden dich auffressen ..."

Nach solch eindringlicher Ermahnung wünschte sie dem Mädchen Glück auf den Weg.

Das Mädchen zog fort und rief: „Hüh, hüh, hüh ..." Einmal ritt sie und ermüdete. Sie wollte den Esel anhalten und sich etwas Ruhe gönnen. Kaum hatte sie brr gesagt, da zerfiel der Esel, der aus Asche war. Weinend und schluchzend kehrte das Mädchen nach Hause zurück.

Die Mutter schalt: „Was habe ich dir gesagt?" und tadelte sie heftig und zankte sie aus. Als das Mädchen wieder darauf bestand: „Ich gehe unbedingt noch einmal", machte sie von neuem einen Esel aus Asche.

Das Mädchen legte wieder einen langen Weg zurück und sagte: „Hüh ..." Als sie in den Wald kam, vergaß sie vor

Angst hüh zu sagen und sagte: „Brr!“ Wieder löste sich der Esel auf und zerfiel. Das Mädchen kehrte wieder weinend und schluchzend nach Hause zurück.

Ihre Mutter wurde böse, zankte und schrie ... Aber was sollte sie tun? Als das Mädchen wieder darauf beharrte und weinte: „Ich gehe unbedingt noch einmal“, konnte es die Frau nicht über sich bringen und fertigte erneut einen Esel aus Asche.

Sie machte ihr nun Angst:

„Wenn du noch einmal vergißt, was ich gesagt habe, tritt mir nicht mehr unter die Augen! Ich werde dich totprügeln und in den leeren Brunnen zu den Geistern werfen!“

Diesmal sagte das Mädchen auf dem ganzen Weg stets hüh und vergaß es nicht. Wohin der Esel aus Asche auch ging, immer ging das Mädchen hinter ihm her und sagte: „Hüh, hüh“...

Schließlich kamen sie an den Berg, auf dem die sieben Brüder lebten. Kaum war sie dort an ein Haus gekommen, da löste sich der Esel auf und zerfiel wieder zu Asche. Nun wußte das Mädchen, daß es bei den Brüdern war. Die Türen des Hauses standen sperrangelweit offen. Das Mädchen trat ein, und niemand war da ... Sie ging nacheinander durch alle Zimmer: In der Vorratskammer standen vielerlei Speisen, Rebhuhn- und Hasenfleisch ... Sofort streifte sie die Ärmel hoch und kochte verschiedene Gerichte. Als sie sich tüchtig sattgegessen hatte, stieg sie in einen Schrank und versteckte sich.

Es wurde Abend, und die sieben Brüder kamen. Sie sahen, daß Speisen gekocht waren ... Sie wunderten sich: „Allah, Allah, was ist denn das?“ Dennoch setzten sie sich hin und aßen die Speisen ... Sie legten sich nieder, konnten aber keinen Schlaf finden.

Es wurde Morgen, und sie mußten zur Arbeit gehen. Einer von ihnen sagte:

„Unser jüngster Bruder soll sich verstecken und aufpassen. Wenn derjenige, der uns am Abend das Essen gekocht hat, wiederkommt, soll er ihn festhalten ...“

Der Jüngste versteckte sich an einer Stelle und wartete. Als die anderen fort waren, kam das Mädchen aus dem

Schrank heraus und machte sich an die Arbeit. Sofort stürzte der Jüngling herbei, ergriff sie am Arm und sagte:

„Bist du ein Dschinn[1] oder irgendein anderer Geist?"

„Ich bin weder ein Dschinn noch irgendein anderer Geist. Ich bin die Sklavin Allahs, der dich und mich erschaffen hat."

„Was suchst du hier?"

Das Mädchen erzählte alles von Anfang bis Ende ... Schließlich fielen die beiden Geschwister einander um den Hals. Am Abend kehrten auch die anderen Brüder zurück. Sie erfuhren alles und freuten sich, daß sie mit ihrer Schwester vereint waren. Schließlich sitzen sie zusammen, lachend und scherzend, essend und trinkend ... Der älteste Bruder mahnte eindringlich:

„Gib acht, Schwester, hier ist kein Feuer zu finden! Hüte dich, das Feuer zu löschen!"

Sie hatten auch eine Katze. Die konnte sowohl verstehen, was gesprochen wurde, als auch selber sprechen. Die sieben Brüder liebten sie sehr und verhätschelten sie. Die Katze war auf das Mädchen eifersüchtig.

Eines Tages verlosch das Feuer, ohne daß das Mädchen es bemerkte. Das Mädchen wehklagte darüber sehr. Was sollte sie machen? ... Sie ging aus dem Haus und sagte:

„Warte nur, ich will doch sehen, ob ich nicht ein Feuer finde!"

Sie schlug einen Weg ein und begann zu gehen. Nachdem sie gegangen war, sah sie Rauch aus dem Schornstein eines Hauses gegenüber kommen. Sie lief zu dem Haus und klopfte an die Tür. Die Tür wurde geöffnet, und was sah sie da? Eine alte Devfrau ... Das Mädchen erschrak, sagte aber dennoch:

„Guten Tag, Tante!"

Die alte Devfrau sagte:

„Wenn du nicht ‚Guten Tag' gesagt hättest, hätte ich dein Fleisch bis auf die Knochen verspeist und dein Blut mit einem Löffel getrunken."

[1] Ungreifbarer Luft- oder Feuergeist, der imstande ist, unter wechselnden Formen zu erscheinen und schwere Arbeiten zu verrichten.

Dann bat das Mädchen um Feuer. Die alte Devfrau sagte:

„Gut, ich werde dir welches geben", und ging fort. Sie füllte ein Sieb mit Asche und legte auf die Asche ein Stück Glut.

Das Mädchen ging, und die Asche rieselte durch das Sieb ... Sie ging, und die Asche rieselte ...

So kam sie dann zu ihrem Haus, tat das Feuer in den Herd und kochte das Essen.

Als es Abend wurde, erzählte sie ihren Brüdern, was sie erlebt hatte.

Die Brüder gerieten in Sorge und sprachen:

„O weh, Schwesterchen, die alte Devfrau wird der Aschenspur nachgehen, dich finden und auffressen."

Dann überlegten sie und sagten:

„Unter der Hoftür wollen wir eine Grube graben, wenn die alte Devfrau darauftritt, wird sie hineinfallen, und wir werden ihr den Kopf abschneiden."

Es wurde Morgen ... Bevor sie noch das Haus verlassen hatten, war der Sohn der Devfrau der Aschenspur nachgegangen und lehnte sich an die Tür. Aber kaum hatte er die Tür geöffnet, stürzte er in die Grube. Die sieben Brüder schnitten ihm sofort den Kopf ab, warfen ihn beiseite und vergruben seinen Körper in der Grube. Sie freuten sich. „Endlich sind wir gerettet!" Sie nahmen ihre Waffen und gingen wieder auf die Jagd. Das Mädchen aber setzte sich hin, um Brot zu backen.

Kurz darauf ging die alte Devfrau aus ihrem Haus und kam murmelnd und brummend herbei. Das Mädchen fürchtete sich, aber was sollte sie machen? Sie nahm die Alte auf, bot ihr Platz an und rief der Katze zu:

„Geh, bring Butter, ich will meiner Tante das Brot mit Butter bestreichen!"

Die Katze konnte aber das Mädchen nicht leiden und fragte, als hätte sie nicht verstanden: „Seinen Kopf?" und ging, brachte den Kopf des Devs und legte ihn vor seine Mutter. Als die alte Devfrau das sah, schrie sie so, daß Berge und Steine erzitterten. Danach aber riß sie ihrem Sohn einen Zahn aus dem Mund und stach ihn dem Mädchen ins Bein. Das Mädchen fiel auf der Stelle um und stürzte zu Boden.

Die alte Devfrau dachte nun, sie habe das Mädchen getötet, verließ sie und ging nach Hause.

Am Abend kehrten die sieben Brüder zurück. Als sie ihre Schwester wie tot daliegen sahen, weinten sie und waren traurig: „Nun ist unsere Schwester gestorben, was haben wir jetzt hier noch zu suchen?"

Sie luden die Leiche ihrer Schwester auf ein Pferd, stiegen auch selbst auf und kehrten heim.

Die Eltern freuten sich über die Rückkehr ihrer Söhne, aber sie trauerten um ihre Tochter und stöhnten Ach und Weh ...

Schließlich wollten sie die Leiche der Tochter begraben. Die Leichenwäscherin sah, daß in des Mädchens Bein etwas steckte ... Sie untersuchte, was in das Bein der Ärmsten geraten war, und als sie den Devzahn herauszog, kam das Mädchen wieder zur Besinnung und richtete sich auf. Ihre Eltern und ihre Brüder sahen das und wußten vor Freude nicht, was sie tun sollten. Das Mädchen erzählte ihnen, was es erlebt hatte.

So waren sie nun von dem Dev und der Katze befreit, aßen und tranken und waren glücklich.

16

Fräulein Nardaniye[1]

Es war einmal, und es war auch nicht. In früheren Zeiten, als das Sieb noch im Stroh lag ... Da war einmal ein armer Mann, der hatte eine Tochter von zwölf, dreizehn Jahren, die er sehr gern hatte. Die Mutter des Mädchens war gestorben. Ihr Vater überlegte oft:

„Wen soll ich nur heiraten, wen soll ich nur heiraten?"

Die Lehrerin des Mädchens sprach:

„Meine Tochter, sage deinem Vater, er soll mich heiraten! Ich werde gut für dich sorgen ..."

Das Mädchen kam nun nach Hause und sagte:

[1] Nardaniye – Granatapfelkern.

„Vater, wenn du heiraten willst, dann heirate meine Lehrerin. Eine andere will ich nicht."

„Gut", erwiderte der Vater. Er heiratete diese Frau.

Danach vergeht eine Zeit, und die Frau beginnt auf ihre Stieftochter eifersüchtig zu werden und denkt: Was kann ich tun, um dieses Mädchen loszuwerden?

Eines Tages ist Feiertag, und jedermann geht, sich zu vergnügen. Die Frau bittet ihren Mann inständig:

„Sie ist auch ein Mädchen, sie ist jung. Soll sie auch gehen und sich ein bißchen vergnügen!"

Der Mann ist damit einverstanden.

Daraufhin sagt die Frau:

„Meine Tochter, lauf, ich bringe dir das Essen hin!"

Das Mädchen geht und vergnügt sich und tanzt mit ihren Gefährten den Reigen auf dem freien Feld. Schließlich verspürte sie großen Hunger, aber ihre Mutter ist nicht zu sehen ... Nach langer Zeit kommt endlich die Frau. Sie hatte zu Hause einen salzigen Blätterteig zubereitet und dazu Wasser in einen Krug gefüllt und eine junge Schlange hineingelegt ... Das Mädchen ißt den Blätterteig. Darauf bekommt sie Durst. Sie setzt den Krug an, trinkt gierig das eiskalte Wasser, merkt aber nicht, daß sie eine Schlange verschluckt ...

Das Äußere des Mädchens verändert sich, ihr Leib wird von Tag zu Tag dicker. Die Frau zeigt sie den Hebammen. Eines Tages sagt sie zu ihrem Mann:

„Ach, weißt du, ich habe damals nicht auf dein Wort gehört und das Mädchen zum Spazierengehen hinausgeschickt. Es hat sie wohl jemand verführt und schwanger gemacht ..."

Der Mann war sehr rechtschaffen, und das trifft ihn schwer. Er liebte seine Tochter über alle Maßen. Nachts kann er nicht schlafen. Er konnte es nicht über sich bringen, das Mädchen zu tadeln, es auszuzanken und zu schlagen. Schließlich kann er es aber eines Tages nicht mehr ertragen und sagt zu seiner Tochter:

„Komm, ich will mit dir spazierengehen!"

Er führt sie auf einen Berg, und dort setzen sie sich unter einen Baum.

Er sagt:

„Meine Tochter, du bist müde, leg dich auf meine Knie, ich will dir ein Wiegenlied singen, schlaf!"

Das Mädchen legt sich seinem Vater auf die Knie. Als ihr Vater singt und singt, schläft sie ein. Da setzt der Mann eine Biene in einen Schilfhalm, hängt sie über dem Kopf des Mädchens auf und geht davon.

Als die Biene in dem Schilfhalm summte, dachte das Mädchen, daß sein Vater ein Wiegenlied singe ... Schließlich hat sie genug geschlafen. Sie wacht auf und sieht plötzlich, daß eine Biene über ihrem Kopf summt, ihr Vater aber weggegangen ist ... Sie beginnt zu weinen: „Ach, was wird aus mir werden?" und ist ganz verzweifelt.

Ihr Bauch war runder geworden, und in seinem Inneren bewegte es sich. „Das ist alles eine Falle meiner Stiefmutter ...", sagt das arme Mädchen und weiß nicht, was sie tun soll, und beginnt den Berg hinabzusteigen. Sie kommt an einen Bach und sagt:

„Ich will hier eine religiöse Waschung verrichten und mich Allah anvertrauen. Wer weiß, was Allah zeigt."

Sie neigte sich zu dem Bach hinab, verrichtete die Waschung, und da beginnt eine Stimme aus ihrem Bauch zu tönen ... Aus dem Bach heraus antwortete ihr eine andere Stimme ... Was sieht sie da? Kommt da nicht aus ihrem Mund eine Schlange mit ihren Jungen gekrochen! Das arme Mädchen ist erleichtert und atmet auf. Aber sie blieb ganz mutterseelenallein auf dem Berg ... Ihr Herz ist traurig, sie überlegt lange und macht sich auf den Weg und geht und geht ...

Es begann zu dunkeln ... In der Ferne sieht sie ein Licht und sagt:

„Dorthin will ich gehen, vielleicht nimmt man mich auf."

Sie läuft zu dem Haus, in dem Licht ist, klopft an die Tür, und es wird geöffnet. Das war aber das Haus der vierzig Räuber. Als die Räuber sie sehen, fragen sie:

„Mädchen, was hast du hier zu suchen?"

Das Mädchen erzählt, was es erlebt hat:

„Ach, soundso, mein Vater hat mich auf dem Berg verlassen. Um Allahs willen, nehmt mich auf, ich vertraue mich euch an, nehmt mich für heute nacht auf!"

Die vierzig Räuber sehen, daß es ein wunderschönes Mädchen ist, das man nicht anzublicken wagt ... Sie sagen zu dem Mädchen:

„Setze dich hierher, wir wollen einmal überlegen!"

Die vierzig gehen in ein Zimmer und besprechen sich:

„Wenn einer von uns sie nimmt, werden sie die anderen auch haben wollen ... Sie hat sich uns anvertraut und ist ein rechtschaffenes Mädchen. Wir können nichts anderes tun, und es ist das beste, wenn wir sie als Schwester von uns vierzig aufnehmen."

Sie kommen und sagen:

„Mädchen, sei auf ewig unsere Blutsschwester! Wir werden zu essen bringen, und du bereite es zu. Bleib zu Hause und mach es dir bequem ..."

Das Mädchen antwortet:

„Gut."

Schließlich gewannen sie ihre Schwester so lieb, so lieb, daß sie nichts in der Welt auf sie kommen ließen. Sie gewann die Räuber auch lieb ...

Soll sie da im Haus der vierzig Räuber wohnen ... Wir wollen zu ihrer Stiefmutter gehen ...

Der Mond war aufgegangen, es war Vollmond ... Die Frau ging in den Vollmond hinaus und fragt:

„Mond, mein Mond,
Wer ist am schönsten, du oder ich?"

Der Mond aber sagt von oben:

„Du bist nicht die Schönste, ich bin nicht der Schönste,
Fräulein Nardaniye ist am schönsten."
(Das Mädchen hieß Fräulein Nardaniye ...)

Als die Frau das hört, sagt sie: „O weh, so ist die Hure also nicht gestorben. Meine Tat bleibt nicht verborgen, sie wird ans Tageslicht kommen. Was soll ich jetzt tun?"

Sofort geht sie zu ihrem Mann und fragt:

„Ach, mein lieber Mann, wo hast du unser Kleines gelassen? Ich habe von ihr geträumt ... Hat sie wohl Hunger, hat sie wohl Durst? Ich will gehen und sie suchen."

Der arme Mann aber hatte seitdem Ströme von Tränen vergossen, war des Mädchens wegen abgemagert und erschöpft und hatte sich von der Welt zurückgezogen. Er freut sich von ganzem Herzen über diesen Gedanken seiner Frau. Er geht und zeigt ihr den Berg, wo er sie verlassen hat.

Die Frau nimmt einen Korb Kirschen und vergiftet sie alle. Sie nimmt den Korb in die Hand und geht von der Stelle, die ihr ihr Mann gezeigt hat, hinab. Sie geht und geht, da sieht sie in der Ferne ein Haus. Sie sagt:

„Bestimmt hat sie hier Zuflucht gesucht."

Aber sie hatte sich verkleidet: Sie hatte sich einen Überwurf umgehängt, der sie umhüllte, nur ein Auge war freigeblieben ... Sie geht auf das Haus zu ... Das Mädchen hatte seine Arbeit verrichtet, Hände und Gesicht gewaschen und saß am Fenster. Die Frau kommt zur Tür und ruft:

„Ich verkaufe Kirschen, Kirschen ..."

Das Mädchen sagt:

„Ich will Kirschen kaufen und am Fenster essen."

Sie geht sofort hinaus und kauft ein halbes Okka[1] Kirschen ... Sie setzt sich ans Fenster und will die Kirschen essen ... Über dem Fenster hingen vierzig Vögel im Käfig, an denen sie ihre Freude hatte. Die Vögel beginnen — piep-piep-piep — um Kirschen zu bitten. Indem sie ihnen gibt und gibt, werden die Kirschen im Korb alle, und für das Mädchen blieb keine einzige mehr übrig. Da sieht das Mädchen plötzlich, daß die Vögel, die davon gefressen haben, sterben, alle haben davon gefressen und sterben ... Das arme Mädchen setzt sich ans Fenster und zerfließt in Tränen. Sie hatte ihre Vögel sehr lieb gehabt ...

Es wird Abend, und ihre Brüder kommen. Sie fragen:

„Was weinst du, Schwester?"

„Ach, meine Vögel sind gestorben ... Eine Frau mit Kirschen kam vorbei, ich habe ihr an der Tür Kirschen abgekauft und sie den Vögeln gegeben. Alle sind gestorben."

Da sagen die vierzig Räuber:

[1] Altes türkisches Gewichtsmaß, ca. 1,3 kg.

„Die Hauptsache ist, daß du gesund bleibst, Schwester, wir bringen dir noch schönere Vögel, aber hüte dich, noch einmal von jemandem etwas zu kaufen, der an der Tür vorbeigeht ... Was wäre, wenn du gestorben wärest?"

Am nächsten Tag bringen sie vierzig Vögel, die noch schöner sind als die vorigen, und sie setzt sie in Käfige.

Danach vergeht ein Monat, und es wird wieder Vollmond. Die Stiefmutter tritt zum Mond hinaus und fragt:

„Mond, mein Mond,
Wer ist am schönsten, du oder ich?"

Der Mond aber antwortet:

„Du bist nicht die Schönste, ich bin nicht der Schönste,
Fräulein Nardaniye ist am schönsten."

Die Frau sagt:

„Ach, diese Hure, sie ist nicht gestorben ..."

Sie geht und nimmt diesmal eine Tüte Kauharz. Sie vergiftet das Harz, geht wieder zu dem Haus der Räuber und ruft:

„Kauharz zu verkaufen, Kauharz zu verkaufen ..."

Das Mädchen sagt sich: Das ist ja nichts zum Essen ... Ich will es mir kaufen ..., und läßt sich das Harz von der Frau geben. Wieder beginnen die Vögel zu bitten:

„Piep-piep-piep, mir auch, mir auch ..."

Das Mädchen sagt:

„Wartet, ich will es kauen und euch so geben!"

Das Mädchen schiebt sich das Harz in den Mund, und als sie es ein wenig gekaut hat, fällt sie um und streckt sich auf dem Boden aus.

Es wird Abend, ihre Brüder kommen und sehen, daß das Mädchen ausgestreckt daliegt. Sie weinen.

„O weh, unsere Schwester ist gestorben! Wie können wir diesen Schmerz überleben? Wie sollen wir sie begraben?"

Sie lassen einen goldenen Sarg anfertigen und legen das Mädchen hinein. Wohin sie nun gingen, dorthin nahmen sie den Sarg mit.

Eines Tages begegnete ihnen der Sohn eines Padischahs ... Der Prinz sagt:

„Eine Frage ist ja keine Klage. Wie oft ich euch getroffen habe, immer habe ich euch mit diesem Sarg gesehen. Weshalb schleppt ihr ihn mit euch umher?“

„Ach, frag nicht“, sagen die vierzig Räuber, „wir sind vierzig Brüder und hatten eine einzige Schwester. Sie ist nun gestorben. Wir können es nicht übers Herz bringen, sie zu begraben; so tragen wir sie umher.“

Daraufhin fragt der Prinz:

„Gebt ihr mir diesen Sarg?“

„Wir geben ihn dir, aber du wirst ihn sicher begraben.“

„Ich gebe euch mein Ehrenwort, daß ich sie nicht begrabe. Bis ich sterbe, werde ich sie in meinem Zimmer liegen lassen.“

Die vierzig Räuber geben ihm den Sarg.

Der Prinz nimmt diesen Sarg und stellt ihn in sein Zimmer. Aber er wird doch neugierig. Einmal öffnet er den Sarg, und was sieht er da? Das schönste Mädchen der Welt. Bleich wie Wachs, aber von ihrer Schönheit ist nichts verlorengegangen. Der Jüngling verliert vor Liebe den Verstand. Er hebt das Mädchen auf und setzt sie in eine Ecke. Von diesem Tage an verschließt er die Tür und läßt niemanden hinein. Abends kam er fröhlich in sein Zimmer, und früh verließ er es weinend.

Der Prinz hatte einen Lala, der beobachtet, daß der Jüngling von Tag zu Tag bleicher wird, nicht ißt und nicht trinkt. Er wird neugierig. Vom Schlosser läßt er einen passenden Schlüssel für die Tür feilen. Eines Tages geht er hinein und sieht ein Mädchen, schön wie der Vollmond, ganz bleich und leblos daliegen. Aber sie ähnelt auch nicht einem Leichnam. Der Lala war ein alter Mann, sehr erfahren, er merkt irgendwie, daß sie noch lebt. Er berührt sie hier und berührt sie dort. Plötzlich sieht er in ihrer Backentasche irgend etwas Hartes. Er steckt den Finger hinein und holt es heraus, es ist ein Stück Kauharz. Da niest das Mädchen — haatschi, haaatschi — und erwacht davon, öffnet die Augen und sieht einen Fremden zu ihren Häupten.

„O weh, wo bin ich denn? Wo sind meine Brüder? Wo sind meine Vögel?“ Sie beginnt zu weinen ...

Sofort läuft der Lala zu dem Prinzen.

„Ich bringe eine gute Nachricht, mein Prinz, deine Kranke ist wieder zum Leben erwacht!“

Der Prinz kommt und sieht, daß das Mädchen wirklich wieder zum Leben erwacht ist und weint. Er ist vor Freude ganz außer sich. Sofort läßt er den vierzig Räubern Bescheid sagen. Sie kommen auch, freuen sich und feiern ein Fest.

Schließlich machen der Prinz und Fräulein Nardaniye vierzig Tage und vierzig Nächte lang Hochzeit. Der Prinz hört sich an, wie es dem Mädchen ergangen ist. Er läßt ihren Vater holen. Der arme Mann war vor Kummer kohlrabenschwarz ... Der Prinz fragt:

„Was hast du für Kummer, mein lieber Vater?“

„Ach“, sagt der Mann, „wie soll ich dir meinen Kummer schildern, es ist ein Kummer, gegen den es kein Mittel gibt ...“

Er erzählt, daß er seine Tochter auf dem Berg zurückgelassen hat.

Sie fragen:

„Warum hast du das getan?“

Er sagt:

„Soundso, meine Tochter war spazierengegangen ... Ihr ist etwas zugestoßen, und ich konnte die Schande nicht ertragen ...“

Sie rufen das Mädchen. Vater und Tochter umarmen sich ... Das Mädchen erzählt nacheinander, was es erlebt hat. Sofort gehen sie und bringen die Stiefmutter zu dem Prinzen. Sie sagen zu ihr:

„Willst du vierzig Schläge mit dem Beil oder vierzig Maultiere?“

Die Frau sagt:

„Vierzig Beilhiebe auf den Kopf meines Feindes! Gebt mir vierzig Maultiere, und ich will in meine Heimat zurückkehren!“

Da binden sie die Frau vierzig Maultieren an die Schwänze und geben ihr vierzig Hiebe. So findet die Stiefmutter die Strafe für ihre Taten ...

Sie aber wurden glücklich und haben das Ziel ihrer Wünsche erreicht. Wir wollen auch unser Ziel erreichen.

17

Schwesterlein, Schwesterlein, lieb Schwesterlein

Es war einmal, und es war auch nicht ... Ein Mann hatte einen Sohn und eine Tochter. Ihre Mutter war gestorben, und ihr Vater hatte wieder geheiratet. Die Stiefmutter war auf die Kinder eifersüchtig und quälte sie auf jede erdenkliche Weise und setzte dem Mann zu: „Ich mag diese Kinder nicht mehr sehen! Schaff sie weg, verkauf sie oder tu, was du willst, bloß bring sie aus dem Haus!"

Der arme Mann aber brachte es nicht übers Herz, den Kindern dies anzutun.

Die Kinder hatten niemanden, dem sie erzählen konnten, wie die Stiefmutter sie behandelte. Deshalb gingen sie jeden Tag an das Grab ihrer Mutter und weinten.

Eines Tages hatte die Stiefmutter ein Mittel ersonnen, um die Kinder loszuwerden. Sie hieß ihre Leute einen Backofen anheizen, und wenn er richtig heiß wäre, sollten sie die Kinder hineinwerfen ... Der Junge merkte das, lief gleich zu seiner Schwester und erzählte ihr davon. Die beiden Geschwister gingen spornstreichs zu dem Grab ihrer Mutter, erzählten, was ihnen drohte, und fingen an zu weinen. Da sagte eine Stimme aus dem Grab zu ihnen:

„Nehmt eine Bürste, einen Kamm und auch ein Stück Seife und flieht ... Wenn man euch verfolgt, um euch zu ergreifen, werft zuerst den Kamm hin, danach die Bürste und zuletzt die Seife, dann können sie euch nicht das allergeringste anhaben."

Die Kinder taten, was ihre Mutter gesagt hatte. Sie nahmen den Kamm, die Bürste und die Seife, gingen hinaus und flohen. Als die Stiefmutter merkte, daß sie geflohen waren, hetzte sie Leute und Soldaten hinter ihnen her. Die Kinder liefen und blickten sich immerfort um. Als sie sehen, daß sich Menschen nähern, werfen sie den Kamm hin. Hinter ihnen wächst eine dichte Dornenhecke empor. Bis die Soldaten dieses Dornengestrüpp überwunden haben, sind die Kinder ein gutes Stück Wegs vorangekommen.

Nach einiger Zeit sehen sie sich um und merken, daß die Männer sich wieder nähern. Diesmal werfen sie die Bürste hin, und da wimmelt es hinter ihnen von Schlangen. Bis sich die Leute von den Schlangen befreit haben, sind die Kinder eine große Strecke Wegs vorangekommen ... Als sie wieder sehen, daß die Soldaten sie bald einholen, werfen sie die Seife hin, da entsteht hinter ihnen ein großes Meer. Die Verfolger stürzen sich in das Meer, um die Kinder einzufangen, aber die einen ertrinken, und die anderen kehren um. So retten sich die Kinder und setzen ihren Weg wieder fort, ohne zu wissen, wohin sie sich wenden sollen. Schließlich waren sie todmüde. Der Junge beginnt zu weinen:

„Meine liebe Schwester, ich habe großen Durst!"

Das Mädchen redet ihm zu:

„Gedulde dich noch ein wenig, gleich kommen wir an eine Quelle!"

Es war eine Gegend, in der Hirsche umherstreiften. Der Junge sieht Wasser, das sich in der Hufspur eines Hirsches angesammelt hatte, und beugt sich nieder, um zu trinken.

Das Mädchen fleht:

„Tu das nicht, Bruder, sonst wirst du zu einem Hirsch!"

Er aber hört nicht und trinkt.

Kaum hat er getrunken, da wird er zu einem Hirsch. Er läuft auf die Wiese, um zu weiden ... Da bleibt das Mädchen bei seinem Bruder. Der Bruder Hirsch lief tagsüber umher und kehrte abends zu seiner Schwester zurück.

Eines Tages lassen sie sich an einer Quelle nieder. Der Hirsch ging weiden, und das Mädchen kletterte auf eine Pappel am Rande des Wassers. Zu jener Quelle ritt jeden Morgen ein Prinz, um sein Pferd zu tränken. Auch an jenem Tag kam er und wollte sein Pferd tränken. Aber das Pferd wollte und wollte nicht trinken, scheute und bäumte sich auf. Der Jüngling sieht sich nach allen Seiten um, was wohl die Ursache ist. Plötzlich hebt er den Kopf, und was erblickt er da? Auf einer Pappel eine Jungfrau, schön wie der Vollmond ... Das Pferd war wohl durch ihr Spiegelbild im Wasser scheu geworden. Der Jüngling fragt:

„Bist du ein Dschinn oder irgendein anderer Geist?"

Das Mädchen sagt:

„Ich bin weder ein Dschinn noch ein anderer Geist, sondern ein Mensch wie du.“

So flehentlich der Jüngling das Mädchen auch bittet, vom Baum herunterzukommen, er kann sie nicht dazu bewegen. Als die Leute des Prinzen kommen, sagt er zu ihnen:

„Fällt diese Pappel!“

Die Pappel war aber dick. Bis zum Abend hacken sie, aber immer noch ist eine kleine Stelle übrig. „Das werden wir morgen durchhacken“, sagen sie und gehen. Am Morgen kommen sie und sehen, daß die Pappel wieder unversehrt dasteht. In der Nacht hatte nämlich der Hirsch — ihr Bruder — die Kerben in der Pappel so lange beleckt, bis sie aussah, als hätte sie kein Beil berührt.

Sie fangen wieder an, die Pappel umzuschlagen. Am Abend war wieder eine kleine Stelle übriggeblieben. Sie sagen, daß sie die Pappel am Morgen fällen wollen, und gehen. Als sie am Morgen kommen und sehen, steht die Pappel wieder unversehrt da. Es ist nicht möglich, die Pappel zu fällen, und auch das Mädchen steigt nicht von der Pappel...

Darüber wundert sich der Prinz, hört auf zu essen und zu trinken und siecht von Tag zu Tag dahin... Immerwährend streifte er unter dem Baum umher.

Als er eines Tages dort umhergeht, trifft er eine alte Frau, die ihn fragt: „Mein Kind, was hast du für Kummer, daß du in diese Berge gekommen bist?“

Der Jüngling erzählt alles, und die Frau sagt darauf:

„O Sohn, was gibt es Leichteres als dies?“

Sie geht sofort und bringt ein Sieb und einen Trog zu der Pappel. Sie siebt Mehl, knetet Teig und will Brot zubereiten. Aber sie stellt ihren Dreifuß falsch auf und legt das Backblech verkehrt darauf... Sie versucht es auf alle mögliche Weise und wird doch nicht fertig damit. Da ruft das Mädchen von oben:

„Ach, Mutter, was tust du? So geht das nicht!“

Das alte Weib antwortet:

„Ach, meine Tochter, das ist das Alter. Was soll ich da machen... Könntest du nicht kommen und helfen?“

Das Mädchen steigt herab und bäckt geschickt ein Brot. Bei dieser Arbeit bindet das alte Weib das Mädchen an sich. Das Mädchen macht das Brot fertig und will wieder auf die Pappel steigen, kann aber keinen Schritt tun, da es an das alte Weib gebunden ist. Sowie der Prinz das Mädchen ergriffen hat, bringt er sie zusammen mit dem Hirsch, ihrem Bruder, nach Hause...

Da feiern sie vierzig Tage und vierzig Nächte Hochzeit, der Jüngling heiratet das Mädchen, und sie leben in Freuden.

So vergeht eine Zeit. Der Hirsch weidete im Garten, lief umher, unterhielt sich mit seiner Schwester und vergnügte sich... Bald sollte das Mädchen ein Kind bekommen. Eines Tages sagt sie zu ihrer Negersklavin: „Bringe mir mein Badetuch und meine Holzpantoffeln, ich werde baden gehen."

Vor dem Palast war nämlich ein See. Das Mädchen wikkelt sich in sein silberbesticktes Lendentuch und fährt in die goldenen Pantoffeln und geht ins Wasser, um zu baden. Während sie badet, stößt die Negerin sie in eine tiefe Stelle des Wassers. (Der Prinz war zu der Zeit im Krieg...) Die Negerin legt die Kleider des Mädchens an, nimmt die Krone und setzt sich als Sultanin hin. Der Prinz kommt, sieht, daß anstelle seiner weißen und schönen Frau eine alte schwarze vertrocknete Sklavin sitzt... Er ist verblüfft und fragt:

„Wovon bist du so schwarz geworden?"

Die Sklavin antwortet:

„Wie sollte ich nicht schwarz werden... Jeden Tag habe ich unter der heißen Sonne auf dich gewartet."

Der Prinz glaubt es.

Zeit kommt, Zeit vergeht, die Sklavin wird schwanger und will nicht mehr alles essen, sondern begehrt nach besonderen Speisen. Eines Tages verlangt sie hartnäckig:

„Ich kann es nicht aushalten. Ich will das Fleisch dieses Hirsches essen."

Obwohl der Jüngling sagt: „Wie soll das gehen, Frau? Ist das nicht dein Bruder? Ißt man etwa das Fleisch seines Bruders?", kann er sie nicht davon abbringen. So soll schließlich der Hirsch geschlachtet werden... Die Schlächter schleifen einundvierzig Messer... Da läuft der Hirsch ans Ufer des Sees und ruft seine Schwester: denn ein Fisch hatte seine Schwester verschluckt, als die Sklavin sie ins Wasser gestoßen hatte...

„Schwesterlein, Schwesterlein, lieb Schwesterlein,
Mit dem Korallenband am Arm,
Einundvierzig Messer sind geschliffen,
Damit wollen sie mich bald schlachten.
Die Negerin gelüstet nach meinem Fleisch,
Komm sofort heraus, Schwester, komm heraus!"

Das Mädchen antwortet aus dem Bauch des Fisches:

„Bruder, Bruder, lieber Bruder,
Bruder Hirsch mit der Blesse[1] auf der Stirn,
Der goldene Holzpantoffel ist an meinem Fuß,
Das silberne Lendentuch habe ich um,
Meinen kleinen Prinzen habe ich im Arm,
Ich selbst bin im Bauch des Fisches
Und kann nicht heraus, Bruder, ich kann nicht heraus!"

Die sich dort befanden, eilen zu dem Prinzen und sagen: „Dieser Hirsch spricht mit jemandem im Wasser. Horcht heimlich zu!"

Der Prinz wird neugierig. Er steht auf und geht an das Ufer des Sees. Der Hirsch lief umher und dann wieder an das Wasser. Der Prinz lauscht im verborgenen, als der Hirsch sagt:

„Schwesterlein, Schwesterlein, lieb Schwesterlein,
Mit dem Korallenband am Arm,
Einundvierzig Messer sind geschliffen,
Damit wollen sie mich bald schlachten.
Die Negerin gelüstet nach meinem Fleisch,
Komm sofort heraus, Schwester, komm heraus!"

Blesse (türk. sakar) — Andersfarbiges Zeichen auf der Stirn von Tieren (besonders Pferden). Dieses Zeichen kann als unglückbringend betrachtet werden. Jemanden sakar zu nennen, der eine Arbeit nicht mit Erfolg durchführen kann, kommt von diesem Glauben.

Aus dem Wasser gibt eine Stimme Antwort:

„Bruder, Bruder, lieber Bruder,
Bruder Hirsch mit der Blesse auf der Stirn,
Der goldene Holzpantoffel ist an meinem Fuß,
Das silberne Lendentuch habe ich um,
Meinen kleinen Prinzen habe ich im Arm,
Ich selbst bin im Bauch des Fisches
Und kann nicht heraus, Bruder, ich kann nicht heraus!'

Da begreift der Prinz. Er befiehlt den Fischern, alle Fische zu fangen, so viele auch im See sein mögen. Sie fangen alle Fische im Wasser, bis schließlich ein riesiger Fisch aus den Netzen kommt. Sie schlitzen ihm den Bauch auf, und die Frau steigt mit dem kleinen Prinzen im Arm heraus und erzählt dem Prinzen alles der Reihe nach, was ihr zugestoßen ist. Da fragt der Prinz die Negerin:

„Willst du vierzig Maultiere oder vierzig Hackmesser?"

Sie antwortet:

„Vierzig Hackmesser auf den Nacken des Feindes! Gebt mir vierzig Maulesel; ich werde sie besteigen und zu meiner Mutter nach Hause reiten!"

Sie binden die Negerin den vierzig Maultieren an die Schwänze, und auf jedem Berg bleibt ein Stück von ihr zurück.

Sie aber haben das Ziel ihrer Wünsche erreicht.

18

Knüppel aus dem Sack

Es war einmal, und es war auch nicht. Es war einmal ein armer Grindkopf, und auch seine Mutter war arm. Jeden Tag ging der Bursche in den Wald Holz holen und schleppte es auf seinem Rücken.

Eines Tages wurde er müde, lehnte sich an einen Baum und rief vor Müdigkeit:

„Uff, uff!"
Als er das sagte, öffnet sich an der Stelle eine Tür, ein Neger kam heraus und fragte:
„Was willst du? Ich heiße Uff."
Der Grindkopf antwortete:
„Ich habe nichts zu wünschen, ich war müde und habe uff gesagt."
Der Neger gab ihm eine Schachtel und sagte:
„Nimm sie und trage sie nach Hause! Vergiß auch diesen Baum nicht! Wenn du in Bedrängnis bist, komm und ruf mich von hier aus! Hüte dich aber davor, zu dem Kasten ‚Öffne dich, mein Kasten!' zu sagen!"
Als der Grindkopf nach Hause kam, erzählte er seiner Mutter, was geschehen war:
„Ein Neger hat mir einen Kasten gegeben, aber er hat mich gewarnt zu sagen: Öffne dich, mein Kasten!"
In diesem Augenblick öffnet sich der Kasten. Es kommen verschiedene Speisen heraus, Eßdecken breiten sich aus, und die beiden setzen sich hin, um zu essen und zu trinken. Die Mutter und der Sohn freuten sich sehr darüber. Der Bursche sagt:
„Schließ dich, mein Kasten!"
Da schließt sich der Kasten, und sie stellen ihn auf das Wandbrett.
Der Sohn besteht darauf:
„Mutter, ich werde den Padischah zum Essen einladen."
Seine Mutter fragt:
„Mein Sohn, wohin willst du denn den Padischah setzen, wir haben keinen Platz."
Aber der Grindkopf beharrt auf seinem Willen, geht und lädt den Padischah zum Essen ein:
„Mein Padischah, kommt und eßt heute abend bei uns!"
„Mit wem soll ich kommen?" fragt der Padischah.
Er antwortet:
„Kommt, mit wem Ihr wollt!"
Der Padischah nimmt seinen Wesir und geht zum Haus des Grindkopfes. Da sieht er, daß es eine Hütte ist. Sie legten zwei Holzklötze unter sich und setzten sich. Der Grindkopf fragt:

„Mein Padischah, habt Ihr Hunger, sollen wir Essen zubereiten?"

Der Padischah sieht aber, daß kein Feuer und kein Herd da sind.

Wo wird er uns das Essen zubereiten? Was wird er uns zu essen geben? denkt er. Dann aber sagt er:

„Gut, bring es her, wir wollen sehen!"

Der Bursche holt den Kasten von dem Wandbrett herab.

„Öffne dich, mein Kasten, öffne dich!" sagt er.

Sofort breitet sich ein Speisetuch aus und darauf verschiedene Speisen, die hatte selbst der Sultan noch nicht gesehen. Die Gäste essen und trinken.

Der Bursche sagt: „Schließ dich, mein Kasten, schließ dich!" Und der Kasten schließt sich. Der Grindkopf nimmt ihn und stellt ihn vorsichtig auf das Wandbrett.

Der Padischah gibt seinem Wesir heimlich ein Zeichen und bedeutet ihm: Wir wollen diesen Kasten nehmen und entwenden. Der Wesir nimmt den Kasten und steckt ihn in seinen Mantelbausch, dann stehen sie auf und gehen.

Sowie sie gegangen sind, wird die Mutter unruhig, als sie den Kasten nicht sieht. Der Grindkopf läuft, immerfort weinend, zum Fuß jenes Baumes und ruft dort:

„Uff!"

Der Neger kommt und fragt:

„Was ist, hast du jenen Kasten stehlen lassen?"

Der Grindkopf erzählt, was ihm begegnet ist. Da gibt ihm der Neger einen Knüppel und warnt ihn streng: „Hüte dich zu sagen: ‚Knüppel aus dem Sack!'"

Der Grindkopf kommt nach Hause, erzählt seiner Mutter, was er erlebt hat, und sagt:

„Der Neger hat mich gewarnt, zu dem Knüppel zu sagen: ‚Knüppel aus dem Sack!'"

Er hat das kaum ausgesprochen, da bewegt sich der Knüppel und prügelt diesen Burschen tüchtig durch. Als er aber ruft: „Halt ein, mein Knüppel!", hält er ein.

Der Grindkopf sagt:

„Ha, jetzt ist die Sache leicht!"

Er nimmt den Knüppel, geht in den Palast und sagt am Tor:

„Ich will zum Padischah!"

Man will ihn nicht einlassen, aber er dringt schließlich zum Padischah vor. Der Padischah und der Wesir empfangen ihn freundlich lächelnd und sagen:

„Komm, wir wollen sehen, was es gibt, Grindkopf!"

Der Grindkopf befiehlt leise:

„Knüppel aus dem Sack!"

Der Knüppel erhebt sich und schlägt einmal den Padischah, einmal den Wesir, einmal den Padischah, einmal den Wesir, bis sie windelweich geschlagen sind.

Der Padischah und der Wesir fangen an zu flehen:

„Ach, Grindkopf, wir sterben!"

Der Grindkopf aber sagt:

„Solange der Kasten nicht kommt, hört der Knüppel nicht auf." Sofort bringen sie den Kasten, und der Grindkopf befiehlt:

„Halt ein, mein Knüppel!"

Da hält er ein.

Er aber nimmt den Knüppel und den Kasten und geht nach Hause.

Am nächsten Tag geht der Grindkopf zu dem Neger und sagt:

„Ich habe den Kasten bekommen."

Der Neger gibt ihm diesmal einen Esel und warnt: „Hüte dich zu sagen: „Schrei, mein Esel!'"

Der Grindkopf kommt nach Hause und erzählt dies seiner Mutter und sagt:

„Der Neger hat mich gewarnt zu sagen: „Schrei, mein Esel!'"

Der Esel, der das hört, beginnt — klimper-klimper — Geld von sich zu geben. Der Grindkopf und seine Mutter nehmen den Kasten, den Knüppel und den Esel und gehen in ein fernes Land, dort lassen sie sich einen Palast bauen und sind glücklich.

19

Das Töpfchen

Es war einmal, und es war auch nicht. In früheren Zeiten war einmal eine arme Frau mit einer Tochter. Die Mutter spann vom Abend bis zum Morgen Garn, das Mädchen aber verkaufte es auf dem Basar, und so verdienten sie ihren Lebensunterhalt.

Eines Tages hatte die Mutter wieder Garn gesponnen, es dem Mädchen gegeben, und das Mädchen hatte das Garn auf dem Basar verkauft. Für dieses Geld kaufte sie statt des Brotes einen kleinen Topf, der zum Kauf angeboten wurde. An dem Topf hatte sie großen Gefallen, gab das Geld hin und erhielt ihn.

Als sie nach Hause kam, war kein Brot zum Essen da; denn in der Hand hatte sie nur den Topf. Die Mutter schlug das Mädchen tüchtig und warf den Topf auf die Straße. An jenem Tag legten sie sich hungrig schlafen.

Eine Hebamme kehrte von einer Wöchnerin zurück und sah auf der Straße einen schönen Topf liegen, nahm ihn, ging nach Hause, wusch und reinigte ihn, machte eine Weinblattroulade, setzte den Topf auf den Herd und kochte Essen.

Gerade als sie den Deckel hob und sich ans Essen setzen wollte, wurde an die Tür geklopft, und jemand rief die Hebamme schnell zu einer Geburt.

Die Hebamme sagt: „Ich esse, wenn ich zurückkomme", läßt das Essen stehen und geht.

Der Topf steht — holterdiepolter — auf und geht schnurstracks zum Haus des Mädchens. Er klopft an die Tür, das Mädchen läuft zur Tür und fragt:

„Wer ist da?"

Der Topf antwortet:

„Das Töpfchen."

Das Mädchen fragt:

„Was ist darin?"

Er sagt:

„Eine kleine Weinblattroulade."

Das Mädchen holt die Weinblattroulade heraus und wirft den Topf auf die Straße. Die Mutter und die Tochter setzen sich hin und lassen sich die Weinblattroulade gut schmecken.

Die Frau des Padischahs, die Sultanin, ging ins Bad, da sieht sie auf der Straße einen schönen Topf. „Nimm diesen Topf!" sagt sie zu ihrer Zofe. Die Zofe nimmt den Topf, und sie gehen ins Bad. Im Bad legt die Sultanin, als sie sich auszieht, ihre Diamanten und Perlen hinein. Sie gibt ihrer Zofe den Topf und steigt ins Bad.

Als die Zofe den Topf im Arm hält, wird sie vom Schlaf übermannt, und der Topf geht schnurstracks zum Haus des Mädchens und klopft an die Tür. Das Mädchen fragt:

„Wer ist da?"

Der Topf antwortet:

„Das Töpfchen."

Das Mädchen sagt:

„Was ist darin?"

Er sagt:

„Etwas Schönes."

Das Mädchen nimmt die Diamanten und das Gold, zieht sich an und schmückt sich und wirft den Topf wieder auf die Straße.

Am nächsten Tag ging der Prinz ins Bad. Er sieht den Topf auf der Straße und sagt:

„Lala, nimm diesen Topf, was ist das für ein schöner Topf!"

Der Lala nimmt den Topf. Sie gehen in das Bad, der Prinz badet sich dort, reinigt sich und läßt sich rasieren. Der Topf nimmt den Prinzen — hopp — in sich auf und bringt ihn schnurstracks zum Haus des Mädchens. Als er an die Tür klopft, fragt das Mädchen:

„Wer ist da?"

Er antwortet:

„Das Töpfchen."

Sie fragt:

„Was ist darin?"

Er antwortet:

„Ein kleiner Bräutigam."

Als das Mädchen den Deckel des Topfes aufhebt, steigt

ein Prinz heraus, schön wie der Vollmond. Der Prinz aber mustert das Mädchen von oben bis unten: Sie ist ein Mädchen, auch so schön wie der Vollmond. Sie trägt Diamanten und Juwelen ... Der Prinz fragt:

„Mädchen, heiratest du mich?"

Das Mädchen ist einverstanden. Sie machen vierzig Tage und vierzig Nächte lang Hochzeit, und das Mädchen wirft den Topf nicht mehr auf die Straße ...

Sie haben das Ziel ihrer Wünsche erreicht, wir wollen auch unser Ziel erreichen.

20

Der Geduldstein

Es war einmal, und es war auch nicht. In früheren Zeiten lebten einmal ein Mann und eine Frau. Sie hatten auf der ganzen Welt nur eine einzige Tochter.

Dieses Mädchen ging jeden Morgen zum Brunnen und holte einen Kupfereimer voll Wasser. Eines Tages ging sie wieder zum Brunnen, und als sie ihren Eimer füllen wollte, setzte sich ein Sperling auf den Rand des Brunnens und sprach zu dem Mädchen:

„Ach, Mädchen, o weh, Mädchen! Vierzig Tage wirst du bei einem Toten Wache halten, Mädchen ..."

Das Mädchen aber antwortete:

„Scher dich zum Teufel! ... Was ich anziehe, ist Seidenstoff, und was ich esse, ist Reis."

Drei Tage hintereinander wiederholte der Vogel immer wieder diese Worte. Schließlich konnte es das Mädchen nicht aushalten und erzählte seinen Eltern, was ihm begegnet war. Sie befürchteten, daß ein Unglück über das Mädchen hereinbrechen würde. Der Mann sagte zu seiner Frau:

„Wir wollen dieses Land verlassen, dann wenden wir vielleicht das Unglück ab, das unserer Tochter droht."

Sie bereiteten Wegzehrung zu und machten sich sofort auf den Weg.

Sie gingen und gingen ... Im fremden Land sahen sie in

der Ferne ein Haus, auf das gingen sie zu. Um für die Nacht eine Bleibe zu haben, klopften sie an die Tür, aber niemand öffnete. Der Mann dachte, daß der Besitzer nicht da sei, und drückte mit der Schulter gegen die Tür, konnte sie aber nicht öffnen, auch die Frau mühte sich ab, aber es ging nicht ... Das Mädchen sagte:

„Ich will es auch einmal versuchen!"

Als sie gegen die Tür stieß, sprang diese sofort auf. Das Mädchen trat ein, und die Tür schloß sich von selbst. Ihre Eltern versuchten von der einen Seite und das Mädchen von der anderen, die Tür wieder zu öffnen, aber es war vergeblich, die Tür ließ sich nicht öffnen.

Als das Mädchen die Eltern vor der Tür gelassen hatte, begann sie in dem Hause umherzugehen. Sie stieg die Treppen hinauf und öffnete eine Tür, da stand ein Bett, in dem ein Toter lag. Das Zimmer war eingerichtet und ausgestattet. Neben dem Bett des Toten ein Waschbecken und ein Wasserkrug. Die anderen Zimmer waren auch schön eingerichtet und ausgestattet.

Sie stieg hinab, kam zur Tür zurück und erzählte ihren Eltern, was sie oben alles gesehen hatte.

„Das war mir vorherbestimmt, was soll ich da tun? Was vorherbestimmt ist, ist unabänderlich. Laßt mich hier und geht", sagte sie.

Zuerst weinten ihre Eltern und klagten, und ihre Herzen fanden sich nicht damit ab, ihre Tochter zu verlassen und wegzugehen. Aber sie sahen, daß nichts half, was sie auch versuchten, beugten sich dem Schicksal und gingen fort.

Das Mädchen stieg wieder zu dem Toten hinauf und setzte sich an das obere Ende des Bettes. Sie begann die Tage zu zählen ... Jeden Tag fegte sie alles von oben bis unten, wechselte das Wasser in der Kanne, setzte sich dann auf ihren Platz und wartete ... So vergingen fünfundzwanzig, dreißig Tage.

Eines Tages sah sie Zigeuner an dem Haus vorbeiziehen. Sie rief einem Zigeunermädchen, das unter dem Fenster vorbeiging, zu:

„Mädchen, Mädchen ... willst du meine Gefährtin sein?"

Das Zigeunermädchen antwortete:

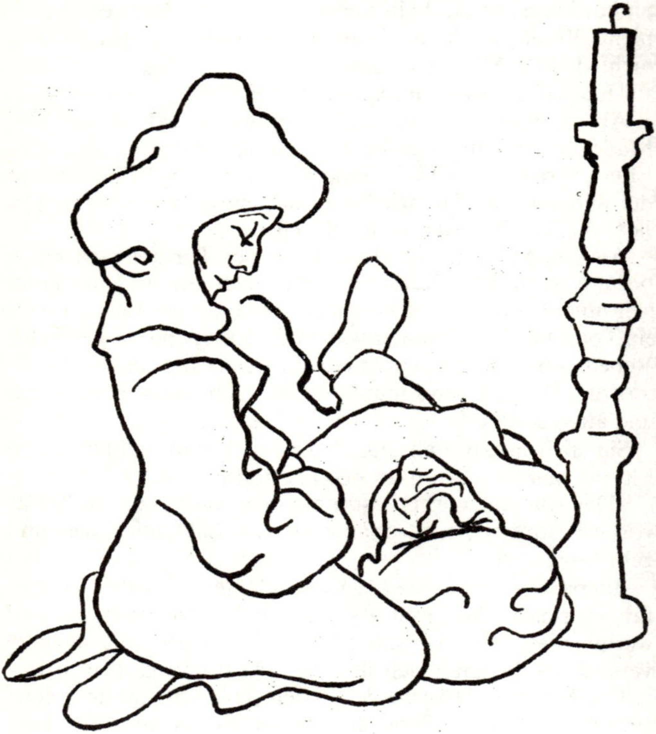

„Ja."

Sie band ihr ein Seil um den Leib und zog sie durch das Fenster nach oben. Das Zigeunermädchen machte alle Arbeiten und half ihr überall. Aber bei dem Toten wachte sie wieder selbst. Es war der neununddreißigste Tag. Seit mehreren Nächten hatte das Mädchen nicht geschlafen, und da sagte sie einmal zu dem Zigeunermädchen:

„Komm und bleib am oberen Ende des Bettes, ich will mich ein wenig hinlegen!"

Das Zigeunermädchen sagte: „Gut", und setzte sich zu Häupten des Toten nieder. Die andere ging hinaus und legte sich hin, um etwas zu schlafen und dann wieder aufzustehen... Aber sie konnte nicht genug Schlaf bekommen... Soll sie schlafen, die vierzig Tage waren nun um. Der Tote, der dort lag, wurde lebendig und ergriff das Zigeunermädchen, das ihm zu Häupten wachte, bei der Hand und fragte:

„Bist du es, die schon vierzig Tage bei mir wacht?"

„Ja, die bin ich", sagte das Zigeunermädchen.

„Heiratest du mich auf Allahs Geheiß?"

„Ja", sagte sie.

Der Jüngling heiratete das Zigeunermädchen. Als das andere Mädchen erwachte, begriff sie, was geschehen war, sagte aber nichts. Schließlich wurde das Zigeunermädchen die Hausherrin und das andere Mädchen ihre Dienerin...

Eines Tages sprach der Mann:

„Ihr Mädchen, ich gehe in die Stadt, was soll ich euch kaufen?"

Die Zigeunerin sagte:

„Kauf mir Glasperlen, Schaumünzen und ein Blätterteigbrot!"

Jenes Mädchen aber sagte:

„Kauf mir eine Puppe. einen Geduldstein und ein Messer mit schwarzem Griff!"

Der Mann ging in die Stadt. Er kaufte, was die Zigeunerin gesagt hatte. Als er auch das kaufte, was die andere gewünscht hatte, sagte der Ladenbesitzer:

„Für wen kaufst du das alles? Paß auf, was sie damit tun wird!"

Der Mann nahm die Geschenke für die Mädchen und kehrte nach Hause zurück. Zuerst gab er der Zigeunerin, was er ihr mitgebracht hatte. Das Mädchen legte sich die Glasperlenkette um den Hals und schmückte sich mit den Schaumünzen. Das Blätterteigbrot zerteilte sie und legte jedes Stück auf eines ihrer Kissen. Sie ging von Kissen zu Kissen, und jedesmal bettelte es: „Herrin, gib mir ein Stück Brot..."

Der Mann hatte sich verborgen und beobachtete das alles. Er sagte sich: Wollen wir doch einmal warten und sehen! Dann gab er dem anderen Mädchen die Geschenke. Wieder versteckte er sich. Das Mädchen legte das Messer mit dem schwarzen Griff neben sich. Den Geduldstein und die Puppe aber nahm sie vor sich und begann dem Geduldstein zu erzählen:

„Ach, Geduldstein, ich war die allereinzigste Tochter meiner Eltern. Eines Tages ging ich zum Wasser. An der Quelle sagte ein Vogel zu mir: ‚Ach, Mädchen, o weh, Mädchen... vierzig Tage wirst du bei einem Toten wachen, Mädchen!'... Geduldstein, hast du mehr Geduld oder ich?"

Als sie dies erzählte, begann die Puppe — tanz-tanz — zu tanzen, und der Geduldstein schwoll an...

„Ich habe meinen Eltern erzählt, was dieser Vogel gesagt hat. Um mich vor meinem Schicksal zu bewahren, haben sie mich genommen und aus dem Land gebracht. Auf unserem Weg kamen wir zu diesem Haus. Sie wollten die Tür mit Gewalt öffnen, es gelang ihnen aber nicht. Ich stieß dagegen, da öffnete sich die Tür und schloß sich sofort hinter mir. Ich blieb drinnen und meine Eltern draußen. Ich konnte die Tür auf keine Weise öffnen und sie hereinholen. Ich stieg hinauf und sah einen Toten im Zimmer liegen. Da erkannte ich, daß das mein Schicksal ist... Geduldstein, hast du mehr Geduld oder ich?"

Die Puppe tanzte wieder — tanz-tanz —, und der Geduldstein schwoll weiter an.

Das Mädchen fuhr wieder fort zu erzählen:

„Eines Tages zogen hier Zigeuner vorbei. Ich nahm ein Zigeunermädchen zu mir, damit sie mir Gefährtin sein sollte. Ich habe genau neununddreißig Tage bei dem Toten gewacht.

Am letzten Tag überwältigte mich die Müdigkeit, und ich ließ das Zigeunermädchen bei dem Toten, um etwas zu schlafen. Als ich schlief, erwachte der Tote. Er heiratete das Mädchen, das am oberen Ende seines Bettes stand, und ich wurde zur Dienerin dieses Hauses... Geduldstein, hast du mehr Geduld oder ich?"

Platz — platzte der Geduldstein. Da sagte das Mädchen zu dem Geduldstein:

„Nicht einmal du hast es aushalten können, wie kann ich es da aushalten!"

Sobald sie das Messer mit dem schwarzen Griff in der Hand hatte, richtete sie es gegen ihr Herz, um es hineinzustoßen, doch in demselben Augenblick verließ der Jüngling seinen Platz und ergriff das Mädchen bei der Hand. Er rief das Zigeunermädchen und sagte:

„Bist du mit dem Messer mit dem schwarzen Griff einverstanden oder mit vierzig Maultieren?"

Das Zigeunermädchen sagte:

„Das Messer mit dem schwarzen Griff soll deiner Geliebten ins Herz dringen... Ich will vierzig Maultiere, die will ich besteigen und in das Haus meines Vaters reiten."

Sie banden das Zigeunermädchen vierzig Maultieren an die Schwänze. Die vierzig Maultiere schleiften sie über Fels und Stein zu Tode.

Der Jüngling und das Mädchen aber machten vierzig Tage und vierzig Nächte Hochzeit, und sie haben das Ziel ihrer Wünsche erreicht.

21

Die Ilik-Sultanin[1]

In alten Zeiten war einmal ein ägyptischer Padischah, der hatte kein Kind. Eines Tages begab sich der Padischah verkleidet auf die Reise und begrüßte einen Derwisch, den er unterwegs traf:

[1] Ilik — Knochenmark.

„Selamünaleyküm, Vater Derwisch!"

Der antwortete: „Aleykümselam, mein Padischah!"

Der Padischah sagte zu ihm:

„Du hast gemerkt, daß ich Padischah bin, nun finde auch heraus, was mein Herzenswunsch ist."

Der Derwisch entgegnete:

„Euer Wunsch ist, der Welt Nachkommenschaft zu geben Nehmt diesen Apfel, die eine Hälfte davon soll die Sultanin essen und die andere Hälfte Ihr. Nach neun Monaten wird Euch ein Mädchen geboren, behütet es gut, es soll nichts von der Außenwelt sehen!"

Damit verschwand der Derwisch.

Als der Padischah nach Hause zurückgekehrt war, handelt er so, wie der Derwisch gesagt hat. Nach neun Monaten wird ihnen eine Tochter geboren. Innerhalb dieser Zeit hatte der Padischah einen großen Palast bauen lassen, damit die Sultanin, die zur Welt kommen würde, darin wohnen sollte... Dieser Palast hatte kein Fenster, das Licht erhielten alle Zimmer, Säle und Hallen durch die Decke.

Sowie das Mädchen zur Welt gekommen war, wurden ihm Ammen und Kindermädchen beigegeben. Mit tausenderlei Fürsorge behüten sie die kleine Sultanin in diesem Palast, der von allen Seiten geschlossen ist, und ziehen sie auf. Als die Sultanin etwas größer geworden ist, geben sie ihr nur Knochenmark zu essen. Deshalb heißt sie auch Knochenmark- oder Ilik-Sultanin... So vergehen die Tage...

Im Märchen vergeht die Zeit schnell, wie man sagt, und die Sultanin wächst heran. Eines Tages bekommt sie wie immer das Essen. Als sie das Mark ißt, hält sie ein kleines Knochenstückchen, das da dringesteckt hatte, in der Hand. Sie dreht es hin und her und sagt:

„Oh, was ist denn das?"

Da schnellt es plötzlich aus ihrer Hand empor, und das Deckenglas zerbricht. Das Sonnenlicht, das von dort durch das zerbrochene Glas hereindringt, setzt das Mädchen in Erstaunen. „Ach, was ist das?" sagt sie. Sie läuft hinter diesem Licht her, das auf die Wände scheint, will es halten, kann es aber nicht einfangen. Schließlich sammelt sie alle Gegenstände im Zimmer, legt sie aufeinander und klettert hinauf. Sie erreicht das Loch, durch das die Sonne hereinkommt, steckt ihren Kopf nach draußen und sieht hinaus. Was sieht sie da? Draußen liegt blendendweißer, kniehoher Schnee. Drei Jünglinge gehen unter dem Fenster vorbei... Der eine sagt zu einem anderen:

„Ach, weißt du, wem dieser weiße Schnee ähnelt?"

Der andere antwortet:

„Er ähnelt der weißen Haut des Padischahsohnes von Jemen."

Sie gehen etwas weiter und sehen auf dem Schnee das Blut eines geschlachteten Hahnes.

„Und wem ähnelt dieses Blut?"

„Es ähnelt dem Rot der Wangen des Padischahsohnes von Jemen."

„Und wem ähnelt die Jasmingerte, die ich in der Hand habe?"

„Seiner hohen Gestalt, die einem jungen Schößling gleicht."

Das Mädchen, das dieser Unterhaltung folgt, fällt in Ohnmacht, als sie das hört.

Als eine Weile vergangen ist, kommt ihr Kindermädchen zu ihr. Was sieht sie da? Die Ilik-Sultanin liegt ohnmächtig auf dem Boden... Die Gegenstände im Zimmer sind in Unordnung und überall verstreut... Das Kindermädchen erschrickt und wundert sich. Sie weiß nicht, was sie tun soll. Schließlich läuft sie weg und sagt es dem Padischah. Beim Padischah ist alles in Aufregung... Ärzte, Geistliche versammeln sich um die Sultanin. All die Mühe und die Behandlungen nützen nichts, das Mädchen kann nicht wieder ins Bewußtsein zurückgerufen werden.

Ein weiser Arzt unter ihnen sagt:

„Mein Padischah, weist alle aus dem Zimmer, ich habe Euch etwas zu sagen!"

Sofort werden alle aus dem Zimmer hinausgeschickt. Da sagt der Doktor zu dem Padischah:

„Eure Tochter ist liebeskrank."

Als der Padischah das hört, wird er zornig.

„Schlagt ihm den Kopf ab... Wen kann denn meine Tochter in den vier Wänden sehen, so daß sie liebeskrank wird?"

Der Doktor fällt dem Padischah zu Füßen und sagt:

„Mein Padischah, bringt mich nicht um! Ich werde Euch das beweisen.“

Der Padischah entgegnet:

„Gut, du hast eine Frist von drei Tagen. Wenn du e nicht beweisen und meine Tochter nicht heilen kannst, is das der Tag, an dem dein Kopf fällt.“

Der kluge Doktor läuft sofort zum Schlächter, holt zwe Lämmer, geht zum Koch und sagt:

„Verbrenne das eine der Lämmer ganz. Das andere abe brate an und mach einen Braten daraus!“

Die Lämmer werden zubereitet. Man bringt sie und häng an die eine Seite der Sultanin das eine und an die ander das andere. Der Padischah aber versteckt sich irgendwo in Zimmer. Mit seiner Behandlung bringt der Doktor sie wie der ein wenig zur Besinnung.

Sowie das Mädchen die Augen öffnet, sieht sie nach de rechten Seite und sieht das Lamm, das gebraten worde ist, und sagt:

„Ach, du Lamm, bist du auch durch die Flamme der Lieb zum Sohn des Padischahs von Jemen gebraten?“

Dann blickt sie nach links und sagt: „Ach, mein liebe Lämmchen, bist du auch wie ich durch die Flamme der Lieb zum Sohn des Padischahs von Jemen verbrannt und zu Kohl geworden?“ und fällt wieder in Ohnmacht.

Als der Padischah das gesehen und gehört hat, verzeih er dem Doktor und sagt zu ihm:

„Ach, rette nur meine Tochter, ich will dir geben, was d willst!“

„Gut, überlaßt mir Eure Tochter! Ich bemühe mich, si gesund zu machen“, sagt der Doktor. Mit der Behandlun heilt er das Mädchen ein wenig. Er redet auf tausendund eine Weise auf sie ein und tröstet sie:

„Wir werden Briefe schreiben. Wir werden ihn herbei schaffen. Ihr werdet heiraten und glücklich werden...“

So macht er dem Mädchen Hoffnung.

Sofort setzen sich die Schreiber hin. Sie schreiben eine Brief an den Sohn des Padischahs von Jemen und schlage ihm in schicklicher Art vor, er solle auf Allahs Geheiß da Mädchen nehmen.

Inzwischen vergeht einige Zeit, da kommt Antwort vom Sohn des Padischahs von Jemen.

Darin heißt es: „Ja, ich nehme Euren Vorschlag an. Ich nehme Eure Tochter. Aber jetzt habe ich keine Zeit. Ich schicke eine Nachtigall in einem goldenen Käfig. Einstweilen soll sich die Sultanin mit ihr vergnügen. Später komme auch ich ..."

Nun nimmt das arme Mädchen diesen goldenen Käfig und freut sich unbändig. Sie liebt die Nachtigall in dem Käfig sehr. Jeden Tag verbrachte sie ihre Zeit damit, sie zu betrachten und ihrer Stimme zu lauschen ... Eines Tages fiel ihr ein Stück Papier, das in der Ecke des Käfigs stak, ins Auge. Sie holt das Papier heraus und sieht, daß etwas darauf geschrieben steht.

Sie liest, und was sieht sie da?

„Wenn du auch eine Nachtigall bist
Und kommst und dich auf meinem Türgitter niederläßt,
Nehme ich dich doch nicht, nehme ich dich doch nicht",

steht da geschrieben ... Kaum hat das Mädchen das gelesen, da fällt sie ohnmächtig hin.

Der Doktor kommt und sieht auch den Brief. Er sagt:

„Ach, meine Sultanin, sei nicht traurig! Das sind Dinge, die jeden Tag vorkommen können. Wir schreiben wieder einen Brief, es wird sich ein Ausweg finden ...", und versucht sie zu beruhigen.

Mit einem Wort, sie schreiben noch einmal. Sie schildern den Zustand der Sultanin.

Diesmal schreibt der Sohn des Padischahs von Jemen in seiner Antwort:

„Am Meer soll ein dreieckiges Gartenhaus aus Kristall gebaut werden. Das Zimmer an jeder Ecke soll in einer anderen Farbe ausgestattet sein: das eine schwarz, das andere weiß, das dritte aber gelb. In welchem Zimmer sich die Sultanin aufhält, in dessen Farbe soll sie sich kleiden. Ich aber werde um das Gartenhaus herumfahren und ihr einige

Worte sagen. Wenn Ihr diese Bedingung annehmt, heirate ich die Sultanin."

Das Mädchen und ihr Vater nehmen diese Bedingung an. Sofort wird am Meer ein Gartenhaus aus Kristall gebaut, eingerichtet und ausgestattet. Der Prinz wird benachrichtigt und kommt auch. Auf einem Boot mit fünfzehn Paar Rudern fährt er um das Gartenhaus herum. Zuerst kam er zu der gelben Ecke, das Mädchen war gelb gekleidet, lehnte bis zur halben Hüfte aus dem Fenster und wartete darauf, daß der Prinz kommt... Als der Prinz langsam dort vorbeigleitet, sagt er:

„Wenn du bleich wirst, verwelkst
Und gelb wie eine Quitte wirst,
Nehme ich dich doch nicht, nehme ich dich
doch nicht!
Bootsmann, rudere zur weißen Ecke!"

Sofort zieht das Mädchen die gelbe Kleidung aus und die weiße an, läuft zu dem anderen Fenster, lehnt sich aus dem Fenster und erwartet den Prinzen. Als der Prinz dieses Mal vorüberkommt, sagt er:

„Wenn du dünner wirst wie Zwirn, aus Leid,
Wenn du in weißes Leichentuch gehüllt wirst,
Nehme ich dich doch nicht, nehme ich dich
doch nicht!
Bootsmann, rudere zur schwarzen Ecke!"

Diesmal zieht die Ilik-Sultanin schwarze Kleider an und läuft zu der schwarzen Ecke, um den Prinzen zu erwarten. Als der Prinz nun an der schwarz ausgestatteten Ecke des Gartenhauses vorbeikommt, sagt er:

„Wenn du austrocknest und zu welkem
Laub wirst,
Wenn du dein Leben aushauchst und in der
schwarzen Erde begraben bist,
Nehme ich dich doch nicht, nehme ich dich
doch nicht!
Bootsmann, rudere nach Jemen!"

Er macht sich schnell wie ein Vogel davon und verschwindet. Die Ilik-Sultanin fällt wieder in Ohnmacht. Der Doktor eilt zu ihr. Kurz danach kommt die Sultanin ein wenig zu sich. Der Doktor sagt zu dem Padischah:

„Mein Padischah, Eure Tochter muß für ihre Gesundheit eine Reise unternehmen. Ich bitte Euch um ein Schiff. Die Mannschaft dieses Schiffes soll aus vierzig Sklavinnen bestehen, eine schöner als die andere. Ich aber werde die Ilik-Sultanin begleiten und mit diesem Schiff eine Weltreise unternehmen ..."

Sofort gibt der Padischah Befehl. Das Schiff wird gebaut, und die Sklavinnen werden hingebracht. Die Sultanin besteigt mit dem Doktor das Schiff und fährt weg.

Sollen sie unterwegs sein ...

Der Doktor aber schickt vorher einen seiner Leute nach Jemen. Dieser Mann mietet gegenüber dem Palast des Padischahs von Jemen ein großes Haus. Er möbliert es, richtet es ein und bereitet alles vor ...

Eines Tages kommt auch das Schiff der Sultanin nach Jemen. Sie, der Doktor und die vierzig Sklavinnen ziehen in dieses Haus ein. Am Tage war kein Laut und kein Ton zu hören, als wäre keine Menschenseele in dem Haus, aber abends brannten — flacker-flacker — überall Lampen, in der Mitte steht ein riesiger runder Tisch, um den herum die vierzig Sklavinnen, jede in eine andere Farbe gekleidet, mit der Sultanin an der Spitze, mit Schellen an den zehn Fingern — schingir-schingir-schak — schlagend sich drehten und tanzten. Der Prinz sieht ihnen vom gegenüberliegenden Fenster aus zu und sagt zu seiner Mutter:

„Sind das Feen oder Geister? Ich habe mich in das Mädchen an ihrer Spitze verliebt. Freie für mich um sie!"

Die Mutter des Prinzen, die Sultanin, sagt:

„Ach, mein Sohn, sei vernünftig! Du bist mein allereinzigstes Kind, ich will nicht, daß du Kummer hast, und möchte deinen Wunsch erfüllen, aber wir wissen gar nicht, woher diese Leute kommen. Sind es Feen oder andere Geister? Wenn ich hingehe, bei wem soll ich um sie freien! Am Tage ist kein Laut zu hören ..."

Sie versucht, ihren Sohn von diesem Wunsch abzubringen.

Der Jüngling beobachtete sie weiter jeden Tag durch das Fenster und war überrascht von der Schönheit des Mädchens.

„Mein liebes Mütterchen, ich kann es nicht ertragen! Ich bin in das Mädchen, das an ihrer Spitze tanzt, verliebt“, seufzte und klagte er.

Schließlich kann die Mutter den Kummer ihres geliebten Sohnes nicht mehr aushalten. Sie beschließt zu gehen und um das Mädchen zu freien. Sie hatte von ihren Eltern ein Brillanthalsband geerbt, das nimmt sie. Sie nimmt sich eine Negerdienerin mit und geht.

Der Doktor kommt herbeigelaufen und sagt zu der Ilik-Sultanin:

„Meine Sultanin, heute wird man zu dir kommen und um dich freien. Verbirg alle Sklavinnen! Außer den blinden Negern und denen mit den verkrüppelten Armen soll niemand hierbleiben. Du aber nimm dir einen Stickrahmen vor, setz dich hin und beschäftige dich damit! Wenn sie kommen, bewillkommne sie nicht einmal!“

Die blinden Neger und die mit den verkrüppelten Armen empfangen die Gäste an der Tür. Sie führen sie nach oben.

Die Sultanin aber sagt in ihrer Ecke zu den Ankömmlingen: „Du bist eine Frau, die ich nicht kenne und die ich auch noch nicht gesehen habe“, und fährt fort, an ihrem Stickrahmen zu arbeiten.

Die Mutter des Prinzen holt das Brillanthalsband hervor und sagt:

„Das bringe ich dir zum Geschenk! Ich komme, für meinen Sohn um dich zu freien.“

Das Mädchen sagt wieder: „Du bist eine Frau, die ich nicht kenne und die ich auch noch nicht gesehen habe“, und setzt ihre Arbeit fort.

Dann sagt sie „Komm, Dilfirib[1]!“ und klatscht in die Hände.

Sie sagt zu der eintretenden Sklavin:

„Nimm das und leg es dir um den Hals, wenn du Geschirr wäschst!“

[1] Herzensbetörerin.

Die Mutter des Prinzen ist davon sehr betroffen, sagt aber nichts, steht auf und geht.

Der Prinz erwartete seine Mutter zu Hause voller Ungeduld. Als seine Mutter kommt, erzählt sie, was geschehen ist. Diesmal kam die Reihe an den Prinzen, er fällt — bums — in Ohnmacht. Nach einigen Stunden kommt er mit Müh und Not wieder zu sich. Er verbringt diese Nacht in tiefer Betrübnis.

Am Morgen fällt er seiner Mutter zu Füßen und fleht sie an. Sie ist wieder bereit, zu dem Mädchen zu gehen. Diesmal trägt die Mutter des Prinzen einen schönen, mit Brillanten und Rubinen besetzten Kristallspiegel hin und meint:

„Den wird sie wohl nicht weggeben oder wegwerfen."

Wie am Tage zuvor sagt die Ilik-Sultanin, ohne von der Arbeit aufzusehen: „Du bist eine Frau, die ich nicht kenne und die ich auch noch nicht gesehen habe", und beschäftigt sich mit ihrer Arbeit.

Die Mutter des Prinzen holt den Spiegel heraus, den sie diesmal mitgebracht hat. Sie sagt: „Meine Tochter, ich bitte dich, mein Sohn wird deinetwegen ohnmächtig! Ich bin gekommen, um auf Allahs Geheiß für meinen Sohn um dich zu freien, und habe dir diesen Spiegel als Geschenk mitgebracht."

Auch diesmal klatscht die Ilik-Sultanin in die Hände und ruft:

„Merdschan-Dadi[1], Merdschan-Dadi!"

Zu der Dienerin, die zur Tür hereinkommt, sagt sie:

„Nimm diesen Spiegel und sieh dir dein Gesicht darin an, wenn du Geschirr wäschst!"

Die Negerin nimmt den Spiegel und geht.

Die Mutter des Prinzen war sehr betroffen, sagt „Auf Wiedersehen!", steht auf und geht. Die Ilik-Sultanin aber bleibt wieder wie ein Holzklotz sitzen.

Als die Mutter des Prinzen nach Hause zurückkehrt, erzählt sie ihrem Sohn alles, was geschehen ist:

„Ich gehe nicht noch einmal hin, auch wenn du mir den Kopf abschlägst. Das ist ein so unerzogenes Mädchen, sie

[1] Kindermädchen mit dem Namen Merdschan (Koralle).

hat mir nicht einmal ins Gesicht geblickt. Außer ‚Du bist eine Frau, die ich nicht kenne und die ich auch noch nicht gesehen habe‘ hat sie nichts weiter gesagt...“

Der arme Prinz beginnt nachzudenken. Er sitzt am Fenster, stützt das Kinn in die Hand und vergießt blutige Tränen.

Es wird Abend. Auf einmal sieht er, daß wieder die Lampen — flacker-flacker — brennen. Da sind wieder vierzig reizende Mädchen, eine schöner als die andere, aber die einundvierzigste ist am schönsten von allen. Sie alle tragen Schellen an den zehn Fingern und tanzen um den Tisch.

Der arme Prinz beugt sich bis zur halben Hüfte aus dem Fenster und sagt zu seiner Mutter, als er ihnen zusieht: „Meine liebe Mutter, ich kann es nicht ertragen! Sieh das Mädchen an der Spitze an ... an der Spitze ...“, seufzt und fällt seiner Mutter zu Füßen.

„Bring morgen den Koran hin, den der Großvater hinterlassen hat! Gib ihn hin, vielleicht nimmt sie deinen Heiratsantrag dann an“, sagt er.

Die arme Frau kann das Seufzen ihres Sohnes nicht aushalten und sagt: „Komme, was da wolle!“ und verspricht, noch einmal zu gehen...

Sollen sie sich dort vorbereiten... Da aber sagt der Doktor, der all das weiß, zu dem Mädchen:

„Morgen wird man dir einen Koran bringen. Laß ihm zu Ehren die Sklavinnen sich aufstellen. Sie alle sollen schöne Kleider tragen und dienstbereit dastehen. Nachdem sie sich vor der Mutter des Prinzen siebenmal bis zur Erde verneigt haben, sollen sie ihr unter die Arme greifen und sie zu dir geleiten. Auch du empfange sie an der Tür! Nimm ihr den Koran aus der Hand und sage: ‚Meine Ehrerbietung gehört dem Koran in Ihrer Hand‘, hebe ihn zu deinem Gesicht empor und lege ihn auf das Wandbrett...“

So gibt er ihr noch einige Anweisungen und verläßt sie dann.

Kurz darauf kommt die Mutter des Prinzen. Am Straßentor empfangen sie die Sklavinnen, und an der Zimmertür das Mädchen selbst. Nach den Begrüßungsworten sagt die Mutter des Prinzen:

„Ach, mein Mädchen, gib eine endgültige Antwort! Mein

Sohn liebt dich sehr. Ich komme, auf Allahs Geheiß für meinen Sohn um dich anzuhalten.“

Das Mädchen antwortet:

„Grüßt Euren Sohn! Unter einer Bedingung heirate ich ihn. Ich habe eine große Vorliebe für Blumen. Laßt eine Kristallbrücke von unserem Haus zu Eurem Palast bauen und stattet sie mit Schalen aus Lahore aus. Auf beiden Seiten sollen tausendundeine Sorte Rosen blühen und darüber Nachtigallen schlagen. Bereitet eine goldene Wasserkanne und ein Paar brillantgeschmückte Pantoffeln vor, und ich werde meine Hochzeitskleidung anlegen und die Rosen auf beiden Seiten mit der goldenen Gießkanne in meiner Hand begießen, die Nachtigallen streicheln, dort hinübergehen und zu Euch kommen. Wenn Euer Sohn diese Bedingung annimmt, werde ich ihn heiraten.“

Die Mutter des Prinzen sagt:

„Ach, mein Mädchen, du verlangst unmögliche Dinge. Wie soll ich jetzt zu dieser Jahreszeit Rosen zum Blühen bringen und Nachtigallen singen lassen?“

„Wenn es Euch auch nicht gefällt, meine Bedingung lautet so!“ sagt das Mädchen.

Die Frau steht nachdenklich auf und geht und erzählt dem Prinzen, der sie erwartet, dies alles. Der Prinz sagt:

„Ach, liebe Mutter, was ist dabei Ungewöhnliches? Ich werde das alles machen lassen.“

Der Prinz läßt aus den Blumengärten Rosen und aus Persien Nachtigallen bringen. Er läßt aus Kristall eine Brücke bauen und alles vorbereiten. Er läßt auch die goldene Gießkanne und die brillantgeschmückten Pantoffeln anfertigen. Vierzig Tage und Nächte lang wird Hochzeit gefeiert, und die Sultanin trägt ihre schönen Brautkleider. Mit der goldenen Gießkanne in der Hand und den Diamantpantoffeln an den Füßen, wie eine Peri, schön wie der Vollmond, gießt sie die Rosen auf beiden Seiten mit der goldenen Kanne und geht zu dem Prinzen, der auf der anderen Seite der Brücke wartet, hinüber. Als sie zu dem Prinzen kommt, fällt ihr Auge auf eine überaus schöne Rose.

Sie sagt: „Oh, was ist das für eine schöne Blume!“, beugt sich nieder und riecht an ihr.

Dann sagt sie:

„Ich kann mich nicht sattriechen, ich will sie mir abpflücken."

Da dringt ein Rosendorn in ihren Finger ein. Sofort wirft sie die Wasserkanne aus der Hand und die Pantoffeln von ihren Füßen und sagt: „Das ist ein schlechtes Vorzeichen", und läuft geschwind in ihr Haus zurück.

Sie wirft sich auf das vorbereitete Daunenbett und die perlenbesetzte Decke und legt sich hin. Hinter ihr her läuft die Mutter des Prinzen.

„Ach, meine Tochter, werde nur wieder gesund, was ist denn los? Wir wollen gleich den Doktor holen lassen!"

Das Mädchen sagt:

„Nein, nein, ich will nicht, das war ein schlechtes Vorzeichen! Sagt Eurem Sohn, wenn er mich haben will, soll er sich scheintot stellen und sich auf das Leichenbrett legen. Die Hodschas[1] sollen ihn waschen, in Leichentücher hüllen und in einen Sarg legen. Man soll ihn aufbahren. Rechts neben seinem Ohr soll man eine Stelle offen lassen. Ich werde kommen und ihm ein paar Worte sagen. Wenn er mit dieser Bedingung einverstanden ist, dann heirate ich ihn vielleicht."

Die Mutter des Prinzen ist betrübt und sagt:

„Ach, meine Tochter, was sind denn das für Worte? Er ist mein allereinzigstes Kind! Wie kann ich ihn in einen Sarg legen lassen, bevor er gestorben ist?"

Das Mädchen aber sagt:

„Wenn es Euch auch nicht gefällt, meine Bedingung lautet so!"

Die Mutter des Prinzen kommt und erzählt ihrem Sohn das alles.

„Mein Sohn, das ist undurchführbar! Verzichte auf dieses Mädchen!"

Der Jüngling aber sagt:

„Ach, Mutter, macht das etwas aus, scheintot zu sein? Wenn ich dieses Mädchen nicht bekomme, werde ich wirklich sterben! Ich werde tun, was sie wünscht, denn ich liebe sie sehr."

[1] Hodscha — Mohammedanischer Geistlicher, auch Lehrer, Meister.

Mit einem Wort, sie tun alles, was das Mädchen gesagt hat. Man bahrt den Sohn auf.

Der Doktor hält die Sklavinnen bereit. Sie lassen alles vorbereiten, um das Schiff zu besteigen.

Da tritt nun das Mädchen an den Sarg, beugt sich nieder und sagt dem Jüngling ins Ohr:

„Wenn du stirbst und dich auf das Leichenbrett legst,
Wenn du gewaschen und in Leichentücher gehüllt wirst,
Wenn du in den Sarg gelegt und aufgebahrt wirst,
Heirate ich dich doch nicht, heirate ich dich doch nicht!
Kapitän, laß uns nach Ägypten fahren!"

Sie geht, besteigt ihr Schiff und fährt weg.

Da versteht der Jüngling alles und bereut, was er getan hat. Er springt aus dem Sarg hoch.

„Das wird mir eine Lehre sein! Mir ist widerfahren, was ich einem anderen angetan habe."

Schnell läuft er zu seiner Mutter und zieht sich an.

„Ich werde ihr nachfahren, auf Wiedersehen!" verabschiedet er sich.

Sofort besteigt er ein bereitstehendes Segelschiff. Er gelangt nach Ägypten, geht hin und fällt dem Padischah zu Füßen.

„Gebt mir auf Allahs Geheiß Eure Tochter! Ich habe schlecht gehandelt, handelt Ihr nicht auch so!"

Der Padischah vergißt, was geschehen ist, und sagt:

„Ich werde dir meine Tochter geben!"

Danach feiern sie vierzig Tage und vierzig Nächte Hochzeit und besteigen dann wieder die Schiffe. Sie kommen, um der Mutter des Prinzen die Hand zu küssen. Das Mädchen sagt zu der Mutter des Prinzen:

„Ach Mutter, verzeih mir! Ich war die Tochter des Padischahs von Ägypten. Ich habe mich für das Unrecht gerächt, das dein Sohn mir zugefügt hat."

Sie haben das Ziel ihrer Wünsche erreicht ...

22

Ahu Melek[1]

Es war einmal, und es war auch nicht. Es waren einmal ein Padischah und seine Frau, die hatten eine Tochter. Als Mann und Frau eines Tages sitzen und sich unterhalten, sagt der Padischah:

„Frau, heiratest du einen anderen, wenn ich sterbe?"

Die Frau sagt: „Ich heirate nicht wieder. Und du, heiratest du wieder, wenn ich sterbe?"

Er gibt die gleiche Antwort. Sie bekräftigen das einander durch Schwüre, aber die Frau wünscht:

„Solltest du heiraten, wenn ich gestorben bin, dann heirate die, der der Schuh paßt, der in meiner Truhe liegt."

Zeit kommt, Zeit vergeht, die Frau des Padischahs stirbt. Nach einiger Zeit schickt der Padischah seiner Tochter Nachricht, daß sie ihn heiraten lassen soll. Daraufhin nimmt die Tochter den Schuh in die Hand und zieht aus, um ein Mädchen zu suchen. Wem sie den Schuh auch anzieht, niemandem paßt er. Schließlich, als es dem Mädchen schon leid ist, sagt sie eines Tages, während sie in ihrem Zimmer sitzt, zu ihren Dienerinnen:

„Was ist das nur für ein Schuh! Niemandem paßt er an den Fuß, bringt ihn her, ich will einmal sehen und ihn anziehen."

Sie zieht den Schuh an, und er sitzt ihr wie angegossen. Eine Dienerin, die das gesehen hat, geht zum Padischah und sagt zu ihm:

„Mein Padischah, der Pantoffel paßt niemandem an den Fuß, er paßt nur der Sultanin."

Er setzt sich hin und schreibt dem Mufti[2] einen Brief, in dem er fragt:

„;Ich habe einen Apfelbaum in meinem Garten gepflanzt, er hat einen einzigen Apfel getragen. Soll ich den essen oder dem Volk zu essen geben?"

[1] Gazellenengel.

[2] Ausleger des islamischen Rechts.

Der Mufti antwortet:

„Warum sollst du den einzigen Apfel dem Volk zu essen geben? Iß ihn selbst!" (Der Mufti war so einfältig wie ich und gab seinen Schiedsspruch, ohne zu wissen, worum es geht...)

Der Padischah schickt darauf seiner Tochter die Schlüssel seiner Schatzkammer und läßt ihr gleichzeitig Nachricht zukommen: „Meine Tochter, schaffe dir deine Aussteuer an, ich werde dich heiraten!"

Das Mädchen prügelt die Dienerin, die diese Nachricht bringt, einmal durch, schlägt sich auf Kopf und Knie und sagt: „Was soll ich denn jetzt tun?"

Sie weiß schon, daß es keinen Ausweg gibt, und sendet ihrem Vater eine Nachricht mit der Bitte um eine Frist von vierzig Tagen …

Sie läßt sofort einen Goldschmied rufen und sagt:

„Ich werde dir so viel Geld geben, wie du willst. Dafür wirst du mir einen Ochsen anfertigen, dessen Inneres hohl ist, bei dem eine Tür von innen zu öffnen und zu schließen geht und der für sieben Tage Verpflegung enthält!"

Der Goldschmied sagt: „Gut", füllt einen Sack mit Diamanten, Rubinen, Perlen und einen Sack mit Gold und geht … Nach vierzig Tagen soll das Mädchen den Ochsen von dem Goldschmied abholen.

Sie geht zu ihren Freundinnen, um sich zu verabschieden. Zu jeder sagt sie:

„Ich habe einen Traum gehabt, daß ich sterbe. Darum vergebt mir alle meine Schuld!"

Am vierzigsten Tag kommt der Ochse … Im Palast wurde Hochzeit gefeiert: Die Musikanten spielten, die Köche bereiteten die verschiedensten Speisen zu.

Das Mädchen zieht sich in sein Zimmer zurück. Sie läßt ihre Sklavin in den Bauch des Ochsen hineinsteigen und ihn untersuchen. Sie sieht, daß alles genau so ist, wie sie es wünschte, und läßt ihre Sklavin herauskommen. Sie setzt einen Kasten Marzipan, einen Kasten Lokum[1] und ähnliche Dinge und auch ein, zwei Karaffen Wasser hinein. Denn es ist ja bekannt, daß des Padischahs Paläste mitten auf dem Meere sind.

Das Mädchen steht auf, stellt den Ochsen ans Fenster und steigt selbst in den Bauch des Ochsen. Dann sagt sie zu der Sklavin:

„Wenn dieser Kerl hereinkommt, wirf diesen Ochsen ins Meer!" (Sie sagt schon nicht mehr Vater, wie soll sie denn sagen? Kann denn so einer noch ihr Vater sein?)

Als der Padischah hereinkommt, wirft die Sklavin den Ochsen ins Meer. Der Padischah sagt:

„Was ist geschehen?"

Die Sklavin sagt:

[1] Süßigkeit aus Stärke, Nüssen usw.

„Was soll schon sein? Um ihrer Ehre willen hat sich die Sultanin ins Meer gestürzt."

Der Sultan ruft den Mufti und fragt:

„Was hast du für einen Schiedsspruch gefällt?"

Der Mufti antwortet:

„Du hast mir doch nicht gesagt, daß du deine Tochter heiraten willst... Du hast gesagt: Ich habe in meinem Garten einen Apfelbaum gepflanzt. Er hat nur einen einzigen Apfel getragen... Da habe ich gesagt: Iß du ihn lieber, als daß ihn das Volk ißt..."

Gut, sollen sie dort bleiben, wir wollen zu dem Mädchen im Bauch des goldenen Ochsen gehen...

In einem Land gab es einen Padischah, dessen Sohn sehr krank war. Sie brachten ihn hinaus an das Ufer des Meeres, damit er frische Luft atmen sollte. Als der Jüngling am Ufer lustwandelt, sieht er auf einmal, daß irgend etwas, das wie ein Schiff blinkt, herankommt.

Er sagt zu den Schwimmern:

„Hört zu, wenn das, was da kommt, etwas Lebloses ist, gehört es euch! Wenn es ein Lebewesen ist, gehört es mir..."

Sofort schwimmen sie aufs Meer und holen den Ochsen heraus. Der Sohn des Padischahs bereut sein Wort, das er so dahingesagt hat, denn das ist weder ein lebloser Gegenstand noch ein Lebewesen, sondern ein Standbild. Wie sollen sie das aufteilen? Die Schwimmer sind sieben Männer.

Sie sagten:

„Wir wollen es zerschlagen und dem Gewicht nach verteilen."

Der Prinz ist darüber betrübt, daß dieses schöne Standbild zerschlagen werden soll, und schlägt vor:

„Dann gebe ich lieber jedem von euch einen Scheffel Gold, und ihr gebt mir das Standbild."

Sie sind einverstanden und sagen:

„Gut."

Auf jedes Haar des Ochsen sind Juwelen aufgereiht, die gleißen und leuchten wie Feuer... Der Prinz war mit der Tochter des Großwesirs, seines Onkels, verlobt; dieses Mädchen jedoch war auf einem Auge blind...

Der Prinz legt sich nun am Abend in sein Bett schlafen.

Die Nahrung des Mädchens im Bauch des Ochsen aber war zu Ende, und sie hungerte seit drei Tagen. Sie sagt:

„Nun, jetzt will ich einmal aufschließen und sehen, wo ich hier bin.“

Das Mädchen steigt in das Zimmer hinaus, sieht, daß ein Prinz in seinem Bett liegt, goldene Leuchter zu seinen Häupten, silberne Leuchter zu seinen Füßen. Auf dem Tisch ein Teller Apfelsinen, ein Teller Äpfel, ein Teller Marzipan und eine Schale Fruchtsaft. Das Mädchen wendet sich zur rechten Seite des Bettes und zur linken, ißt das ganze Essen und trinkt auch den Fruchtsaft. Sie stellt die goldenen Leuchter zu seinen Füßen und die silbernen an den Kopf. Sie tauscht den Diamantring am Finger des Jünglings gegen ihren eigenen aus, und nachdem sie das alles getan hat, klettert sie wieder in den Bauch des Ochsen hinein und schließt die Tür.

Als der Prinz am Morgen aufsteht, sieht er, daß das ganze Essen auf dem Tisch aufgegessen ist. Er läutet, will ein Waschbecken und einen Wasserkrug haben, um sich das Gesicht zu waschen. Das Wasserbecken und der Wasserkrug kommen; er will sich gerade das Gesicht waschen und faßt hin, um den Ring abzuziehen, doch der Ring ist verschwunden. Da sagt er:

„Das Geheimnis von all dem ist im Bauch dieses Ochsen verborgen. Heute nacht werde ich wachen.“

Am Abend verriegelt er hinter sich die Tür, versieht alles, was auf dem Tisch steht, mit Zeichen und beginnt zu warten... Aber immerhin ist er ein junger Mann, und so schläft er ein. Das Mädchen kommt wieder zur gleichen Stunde heraus, ißt das Essen des Prinzen, tauscht seine Leuchter aus, trinkt den Fruchtsaft und geht wieder an ihren Platz zurück, in den Bauch des Ochsen...

Nun bringt sich der Prinz in der dritten Nacht am Finger eine Wunde bei und streut Salz darauf, um nicht einzuschlafen, und setzt sich aufs Bett. Es ist spät in der Nacht, da sieht er plötzlich, daß aus dem Bauch des Ochsen ein Mädchen herauskommt. Ihr Wuchs ist wie der einer Platane, das Haar wie Schlangen, die Augenbrauen wie Halbmonde, ihre Augen wie die eines Rehes, die Lippen wie Kirschen, der Mund und die Nase wie eine Haselnuß, die Zähne wie

Perlen, der Hals wie Kristall ... Der Prinz springt von seinem Platz auf; das Mädchen wendet sich zur Flucht; der Jüngling ergreift das Mädchen sofort bei der Hand und fragt:

„Wohin willst du fliehen? Von diesem Tag an bist du mein und ich bin dein ..."

Das Mädchen sagt:

„Ich habe einen Feind. Ich will, daß mich niemand sieht und daß niemand erfährt, daß ich hier bin. Ich kann nicht draußen bleiben, da wird man mich sehen."

Der Prinz fragt das Mädchen nach ihrem Namen. Das Mädchen sagt:

„Ahu Melek."

Der Jüngling sagt:

„Ich habe meiner Mutter Bescheid gesagt, sie bringen mein Essen ins Zimmer. Am Tag gehst du in den Ochsen hinein, in der Nacht werden wir zusammen essen und trinken und uns miteinander vergnügen."

Inzwischen teilt man der Kusine des Prinzen mit:

„Dein Verlobter hat sich in das Standbild eines Ochsen verliebt."

Da paßte das Mädchen eine Gelegenheit ab, um dieses Geheimnis zu ergründen.

So vergeht nun die Zeit. Aber dem Padischah tat es um seinen Sohn leid. Eines Freitags kommt der Prinz, um seinem Vater die Hand zu küssen. Er sieht, daß sein Vater in Gedanken versunken ist ...

„Vater Schah, was bist du so nachdenklich?" fragt er.

„Mein Sohn, soll ich etwa nicht nachdenklich sein? Bist du ein Hirtensohn? Du hast dich in ein Ochsenstandbild verliebt. Es ist Krieg erklärt worden! Wenn ich jetzt gehe, bleiben meine Krone und mein Thron verwaist. Wenn ich nicht gehe, wird mein Volk vernichtet ..."

Der Prinz erwidert hierauf:

„Vater, ziemt es sich, daß ich bleibe, wenn du gehst? Ich werde an deiner Stelle gehen."

Er kommt nach Hause und berichtet Ahu Melek. Das Mädchen beginnt zu weinen und zu klagen.

Der Jüngling tröstet sie:

„Sorge dich nicht, ich werde meiner Mutter sagen, daß ich jeden Abend als Taube hierherkomme und esse. Dir wird nichts Böses zustoßen."

Es wird Morgen. Sie nehmen Abschied und bitten einander um Verzeihung für das zugefügte Unrecht. Während er seinen Eltern die Hand küßt, sagt er: „Ich empfehle euch Allah an, meinen Ochsen jedoch euch. Laßt aber kein Kind in das Zimmer, es wird meinem Ochsen die Augenbrauen ausrupfen", geht hinweg, und Allah soll seine Sache zum Besten lenken ...

Dort aber sagt die Verlobte des Prinzen zu seiner Mutter:

„Mutter, bring mich zu dem Ochsen, ich will ihn mir ansehen!"

Sie bringen sie zu dem Ochsen, und sie geht rechts um den Ochsen herum, und sie geht links um den Ochsen herum. Sie merkt, daß innen ein Mensch ist. Sie fleht ihre Tante an:

„Gib mir diesen Ochsen für eine Nacht zu Besuch, ich habe Sehnsucht nach dem Sohn meines Onkels und will mein Herz erfreuen."

Sie geben ihr den Ochsen. Ein Lastträger nimmt ihn und bringt ihn ihr.

Das Mädchen befiehlt ihren Dienerinnen:

„Schnell, heizt den Backofen!"

Sie heizen den Backofen und werfen den Ochsen hinein. Das Gold schmilzt und heftet sich an Hände und Füße. Das Mädchen schreit um Hilfe und stürzt aus dem Ofen heraus. Sie werfen sie auf die Erde und geben ihr vierzig Peitschenhiebe. Schließlich versagt ihr der Atem, und sie fällt wie tot der Länge lang hin. Sie wickeln sie in eine Matte, binden diese mit einer Schnur zusammen, werfen sie auf den Kehrichthaufen und nehmen an, daß sie tot ist ...

Es wird Morgen, da kommen zwei Straßenreiniger, der eine jung, der andere alt. Sie sehen, daß da eine zugeschnürte Matte liegt. Sie öffnen die Matte, und was sehen sie da? Ein Mädchen wie eine Gazelle.

Der Alte sagt:

„Nimm sie mit nach Hause!"

Der junge Straßenreiniger sagt:

„Wenn ich sie mitnehme und die Arme noch nicht gestorben ist, dann wird meine Frau sie töten. Es ist besser, wenn du sie mitnimmst und sie an Kindes Statt annimmst."

Der Alte nimmt das Mädchen und geht nach Hause.

„Meine liebe Frau, wir hatten doch keine Kinder, ich bringe dir eine Tochter im heiratsfähigen Alter."

Die Frau freut sich. Sofort lassen sie einen Doktor kommen; der Doktor sieht sie sich an und sagt:

„Sie ist entweder geschlagen worden oder irgendwo herabgefallen. Sie ist nicht krank, sie ist nur übel zugerichtet. Sie braucht kein Heilmittel. Kocht Reis, gießt das Wasser ab und flößt es ihr mit einem Kaffeelöffel ein, damit sie nicht stirbt!"

Sie tun, was der Doktor gesagt hat. Sie pflegen sie, und, Allah sei Dank, in fünf bis zehn Tagen wird sie gesund.

Schließlich stickt das Mädchen jeden Tag ein Tuch, und der Straßenreiniger bringt es auf den Markt und verkauft es ... Jetzt wollen wir sie dort lassen und zu dem Prinzen gehen ...

Der Krieg wird gewonnen, und der Prinz kommt nach Hause. Er küßt seinen Eltern die Hände, und seine Mutter sagt:

„Mein Sohn, bist du uns böse? Warum bist du nicht gekommen und hast nicht gegessen? Dein Ochse steht da, wie du es gewöhnt warst. Nur für eine Nacht habe ich ihn deiner Braut geschickt."

Der Prinz steht auf, geht in sein Zimmer und sieht, daß von dem Ochsen weder die Nase übrig ist noch ein Ohr, noch der Schwanz, alles ist zusammengeschmolzen. Er schlägt mit einem Stock daran und ruft:

„Ahu Melek, Ahu Melek!"

Aber es kommt keine Antwort.

Da sagt er zu seiner Mutter:

„Was soll ich mit dem goldenen Ochsen machen? Mein Vater hat viele Schatzkammern. Ich habe mich in seinen Schmuck verliebt."

Der Jüngling wird vor Sehnsucht krank. Er wird so krank, daß die Ärzte schließlich die Hoffnung aufgeben und sagen:

„Dagegen hilft nichts!"

Seine Mutter kommt eines Tages, um ihn nach dem Befinden zu fragen. Da bittet der Prinz:

„Geh und sage meinem Vater, er soll einen Ausrufer im Land bekanntgeben lassen: Jeder, der eine Tochter hat, soll sie eine Suppe kochen lassen. Die Tochter desjenigen, von deren Suppe ich gesund werde, die heirate ich, ob sie nun die Tochter eines Wesirs, eines Straßenreinigers oder eines Muftis ist."

Die Sultanin sagt das dem Padischah.

„Meinetwegen", antwortet der Padischah.

Der Ausrufer macht es im Lande bekannt. Dieses Mädchen, Ahu Melek nämlich, hört den Ausrufer. Sie sagt zu dem Straßenreiniger:

„Vater, kauf uns Reis! Ich will eine Schüssel Reis kochen, und wir wollen sie dem Prinzen schicken."

Obwohl der Straßenreiniger sagt: „Meine Tochter, der Prinz wird sich vor unserer Suppe ekeln, er wird unsere Suppe nicht essen", meint das Mädchen: „Was kommt, das kommt...", und kocht die Suppe, eine wohlschmeckende Suppe, eine mit Eiern und Zitronen gekochte Krankensuppe. Sie gießt sie in die Schüssel, setzt die Schüssel auf ein Tablett und sagt:

„Vater, bring diese Suppe hin und gib sie dem Padischah mit eigenen Händen! Vielleicht gibt er uns für unsere Mühe eine Handvoll Gold, wir sind arm, damit können wir uns eine Zeitlang durchbringen."

Der Straßenreiniger nimmt die Suppe und geht. Man läßt ihn nicht in den Palast, aber schließlich gelingt es ihm nach Schwierigkeiten und Mühen doch, sich Einlaß in den Palast zu verschaffen. Er tritt vor den Prinzen. Er grüßt siebenmal. Dann stellt er sich dienstbereit auf. Der Prinz richtet sich einmal auf, aber er kann es nicht aushalten ... So nimmt er die Schüssel, fährt einmal mit dem Löffel hinein und sieht, daß da ein Ring liegt, und was bemerkt er da noch? Es ist sein eigener Ring, den Ahu Melek ihm vom Finger gezogen hat ... Er ißt die Suppe und ruft:

„He, Straßenreiniger!"

„Zu Befehl, mein Herr!"

„Wer hat diese Suppe gekocht?"

„Deine Sklavin, meine Tochter!"

„Ihre Seele soll gesund sein, ihre Augen sollen leuchten, ihr Arm soll stark sein, ihr Leben wohlhabend, ihre Knie sollen kräftig sein ... Diese Suppe hat sich in meine dreihundertzweiundsechzig Adern ergossen. Füllt dem Straßenreiniger einen Sack mit Gold! Morgen will ich noch eine Suppe haben!"

So bringt der Straßenreiniger drei Tage hintereinander Suppe und erhält drei Sack Gold.

Zu dieser Zeit aber kam die Mutter des Prinzen jeden Tag, um ihn nach seinem Befinden zu fragen. Am ersten Tag, an dem der Straßenreiniger gekommen war, sagt der Prinz:

„Meine Mutter, heute geht es mir zu einem Drittel gut."

Die Sultanin freut sich.

Am nächsten Tag sagt der Prinz:

„Mutter, heute geht es mir zu drei Fünfteln gut."

Seine Mutter antwortet:

„Gott sei Lob und Dank!"

Wieder am nächsten Tag sagt der Prinz:

„Mutter, heute geht es mir zu acht Zehnteln gut."

Als sie antwortet: „Gott sei Lob und Dank", wird der Jüngling böse und sagt:

„Was nützt der viele Dank? Frage einmal, wie es zu Ende gehen wird!"

„Wie wird das enden, mein Sohn?" fragt sie. Der Jüngling antwortet:

„Die Suppe des Straßenreinigers hat mich gesund gemacht. Ich will seine Tochter haben!"

Seine Mutter geht und sagt es dem Padischah. Der antwortet:

„Meinetwegen, darf man Allah hintergehen? Wir haben einmal unser Wort gegeben. Ob es nun ein Straßenreiniger oder sonst jemand ist, wir werden seine Tochter nehmen."

Sie benachrichtigen den Straßenreiniger. Es wird Hochzeit gefeiert und die Ehe geschlossen. Es wird Rosenwasser versprengt und Räucherwerk verbrannt.

Bis hierher war alles gut gegangen, Ahu Meleks Besitztümer wurden auf Kamele geladen, zum Hause des Padischahs gebracht und dort aufgestapelt ... Der Umzug des

Mädchens in den Palast steht bevor ... Eines Tages fleht die frühere Verlobte des Prinzen, die Tochter seines Onkels, ihre Tante an:

„Wie kann man sie bloß forttreiben ...?"

Die Frau ist auch dieser Meinung. Sie sagt zu Ahu Melek: „Komm, meine Tochter, wir wollen spazierenfahren", und läßt sie einen Wagen besteigen.

Als sie einmal anhalten, sagt die Sultanin zu Ahu Melek:

„Meine Tochter, hier ist heller Tag und Sonnenschein, die Bäume stehen in Blüte, die Erde ist trocken ... Steig aus und ergeh dich ein wenig!"

Als Ahu Melek zum Spazierengehen ausgestiegen ist, brechen sie die Zelte ab, laden sie auf die Kamele und machen sich davon.

Ahu Melek dreht sich um und sieht, daß niemand da ist ... Sie ist mutterseelenallein auf freiem Felde und ohne jede Hilfe ...

Als der Prinz Ahu Melek nicht bei seiner Mutter sieht, fragt er:

„Was ist geschehen?"

Sie antwortet:

„Laß, Sohn, was von der Gasse kommt, geht auch wieder auf die Gasse ... Sie hat sich auf- und davongemacht, wir haben gewartet, aber sie ist nicht zurückgekommen."

Wenden wir uns Ahu Melek zu. Sie geht ihres Weges und kommt in eine Stadt. Dort tauscht sie mit einem Schuhfärber die Kleider und zieht Männerkleider an, färbt sich Gesicht und Augen und wird zu einem Neger. Sie macht sich wieder auf den Weg. Da trifft sie einen Hirten. Sie wird dessen Gehilfe und läßt die Schafe des Hirten auf dem Berg weiden ...

Eines Tages ging der Prinz spazieren. Er sieht den Hirten, der auf freiem Felde seine Schafe weidet, unterhält sich mit ihm, fragt ihn nach seinem Ergehen und findet solchen Gefallen an ihm, daß er sich nicht mehr von ihm trennen möchte. Von Zeit zu Zeit wandte er sich ihm zu und sagte nichts anderes als:

„Deine Augen sind die Ahu Meleks, wenn du nur nicht schwarz wärest!"

Der Prinz nahm den Hirten zu sich und brachte ihn in den Palast. Sie schliefen in einem Bett zusammen. Von da ab wollten sie sich nicht für eine Minute trennen.

Als es so weit gekommen war, geben sie dem einäugigen Mädchen Nachricht. Als nämlich Ahu Melek verstoßen war, hatten sie dem Prinzen wieder die Tochter seines Onkels geben wollen, sie hatten sie mit ihm verlobt ... Dieses Mädchen aber beharrte auf ihrem Willen:

„Ich bleibe bei meinem Verlobten.“

An der einen Seite des Prinzen lag der Hirt, an der anderen seine Verlobte, aber der Prinz wandte sein Gesicht immer zu dem Hirten hin ... Eines Nachts wendet der Prinz, ohne daß er es merkt, sein Gesicht zu der Tochter seines Onkels hin. Als Ahu Melek erwachte und das sah, wird sie so böse, daß sie aufsteht und sich tötet.

Der Prinz will auch nicht mehr leben, weil Ahu Melek tot ist, und tötet sich.

Seine Braut stirbt vor Zorn.

Es wird Morgen, da kommt ein Derwisch. Er streicht über den Prinzen und über Ahu Melek und erweckt sie zum Leben, als erweckte er sie aus dem Schlaf. Das einäugige Mädchen aber schickt er zur Hölle.

Nun haben sie das Ziel ihrer Wünsche erreicht.

23

Ütelek

Es war einmal, und es war auch nicht. Es war einmal ein Padischah. Dieser Padischah hatte eine heiratsfähige Tochter und eine Frau. Eines Tages wurde die Frau schwer krank. Sie ließ den Padischah rufen und sagte:

„Mein Padischah, ich werde sterben. Nimm diesen Ring mit dem Diamanten! Diejenige, der dieser Ring paßt, die heirate!“

„Gut“, antwortete der Padischah.

Bald darauf stirbt die Frau des Padischahs. Es verstreicht eine Zeit, die Trauer des Padischahs um seine Frau vergeht, und er schickt sich an zu heiraten. Denjenigen, die im Lande in Frage kamen, brachte man den Ring, um ihn an ihre Finger zu stecken. Der einen war er zu eng, der anderen zu weit ... Mit einem Wort, der Ring paßte niemandem auf den Finger ....

Eines Tages spielte die Tochter des Padischahs mit dem Ring in ihrer Hand. Die Umstehenden dachten: Wem wollen wir ihn bringen, wem wollen wir ihn bringen?

Als das Mädchen spielte und ihn auf ihren Finger stecken wollte, paßte er. Als der Padischah dies sieht, sagt er:

„Meine Tochter, dich nehme ich!"

Das Mädchen beginnt zu weinen und zu flehen:

„Ich bin deine Tochter! Wie kannst du mich heiraten? Was sollen die Leute dazu sagen?"

Aber was sie auch tut und sagt, sie kann ihren Vater nicht von dem Gedanken abbringen.

„Nein", sagt der Padischah, „das Vermächtnis deiner Mutter lautet so. Ich werde dich heiraten."

Das Mädchen sah, daß es nichts gegen die Worte seines Vaters ausrichten kann, und sagt:

„Lieber Vater, gib mir eine Frist von vierzig Tagen! Ich werde es mir überlegen. Danach werde ich dich heiraten."

Das Mädchen überlegte die ganze Nacht bis zum Morgen: Mein Gott, was soll ich tun, was soll ich machen?

Es ist die neununddreißigste Nacht. Das Mädchen geht zu seinem Vater und sagt:

„Vater, ich heirate dich, aber unter einer Bedingung. Ich möchte von dir dreierlei Kleider. Das eine soll ganz mit Perlen bestickt sein. Das andere soll mit Diamanten bestickt sein. Das dritte soll aus Pelz sein, aber die Haare nach außen (wie die Pelze jetzt sind) ... Die Kopfbedeckung auf dem Kopf, die Handschuhe an der Hand, die Strümpfe am Fuß, alles aus Pelz ..."

„Gut", sagt der Padischah, und sofort wird alles bestellt. Es werden Kleider genäht, wie sie dieses Mädchen gewünscht hatte. Die Kleider kommen ... Da steht das Mädchen nachts auf, es ist Mitternacht ... Zuunterst zieht sie das Kleid aus Perlen, darüber das aus Edelsteinen und zuoberst das aus Pelz an. Sie sagt: „O Gott, steh mir bei!" und tritt um Mitternacht ganz vorsichtig durch die Gartentür und geht fort.

Sie geht in die Berge ... Sie schlüpft in einen hohlen Baum hinein und legt sich dort nieder.

Es wird Morgen. Der Sohn des Beys war zur Jagd gegangen. Seine Freunde hatten sich in verschiedene Richtungen entfernt. Der Sohn des Beys kam auch dahin, wo jener Baum stand ... Da sieht er, daß in der Höhle des Baumes ein Tier liegt, das aber keinem einzigen Tier ähnelt. Er tritt näher heran ... Das Tier erschrickt zuerst. Dann streichelt es der Sohn des Beys ganz behutsam. Da beginnt das Tier „Bidshi, bidshi“ zu sagen. Das Tierchen gefällt dem Sohn des Beys so sehr, daß er es mitnimmt. Wenn dieses Tier berührt wurde, sagte es „Bidshi, bidshi“. Der Sohn des Beys trägt es nach Hause. Er gibt ihm den Namen Ütelek. Schließlich gewann er das kleine Tierchen so lieb, ach, so lieb. Er sieht, als er ihm die verschiedensten Speisen vorsetzt, daß es das ißt, was die Menschen auch essen. Man bereitet ihm einen sauberen Platz. Wenn sie essen, geben sie ihm auch zu essen. Jeder im Hause liebt dieses Ütelek. Ein harmloses Tier ...

In jenem Land war einmal im Jahr Markt, zu dem die heiratsfähigen Mädchen und Jungen gingen. Die Burschen suchten sich da die Mädchen aus, die ihnen gefielen.

Der Sohn des Beys steht an dem Tag, an dem Markt ist, auch früh auf. Er zieht sich an, schmückt sich, richtet sich her und macht sich fertig.

„Ütelek, ich gehe auf den Markt, mir ein schönes Mädchen auszusuchen“, sagt er.

Ütelek entgegnet:

„Bidshi, bidshi.“

Als der Sohn des Beys aus der Haustür tritt, hat er seinen Schal oben liegengelassen. Sowie er sagte: „O weh, ich habe meinen Schal vergessen, bringt mir meinen Schal!“, stürzt Ütelek vor allen los, rennt nach oben und bringt den Schal. Der Sohn des Beys wurde böse.

„Hier sind so viele Dienerinnen und Mägde, aber meinen Schal zu holen bleibt Ütelek überlassen ...“, sagt er und zerreißt den Schal. Das trifft Ütelek schwer ...

Ütelek macht sich sofort auf. Als sie aus dem Palast ihres Vaters geflohen war, hatte sie ihre Taschen reichlich mit

Gold gefüllt ... Sie trägt ihr mit Diamanten besetztes Kleid und nimmt sich einen Wagen. Bevor sie aus dem Hause gegangen war, hatte sie das Pelzkleid und die Perlenkleidung versteckt. Mit einem Wort, sie fährt, von niemandem gesehen, direkt zum Markt.

Sie geht und setzt sich dort geradewegs an einen Tisch, der dicht bei dem Sohn des Beys steht, genau ihm gegenüber.

Der Sohn des Beys sieht das Mädchen und findet großen Gefallen an ihr.

Er geht zu ihr und fragt nach ihrem Befinden. Sie beginnen sich zu unterhalten.

„Wessen Tochter bist du?" fragt der Sohn des Beys.

„Ich bin die Tochter des Händlers Ich-weiß-nicht", antwortet sie.

„Wo wohnst du? Wie heißt euer Stadtviertel?"

„Schaljirtan"[1], sagt das Mädchen.

Der Bursche hatte das Mädchen so liebgewonnen und war so hingerissen, daß er ganz vergaß, daß er seinen Schal zerrissen hatte, als er aus dem Haus gegangen war.

So unterhalten sie sich dort eine Zeitlang. Sie vergnügen sich ... Die Leute beginnen auseinanderzugehen. Da sagt das Mädchen:

„O weh, mein Vater ist sehr streng! Wenn ich zu spät komme, wird er sich um mich sorgen."

Sofort macht sie sich auf, besteigt ihren Wagen und kommt vor dem Burschen nach Hause. Von niemandem gesehen, tritt sie in das Haus. Sie zieht wieder ihr Pelzkleid an und legt sich in eine Ecke.

Kurz darauf kommt auch der Bursche. Ütelek geht ihm sofort entgegen.

„Ütelek, Ütelek", sagt der Bursche, „geh von mir weg, ich habe nichts mehr für dich übrig! Heute habe ich ein schönes Mädchen gesehen ... Wenn du nur so groß wie eine Handspanne wärest, mit einem Buckel auf deinem Rücken, und wenn du bei mir gewesen wärest, hättest du auch jenes schöne Mädchen gesehen ... Ich werde es nun heiraten."

[1] Wörtlich: Derjenige, der einen Schal zerrissen hat.

Das Mädchen antwortete wieder:

„Bidshi, bidshi."

Kaum war es wieder Morgen geworden, da sagt der Sohn des Beys: „Im Stadtviertel Schaljirtan lebt die Tochter eines Händlers. Sucht sie mir!" und schickt Leute aus seinem Haus auf Brautwerbung.

Aber niemand kennt so ein Viertel oder so ein Mädchen ... Sie laufen die ganze Welt ab, können aber weder das Stadtviertel Schaljirtan noch so ein Mädchen finden.

So vergeht das Jahr.

Es kommt wieder der Tag, an dem der Heiratsmarkt stattfindet. Am Morgen zieht sich der Bursche an und schmückt sich. Gerade will er aus dem Haus treten, da merkt er, daß er seine Uhr vergessen hat.

„O weh, ich habe meine Uhr vergessen, bringt sie schnell!" ruft er.

Wieder stürzt Ütelek vor allen nach oben und bringt die Uhr.

Der Sohn des Beys wird böse und ruft:

„Ach, in diesem Haus gibt es so viele Dienerinnen und Mägde, und wenn ich etwas befehle, dann läuft dieses Tier los. Bleibt es nur dem Ütelek übrig, meine Uhr herzubringen?"

Er zerbricht die Uhr, Ütelek ist wieder über diese Worte sehr böse.

Dieses Mal trägt Ütelek das perlenbestickte Kleid. Sie geht zum Markt und setzt sich wieder an einen Tisch gegenüber dem Burschen. Sofort läuft der Bursche zu ihr.

„O meine Sultanin, wo bist du? Ich habe dich lange suchen lassen, und man konnte dich nicht finden."

„O mein Herr", sagt das Mädchen, „habe ich nicht gesagt, daß mein Vater Kaufmann ist? Mein Vater hat seine Arbeit gewechselt, wir sind verzogen. Jetzt wohnen wir in dem Viertel Saatkiran[1]."

Mit einem Wort, sie sitzen eine Zeitlang, unterhalten und vergnügen sich.

Gegen Abend sagt das Mädchen: „Mein Vater wird sich

[1] Wörtlich: Derjenige, der eine Uhr zerbrochen hat.

um mich sorgen, ich will nun gehen!“ und macht sich vor dem Burschen auf.

Der Sohn des Beys, der einen edelsteinbesetzten Ring am Finger hat, zieht ihn diesmal ab und steckt ihn dem Mädchen an den Finger. Das Mädchen aber besteigt früher als alle anderen den Wagen und fährt nach Hause.

Am Abend kehrt auch der Jüngling zurück. Er fleht seine Mutter an:

„Ach, liebe Mutter, ich habe wieder jenes Mädchen auf dem Markt gesehen. Es ist umgezogen. Es wohnt im Stadtviertel Saatkiran. Sucht es mir!“

Leute aus seinem Haus ziehen wieder hinaus. Sie ziehen ein Jahr umher und suchen das Viertel Saatkiran ...

Im Märchen vergeht die Zeit schnell ... Es ist wieder ein Jahr um, es kommt der Tag des Marktes. Der Bursche läuft frühmorgens vor allen anderen zum Markt. Er sieht, daß das Mädchen fehlt. Er sucht und sucht. Er wartet bis zum Abend, aber dieses Jahr war das Mädchen nicht zum Markt gekommen ...

Am Abend kehrt der arme Jüngling nach Hause zurück. Er ist traurig, seine Augen sind wie zwei Tränenbäche. Wie sehr seine Eltern ihn auch trösten, alles ist vergeblich. Von Tag zu Tag wird er kränker.

„Entweder ich finde dieses Mädchen, oder ich sterbe“ sagt er und legt sich krank zu Bett.

So ist er nun krank und liegt im Bett. Eines Tages sagt er:

„Wie viele Freunde und Bekannte ich in diesem Lande auch habe, alle mögen mir eine Schüssel Suppe kochen. Ich will mich von ihnen allen verabschieden.“

Dieser Wunsch des Jünglings wird bekanntgegeben. Jeder kocht eine Schüssel Suppe und bringt sie hin. Er steckte den Löffel nur einmal in die Suppe, dann gab er sie ungegessen zurück ...

Von den Leuten aus seinem Haus kocht ebenfalls jeder eine Schüssel Suppe, selbst dieses Ütelek bemühte sich darum und wehklagte und sagte: „Ich werde auch kochen.“

Der Sohn hörte es und sagte:

„Was will dieses Ütelek? Ich bin noch nicht tot, und ihr quält es schon.“

Seine Mutter aber sagt:

„Mein Sohn, es sucht Pfanne und Topf, es will Suppe kochen ... Weil es irgend etwas anbrennen lassen könnte, erlauben wir es ihm nicht."

Der Sohn sagt:

„Laßt es, soll es kochen, wir wollen sehen!"

Daraufhin lassen sie Ütelek gewähren. Es geht in die Küche und stellt etwas hinter die Tür, damit niemand kommt und zusehen kann. Es kocht eine schöne Suppe. Es zieht den Ring vom Finger und wirft ihn in die Schüssel. Es ruft jemanden von den Dienern „Bidshi, bidshi". Wieder ruft es „Bidshi, bidshi" und schickt ihm die Suppe.

Der Jüngling zieht die Suppe an sich. Als er den Löffel hineinsteckt, macht irgend etwas „klirr". Als es klirrt, schnellt er sofort hoch und setzt sich im Bett auf. Da sieht er, daß sein Ring zum Vorschein kommt, der Ring, den er vor einem Jahr auf dem Markt dem Mädchen gegeben hat. Er denkt an die Stadtviertel Schaljirtan und Saatkiran und befiehlt sofort:

„Bringt mir auf der Stelle Ütelek, ich werde es schlachten!"

Als sie sagen: „Aber mein Sohn, ist ein Haar in der Suppe? Was ist los? Schade, Ütelek soll uns als Andenken an dich bleiben, tu es nicht!", antwortete er:

„Nein, bringt es, ich werde es schlachten!"

Man bringt das Mädchen. Der Sohn des Beys steht auf, legt es hin, schneidet mit seinem Rasiermesser das Pelzkleid auf und sieht auf einmal, daß das Mädchen, das er auf dem Markt gesehen hat, in einem mit Diamanten besetzten Kleid herauskommt. Als er das Mädchen sieht, sagt er:

„Oh, du hartherziges, gewissenloses Ding! Warum hast du mich so gequält?"

„Weshalb hast du mich auch so verächtlich angesehen, den Schal, den ich gebracht habe, zerrissen und die Uhr zerbrochen?" sagt das Mädchen.

Schließlich verzeihen sie einander. Von Tag zu Tag wurde der Jüngling gesünder ...

Dann machen sie vierzig Tage und vierzig Nächte Hochzeit... Sie haben das Ziel ihrer Wünsche erreicht, und wir steigen auf den Diwan...

24

Ich war ein grünes Blatt

Es war einmal, und es war auch nicht. Ein Padischah hatte eine einzige Tochter. Sie war so schön, so schön, daß sie die Schönste auf der ganzen Welt war... Die Zahl der Freier war riesig, aber wer auch immer um sie warb, ihr Vater gab sie ihm nicht.

Der Sohn des Padischahs von Jemen hörte auch von der Schönheit des Mädchens und kam ebenfalls um sie werben. So traten die Jünglinge aus allen vier Himmelsrichtungen die Schwelle des Padischahs ab. Das Mädchen sah, daß es so nicht bleiben konnte, und schrieb ihrem Vater einen Brief:

„Mein lieber Vater, was wird aus mir? Ich habe unzählig viele Freier. Einen von ihnen muß ich heiraten. Ich schlage daher vor: Du läßt durch einen Ausrufer überall verkünden, daß sich alle, die um mich freien, auf einem Platz versammeln sollen. Denjenigen, der einen Granatapfel mit einer Hand aufißt, ohne einen einzigen Kern auf die Erde fallen zu lassen, werde ich heiraten."

Der Padischah billigte diesen Vorschlag. Er ließ das bekanntgeben, und alle versammelten sich auf dem Platz. Der Sohn des Padischahs von Jemen erschien auch.

Alle Jünglinge versuchten es nacheinander, aber niemand konnte diese schwere Aufgabe zu Ende führen. Die Reihe kam an den Sohn des Padischahs von Jemen. Er begann auch, den Granatapfel mit einer einzigen Hand, mit tausendundeiner Sorgfalt zu essen . . . Kann man einen Granatapfel so, mit einer einzigen Hand, ohne einen Kern auf die Erde fallen zu lassen, essen? Jedenfalls aß ihn der Jüngling, er aß ihn bis zu Ende, nur ein einziger Kern war noch übrig, und den ließ er auf die Erde fallen.

Man meldete der Sultanin:

„Ein Jüngling hat bis zu Ende gegessen, aber einen Kern hat er auf die Erde fallen lassen."

Das Mädchen hatte den Jüngling vom Fenster aus gesehen und ihn von Herzen liebgewonnen, aber sie wollte nicht auf die Strafe dafür verzichten, daß er den letzten Kern hatte fallen lassen . . . Sie weiß nicht, daß der Jüngling der Prinz von Jemen ist . . . Sie sagte:

„Gut, ich heirate den Jüngling, doch dafür, daß er einen Granatapfelkern hat fallen lassen, wird er vierzig Stockhiebe bekommen. Wenn er einverstanden ist, heirate ich ihn."

Man nannte dem Jüngling die Bedingung des Mädchens. Er sagte:

„Ich stelle auch eine Bedingung. Sie soll mit mir in mein Land kommen. Von hier darf sie nicht einmal eine Nadel mitnehmen. Sie darf nicht fragen, wer ich bin. Wenn sie einverstanden ist, bin ich auch mit den vierzig Stockschlägen einverstanden, die sie mir geben will."

Die Sultanstochter liebte den Jüngling so sehr, sie hatte ihn so liebgewonnen, daß sie sagte:

„Gut, ich bin einverstanden."

Die Leute des Padischahs nahmen den Jüngling, legten ihn auf den Platz und gaben ihm vierzig Stockschläge. Dann war vierzig Tage und vierzig Nächte Hochzeit, überall herrschte Jubel und Trubel, und sie haben sich verheiratet.

Als die Hochzeitsfeier vorbei war, sagte der Jüngling:

„Komm, meine Sultanin, mach dich bereit, wir wollen heimwärts ziehen!"

Sie trafen Reisevorbereitungen und verabschiedeten sich von allen im Haus. Sie sagten „Auf Wiedersehen!" und machten sich auf den Weg . . . (Sieh mal, wie sich das Mädchen nicht fürchtete, sie ging zu einem Mann, von dem sie nicht wußte, was für Eltern er hatte, sie verläßt ihr Land und ihre Heimat und geht davon . . .)

Sie gingen und gingen, sie gingen und gingen . . . Da findet der Jüngling auf dem Weg einen zerbrochenen Kamm, nimmt ihn und steckt ihn in die Tasche.

Das Mädchen fragt:

„Was willst du damit?"

„Womit willst du dir das Haar kämmen, wenn du morgen ins Bad gehst? Es ist ein Kamm, er kann dir nützlich sein . . ."

Sie gehen weiter, da finden sie ein halbes Lendentuch.

„Das wollen wir auch mitnehmen", sagt der Jüngling, „wenn du ins Bad gehst, kann es dir nützlich sein."

Er nimmt es und steckt es in seinen Sack. Dann sagt er:

„Ich bin der Gänsehirt des Padischahs von Jemen. Wir haben eine kleine Hütte. Dorthin gehen wir."

Das Mädchen wundert sich über das alles, aber was soll sie sagen?

So kommen sie eines Tages nach Jemen. Der Jüngling bringt das Mädchen geradewegs zu einer kleinen Hütte, zu einer Hütte aus Blech ... Er sagt:

„Das hier ist unser Haus."

Das Mädchen aber sagt: „Gut", und richtet sich dort ein.

Jeden Tag ging der Jüngling, von Kopf bis Fuß wie ein Hirt gekleidet, hinaus ... Irgendwo verkleidete er sich heimlich und zog Prinzenkleidung an. Bis zum Abend wanderte er umher und vergnügte sich. Wenn es Abend wurde, zog er wieder Hirtenkleidung an und kam nur mit einem trockenen Brot nach Hause. Er sagte zu seiner Frau:

„Siehst du, das ist dein heutiger Anteil ... Ich habe mich dort sattgegessen, iß du dies!"

Auf diese Weise vergehen einige Monate ... So läßt der Prinz das Mädchen leiden ... Eines Tages kommt er zu seinen Eltern und sagt:

„Trefft Vorbereitungen zur Hochzeit, ich werde heiraten!"

Wie oft sie auch fragen: „Mein Sohn, wen wirst du heiraten, wessen Tochter?", er antwortet:

„Mischt euch nicht ein, bereitet euch auf die Hochzeit vor!"

Da beginnen sie schließlich mit den Hochzeitsvorbereitungen.

Eines Tages sollte Reis gelesen werden. Der Jüngling kommt zu dem Mädchen und sagt:

„Der Prinz wird heiraten. Morgen soll Reis gelesen werden. Geh du auch und stiehl Reis und koch eine schöne warme Suppe!"

Am nächsten Morgen geht das arme Mädchen in den Palast und setzt sich kleinlaut in eine Ecke. Sie fragen:

„Mädchen, wer bist du?"

„Ich bin die Frau des Gänsehirten. Ich bin gekommen, um Reis zu lesen."

„Los, dann lies!" sagen sie.

Der Reis wird gelesen, jeder beendet seine Arbeit. Da

kommt der Prinz, in Samt und Seide gekleidet, hochmütig herbei und fragt:

„Habt ihr den Reis verlesen? Sind die Säcke voll?"

„Ja", sagen sie.

So geht und geht er entlang und tastet die Säcke ab.

Er sagt:

„Von diesem Reis ist eine Handvoll gestohlen worden. Jeder soll sich ausziehen und sich durchsuchen lassen!"

Alle ziehen sich aus, und die Kleidung von allen Frauen und Mädchen wird durchsucht. Die Reihe kommt an die Frau des Gänsehirten, und sie sehen, daß sie in ihrem Busen Reis hat . . .

Der Prinz befiehlt:

„Jeder soll ihr ins Gesicht spucken!"

Jeder spuckt dem armen Mädchen ins Gesicht und ruft:

„Pfui, du Schamlose, du Diebin!"

So steht sie gedemütigt da.

Der Prinz sagt:

„Laßt ihr den gestohlenen Reis!"

Weinend kehrt das Mädchen in seine Hütte zurück.

Am Abend kommt ihr Mann und fragt:

„Was habt ihr gemacht? Habt ihr den Reis des Prinzen verlesen? Hast du Reis für eine Suppe gestohlen?"

„Ja, aber der Prinz hat jeden durchsuchen lassen. Bei mir haben sie den Reis gefunden und mir ins Gesicht gespuckt."

„Das macht nichts, das wird in Vergessenheit geraten und vergehen. Du hast doch den Reis gebracht . . ."

In dieser Nacht kochen sie eine Reissuppe, setzen sich hin und essen.

Am nächsten Tag sagt der Jüngling:

„Heute werden die Kleider der Braut zugeschnitten. Geh auch und hilf! Stiehl außerdem Stoff für eine Mütze! Sieh, wir werden bald ein Kind haben, dem werden wir eine Mütze nähen."

„Gut", sagt das Mädchen. (Sie war etwas einfältig . . . denn wenn sie klug gewesen wäre, hätte sie da einem Mann, der ihr Ehemann werden sollte, vierzig Stockhiebe geben lassen?)

So werden nun an dem Tag im Palast die Kleider zugeschnitten und genäht. Das Mädchen ist auch unter den Hel-

fern . . . Als sich die Gelegenheit bietet, stiehlt sie Stoff für eine Mütze und steckt ihn in ihren Halsausschnitt. Der Prinz kommt wieder, sieht sich die Stoffe und Kleider an und sagt:

„Von diesem Stoff ist ein Stück für eine Mütze gestohlen worden. Durchsucht alle, durchsucht alle!"

Man durchsucht alle, die geholfen haben, von Kopf bis Fuß. Plötzlich sehen sie, da steckt, wieder im Busen der Frau des Gänsehirten, das Stück Stoff... Wieder läßt der Prinz jeden ihr ins Gesicht spucken... (Das Mädchen konnte alle diese Qualen nicht mehr ertragen, aber was sollte sie machen, sie liebte ihren Mann sehr und ertrug es.) Da hat der Prinz wieder Mitleid mit dem Mädchen und läßt ihr wieder den Stoff. Das arme Mädchen kehrt in seine Hütte zurück.

Als der Mann am Abend kommt, wirft sie den Stoff hin und sagt:

„Nimm, ich habe mich wieder demütigen lassen müssen! Alle haben mich eine Diebin genannt und mir ins Gesicht gespuckt."

„Das tut nichts, Mädchen, das wird vergessen werden... Jedenfalls können wir unserem Kind, das geboren wird, wenigstens eine Mütze nähen..."

Der Prinz läßt vom Palast aus überallhin bekanntgeben:

„Morgen wird das Brautbad stattfinden. Wer eine Tochter hat, soll sie kleiden und schmücken und ins Bad schicken."

Alle Frauen und Mädchen des Landes ziehen ihre schönsten Kleider an und kommen ins Bad.

Der Gänsehirt sagt zu seiner Frau:

„Alles geht ins Bad. Mach auch du dich auf, nimm den zerbrochenen Kamm und das halbe Lendentuch und geh! Das ist eine gute Gelegenheit, da kannst du dich richtig baden."

Er gibt ihr noch eine alte Schüssel, die er auf der Straße gefunden hat, und sagt:

„Damit kannst du dich begießen."

Das Mädchen macht sich auf und geht ins Bad... Alle haben schöne Badesachen, mit denen sie sich waschen und kämmen. Aber dieses arme Mädchen begießt sich mit einer halben Schüssel Wasser, wo sie ein leeres Wasserbecken fand, und versucht sich zu baden...

Als sich schließlich alle gewaschen haben und hinausgehen wollen, legt der Prinz eine Handvoll Erde, einen Granatapfelkern und ein grünes Blatt auf einen Teller ... Das alles gibt er seiner Mutter und sagt:

„Nimm dies und frage alle Mädchen, jungvermählten Frauen und jungen Frauen, alle, die dort sind! Diejenige, die sagen kann, was das bedeutet, die werde ich heiraten."

Die Sultanin bringt den Teller hin und beginnt ihn der Reihe nach zu zeigen ... Zu wem sie auch kommt, alle sagen:

„Ach, was gibt es dabei nicht zu wissen? Eine Handvoll Erde, ein Granatapfelkern und ein günes Blatt ..."

Diese Antworten sagt man dem Prinzen.

„Nein", sagt der Prinz, „das bedeutet etwas anderes ... Ist niemand mehr im Bad übrig?"

„Nein."

„So sucht nur noch einmal!"

Da sagt eine der Dienerinnen:

„Nur die Frau des Gänsehirten ist übriggeblieben. Aber was soll sie schon wissen?"

Der Prinz befiehlt:

„Zeigt es auch ihr! Laßt einmal sehen, was sie sagen wird!"

Sie bringen den Teller zu dem Mädchen, das Mädchen nimmt ihn in die Hand und beginnt zu weinen:

„Ich war ein grünes Blatt,
Eines Granatapfels wegen
Bin ich dahingefault und zu schwarzer
Erde geworden."

Sie kommen zum Prinzen und berichten:

„Die Frau des Gänsehirten hat soundso gesagt ..."

Er aber sagt:

„Siehst du, Mutter, der Gänsehirt bin ich. Dieses Mädchen ist meine Frau."

Da laufen die Sklavinnen hin, nehmen das Mädchen, waschen sie in dem größten Becken, hüllen sie in seidene Lendentücher ein und reiben sie mit seidenen Badetüchern ab ... Ihr wird jegliche Ehre zuteil, und man bringt sie aus dem Bad heraus in den Palast. Sie feiern vierzig Tage und vierzig Nächte Hochzeit... Der Bräutigam erscheint, und das Mädchen sieht, daß der Prinz ihr Mann ist.

Sie schicken dem Padischah, dem Vater des Mädchens, Nachricht. Die beiden Padischahs freuen sich, daß sie nun miteinander verwandt sind.

Und weder das Mädchen sagt jemals wieder zu dem Jüngling etwas wie „Du hast mir das und das angetan" noch der Jüngling dem Mädchen...

Sie haben das Ziel ihrer Wünsche erreicht, wir wollen auch unser Ziel erreichen...

Drei Äpfel sind vom Himmel gefallen, der eine in meinen Mund, der eine in den Mund dessen, der das Märchen erzählt hat, und einer für die Großmutter von Korkut[1].

25

Der schöne Fischer

Es war einmal ein Fischer. Der hatte einen Sohn, schön wie eine Lichtkugel.

Der Fischer gab dieses Kind in die Schule, damit es lerne und ein tüchtiger Mensch werden sollte. Aber der Jüngling lernte nicht.

Da sagte der arme Mann:

„Er wird auch ein Fischer wie ich. Er wird nicht lernen."

Er ließ seinem Sohne eine große Fischplatte machen und mit Litzen besetzte und geschmückte Kleidung nähen.

Der Jüngling erreichte ein Alter von fünfzehn, sechzehn Jahren... Seine Stimme war über alle Maßen schön. Er nahm die Fischplatte auf den Kopf und ging auf die Straße hinaus. Wenn er rief: „Fisch, frischer Fisch!", lief jedermann zum Fenster und wollte den Jüngling sehen und seine Stimme hören.

Zeit kommt, Zeit vergeht, eines Tages ging der Jüngling am Palast des Padischahs vorbei. Als er ruft: „Fisch, frischer Fisch!", läuft die Sultanin sofort zum Fenster. Sie verliebt

[1] Der Enkel der Erzählerin.

sich in seine Stimme und in ihn selbst. Die Sultanin befiehlt ihren Dienerinnen:

„Holt die Fische und legt dem Jüngling eine Handvoll Gold auf sein Tablett!“

Die Dienerinnen führen den Befehl der Sultanin aus...

Voll Freude kommt der Jüngling nach Hause. Er gibt seinem Vater das Gold. Aber sein Vater freut sich gar nicht.

Er sagt:

„Das ist kein gutes Vorzeichen, mein Sohn. Aber was sollen wir machen?“

Ein, zwei Tage vergehen... Jeden Tag, wenn der Fischer an dem Palast vorbeigeht, schickt ihm die Sultanin eine Handvoll Gold...

Schließlich ruft die Sultanin den Jüngling eines Tages herein und läßt ihm ein Frauenkleid nähen. Er muß nun auch falsches Haar tragen. Die Sultanin täuscht alle im Palast, indem sie sagt:

„Ich habe eine neue Sklavin genommen.“

Die Sultanin unterrichtet den Jüngling im Lesen und Schreiben und läßt ihn Laute spielen lernen. Sie macht einen vollkommenen Menschen aus ihm. Schließlich wird der Jüngling der Sultanin würdig.

Eines Tages sagt das Mädchen zu dem Jüngling:

„Ich werde dich heiraten.“

Doch der Jüngling entgegnet:

„Gut, aber eines Tages wirst du dich dessen erinnern, daß ich Fischer war, und mir das vorhalten. Das kann ich nicht ertragen.“

Das Mädchen hingegen versichert:

„Ich liebe dich. So etwas tue ich nicht.“

Der Jüngling stimmt schließlich zu und sagt: „Gut.“ Er nimmt einen Mann als Vermittler in Anspruch und läßt bei dem Vater des Mädchens um sie freien.

Der Padischah ist einverstanden, und sie heiraten.

Eines Tages sagt der Jüngling zu dem Mädchen:

„Wenn du mir eines Tages vorwirfst, daß ich Fischer war, wird es mir die Sprache verschlagen, ich werde sprachlos sein und nicht mehr reden.“

Danach vergehen Jahre... Sie verbringen eine Zeit voll

Liebe, eine schöne Zeit. Als sich der schöne Fischer eines Tages mit dem Mädchen vergnügt, tut ihr der Bursche im Spaß etwas weh.

Da sagt das Mädchen:

„Au, das ist keine Fischplatte! Du dachtest wohl, ich bin eine Fischplatte?“

Dies verschlug dem Jüngling sofort die Sprache. Er kann nicht mehr sprechen, und das Mädchen bereut, was es gesagt hat, aber geschehen ist geschehen ... Sie fällt dem Burschen zu Füßen, fleht und bettelt, aber obwohl sie auch sagt: „Es war ein Fehler, ich werde so etwas nicht wieder sagen“, es ist unmöglich, den Jüngling wieder zum Sprechen zu bringen.

In dieser Nacht legen sie sich schlafen. Früh am Morgen, als der Tag anbricht, steht der Jüngling auf. Alles, was er bei sich hat, läßt er liegen. Fast nackt, nur mit einem Hemd und einer Hose bekleidet, geht er hinaus.

Von ferne kam ein Schiff. Der Jüngling macht ein Zeichen mit der Hand, und das Schiff legt an. Er gibt wieder durch ein Zeichen zu verstehen, daß er das Schiff besteigen möchte und als Bootsmann, nur um freie Verpflegung, dienen wolle.

Die auf dem Schiff sind einverstanden und nehmen den Jüngling. So fuhr der Jüngling mit diesem Schiff von Land zu Land ...

Der Jüngling konnte gut Laute spielen, und der Kapitän war auch sonst sehr zufrieden mit dem Jüngling. Kurz und gut, der Jüngling zog auf diesem Schiff hierhin und dorthin ...

Soll er ziehen, wir wollen zur Sultanin kommen ... Die Sultanin liebte ihren Mann sehr. Als der Jüngling gegangen ist, fällt sie von einer Ohnmacht in die andere, wird krank und legt sich ins Bett. Sie schreibt ihrem Vater einen Brief:

„Mein lieber Vater! Ich habe meinen Mann erzürnt. Er hat mich verlassen. Ich werde ihn selbst suchen und finden. Erlaube es mir!“

Der Padischah sagt:

„Gut!“

Das Mädchen läßt ein Schiff bauen, die Segel aus Atlas und die Masten aus Gold ... Darinnen vierzig Schiffer und vierzig Mädchen, aber alle trugen Männerkleidung. Die Sultanin fährt mit dem Schiff von einem Land zum andern.

Das Schiff fährt und legt überall an. In jedem Hafen, in dem sie anlegten, fragte sie nach dem Jüngling:

„Ist hier soundo ein Jüngling vorbeigekommen, der gut Laute spielen und nicht sprechen kann?"

Eines Tages teilt man ihr mit:

„Ja, auf einem Schiff gibt es einen Schiffer, der nicht sprechen kann. Er spielt sehr gut Laute ... Er ist nach Ägypten gezogen."

Das Mädchen läßt diese Richtung einschlagen und fährt nach Ägypten.

Eines Tages kommen sie nach Ägypten. Da läßt das Mädchen das Schiff vor Anker gehen, und alle Bewohner von Ägypten eilen herbei, um das Schiff zu betrachten, denn es ist ein Schiff, wie sie es noch nicht gesehen hatten. Sie benachrichtigen auch den Padischah:

„Es ist ein Schiff gekommen, dessen Segel aus Atlas und dessen Masten aus Gold sind."

Der Padischah macht sich auch auf und erscheint mit allen seinen Wesiren, um sich das Schiff anzusehen. Sie nehmen den Padischah auf dem Schiff mit allen Ehren auf. Als er sich verabschiedet, lädt er seinerseits ein:

„Geruhet, auch in unseren Palast zum Essen zu kommen!"

Das Mädchen ging in Männerkleidung wie ein Schiffer hin, und der Padischah weiß nicht, daß sie ein Mädchen ist...

Schließlich tritt, als sie im Palast essen, eine Kapelle von Saitenspielern auf, und ein Vergnügen wird veranstaltet. Da sieht das Mädchen, daß der Jüngling hier unter den Spielern ist. Das Mädchen sagt zu dem Padischah:

„Wie schön spielt dieser Jüngling Laute!"

Der Padischah erwidert:

„Ja, er spielt sehr schön Laute, aber leider ist er stumm."

Daraufhin sagt das Mädchen:

„Nein, er ist nicht stumm!"

Der Padischah antwortet:

„Er ist schon ein halbes Jahr in meinem Palast. Es gibt kein Mittel, er spricht nicht."

Hierauf bittet das Mädchen:

„Gebt mir den Jüngling für diese Nacht! Ich werde ihn zum Sprechen bringen. Wenn ich ihn nicht zum Sprechen bringe, so gebe ich Euch alle vierzig Schiffer, die ich auf meinem Schiff habe."

Da geben sie den Burschen für diese Nacht dem Mädchen. Bis zum Morgen fleht das Mädchen und fällt ihm zu Füßen.

„Von wie weit bin ich gekommen! Ich habe für dich so viel Leid ertragen. Mach nicht, daß ich mich schämen muß, sprich" sagt sie.

Es ist unmöglich, der Jüngling redet nicht.

Es wird Morgen. Das Mädchen gesteht dem Padischah:

„Ihr habt die Wette gewonnen, mein Padischah. Meine vierzig Schiffer gehören Euch."

Sie bringt sie auf den Hof und übergibt sie. Dann bittet sie den Padischah:

„Gebt mir den Jüngling auch diese Nacht! Wenn ich ihn heute nicht zum Reden bringe, soll mein Schiff Euer sein."

Auch diese Nacht fleht sie den Jüngling bis zum Morgen an und kann ihn wieder nicht zum Reden bringen.

Am nächsten Tag liefert sie ihr Schiff an den Padischah aus.

Es kommt die dritte Nacht. Das Mädchen sagt wieder zu dem Padischah:

„Gebt mir den Jüngling auch diese Nacht! Wenn ich ihn nicht zum Sprechen bringen kann, besitze ich nichts mehr, was ich geben kann. Dann laßt mir den Kopf abhauen!"

Diesmal fleht der Padischah das Mädchen an:

„Tu das nicht, mein Sohn! Laß dich nicht auf solch eine Wette ein, du bist doch noch jung!"

Obwohl er das sagt, beharrt das Mädchen auf ihrem Willen und sagt:

„Entweder bringe ich ihn zum Sprechen, oder ich sterbe!"

Für diesen letzten Versuch treffen die beiden eine Vereinbarung:

„Wenn ich den Jüngling zum Sprechen bringen kann, nehme ich mein Schiff und meine Sklaven zurück. Wenn ich ihn nicht zum Sprechen bringen kann, soll mein Kopf Euer sein."

Nun fleht das Mädchen den Jüngling in dieser Nacht bis zum Morgen an:

Sie sagt:

„Sieh einmal, ich werde sterben! Wie kannst du mich dem Tode ausliefern!"

Sie fällt dem Jüngling zu Füßen. Aber es hat keinen Zweck, sie kann ihn nicht zum Reden bringen.

Es wird Morgen. Man errichtet auf dem Platz einen Galgen, und die Bevölkerung versammelt sich. Alle erscheinen bei dem Schauspiel, auch der Stumme befindet sich unter der Menge. Die Tochter des Padischahs kommt und tritt unter den Galgen.

Gerade als man ihr die Schlinge um den Hals legen will, ruft der Jüngling:

„Halt, das ist keine Fischplatte, das ist der Kopf einer Sultanin!"

(Denn er hatte seinerzeit zu dem Mädchen gesagt: „Bis du stirbst, spreche ich nicht!")

Dazu klatschen alle Beifall. Die Sultanin nimmt ihre Sklaven, ihr Schiff und auch ihren Mann, und sie kehren in ihr Land zurück. Bis sie sterben, leben sie glücklich. Nun wirft die Sultanin ihrem Mann nicht mehr vor, daß er Fischer war.

Vom Himmel sind drei Äpfel gefallen, einer in meinen Mund, einer in den Mund von Murats[1] Großmutter und einer in den Mund der Märchenerzählerin.

26

Die Tochter des Basilikumgärtners

Es war einmal, und war auch nicht... Es war einmal ein Herrensohn, der ritt jeden Tag an einem Garten vorbei. In dem Garten goß ein schönes Mädchen Basilikum.

Als der Jüngling eines Tages wieder spazierenritt, sah er das Mädchen, hielt sein Pferd an und sagte:

[1] Der jüngste Enkel der Erzählerin.

„Tochter des Basilikumgärtners, Tochter
des Basilikumgärtners,
Tag und Nacht gießt du Basilikum.
Wieviel Blätter hat das Basilikum?"

Das Mädchen aber antwortete:

„Du bist ein Herrensohn,
Du kommst auf deinem Pferd geritten,
Du regierst die Welt.
Wieviel Sterne sind am Himmel?"

Die Unerschrockenheit des Mädchens ärgerte den Jüngling, aber er ging vorbei, ohne etwas zu entgegnen.

Schließlich machte er es sich zur Gewohnheit, jedesmal, wenn er hier vorüberritt, das Mädchen zu fragen:

„Tochter des Basilikumgärtners, Tochter
des Basilikumgärtners,
Tag und Nacht gießt du Basilikum.
Wieviel Blätter hat das Basilikum?"

Das Mädchen aber gab dem Jüngling immer dieselbe Antwort.

Eines Tages sagt sich der Jüngling: Die Gärtner haben gern Leber, ich werde diesem Mädchen eine Leber kaufen und ihr bringen ...

Er kauft eine Leber. Er reitet wieder los und sagt, als er an den Garten kommt:

„Tochter des Basilikumgärtners, Tochter
des Basilikumgärtners,
Tag und Nacht gießt du Basilikum.
Wieviel Blätter hat das Basilikum?"

Das Mädchen aber antwortet:

„Du bist ein Herrensohn,
Du kommst auf deinem Pferd geritten,
Du regierst die Welt.
Wieviel Sterne sind am Himmel?"

Der Jüngling sagt:

„Komm her, Mädchen, sieh, was ich dir gekauft habe!"

Das Mädchen tritt näher, und gerade als es sich ausstreckt, um die Leber zu nehmen, beugte sich der Jüngling vom Pferd herab und gab dem Mädchen einen schallenden Kuß. Das Mädchen aber packte die Leber und schlug sie dem Jüngling ins Gesicht. Der Jüngling sagt:

„Haha! Du, für eine Leber geküßt!"

Das Mädchen ist schlagfertig, und wird sie sich da auslachen lassen? Sie gibt zurück:

„Haha! Du, mit einer Leber geohrfeigt!"

Hierauf sagt der Jüngling:

„Mädchen, du wirst mich eine Zeitlang nicht sehen. Ich gehe nach Lebbi."

„Glückliche Reise, mein Herr, geh fröhlich und komm fröhlich wieder!"

Die Tochter des Basilikumgärtners aber hatte den Jüngling liebgewonnen... Sofort läuft sie ins Haus, zieht Männerkleidung an und bindet ihr Haar zusammen. Sie besteigt ein Pferd und kommt vor dem Jüngling an den Ort, der Lebbi heißt. Sie schlägt ein Zelt auf und setzt sich hinein. Als sie den Jüngling von weitem sieht, nimmt sie ihr Pferd am Zügel und tut, als erginge sie sich dort. Der Jüngling aber steigt an einer Stelle in der Nähe des Zeltes vom Pferd und schlägt sein Zelt auf... Das Mädchen kocht sofort einen Kaffee. (Der Jüngling war ja später gekommen, und so wird er als Gast betrachtet und muß bewirtet werden...) Sie bringt den Kaffee. Sie setzen sich... Sie unterhalten sich ein bißchen, und dann spielen sie Schach. (Zu jener Zeit pflegte man nämlich Schach zu spielen.)...

Der Jüngling sagt:

„Wenn ich unterliege, gebe ich dir meine goldene Amulettbüchse."

Das Mädchen sagt: „Wenn ich unterliege, gebe ich dir meine schöne Sklavin für eine Nacht als Gast."

Im ersten Spiel unterliegt der Jüngling, er holt die goldene Amulettbüchse heraus und gibt sie hin. Im zweiten Spiel unterliegt das Mädchen.

Es wird Abend. Das Mädchen geht in ihr Zelt, zieht sich um und schmückt sich... Sie geht zu dem Jüngling. Der Jüngling ahnt nichts, er hält das Mädchen für die Sklavin des Jünglings, den er im Schachspiel besiegt hat...

Bevor es Morgen wird, verläßt das Mädchen das Zelt des Jünglings und geht nach Hause. Nach neun Monaten und zehn Tagen bringt sie einen Knaben zur Welt. Es vergeht danach einige Zeit, und so wurde ihr Sohn drei, vier Monate alt... Es wird Sommer... Der Jüngling kommt wieder — hopp-hopp — zu dem Garten galoppiert und ruft dem Mädchen zu:

„Tochter des Basilikumgärtners, Tochter des Basilikumgärtners,
Tag und Nacht gießt du Basilikum.
Wieviel Blätter hat das Basilikum?"

Das Mädchen aber antwortet:

„Du bist ein Herrensohn,
Du kommst auf deinem Pferd geritten,
Du regierst die Welt.
Wieviel Sterne sind am Himmel?"

Der Jüngling sagt:

„Haha! Du, für eine Leber geküßt!"

Das Mädchen antwortet:

„Haha! Du, mit einer Leber geohrfeigt!"

Der Jüngling sagt:

„Mädchen, du wirst mich eine Zeitlang nicht sehen. Ich gehe nach Tschini[1]."

[1] China.

„Glückliche Reise, mein Herr, geh fröhlich und komm fröhlich wieder!“

Wieder läuft das Mädchen weg, wechselt ihre Kleider und wird zu einem Jüngling. Vor dem Jüngling kommt sie nach dem Land Tschini. Sie schlägt ihr Zelt auf. Sie empfängt den Jüngling wie in Lebbi. Sie setzen sich wieder hin und spielen Schach. Dieses Mal unterliegt der Jüngling wieder im ersten Spiel. Er hatte eine goldene Uhr, die gibt er dem Mädchen. Beim zweiten Mal unterliegt das Mädchen. Als es Abend wird, zieht sie sich an und schmückt sich, verkleidet sich als Sklavin und geht zu dem Jüngling ...

Am frühen Morgen geht das Mädchen hinaus, ohne daß es der Jüngling merkt ... Nach neun Monaten bringt sie einen zweiten Sohn zur Welt. Das Frühjahr kommt. Der Jüngling war aus Tschini zurückgekehrt, kommt zum Garten und ruft:

„Tochter des Basilikumgärtners, Tochter
des Basilikumgärtners,
Tag und Nacht gießt du Basilikum.
Wieviel Blätter hat das Basilikum?“

Das Mädchen aber antwortet:

„Du bist ein Herrensohn,
Du kommst auf deinem Pferd geritten,
Du regierst die Welt.
Wieviel Sterne sind am Himmel?“

Der Jüngling sagt:

„Haha! Du, für eine Leber geküßt!“

Das Mädchen sagt:

„Haha! Du, mit einer Leber geohrfeigt!“

Der Jüngling sagt:

„Mädchen, du wirst mich eine Zeitlang nicht sehen. Diesmal gehe ich nach Indien.“

„Glückliche Reise, mein Herr, geh fröhlich und komm fröhlich wieder!"

Sie macht sich sofort fertig, zieht sich um und schmückt sich und geht als Jüngling verkleidet vor dem Jüngling in das Land, das Indien heißt. Wieder empfängt sie den Jüngling ... Sie sagt:

„Welch wunderbarer Zufall, auch hier sehen wir uns wieder ..."

Sie setzen sich, um Schach zu spielen ... Als der Jüngling unterliegt, gibt er ihr den seidenen Kopfschal, den er hatte. Beim zweiten Mal unterliegt das Mädchen, und sie soll am Abend dem Jüngling ihre Sklavin als Gast schicken ...

Als es Nacht wird, zieht sie sich um und schmückt sich, geht zu dem Jüngling ins Zelt und legt sich zu ihm.

Am frühen Morgen, bevor der Jüngling aufwacht, verläßt sie ihn wieder und geht davon ...

Sie kehrt nach Hause zurück ... Als neun Monate und zehn Tage vorbei sind, bekommt sie diesmal eine Tochter ...

Im Märchen vergeht die Zeit schnell ... Nach geraumer Zeit war der älteste Sohn des Mädchens schließlich sieben, der zweite sechs und die Tochter fünf Jahre alt ... Eines Tages kommt der Jüngling wieder zu dem Garten, um wie immer dem Mädchen zuzurufen:

„Tochter des Basilikumgärtners, Tochter
des Basilikumgärtners,
Tag und Nacht gießt du Basilikum.
Wieviel Blätter hat das Basilikum?"

Das Mädchen sagt:

„Du bist ein Herrensohn,
Du kommst auf deinem Pferd geritten,
Du regierst die Welt.
Wieviel Sterne sind am Himmel?"

Der Jüngling sagt:

„Haha! Du, für eine Leber geküßt!"

Das Mädchen sagt:

„Haha! Du, mit einer Leber geohrfeigt!“

Der Jüngling liebte das Mädchen, aber kann die Tochter eines Gärtners Frau eines Herrensohnes werden?

„Mädchen“, sagt der Jüngling, „heute habe ich dir etwas zu sagen ... Ich werde heiraten ...“

Er sagt das, treibt sein Pferd an und reitet davon. Das Mädchen macht sich sofort auf, zieht den ältesten Sohn an, schmückt ihn und hängt ihm die goldene Amulettbüchse um den Hals. Sie zieht den mittleren an, schmückt ihn und heftet ihm die goldene Uhr an die Brust. Sie putzt das Mädchen heraus und bedeckt ihr den Kopf mit dem seidenen Kopfschal. Sie bringt den Kindern auch ein Lied bei ... Die drei Geschwister fassen sich an den Händen und gehen zum Garten des Jünglings.

„Prinz, komm, Prinz!
Nehmen wir unsere Schwester, die Prinzessin, mit
Und gehen allesamt zur Hochzeit unseres
Herrn Vaters!“

Während sie unentwegt dieses Lied singen, gehen sie im Garten immer hin und her ... Es war Abend geworden, und noch immer singen und springen die Kinder im Garten ... Die Herren und Diener, die dort sind, sagen zu ihnen:

„Hört, ihr Kinder, es ist Abend geworden, nun geht nach Hause!“

Da stimmen alle Kinder wie aus einem Mund ein anderes Lied an:

„Herr Lebbi, Herr Tschini,
Sagt der Dame Indien,
Man verjagt uns aus dem Hause
unseres Vaters!“

Sie sangen das aus vollem Halse und weinen dabei ... Die Sultanin hört dieses Wehklagen und kommt herbei. Sie fragt die Kinder:

„Was habt ihr? Was wollt ihr? Warum geht ihr nicht nach Hause?"

Da singen die Kinder wieder aus vollem Halse:

„Herr Lebbi, Herr Tschini,
Sagt der Dame Indien,
Man verjagt uns aus dem Hause
unseres Vaters!"

Dabei weinen sie noch lauter. Die Sultanin sieht, daß die Kinder die Amulettbüchse, die Uhr und den Kopfschal ihres Sohnes tragen ... Sie läßt den Prinzen rufen und fragt:

„Sieh einmal, mein Sohn, was wollen diese Kinder? ... Und was sind das für Sachen, die sie tragen?"

Die Kinder singen wieder wie aus einem Munde:

„Herr Lebbi, Herr Tschini,
Sagt der Dame Indien,
Man verjagt uns aus dem Hause
unseres Vaters!"

und weinen laut. Der Prinz sieht bei jedem der Kinder die Geschenke, die er der Sklavin geschenkt hatte ... Nun versteht er alles und fragt die Kinder:

„Wo ist euer Haus?"

Sie zeigen es und sagen:

„Dort, in dem Garten."

Der Jüngling geht sofort in das Hochzeitshaus zurück und sagt zu der Braut:

„Sei auf ewig meine Schwester! Ich wußte nicht, daß ich drei Kinder habe."

Schnell schickt er der Tochter des Basilikumgärtners einen Wagen, läßt sie ins Hochzeitshaus bringen und in den Brautsessel setzen.

Und nun machen sie von neuem vierzig Tage und vierzig Nächte lang Hochzeit und erreichen das Ziel ihrer Wünsche.

27

Der Holzschuhmacher und der Padischah

In früheren Zeiten, als das Sieb noch im Stroh lag ... Es war einmal, und es war auch nicht. Es war einmal ein Holzschuhmacher namens Mehmet Agha. Jeden Tag schlug er auf dem Berg Holz, brachte es nach Hause, schnitzte schöne Holzschuhe, verkaufte sie und lebte davon. Eines Tages ging er wieder auf den Berg, und als er Holz schlug, fand er einen schönen Holzklotz. Den nahm er und kehrte nach Hause zurück.

„Vielleicht mache ich eines Tages Holzpantinen für den Palast, dann werde ich ihn brauchen", sagte er und stellte diesen Holzklotz hinter die Tür.

Eines Tages war er auf den Markt gegangen, um die fertigen Holzschuhe zu verkaufen. Niemand war zu Hause, da machte der Holzklotz „krach" und spaltet sich in zwei Hälften, und ein Mädchen, schön wie der Vollmond, trat heraus. Sie klatschte dreimal in die Hände und rief:

„Mädchen, Mädchen, kommt heraus!"

Vierzehn Mädchen kamen aus dem Klotz, eine schöner als die andere. Ihre Haare hingen bis zur Erde hinab, und sie umringten das Mädchen. Ihre Herrin zeigte ihnen, was sie tun sollten, und sie verteilten sich im Haus und führten die Befehle ihrer Herrin aus: Sie wischten und fegten das Haus, bezogen alles mit rotem Atlas und kochten tausendundeine Sorte Essen. Gegen Abend klatschte das Mädchen wieder dreimal in die Hände und rief:

„Mädchen, Mädchen!"

Alle Mädchen umringten sie. Ihre Herrin befahl ihnen, in den Holzklotz hineinzugehen, und sie taten es. Schließlich zog das Mädchen seine goldblonden Haare hinter sich her und ging auch hinein, und der Holzklotz schloß sich.

Es wurde Abend, der Holzschuhmacher Mehmet Agha kehrte nach Hause zurück. Er öffnete seine Tür mit einem Riesenschlüssel und trat hinein, sah, daß sein Haus nicht sein Haus war, ging wieder hinaus und lief geradewegs zu dem Kaffeehaus an der Ecke und sagte:

„Nachbarn, ich habe mein Haus verloren. Kommt und helft mir mein Haus suchen!“

Die Leute im Kaffeehaus sagten: „Bist du verrückt geworden? Hast du den Verstand verloren?“ und brachten ihn in sein Haus.

Voll Furcht trat Mehmet Agha in sein Haus und sagte in einem fort:

„O Allah, was soll ich jetzt machen? Dies ist nicht mein Haus! Wenn nun der Hausherr kommt ...“

Schließlich sagte er sich: Wenn man kommt, werde ich sagen, die Wächter hätten mich hergebracht, dann wird man mich schon nicht töten — und machte sich dadurch etwas Mut. Von jeder der zubereiteten Speisen aß er ein Stück. Dann legte er sich unter die Atlasdecke, aber er schloß kein Auge und verbrachte die Nacht ohne Schlaf. Noch bevor es richtig hell wurde, lief er aus dem Haus. Soll er gehen ...

Am Morgen machte der Holzklotz wieder „krach“ und spaltete sich in zwei Hälften, und das Mädchen, schön wie der Vollmond, trat heraus. Sie rief die anderen Mädchen, und die kamen auch heraus und umringten ihre Herrin. Sie sagte wieder:

„Mädchen, Mädchen, wischt und fegt das Haus! Stattet es um und um mit grünem Stoff aus!“

Das Haus wurde gewischt und gefegt, überall wurde grüner Atlas ausgebreitet und wieder Essen aufgestellt.

Gegen Abend klatschte das Mädchen wieder in die Hände und rief:

„Mädchen, Mädchen!“

Die Mädchen umringten ihre Herrin, und dann gingen sie auf ihren Befehl alle in den Baumklotz hinein. Nach ihnen ging das Mädchen selbst hinein. Der Holzklotz machte „krach“ und schloß sich.

Es wurde Abend, und Mehmet Agha schloß wieder mit seinem Riesenschlüssel seine Tür auf und trat hinein. Was sieht er da? Diesmal sieht das Haus ganz anders aus. Es ist mit grünem Atlas ausgestattet. Auf dem Tisch stehen die verschiedensten Speisen. Mehmet Agha schloß wieder verwundert die Tür und ging geradewegs in das Kaffeehaus des Stadtviertels.

„Nachbarn", sagt er, „mir ist etwas passiert! Ich habe wieder mein Haus verloren."

„Ach, Mehmet Agha, du bist wohl verrückt geworden, du bist wohl wahnsinnig geworden?" sagten seine Freunde und brachten ihn mit den Wächtern nach Hause.

Der Holzschuhmacher Mehmet Agha trat voller Furcht in sein Haus ein und aß mit Angst von jeder Speise ein Stück.

Wenn der Hausherr kommt, sage ich, die Wächter hätten mich hergebracht. Damit kann ich mich herausreden — tröstete er sich etwas. Aber er verbrachte die Nacht ohne Schlaf.

Er stand ganz früh auf und klappte mit der Tür, als ginge er auf die Straße, verbarg sich aber im Verschlag unter der Treppe. Er will alles, was im Hause vorgeht, durch ein Loch beobachten. Es verging eine kurze Zeit, da sah Mehmet Agha plötzlich, daß der Holzklotz „krach" machte, sich in der Mitte spaltete und ein Mädchen, schön wie der Vollmond, heraustrat.

Darüber verwunderte sich Mehmet Agha.

Sofort klatschte die Weltschöne in die Hände, und danach kamen noch vierzehn Mädchen heraus, eine schöner als die andere. Diejenige, die zuerst herausgekommen war, sagte:

„Mädchen, Mädchen, wischt und fegt das Haus und stattet es mit rosa Atlas aus!"

Sofort verteilten sich die Mädchen im Haus und bezogen alles mit rosa Atlas. Das Essen kochte, das Haus wurde gewischt und gefegt. Gegen Abend klatschte das schöne Mädchen in die Hände und rief:

„Mädchen, Mädchen!"

Alle umringten ihre Herrin, und dann gingen sie nacheinander in den Holzklotz hinein. Als gerade auch die Weltschöne als letzte, ihr Haar nach sich ziehend, hineingehen wollte, ergriff der Holzschuhmacher Mehmet Agha das Mädchen bei der Hand und fragte:

„Bist du ein Dschinn oder irgendein anderer Geist?"

Das Mädchen aber sagte:

„Ich bin weder ein Dschinn noch ein anderer Geist. Ich bin die Tochter des Peri-Padischahs!"

Schließlich rief sie auch ihre vierzehn Sklavinnen und

stellte sie in Mehmet Aghas Dienst. Sie selbst aber heiratete Mehmet Agha, und es gab eine herrliche Hochzeit.

Eines Tages kam die Schönheit dieses Mädchens dem Padischah jener Zeit zu Ohren. Der Padischah wollte dieses Mädchen für seinen Sohn freien. Er schickte Leute aus und ließ Mehmet Agha zu sich rufen. Sie packten den armen Mann beim Kragen und brachten ihn zum Padischah. Der Padischah sagte:

„Du hast eine Weltschöne, schön wie der Vollmond, mit vierzehn Sklavinnen. Entweder bringst du sie mir, oder du tust Buchstabe für Buchstabe das, was ich von dir verlange. Wenn nicht getan wird, was ich sage, bist du des Henkers!"

Was soll Mehmet Agha da tun, er fragte den Padischah nach seinen Bedingungen. Der Padischah sagte:

„Zuerst wirst du mir einen solchen Teppich bringen, der alles bedeckt, so weit mein Auge reicht!"

Mehmet Agha kam in Gedanken versunken nach Hause. Als ihn seine Frau so grübelnd sah, fragte sie:

„Was hast du für Kummer?"

Mehmet Agha erzählte, wie es um ihn stand, und sagte:

„Entweder werde ich dich dem Padischah geben oder den Teppich bringen, den ich dir beschrieben habe. Wenn keines von beiden getan wird, wird mein Kopf verloren sein."

Da sagte das Mädchen:

„Lohnt das etwa, sich darüber den Kopf zu zerbrechen? Jetzt wirst du dorthin gehen, wo du auf dem Berg meinen Holzklotz geholt hast. Da ist ein großer Felsen. Nimm diese Peitsche und schlage damit gegen den Felsen! Dort kommt ein Neger heraus. Du brauchst dich nicht zu fürchten, das ist mein Lala. Sage ihm, was du wünschst, er bringt es dir!"

Mehmet Agha geht erfreut zu dem Berg. Er geht zu dem Felsen, von dem er den Holzklotz geholt hat. Er schlägt mit der Peitsche aus voller Kraft gegen den Stein. Aus dem Felsen kommt ein Neger, die eine Lippe auf der Erde und die andere am Himmel, und sagt: „Befiehl, mein Löwe[1]!"

Da sagt Mehmet Agha:

[1] Löwe — Bezeichnung für einen kräftigen, hübschen Burschen; auch als Anrede gebraucht.

„Einen Gruß von der Sultanin! Da war ein großer Teppich, den sollst du hergeben, den werden wir zu Hause ausbreiten!“

Der Neger sagt:

„Warte einen Augenblick!“

Er geht und bringt den Teppich nach kurzer Zeit. Aber im Vergleich zu seiner Größe war der Teppich leicht, ganz leicht. Sowie sich Mehmet Agha den Teppich aufgeladen hat, geht er zum Padischah. Der Padischah ist baß erstaunt über die Größe des Teppichs und auch darüber, daß Mehmet Agha ihn gefunden und gebracht hat. Er sagt:

„Nun mein zweiter Wunsch: Jetzt ist Winter, du wirst mir von Sommerfrüchten einen solchen Korb beschaffen und herbringen, daß er nicht leer wird, auch wenn alle Leute des Palastes davon essen!“

Mehmet Agha kommt wieder gedankenversunken nach Hause.

Seine Weltschöne fragt:

„Mehmet Agha, was hast du für Kummer?“

Er erzählt nun, was der Padischah wünscht.

Das Mädchen sagt:

„Mein Lieber, ist denn das so schlimm? Geh wieder hin und schlage dreimal an den Felsen, von dem du mich geholt hast, da kommt mein Lala heraus. Erzähl es ihm, er wird einen Ausweg finden!“

Mehmet Agha läuft zum Berg. Er schlägt mit der Peitsche dreimal an den Felsen. Der Neger kommt heraus, die eine Lippe auf der Erde, die andere am Himmel, und sagt:

„Befiehl, mein Löwe!“

Da antwortet Mehmet Agha:

„Die Frau Sultanin will einen Korb Sommerfrüchte!“

Der Neger sagt: „Warte einen Augenblick!“ und geht.

Nach kurzer Zeit taucht er mit einem Korb in der Hand auf und gibt ihn Mehmet Agha. Sowie Mehmet Agha ihn genommen hat, läuft er sofort zum Palast. Was sieht der Padischah da? Alle erdenklichen Früchte, die man in der Sommerzeit finden kann. Er fängt an zu essen und gibt auch den Leuten im Palast davon, aber so viele sie auch essen, stets erscheinen neue Früchte. Es ist unmöglich, sie aufzuessen. Schließlich wundert sich der Padischah darüber und sagt zu Mehmet Agha:

„Meine beiden ersten Wünsche hast du erfüllt, nun habe ich noch eine Forderung. Wenn du auch die erfüllst, schenke ich dir deine Frau. Aber das ist ziemlich schwer: Du wirst mir ein neugeborenes Kind bringen, es soll in dienstfertiger Stellung dastehen und sich mit mir unterhalten."

Als Mehmet Agha diese Worte hört, versinkt er in nachtschwarze Gedanken. Es soll sowohl neugeboren sein als auch wie eine Nachtigall sprechen. Wo soll man ein solches Kind finden?

Schließlich kommt er nach Hause. Als seine Weltschöne, die ihn wieder in Gedanken versunken sieht, fragt: „Was ist los?", erzählt Mehmet Agha:

„Der Padischah hat sich ein neugeborenes Kind gewünscht, das ihm aufwarten und sich mit ihm unterhalten soll. Gibt es denn so etwas?"

Seine Frau sagt:

„Mach dir nichts daraus! Meine Schwester ist schwanger, und wenn sie noch nicht geboren hat, so wird sie bald gebären. Gehe wieder zu dem Felsen, an dessen Fuß du mich gefunden hast, und schlag dreimal mit der Peitsche, dann wird mein Lala herauskommen, und du sagst ihm, was du wünschst!"

Mehmet Agha läuft zum Berg. Er schlägt dreimal mit der Peitsche. Jener Neger, die eine Lippe auf der Erde und die andere am Himmel, kommt heraus und sagt:

„Befiehl, mein Löwe!"

Mehmet Agha sagt:

„Meine Sultanin läßt dich grüßen, sie möchte das Neugeborene ihrer Schwester. Wenn es noch nicht geboren ist, dann möchte sie es gleich nach seiner Geburt haben."

Der Neger sagt: „Warte einige Augenblicke, das Kind wird schon gleich geboren werden!" und geht weg.

Nach einer Weile kommt er mit geschlossener Hand zurück, sagt zu Mehmet Agha: „Mach die Hand auf!" und läßt ihm ein Kind in die Hand fallen. Als Mehmet Agha unterwegs neugierig wird, öffnet er seine Hand und sieht hinein. Von drinnen fragt eine Stimme:

„Onkel, wohin bringst du mich?“

Mehmet Agha kommt vor Freude jauchzend zum Palast und geht sofort zum Padischah. Er streckt seine beiden Hände hin und setzt das, was er in der Hand hat, auf die Erde. Das neugeborene Kind stellt sich im Rat des Padischahs in dienstfertiger Stellung hin und sagt:

„Befiehl, mein Padischah!“

Der Padischah wundert sich und ruft:

„Mach, daß du wegkommst, Bengel!“

Da wird das Kind böse und sagt:

„Werde zu Stein!“

Auf der Stelle wird der Padischah zu Stein. Mehmet Agha aber freut sich, daß er aus dieser Not errettet ist, und kehrt nach Hause zurück.

Die Bevölkerung jenes Landes liebte Mehmet Agha sehr. Dafür, daß er sie von einem grausamen Padischah erlöst hat, lieben sie ihn noch mehr, und allesamt wählen sie ihn zum Padischah. Mehmet Agha besteigt den Thron und befiehlt, vierzig Tage und vierzig Nächte Feste zu geben und zu feiern.

Sie haben das Ziel ihrer Wünsche erreicht, und wir wollen auf den Diwan steigen ...

— 28 —

Dede Gärtner[1]

Es war einmal, und es war auch nicht ... Ein Padischah hatte drei Söhne. Als der Padischah im Sterben lag, rief er seine Söhne zu sich und sagte:

„Wenn ich gestorben bin, haltet an meinem Grab vierzig Tage lang der Reihe nach Wache!“

In jenem Land gab es nämlich vierzig Devs, die holten die Leber von jedem gerade Gestorbenen aus dem Grab und fraßen sie.

[1] Dede — Alter, Greis.

Nachdem der Padischah dieses Testament gemacht hatte, starb er.

Am ersten Tag geht der älteste Prinz, um am Grab zu wachen. Es wird Mitternacht, da dringt ein Keuchen und Sausen an sein Ohr. Der Jüngling fürchtet sich und flieht laut schreiend.

Die Devs aber fürchten sich vor seiner Stimme und kommen nicht näher.

In der zweiten Nacht kommt der mittlere Sohn, um am Grab zu wachen. Er fürchtet sich auch wie der älteste und flieht ...

In der dritten Nacht kommt die Reihe zu wachen an den jüngsten Prinzen. Es ist ihm langweilig, am Grab zu sitzen. Er sieht, gegenüber brennt ein Feuer. Er geht dorthin, und was erblickt er da? Vierzig Devs, die mit offenen Augen schlafen. Heimlich nimmt er die Hälfte des Feuers und kehrt auf seinen Platz zurück. Um das Grab herum zieht er einen Kreis, sagt „Bismillah", entfacht in der Mitte Feuer und setzt sich hin.

Da erwachen die Devs und merken, daß ihr Feuer kleiner geworden ist. „Wer hat unser Feuer genommen?" überlegen sie und sehen drüben das Licht. Sie kommen zu dem Jüngling, können aber auf keine Weise durch den Kreis nach innen gelangen. Sie sagen zu dem Jüngling:

„Wenn du gewagt hast, unser Feuer zu nehmen, dann findest du auch ein Mittel gegen unseren Kummer. Wir lieben die jüngste Tochter eines Padischahs. Weil der Padischah uns fürchtet, hat er den Palast mit einer Festung umgeben. Er hat auch einen Hund, so daß wir nicht herankommen können. Zeig uns das Gesicht dieses Mädchens wenigstens ein einziges Mal!"

Der Prinz sagt: „Gut!" und führt die Devs. Sie gehen und gehen und kommen zuletzt an die Festung. Der Prinz sagt:

„Steigt alle aufeinander! Ich aber werde auf euch steigen und mir die Gegend einmal ansehen."

Die Devs tun, was der Jüngling gesagt hat. Der Prinz steigt dem obersten Dev auf die Schultern und springt von dort aus auf die Mauer. Er zieht die Devs nacheinander zu sich hoch. Einem jedem, der zu ihm kommt, sagt er:

„Sieh einmal, da unten ist das Mädchen, das du liebst!“

Wenn der Dev seinen Kopf über die Mauer steckte, um hinabzusehen, schlug er ihm mit dem Säbel auf den Nacken, und die anderen Devs glaubten, daß der Prinz ihre Gefährten dort unten nacheinander zu dem Mädchen hat hinabsteigen lassen ... So tötet er die vierzig.

Er steigt über die am Fuße der Mauer aufgehäuften Köpfe in den Garten hinab und kommt an das Tor des Palastes. Ein Hund lag auf einem Marmorstein. Der Prinz zieht seinen Dolch und stößt ihn durch den Hals des Hundes in den Marmorstein hinein. Er steigt in den ersten Stock und sieht, daß Diener und Dienerinnen schlafen. Er steigt in den zweiten Stock, da schlafen die Sklavinnen. Im dritten Stock schläft der Padischah mit seiner Frau. Im vierten Stock findet er die älteste Tochter des Padischahs. Er stellt die Kerzenleuchter des Mädchens vom Kopf an die Füße und die von den Füßen an den Kopf. Er steigt in den fünften Stock, da schläft das mittlere Mädchen. Auch ihre Kerzenleuchter tauscht er aus. Er steigt in den sechsten Stock, da schläft die jüngste Schwester. Auch ihre goldenen Kerzenleuchter stellt er von den Füßen an den Kopf und ihre silbernen Kerzenleuchter vom Kopf an die Füße. Neben ihr steht ein Tablett mit Essen und eine Karaffe mit Fruchtsaft. Er ißt von dem Essen und trinkt von dem Fruchtsaft. Er küßt sie heimlich auf den Mund und verläßt sie. Es wird Morgen.

Die älteste Tochter erwacht und ruft:

„Wer hat meine Kerzenleuchter vertauscht?“

Das mittlere Mädchen ruft auch:

„Wer hat meine Kerzenleuchter umgewechselt?“

Das jüngste Mädchen wacht auf, sieht um sich und wird wütend:

„Wer hat meine Kerzenleuchter vertauscht? Wer hat mein Essen gegessen? Wer hat meinen Fruchtsaft getrunken?“

Der Padischah erhebt sich und wandert durch den Palast und durch den Garten. Da freut er sich, als er die Köpfe der Devs in einer Ecke auf einen Haufen gestapelt sieht. Er ruft seinen Hund, aber der Hund kommt nicht. Sie suchen den ganzen Garten ab, aber das Tier ist nicht da. Auf einmal sehen sie, daß der Hund mit einem Dolch an einen Marmorstein gespießt ist. Da sagt der Padischah:

„Hier ist etwas passiert! Regt euch nicht auf, wir werden das schon herausbekommen!"

Sofort läßt er einen Ausrufer überall verkünden:

„Wer diesen Dolch aus dem Marmorstein herauszieht, der hat auch die Devs getötet. Ich werde ihm geben, was er will!"

Alle Leute kamen und sagten: „Ich habe sie getötet", aber niemand konnte den Dolch von der Stelle bewegen. Zufällig hatte der Prinz an jenem Tage sein Pferd bestiegen und war irgendwohin geritten. Als er den Auflauf sieht, wird er neugierig, was es dort wohl gibt, und steigt vom Pferd. Da sieht er, daß alle zum Palast des Padischahs strömen. Er schließt sich auch an. Als er zu dem Dolch kommt, zieht er ihn mit einem Ruck heraus.

Da sagt der Padischah:

„Wünsche dir von mir, was du willst!"

Er antwortet:

„Ich wünsche, daß du gesund bist."

Der Padischah sagt:

„Von meiner Gesundheit hast du nichts, wünsche dir, was du willst!"

Da antwortet er:

„Mein Padischah, wir sind drei Prinzen. Ich wünsche mir, daß Ihr die älteste Sultanin meinem ältesten Bruder, die mittlere Sultanin meinem mittleren Bruder und die jüngste Sultanin mir gebt."

Der Padischah ist einverstanden. Die Mitgift der Mädchen und alles, was dazugehört, wird vorbereitet. Der älteste Prinz besteigt ein rotbraunes Pferd, läßt die älteste Sultanin hinter sich aufsteigen und führt sie heim. Der mittlere Prinz besteigt ein graues Pferd, nimmt die mittlere Sultanin und reitet fort. Der jüngste Prinz besteigt einen Schimmel, läßt die jüngste Sultanin aufsteigen und führt sie heim. Sie machen sich auf den Weg in ihre Länder ...

Sie reiten und reiten ... Auf dem Weg kommt ihnen ein Mann entgegen, der auf einem räudigen Pferd reitet und dessen Schnurrbart mit dem Kinnbart zusammengewachsen ist. Er sagt zu dem ältesten Prinzen:

„Guten Weg, mein Sohn, wohin reitest du?“

Der Prinz sagt: „Der Reisende gehört auf den Reiseweg ... Was geht dich das an, wohin ich reite“, treibt sein Perd an und entfernt sich.

Der mittlere Sohn empfängt den Alten auf die gleiche Art.

Als der Alte den jüngsten Prinzen grüßt und fragt, wohin er reitet, erzählt ihm der Jüngling, was er erlebt hat. Während sie sich verabschieden, sieht der Prinz auf einmal, daß das räudige Pferd, auf dem der Alte sitzt, an den Seiten Flügel bekommen hat und zu einem braunen Vollblutrenner geworden ist ... Der Alte entreißt dem Prinzen das Mädchen, erhebt sich mit seinem Pferd in die Luft und fliegt davon.

Der Jüngling sieht ihnen nach und weiß nicht, was er tun soll.

Nun hatte der Prinz einen väterlichen Freund, einen weisen Mann, zu dem geht er sofort und erzählt ihm, was ihm zugestoßen ist. Der sagt:

„Dieser Reiter heißt Dede Gärtner. Sein Haar und seinen Bart hat er mit der Liebe zu jener jüngsten Sultanin gebleicht. Er hat sein Leben lang versucht, sie in seine Gewalt zu bekommen. Nun hat er die Gelegenheit beim Schopf gepackt, wird er sie da wohl wieder aus der Hand geben? Ich kenne sein Land nicht. Heute abend will ich die Vögel versammeln, da wollen wir einmal hören, ob es einer von ihnen kennt.“

Am Abend versammelt er die Vögel und fragt nach dem Haus von Dede Gärtner.

Ein Adler sagt:

„Ich weiß es!“

Dieser Adler läßt den Prinzen auf seinen Rücken steigen und setzt ihn an der Tür von Dede Gärtner ab. Dede Gärtner arbeitete in seinem Garten. Das Mädchen war auf die Holzveranda hinausgegangen, vor ihr standen tausendundeine Sorte von Früchten unberührt da, und sie saß ganz in Gedanken versunken ... Der Prinz steigt heimlich hinauf, nimmt das Mädchen, und sowie sie die Pferde bestiegen haben, fliehen sie.

Da wiehert Dede Gärtners Pferd:

„Hihi, hihi... Der Junge hat seine Geliebte genommen und flieht!"

Dede Gärtner sagt: „Sollen sie fliehen!" und macht sich wieder an die Arbeit in seinem Garten.

Nach kurzer Zeit besteigt er sein Pferd und beginnt zu fliegen. Kurz darauf holt er sie ein, und sowie er das Mädchen ergriffen hat, reitet er weg. Dem Prinzen aber bleibt vor Staunen der Mund offenstehen.

Der Prinz kommt wieder an Dede Gärtners Haus, findet das Mädchen am selben Platz, nimmt sie und flieht mit ihr. Das Pferd von Dede Gärtner warnt seinen Herrn. Diesmal nimmt Dede Gärtner das Mädchen und prügelt den Prinzen tüchtig durch.

Weil der Prinz wieder nicht wußte, was er tun sollte, geht er zu jenem weisen Mann und erzählt alles, was geschehen ist. Der sagt:

„Geh und bitte das Mädchen diesmal, herauszubekommen, wo es noch solch ein geflügeltes Pferd gibt! Dann überlegst du, was danach zu tun ist."

Der Prinz geht wieder zu dem Haus von Dede Gärtner, tritt heimlich zu dem Mädchen und sagt zu ihr:

„Tu, was du kannst, um herauszubekommen, wo es noch solch ein geflügeltes Pferd gibt!"

Am Abend, als Dede Gärtner zu dem Mädchen kommt, sagt das Mädchen:

„Wie schön ist dieses Pferd, das du hast. Hast nur du solch ein Pferd?"

Da sagt Dede Gärtner:

„Solch ein Pferd habe nur ich, aber inmitten der Felder eines bestimmten Padischahs gibt es eine Falltür, und wenn man die öffnet und über eine Treppe in ein Zimmer hinabsteigt, so ist dort ein schlechtes, zum Skelett abgemagertes Pferd angebunden. Niemand weiß, daß es Flügel hat. Mein Pferd ist sein Fohlen. Jetzt kümmert sich niemand um das Pferd, und es wird jeden Augenblick verenden."

Am nächsten Tag erzählt das Mädchen dem Prinzen, was es erfahren hat. Der Prinz geht geradewegs zu jenem Padischah und sagt:

„Mein Padischah, bis jetzt habe ich alle möglichen Berufe gehabt, nur Stallknecht war ich noch nicht. Erlaubt mir, Eure Pferde zu pflegen!"

Der Padischah ist einverstanden. Die erste Tat des Prinzen ist es, die Tür inmitten der Felder zu öffnen. Er steigt die Treppe hinab. Er pflegt das Pferd gut. Jeden Tag gibt er ihm zur gleichen Zeit sein Futter und sein Wasser. Jedesmal sagt das Pferd:

„Sobald ich wieder fliegen kann, sage ich es dir."

Wenn der Prinz sich mit dem Pferd abmühte, lachten ihn die anderen Pferdeknechte aus und fragten:

„Konntest du kein anderes Pferd finden, um es zu pflegen?"

Eines Tages sagt das Pferd zu dem Prinzen:

„Nun kann ich fliegen!"

Der Prinz geht geradewegs zum Padischah und sagt:

„Mein Padischah, ich habe keine Lust mehr, Pferdeknecht zu sein. Wenn Ihr es erlaubt, will ich gehen."

Der Padischah sagt:

„Nun gut, mein Sohn, nimm dir das Pferd, welches du willst, und gute Reise!"

Sofort geht der Prinz und nimmt das Pferd, das niemandem gefällt.

Jedermann wundert sich:

„Der Padischah hat so rassige Pferde, aber er hat gerade dieses schlechte Pferd ausgewählt."

Der Prinz besteigt sein Pferd und kommt erst wieder am Haus von Dede Gärtner zu Atem. Als er das Mädchen hat aufsteigen lassen, beginnen sie zu fliegen.

Da fängt das Pferd von Dede Gärtner an zu wiehern:

„Hihi, hihi! Der Junge hat seine Geliebte genommen und reitet weg!"

Da antwortet Dede Gärtner wieder:

„Laß sie reiten!"

Das Pferd sagt:

„Diesmal ist es anders als das vorige Mal. Sie haben meine Mutter bestiegen."

Da besteigt Dede Gärtner sofort sein Pferd, und sie fliegen hinter ihnen her. Das Pferd von Dede Gärtner ist jung, und der Abstand zwischen ihnen verringert sich nach und nach. Gerade als es sie fast eingeholt hat, wendet sich die Stute um und sagt:

„Wenn du diesen Dede Gärtner nicht aus dem siebenten Himmel herabwirfst, werde ich dir nicht abtreten, was mir als Mutter zusteht."

Daraufhin steigt Dede Gärtners Pferd immer höher und schüttelt sich und wirft ihn ab. Sowie der Mann auf der Erde aufschlägt, zerschellt er in tausend Stücke.

Nun besteigt das Mädchen das andere Pferd, und sie brechen in ihr Land auf.

Sie reiten und reiten und kommen an eine Hütte. Es war Abend geworden... Sie beschließen, die Nacht dort zu verbringen.

Als sie am Morgen aufwachen, was sehen sie da? Eine Schlange hat sich um die Hütte gewunden und ihren Kopf durch die Tür gesteckt, so daß sie nicht hinausgehen können. Als sie überlegen, was zu tun sei, beginnt die Schlange zu reden und sagt:

„Fürchtet euch nicht vor mir! Ich habe eine Bitte, wenn ihr sie erfüllt, tue ich euch nichts zuleide."

Der Prinz fragt:

„Was ist dein Wunsch?"

„Du wirst gehen und für mich die Geschichte von Gül-Sinan[1] in Erfahrung bringen. Sonst kommt ihr nicht hier heraus! Bis du zurückkehrst, werde ich deine Braut bewachen, sorge dich nicht um sie!"

Wohl oder übel ist der Prinz einverstanden. Er verläßt die Hütte. Das Pferd gibt ihm zwei Haare aus seiner Mähne und sagt:

„Wenn du die Haare aneinanderreibst, komme ich zu dir."

Der Prinz geht wieder geradewegs zu jenem Weisen und erzählt, was ihm zugestoßen ist. Der Weise sagt:

„Diese Geschichte kennt nur ein gewisser Padischah. Er tötet aber jeden, der diese Geschichte anhört. In seinem Garten wächst nichts. Jetzt gehst du! Such die Mitte des Gartens dieses Padischahs auf und grabe! Da kommt ein

[1] Gül — Rose.

weißer Stein heraus. Zerbrich ihn, zerdrücke ihn und säe seinen Staub überall im Garten aus! Dann wird der Garten bald Früchte tragen. Da wird der Padischah zu dir sagen: ‚Wünsche dir von mir, was du willst!' Du aber sage: ‚Ich wünsche mir, daß Ihr mir die Geschichte von Gül-Sinan erzählt.'"

Dann sagt der Weise zu dem Prinzen:

„Nimm diesen Ring! Wenn du an ihm leckst, werde ich dir zu Hilfe kommen."

Der Prinz geht von dort weg, geht geradewegs in das Land dieses Padischahs, tritt vor ihn hin und sagt:

„Mein Padischah, bis jetzt habe ich alle möglichen Berufe gehabt, nur Gärtner war ich noch nicht. Wenn Ihr es erlaubt, werde ich diesen Garten pflegen."

Obwohl der Padischah sagt: „Mein Sohn, mach dir keine unnütze Mühe. Bis jetzt konnten wir nicht einmal einen einzigen Grashalm züchten", besteht der Prinz darauf:

„Ich will es einmal versuchen."

Damit ist der Padischah einverstanden.

Der Prinz geht und sucht die Mitte des Gartens. Er holt jenen weißen Stein heraus, zerschlägt ihn und verstreut seinen Staub im ganzen Garten. Er pflanzt Bäume und sät. Nach kurzer Zeit beginnt jener unfruchtbare Garten Früchte zu tragen.

Eines Tages legt der Prinz die verschiedensten Früchte auf ein Tablett und bringt sie dem Padischah. Als der Padischah die schönen bunten Früchte sieht, wundert er sich und glaubt nicht, daß sie aus seinem Garten sind. Er geht in den Garten, und was sieht er da? Die Äste der Bäume drohen unter der Last der Früchte zu brechen.

„Mein Sohn, wünsche dir, was du willst!" sagt er.

Der Jüngling antwortet:

„Deine Gesundheit, mein Padischah!"

„Meine Gesundheit nützt dir nichts, wünsche dir, was du willst!"

Da bittet der Prinz:

„Die Geschichte von Gül-Sinan."

Der Padischah sagt: „Schlage dir diesen Wunsch aus dem Kopf, mein Sohn! Was du sonst willst, gebe ich dir", und läßt den Jüngling durch die Zimmer gehen, in denen die Köpfe derer aufgehäuft sind, die dieser Geschichte wegen hingerichtet worden sind.

Als der Prinz sagt: „Und wenn ich schließlich auch sterben sollte, so wünsche ich mir dennoch die Geschichte von Gül-Sinan", beginnt der Padischah zu erzählen:

»Ich hatte eine Frau, schön wie ein Stück des Mondes. Ich hatte auch ein Pflegekind. Es kam eine Zeit, da sah ich, daß mein Pflegekind schwächer und immer bleicher wurde und dahinwelkte. Eines Tages fragte ich nach der Ursache. Es sagte zu mir: „Wenn du dich eines Nachts an meiner Statt hinlegst, wirst du es erfahren." In jener Nacht legte ich mich in sein Bett. Um ein Uhr nachts wachte ich davon auf, daß über mir eine Peitsche knallte. Einer gab mir einen Fußtritt und sagte: „Steh auf und mach das Pferd bereit!" Als ich meinen Kopf aufrichtete und hinsah, erblickte ich meine Frau. Im Dunkel des Zimmers konnte sie mich nicht erkennen. Sie rief: „Was wartest du noch?" und schlug mir mit der Peitsche ins Gesicht. Da ging ich sofort und machte das Pferd bereit. Ich zu Fuß und vor dem Pferd und sie auf ihm, so zogen wir über Berge und Hügel. Schließlich kamen wir in eine felsige Gegend. Sie sagte: „Öffnet euch, Felsen, öffnet euch!" Die Felsen öffneten sich, und wir gingen hindurch. Meine Frau sagte: „Warte hier!" und ging hinein. Ich aber ging heimlich, ohne daß sie es merkte, hinter ihr her. Was sah ich da? Einen Neger, mit der einen Lippe auf der Erde und der anderen am Himmel. Er fragte meine Frau: „Wie lange hast du mich warten lassen?" Sie antwortete: „Konnte ich den Schweinesohn aufwecken?" Sie setzte sich mit dem Neger hin, und sie verbrachten die Zeit miteinander, lachten, vergnügten sich, aßen und tranken. Gegen Morgen machte sich meine Frau auf, um zu gehen, da lief ich schnell vor ihr weg und kam an meinen Platz. Ich tat, als hätte ich sie dort erwartet. Sie kam, schlug einmal mit der Peitsche zu und ließ mich vor dem Pferd hergehen. Wieder zogen wir über jene Berge und Hügel und gelangten nach Hause. Sie stieg hinauf. Nachdem ich das Pferd an seinen Platz gebracht hatte, legte ich mich in mein Bett. Es wurde Morgen, und das Frühstück kam. Ihrer Gewohnheit entsprechend setzten

sich weder meine Schwiegermutter noch meine Frau an den Tisch. Sie sagten: „Bei uns ist es nicht Sitte, mit den Männern zusammen zu essen." Ich aber sagte: „Nanu, wirklich?" Als ich das sagte, sah mir meine wolfsäugige Schwiegermutter ins Gesicht und verstand, als sie die Peitschenspuren sah, alles. Sofort lief sie weg und holte einen Stock. Sie begann mich zu schlagen. Durch die Zauberkraft dieses Stockes wurde ich zu einem Hund. Ich rannte auf die Straßen. Als ich vor einem Fleischerladen umherlief, rief der Lehrling des Fleischers: „Meister, Meister, sieh einmal diesen Hund an, der ähnelt aufs Haar unserem Padischah!" Der Meister sagt: „Bist du verrückt? Kann der Padischah zu einem Hund werden?" Der Lehrling sagte: „Bei Gott, wahrhaftig, er gleicht ihm aufs Haar. Vielleicht ist er es auch. Meine Mutter hat einen Stock. Wen sie schlägt, den kann sie verwandeln in was sie will. Vielleicht hat der Padischah auch solche Schläge bekommen und ist zu einem Hund geworden. Ich will gehen und diesen Stock holen." Der Lehrling ging und brachte den Stock. Sie schlugen mich und sagten: „Wenn dieser Hund in Wirklichkeit der Padischah ist, soll er wieder Padischah sein, wenn er es nicht ist, sondern ein Hund, soll er ein Hund bleiben." Ich nahm wieder meine alte Gestalt an. Ich sagte: „Ach, verkauft mir diesen Stock!" Ich kaufte den Stock und ging geradewegs in den Palast. Ich bestieg ein Pferd und ritt zu jener felsigen Gegend. Ich sagte: „Öffnet euch, Felsen, öffnet euch!" Die Felsen öffneten sich. Ich ging hinein und trat in die Hütte ein. Da sah ich meine Frau dem Neger zu Füßen, und sie unterhalten sich. Meine Schwiegermutter aber bedient sie. Ich schlug einmal meine Frau und einmal meine Schwiegermutter und wünschte, daß sie zu Krähen würden. Und ich befahl, daß sie bis zum Jüngsten Tag einander die Augen aushacken sollten. Ich schlug auch den Neger und verwandelte ihn in einen schwarzen Holzklotz. Ich machte einen Käfig und setzte alle drei hinein.«

Als der Padischah die Geschichte beendet hat, öffnet er ein Zimmer und zeigt dem Prinzen den Käfig. Er schlägt mit dem Stock die eine der Krähen, da wird die Krähe zu einer jungen Frau, die beginnt den Padischah anzuflehen, der Padischah aber macht sie wieder zur Krähe. Dann verwandelt er die andere Krähe in seine Schwiegermutter, und auch sie beginnt zu flehen. Auch sie macht der Padischah wieder zur Krähe, und so beginnen sie, einander die Augen auszuhacken. Der Padischah sagt zu dem Prinzen:

„Nun siehst du, wie es ihnen ergangen ist... Der Bruder meiner Frau wollte den Grund dafür erfahren, und ich habe ihn zur Schlange gemacht. Ich will nicht, daß sich dieses Geheimnis verbreitet. Wenn jemand kommt, der es unbedingt wissen will, töte ich ihn, nachdem ich es erzählt habe. Ich wollte deinen Tod nicht, aber was soll ich machen, du hast nun einmal mein Geheimnis kennengelernt. Jetzt mußt du den Tod auf dich nehmen."

„Nun gut, mein Padischah. Aber wenn Ihr es mir gestattet, will ich mich vor dem Sterben waschen und ein Gebet mit zwei Verneigungen verrichten", sagt der Prinz.

Der Padischah ist einverstanden.

Der Prinz geht in den Garten und vollzieht am Wasserbecken seine Waschung und stellt sich zum Gebet auf. Aber er hatte den Ring ganz vergessen, den der Weise ihm gegeben hat. Gerade als er die Andacht verrichtet hat und das Schlußgebet spricht und Amen sagt, berührt der Ring seine Lippen. Da ergreifen zwei Hände den Prinzen und setzen ihn jenseits der Wand wieder ab. Jetzt entsinnt sich der Prinz auch der Haare, die ihm das Pferd gegeben hat. Er reibt sie aneinander. Was sieht er da? Das Pferd steht vor ihm... Der Prinz springt in den Sattel, und im Nu fliegt er davon wie ein Vogel und kommt an die Hütte. Er erzählt der Schlange, was er gesehen hat. Die Schlange sagt:

„Siehst du, ich bin der Bruder der Frau dieses Padischahs. Ich wollte den Padischah schon lange töten, aber ich wußte nicht, wer recht hatte und wer nicht. Wen ich auch geschickt habe, um das herauszufinden, er kam nicht zurück. Jetzt habe ich erkannt, daß die Schuldige meine Schwester ist. Nun geh, Allah soll dir beistehen, Glück auf den Weg!"

Die Sultanin und ihr Bräutigam kommen in das Land des Prinzen...

Zu jener Zeit hatten seine Brüder schon jeder drei oder vier Kinder. Der jüngste Prinz aber macht vierzig Tage und vierzig Nächte Hochzeit und wurde glücklich.

Sie haben das Ziel ihrer Wünsche erreicht, wir wollen auch unser Ziel erreichen ...

29

Die Goldkugel-Sultanin

Es war einmal, und es war auch nicht... Ein Padischah hatte drei Söhne und drei Töchter. Als der Padischah starb, hinterließ er folgenden letzten Willen:

„Gebt meine Töchter dem ersten, der kommt und sie auf Allahs Geheiß haben will, wer es auch sei!"

Eines Tages kam ein ausgemergelter Greis von neunzig Jahren, in zerrissene Kleider gehüllt, und freite bei dem ältesten Bruder auf Allahs Geheiß um das älteste Mädchen. Der älteste und der mittlere Bruder sagten:

„Das geht nicht, gibt man einem solchen Menschen vielleicht ein Mädchen?"

Der jüngste Prinz sagte:

„Das ist der letzte Wille unseres Vaters! Ich gebe sie ihm, und die Sache ist erledigt."

Die älteste Tochter war mit diesem Mann mitgegangen.

Nach einiger Zeit kam ein noch älterer Mann und freite auf Allahs Geheiß um das mittlere Mädchen. Die älteren Prinzen waren wieder nicht einverstanden.

Der jüngste sagte:

„Das ist der letzte Wille unseres Vaters", und gab das mittlere Mädchen diesem Greis.

Danach verging wieder geraume Zeit, und es kam ein noch älteres Männchen und freite auf Allahs Geheiß um die jüngste Tochter.

Die älteren Prinzen sagen:

„Das geht nicht, wir geben sie nicht!"

Der jüngste Prinz sagte: „Als unser Vater starb, machte er ein Testament. Es ist unsere Pflicht, seinen Befehl auszuführen", und gab seine jüngste Schwester diesem Männchen.

Einmal sah der jüngste Prinz nachts im Traum ein Mädchen, schön wie der Vollmond, und er verliebte sich von ganzem Herzen in dieses Mädchen. Im Traum erhielt er auch ein Bild jenes Mädchens. Als der Prinz erwachte, begann er zu überlegen: Was kann ich tun, um diese Schönheit zu bekommen?

Bald faßte er seinen Entschluß: Er sprang auf ein Pferd und machte sich auf den Weg. Er ritt und ritt, ritt durch Täler und über Hügel, ritt sechs Monate und einen Herbst. Eines Tages wurde er müde, band bei einem Brunnen sein Pferd an einen Baum, legte sich unter den Baum und schlief ein.

Da kamen die Mädchen dieses Landes zu der Quelle, um Wasser zu holen. Sie sahen unter dem Baum einen Jüngling mit strahlendem Gesicht schlafen, gingen hin und meldeten es der Frau des Padischahs. Jenes Land war das Land des Dev-Padischahs. Die Frau des Padischahs kam und sah, daß dieser Jüngling ihr eigener Bruder war. Derjenige, der des Prinzen älteste Schwester geheiratet hatte, war nämlich der Dev-Padischah... So gab die Sultanin einen Befehl, und man brachte den Jüngling in den Palast. Als der Prinz erwachte und sich seiner Schwester gegenübersah, wunderte er sich.

Das Mädchen fragte:

„Was willst du hier?"

Der Prinz antwortete, daß er sich im Traum in ein schönes Mädchen verliebt habe und ausgezogen sei, es zu suchen. Er holte das Bild des Mädchens aus seinem Mantelbausch hervor und zeigte es ihr.

Da sagte die Schwester:

„Dein Schwager ist der Dev-Padischah. Wenn er am Abend kommt, fragen wir ihn. Doch jetzt werde ich dich verstecken, vielleicht tut dir dein Schwager etwas an."

Sie verbarg den Prinzen.

Es wurde Abend, der Dev-Padischah kehrte in seinen Palast zurück und sagte, sowie er eintrat:

„Es riecht nach Menschenfleisch. Sag, wer ist hier?"

Das Mädchen antwortete:

„Ich habe doch Verwandte und Bekannte. Irgend jemand von ihnen ist wohl gekommen... Wenn einer von ihnen käme, was würdest du da tun?"

„Wenn dein ältester Bruder käme, würde ich ihn mit einem Bissen verschlingen, wenn der mittlere käme, würde ich zwei Bissen aus ihm machen. Dein jüngster Bruder aber wird bei mir in Ehren empfangen."

Das Mädchen entgegnete: „Da sieh, mein jüngster Bruder ist gekommen!" und holte den Jüngling aus dem Schrank.

Sofort küßte der Prinz dem Dev-Padischah die Hand und erzählte ihm auch, weshalb er gekommen sei.

Der Dev-Padischah sagte:

„Seit hundert Jahren bin ich Padischah in diesem Reich, und viele Länder sind mein, aber ein solches Mädchen habe ich weder gesehen noch von ihr gehört. Ich werde dich aus meinem Land hinausbringen, danach werde ich mich um nichts kümmern. Allah möge dir beistehen!"

Er brachte dem Jüngling auch ein Dev-Gebet bei: Wenn der Mensch dieses Gebet spricht, wird er zu einem Dev. Danach nahm er den Prinzen, brachte ihn bis dahin, wo sein Reich endete, und sagte: „Glück auf den Weg!" und ließ ihn gehen.

Der Prinz zog weiter und ritt und ritt... Eines Tages war er wieder erschöpft, stieg bei einem Brunnen vom Pferd, band sein Pferd an einen Baum, legte sich nieder und schlief ein. Die Mädchen jenes Landes kamen an den Brunnen, um Wasser zu holen. Als sie einen Jüngling, schön wie der Mond, schlafen sahen, gingen sie geradewegs zu der Frau des Padischahs und meldeten es ihr. Die Frau des Padischahs kam, sah den Jüngling an und erkannte, daß es ihr eigener Bruder war. Sofort gab sie den Befehl, und man brachte ihn in den Palast. Als der Jüngling erwachte, fand er sich seiner mittleren Schwester gegenüber und freute sich. Er erzählte der Schwester, daß er ausgezogen sei, das Mädchen zu suchen, das er im Traum gesehen und in das er sich verliebt habe.

Das Mädchen sagte: „Wenn am Abend dein Schwager kommt, wollen wir es ihm sagen. Aber vielleicht wird er dir etwas antun. Das beste ist wohl, ich verstecke dich", und steckte den Prinzen in einen Schrank.

Jene Gegend war nämlich das Land des Ameisen-Padischahs. Die mittlere Schwester hatte diesen Ameisen-Padischah geheiratet. Es wurde Abend, der Ameisen-Padischah kam in den Palast und sagte zu seiner Frau:

„Es riecht nach Menschenfleisch. Wer ist in den Palast gekommen?"

Das Mädchen aber fragte:

„Ich habe doch auch Verwandte und Bekannte. Was tätest du, wenn einer von ihnen käme?"

Der Ameisen-Padischah antwortete:

„Wenn dein ältester Bruder kommt, teile ich ihn in zwei Teile und esse ihn. Wenn dein mittlerer Bruder kommt, zerstückele ich ihn und esse ihn. Wenn aber dein jüngster Bruder kommt, werde ich ihn in Ehren aufnehmen."

Da sagte seine Frau: „Mein jüngster Bruder ist gekommen", und holte den Prinzen aus dem Schrank.

Der Jüngling erzählte dem Ameisen-Padischah, daß er sich in ein Mädchen verliebt habe und alle Länder durchwandere, um es zu finden, und er zeigte auch das Bild des Mädchens.

Der Ameisen-Padischah sagte:

„Seit zweihundert Jahren regiere ich in dieser Gegend, aber ein solches Mädchen habe ich weder gesehen noch von ihr gehört. Ich werde dich aus meinem Land hinausbringen, dann werde ich mich um nichts mehr kümmern. Allah möge dir beistehen!"

Er brachte ihm ein Ameisengebet bei, das den Menschen, der es spricht, zu einer Ameise macht. Dann nahm er den Jüngling und brachte ihn bis an die Grenze.

Der Prinz sagte „Auf Wiedersehen!" und ritt weiter.

Er ritt und ritt und war eines Tages wieder todmüde und ließ sich an einem Brunnen nieder. Er band sein Pferd an, legte sich hin und schlief ein. Die Mädchen jenes Landes kamen, um an der Quelle Wasser zu holen. Als sie dort einen Jüngling, schön wie der Tag, schlafen sahen, gingen sie sofort hin und sagten es der Frau ihres Padischahs. Die Frau des Padischahs kam und sah, daß dieser Jüngling ihr eigener Bruder war. Sofort brachte man ihn in den Palast. Nach kurzer Zeit erwachte er und sah seine jüngste Schwester vor sich und wußte nicht, was er vor Freude tun sollte.

Das Mädchen fragte: „Was suchst du hier, mein Bruder?"

Der Prinz erzählte der Reihe nach, was alles er erlebt hatte, und sagte, daß er sich auf den Weg gemacht habe um der Liebe eines Mädchens willen, das er im Traum gesehen habe.

Die Schwester entgegnete:

„Wenn am Abend dein Schwager kommt, wollen wir es ihm sagen. Vielleicht weiß er, wo dieses Mädchen ist."

Dann fügte sie hinzu: „Vielleicht wird er dir etwas antun. Es ist wohl besser, wenn ich dich verberge", und steckte ihn in den Schrank. Diese Gegend war nämlich das Land des Nachtigallen-Padischahs, und die jüngste Schwester des Prinzen war seine Frau.

Jeden Abend, wenn der Nachtigallen-Padischah nach Hause zurückkehrte, setzte er sich vor das Fenster und sang. Seine Frau hatte vierzig verschiedene Kleider. Wenn ihm die Kleidung, die sie am Abend trug, gefiel, zog er sein Nachtigallenkleid aus, wurde zum schönsten Jüngling der Welt und ging zu seiner Frau hinein. Wenn ihm die Kleidung der Sultanin nicht gefiel, flog er weg und ließ sich Monate oder ein Jahr nicht sehen.

Es wurde Abend, der Nachtigallen-Padischah kam, setzte sich wieder auf das Fensterbrett und begann zu singen. Dann fragte er: „Hier ist ein Mensch, wer ist gekommen?"

Das Mädchen aber antwortete:

„Ich habe doch auch Verwandte und Bekannte. Was tätest du, wenn einer von ihnen käme?"

„Wenn dein ältester Bruder käme, würde es mir die Sprache verschlagen, und ich würde im Leben nie wieder singen. Wenn dein mittlerer Bruder käme, würde ich dich verlassen und wegziehen, und nach vierzig Jahren würde ich entweder wiederkommen oder auch nicht. Wenn dein jüngster Bruder käme, würde ich sofort zu dir eilen, welches Kleid du auch tragen mögest."

Da holte das Mädchen sofort ihren Bruder aus dem Schrank und sagte:

„Da sieh, der gekommen ist, ist mein jüngster Bruder!"

Der Nachtigallen-Padischah aber schlüpfte aus seiner Hülle, ohne hinzusehen, was seine Frau angezogen hatte, und ging hinein.

Der Prinz küßte dem Nachtigallen-Padischah die Hand, und er erzählte auch ihm, was er erlebt hatte. Dann holte er das Bild des Mädchens heraus, in das er sich verliebt hatte, und zeigte es ihm. Der Padischah sagte:

„Ich kenne dieses Mädchen. Ich habe es genau fünfzig Jahre umworben und konnte es auf keine Weise für mich gewinnen. Ihr Vater ist sehr eigensinnig. Er hatte mehrere Bedingungen gestellt. Aber jetzt werde ich dir ein Nachtigallengebet beibringen. Wenn du eine Nachtigall geworden bist, gehst du in seinen Garten. Das Mädchen wird mit ihren Sklavinnen in den Garten hinausgehen, um sich hinzusetzen, und du setzt dich auf den Zweig gegenüber dem Mädchen. Dann läßt du dich dem Mädchen in die Arme fallen. Sie wird dich nehmen und in einen goldenen Käfig setzen. Was dann kommt, weiß ich nicht. Allah ist gnädig, tu, was du denkst!"

Der Prinz küßte seinem Schwager wieder die Hand, sagt das Gebet auf, wird zu einer Nachtigall und fliegt in den Garten des Mädchens.

Das Mädchen war mit ihren Sklavinnen in den Garten hinausgegangen, um frische Luft zu schöpfen, da sieht sie auf einem Zweig vor sich eine schöne Nachtigall sitzen. Der Vogel gefällt ihr sehr, und sie will ihn fangen. Die Nachtigall dreht und wendet sich und stürzt dem Mädchen in die Arme. Das Mädchen nimmt die Nachtigall, steckt sie in einen goldenen Käfig und hängt ihn am Kopfende ihres Bettes auf. Die Nachtigall sang jede Nacht.

Nachdem das Mädchen eines Nachts eingeschlafen war, schlüpft die Nachtigall aus ihrem Käfig, spricht ihr Gebet und wird wie früher ein Jüngling, geht zu dem Mädchen und löst ihr Haar auf. Noch bevor das Mädchen aufwacht, spricht er wieder sein Gebet, wird zu einer Nachtigall und schlüpft in seinen Käfig.

Am nächsten Morgen erwacht das Mädchen und sieht, daß ihr Haar aufgelöst ist, und wundert sich darüber.

In der zweiten Nacht spielt die Nachtigall das gleiche Spiel. Das Mädchen wacht am Morgen auf und sieht wieder, daß ihr Haar verwirrt und ihr Bett in Unordnung ist, und wundert sich darüber.

Am dritten Abend tut das Mädchen, als schliefe es, schläft aber nicht. Die Nachtigall kommt zu dem Mädchen. Das Mädchen findet an ihrer Seite einen Jüngling, schön wie der Vollmond. Dem Mädchen war dieser Jüngling im Traum erschienen, und sie hatte sich auch in ihn verliebt und ihn erwartet. Sie ergreift den Prinzen am Arm und sagt:

„Bist du ein Dschinn oder irgendein anderer Geist?"

Der Prinz sagt:

„Ich bin weder ein Dschinn noch ein anderer Geist, sondern so wie du ein Menschenkind. Ich bin auch der Sohn eines Padischahs. Ich habe dich im Traum gesehen und bin hierhergekommen, um dich zu finden."

Das Mädchen entgegnet:

„Ich habe dich auch im Traum gesehen und dich erwartet."

Schließlich fallen sie einander in die Arme und verbringen die Zeit bis zum Morgen mit Unterhaltungen.

Als es Morgen ist, sagt das Mädchen: „Mein Vater ist sehr eigensinnig. Er stellt mehrere Bedingungen, und wenn du sie nicht erfüllst, gibt er mich dir nicht", und beginnt zu weinen.

Der Prinz tröstet das Mädchen:

„Sei nicht traurig, wenn es Allah erlaubt, erfülle ich alle seine Wünsche!"

Sofort geht er zu ihrem Vater und sagt, daß er auf Allahs Geheiß um seine Tochter freie.

Der Vater antwortet:

„Ich stelle Bedingungen."

Als der Jüngling sagt: „Was deine Bedingungen auch sein mögen, ich nehme sie an", antwortet jener:

„Zuerst bringst du mir den weinenden Granatapfel und die lachende Quitte aus dem Garten des Dev-Padischahs."

Sofort sagt der Jüngling das Nachtigallengebet auf, wird zu einer Nachtigall und fliegt in das Land jenes Dev-Padischahs. Dort sagt er das Dev-Gebet auf und nimmt diesmal Dev-Gestalt an. Er pflückt den weinenden Granatapfel und die lachende Quitte aus dem Garten und bringt sie dem Vater des Mädchens.

Diesmal sagt der Vater:

„Das ist vollbracht, aber ich habe noch etwas: Im Palast desselben Dev-Padischahs steht ein Spiegel. Wenn man in diesen Spiegel schaut, sieht man darin alle seine Vorfahren. Den wirst du nehmen und mir bringen."

„Gut", sagt der Jüngling. „Aber gib mir vierzig Leute, die mir ähneln!"

Mit diesen vierzig Gefährten geht er zur Grenze des Dev-Padischahs. Der Jüngling sagt zu ihnen:

„Wartet hier, ich werde allein gehen und den Spiegel holen!"

Er spricht das Nachtigallengebet und fliegt in den Palast des Dev-Padischahs. Da spricht er das Ameisengebet, wird zu einer Ameise und geht in den Palast hinein. An dem Spiegel halten Devs Wache. Wenn ihre Augen offen sind, schlafen sie, wenn sie aber geschlossen sind, sind sie wach; der Jüngling wußte das. Er sieht, daß die Augen der Devs offen sind, und sagt sich: Aha, sie schlafen!

Er nimmt leise den Spiegel, steckt ihn in seinen Mantel und verläßt den Palast. Wieder spricht er das Nachtigallengebet, wird zu einer Nachtigall, kehrt zu seinen Gefährten zurück und sagt:

„Wir haben unsere Tat getan, auf, laßt uns gehen!"

Sie machen sich auf den Weg. Als sie gehen, kommen sie an ein Meer. Seine Gefährten sagen:

„Wir wollen uns hier einmal waschen und dann weiterziehen."

Der Prinz will sich nicht waschen, um den Spiegel nicht zu zerbrechen. Seine Gefährten necken ihn, weil sie denken, daß er wasserscheu ist. Da zieht er sich auch aus, geht ins Wasser und beginnt sich zu waschen. Da sieht eine Meeresjungfrau den Prinzen, verliebt sich in ihn, und der Prinz verschwindet, sowie sie ihn ergriffen hat, im Wasser.

Seine vierzig Gefährten waschen sich, gehen aus dem Wasser und warten und warten. Als aber der Prinz nicht kommt, sagen sie: „Er ist bestimmt ertrunken", und vor Angst flieht jeder von ihnen in ein anderes Land.

Einer von ihnen hatte aber aus der Manteltasche des Prinzen den Spiegel des Devs genommen. Sie alle gleichen doch aufs Haar dem Prinzen. Dieser, der den Spiegel gestohlen hat, geht zu dem Vater des Mädchens und sagt:

„Da bringe ich, was Ihr wünschtet."

Der Vater hält ihn für den Prinzen, so sehr gleichen sie einander. So gibt er ihm dann seine Tochter.

Als sie sich in der Hochzeitsnacht in ihr Zimmer zurückziehen, sagt das Mädchen:

„Mein Prinz, geh in den Käfig und sing etwas, danach wollen wir uns hinlegen!"

Der Mann wundert sich und sagt:

„Gibt es denn so etwas?"

Da erhebt das Mädchen ein Wehgeschrei:

„Das ist nicht mein Bräutigam!"

Man ergreift den Mann, prügelt ihn windelweich und fragt ihn, wo der Prinz ist. Er erzählt, was sie erlebt haben.

Da läßt das Mädchen vierzig Goldkugeln anfertigen, geht zum Meeresufer und ruft:

„Meeresjungfrau, zeig mir einen Finger meines Prinzen, dann will ich dir eine Goldkugel geben!"

Die Meeresjungfrau aber hatte Goldkugeln sehr gern. Auf diese Worte des Mädchens hin zieht sie sofort einen Finger des Prinzen aus dem Wasser und zeigt ihn. Das Mädchen wirft ihr eine Goldkugel hin und sagt:

„Meeresjungfrau, ich will dir noch eine Goldkugel zuwerfen, zeig mir eine Hand meines Prinzen!"

Da zeigt die Meeresjungfrau die Hand.

Das Mädchen sagt:

„Meeresjungfrau, ich will dir noch eine Goldkugel zuwerfen. Zeig mir beide Hände meines Prinzen!"

Die Meeresjungfrau zeigt ihr seine beiden Hände.

„Meeresjungfrau, ich will dir noch eine Goldkugel zuwerfen. Zeig mir den Kopf meines Prinzen!"

Diesmal zeigt die Meeresjungfrau seinen Kopf.

Mit einem Wort, bei der vierzigsten Kugel sagt das Mädchen:

„Du bekommst noch eine Goldkugel, wenn du mir meinen Prinzen in deiner Hand zeigst."

Die Meeresjungfrau hebt den Prinzen in ihrer Hand aus dem Wasser heraus und zeigt ihn dem Mädchen.

Da spricht der Prinz das Nachtigallengebet und wird zu einer Nachtigall. Er fliegt der Meeresjungfrau aus der Hand, kommt und vereinigt sich wieder mit seiner Geliebten.

Sie machen vierzig Tage Hochzeit und erreichen das Ziel ihrer Wünsche.

30

Deli-Güdschük[1]

Es war einmal, und es war auch nicht... Ein Padischah hatte einen Sohn. Der sagte eines Tages zu seinem Vater:

„Lieber Vater, ich will eine Reise unternehmen. Laß mich ziehen!"

„Meinetwegen geh! Allah möge dein Beschützer sein", antwortete der Padischah... Er ließ eine Satteltasche mit Gold füllen und machte sich auf den Weg.

Als er lange Zeit geritten war, kam er in ein anderes Land. Er trat in ein Kaffeehaus ein und fragte:

„Gibt es hier einen Ort, wo ich übernachten kann?"

Die Gäste des Kaffeehauses antworteten:

„Eine Stunde von hier gibt es eine Herberge, aber wer lebend dort hineingeht, verläßt sie tot wieder. Wenn du mutig bist, übernachte dort! Eine andere Herberge gibt es hier nicht."

Der Jüngling sinnt auf einen Ausweg. Den Weg fortzusetzen, ist es zu spät, die Dunkelheit war hereingebrochen, und es ist zu gefährlich. „Komme, was wolle, ich vertraue auf Allah", sagt er und geht zu jener Herberge.

Er tritt in die Herberge ein, und was sieht er da? Es ist eine große Herberge. Er geht hierhin und dorthin, schließlich tritt er in ein Zimmer ein: ein sauberes, reinliches Zimmer. Er entkleidet sich, wäscht sich und setzt sich. Er öffnet seinen Sack und holt sein Essen heraus. Er ißt, bis er satt ist. Dann hockt er sich da in eine Ecke und denkt: Wie und woran sollte ich wohl sterben?

Als er so überlegt, vernimmt er plötzlich eine Stimme: „Darf ich eintreten?"

[1] Deli — Tor, hier jedoch: Furchtloser, Tapferer; Güdschük — Kleiner.

Eine furchterregende, volltönende Stimme. Der Jüngling antwortet nicht, weil er sich fürchtet, und duckt sich nieder.

Kurz darauf fragt wieder jene Stimme:

„Darf ich eintreten?"

Der Jüngling steht auf, steigt hinab und füttert sein Pferd. Dann steigt er wieder hinauf.

Wieder kommt jene Stimme:

„Darf ich eintreten?"

Diesmal wird der Jüngling mutiger und antwortet:

„Komm herein!"

Da teilt sich die Wand, und ein schönes Mädchen tritt heraus, ein Mädchen, schön wie der Vollmond ... Der Jüngling kümmert sich nicht darum, runzelt die Stirn, hockt sich in eine Ecke und bleibt sitzen. Das Mädchen tritt zu ihm und fragt:

„Willkommen, mein Herr, weshalb siehst du mich nicht an?"

Dann berührt sie den Jüngling hier, berührt ihn dort, streichelt und liebkost ihn ... Der Jüngling läßt wieder keinen Laut hören, ist starr wie ein Holzklotz und sitzt nur mit gerunzelten Brauen da. Das Mädchen fragt diesmal:

„Mein Herr, hast du Hunger?"

„Natürlich hat jemand, der von einer Reise kommt, Hunger!"

Kaum hatte der Jüngling dies gesagt, da klatscht sie in die Hände und ruft:

„Deli-Güdschük!"

Eine Stimme antwortet:

„Zu Diensten!"

Wieder teilt sich die Wand, und es kommt ein Wesen heraus, eine Spanne groß und die Mütze eine Elle lang, sagt „Zu Diensten!" und nimmt eine ehrerbietige Haltung ein.

„Bereite dem Herrn schnell etwas zu essen!"

Sofort geht Deli-Güdschük hin und bringt ein Tablett voll erlesener Speisen. Der Jüngling setzt sich und läßt es sich gut schmecken. Dann macht er wieder ein mürrisches Gesicht und bleibt still sitzen. Das Mädchen fragt:

„Mein Herr, bist du müde?"

„Natürlich ist jemand, der von der Reise kommt, müde!"

Das Mädchen ruft wieder Deli-Güdschük:

„Schnell, bereite dem Herrn das Bett!"

Da richtet ihm Deli-Güdschük aus Daunen ein Bett — so groß. Der Jüngling entkleidet sich und legt sich zu Bett. Das Mädchen zieht sich auch aus und legt sich dem Jüngling an die Schulter ins Bett. Aber der Prinz dreht sich weg und schnarcht, denn er war müde. Das Mädchen sagt:

„Mein Herr, bist du böse? Dreh dich zu mir um!"

Aber sosehr sie auch auf ihn einredet, es hilft nichts. Der Jüngling rührt sich nicht. Mit abgewandtem Gesicht schläft er, ohne bis zum Morgen auch nur einmal aufzuwachen ...

Als die Sonne aufgeht, erwacht er. Er steht auf, wäscht sich Hände und Gesicht und kleidet sich an. Da steht auch das Mädchen auf. Sie kommt, ergreift die Hand des Prinzen und sagt:

„Sei auf ewig mein Bruder! Wer sonst hierherkommt, gibt mir keine Ruhe, belästigt mich ... Deli-Güdschük erwürgt sie alle. Du aber machst es nicht wie sie, du weißt dich zu beherrschen, ich werde dir auch Gutes tun: Ich schenke dir Deli-Güdschük, er möge dein Freund sein!"

Der Jüngling erzählt dem Mädchen, daß er Prinz ist. Sie verabschieden sich ... Das Mädchen tritt wieder in die Mauerspalte ein und verschwindet ...

Der Jüngling steht auf, zieht sich an, rüstet sich, beendet seine Reisevorbereitungen und steigt hinab. Was sieht er da vor der Tür? Leichenbrett, Sarg, Imam[1], alle stehen bereit ... Als die Leute den Jüngling sehen, sind sie alle überrascht und beginnen zu fragen:

„Was ist geschehen? Wie ist das geschehen?"

Der Jüngling antwortet: „Was soll geschehen sein? Nichts ist geschehen!" und geht hinaus.

Als er ein Stück geritten ist, denkt er bei sich: Sie hat gesagt: Ich will dir Deli-Güdschük geben! — Ich habe vergessen, ihn zu wünschen. Ich will es doch einmal versuchen und rufen, wie es das Mädchen getan hat, ob er dann wohl kommt?

Vom Pferd herab ruft er:

[1] Vorbeter in der Moschee, Geistlicher.

„Deli-Güdschük!“
„Zu Diensten!“ antwortet eine Stimme.
„Wo bist du? Komm und steige hinter mir auf das Pferd!“
„Oh, mein Prinz, zwischen Hufeisen und Nagel habe ich es besser als du. Mach es dir nur bequem!“
Als sie eine Weile geritten waren, sagt Deli-Güdschük:
„Jetzt kommen wir nach Jemen. In der Herberge, die ich dir nenne, mußt du einkehren.“
Schließlich kommen sie nach Jemen. Sie reiten vor mehrere Herbergen. Deli-Güdschük gefällt keine. Weit draußen lag eine alte, zerfallene Herberge, bei der steigen sie ab und bleiben dort. Deli-Güdschük, eine Spanne groß und die Mütze eine Elle lang, sagt zu dem Jüngling:
„Geh hinaus und laufe durch alle Stadtviertel Jemens[1]! Ich bewache das Zimmer.“
Schließlich hatte der Prinz eine Woche lang von früh bis spät alle Viertel von Jemen durchlaufen. Eines Tages sagt Deli-Güdschük zu ihm:
„Ach, gib mir für zwei Tage frei, ich will auch die Stadt besuchen!“
Zwei Tage wandert er, streift umher und kehrt nach Hause zurück.
„Mein Prinz“, fragt er, „was hast du alles in Jemen gesehen?“
Als er antwortet: „Also, ich habe die Herbergen, Bäder, Geschäfte, Basare und Fabriken, alle Orte gesehen“, fragt Deli-Güdschük:
„Hast du auch den Palast des Padischahs gesehen?“
„Von außen habe ich ihn gesehen.“
„Darin sitzt eine Sultanin, hast du die gesehen?“
„Nein, das habe ich nicht.“
„Aber sie ist doch gerade das Sehenswerteste von Jemen! Es ist ein so schönes Mädchen, wie es auf der Welt kein zweites gibt...“
„Schöner als das Mädchen in deiner Herberge?“
Da sagt Deli-Güdschük:
„Das Mädchen aus der Herberge ist nicht einmal würdig,

[1] In diesem Märchen wird Jemen als eine Stadt angesehen.

ihr zu dienen und Wasser auf ihre Hände zu gießen, so schön ist sie."

„O Deli-Güdschük, wenn das stimmt, dann zeige mir das Mädchen einmal!"

„Gut", sagte Deli-Güdschük, „morgen, eine Stunde vor Sonnenuntergang, nach der Zeit des Gebetes, geh zum Gartentor hinter dem Palast! Um diese Zeit öffnet man das Tor. Die Sultanin hat eine große Vorliebe für Blumen. Der Garten ist mit tausendundeiner Sorte von Blumen besät, wunderschön. Sie hat vierzig Sklavinnen, die schickt sie zu dieser Zeit jeden Nachmittag in die Berge, um Blumen zu pflükken. Sowie das Gartentor offen ist und die Sklavinnen hinausgegangen sind, reite mit deinem Pferd hinein! Gib deinem Pferd die Peitsche und verwüste den Garten! Um diese Zeit schaut die Sultanin aus dem Fenster, da kannst du sie dir nach Herzenslust ansehen."

„Gut", sagte der Jüngling. Wie Deli-Güdschük gesagt hatte, reitet er zur Zeit des Nachmittagsgebetes weg. Er reitet durch das Gartentor, und sowie er seinem Pferd die Peitsche gegeben hatte, verwüstet er den Garten, der so schön war, daß man ihn nicht einmal anzusehen wagte.

Das Mädchen beugt sich aus dem Fenster, ruft: „O weh, kommt zu Hilfe, ein Irrsinniger ist in den Garten eingedrungen! Meine Blumen sind dahin, meine Blumentöpfe sind entzwei...", und ist außer Rand und Band.

Der Prinz sieht sie nach Herzenslust an. Das Mädchen war so schön, daß sich der Prinz von ganzem Herzen in sie verliebte.

Wie dem auch sei, er kehrt zur Herberge zurück... Der Prinz sagt:

„Ach, Deli-Güdschük, ich konnte mich an ihr in so kurzer Zeit nicht sattsehen. Wenn du ein Mittel wüßtest, um mich zu jenem Mädchen zu bringen..."

Deli-Güdschük antwortet: „Habe Geduld, mein Prinz!"

Es wird Nacht. Deli-Güdschük sagt zum Prinzen: „Steig auf meinen Rücken!" und läßt ihn auf seinen Rücken steigen. „Schließe deine Augen!" sagt er. Der Prinz schließt die Augen. „Öffne die Augen!" sagt er, da öffnet er die Augen... Er findet sich vor dem Palast wieder... Vor dem Tor lager zwei große Löwen, die bewachten die Sultanin. Deli-Güdschük hält ihnen eine Handvoll Kräuter vor die Nasen und versetzt sie in Schlaf. Sie gehen bis zum Innentor. Dort wachen zwei Henker. Deli-Güdschük stößt ihnen eine Steppnadel in die Brust, da fallen die Henker ohnmächtig um. Er bringt den Prinzen an das obere Ende des Bettes der Sultanin und läßt ihn dort.

„Mein Prinz, mach es dir bequem!" sagte er, „ich gehe jetzt. Am Morgen komme ich und hole dich."

Der Prinz weckt die Sultanin. Nun lachen und spielen sie bis zum Morgen.

Es wird Tag. Die Sultanin schläft ein. Deli-Güdschük kommt und holt den Prinzen. Er holt den Henkern die Nadeln aus der Brust und den Löwen die Kräuter aus der Nase. Er läßt den Prinzen wieder auf seinen Rücken steigen, und so verlassen sie den Palast.

Als die Bewohner des Palastes nun am anderen Morgen erwachen, was sehen sie da? Die Henker, die die Sultanin bewachen, liegen blutüberströmt da, und die Löwen vor dem Tor hatten einander zerfleischt. Man konnte nicht herausfinden, was geschehen war.

Drei Tage lang geht es so: Jede Nacht kommt der Jüngling in das Zimmer der Sultanin, und ohne daß sie wußte, ob es Traum oder Wirklichkeit war, verließ er sie, wenn sie morgens schlief...

Am dritten Tag schreibt die Sultanin einen Brief an ihren Vater:

„Ach, mein lieber Vater, seit drei Tagen erlebe ich etwas Seltsames: Jemand kommt zu mir, und die Henker und die Löwen am Tor zerfleischen einander... Versuch, etwas dagegen zu tun!"

In jener Nacht stellen sie noch stärkere Henker auf und setzen vor das äußere Tor noch wildere Löwen. Mögen sie sich nur bereithalten, der Prinz sagt da zu Deli-Güdschük:

„O weh, Deli-Güdschük, dort im Palast klopfte mir das Herz vor Angst! Bringe das Mädchen lieber her!"

Diese Nacht lädt Deli-Güdschük das Mädchen auf seinen Rücken und bringt es in die Herberge. Wieder lachen sie beide und vergnügen sich bis zum Morgen. Als das Mäd-

chen am Morgen einschläft, bringt Deli-Güdschük sie wieder in ihr Zimmer und legt sie in ihr Bett. Das Mädchen wundert sich darüber und schreibt wieder einen Brief an ihren Vater:

„Mein lieber Vater, bei Allahs Liebe, versucht etwas dagegen zu tun! Diese Nacht habe ich mich in einer verfallenen Herberge wiedergefunden. Da habe ich die Nacht mit demselben Jüngling verbracht. Als ich am Morgen die Augen öffnete, sah ich, daß ich in meinem Zimmer war..."

Schließlich versammelt sich der Rat im Palast.

„Wir müssen irgend etwas dagegen unternehmen..", sagen sie und sinnen auf einen Ausweg.

Einer der Wesire schlägt vor:

„Mein Padischah, wir wollen der Sultanin Henna auf die Hand streichen. Wenn sie am Abend fortgeht, soll sie, sobald sie durch das Tor der Herberge tritt, mit den fünf Fingern dieses Henna daranstreichen..."

„Gut", sagen sie und beschließen, das zu tun. Sie bestreichen die Hand der Sultanin reichlich mit Henna und sagen:

„Streiche es an der Herberge ab, in die du gehst!"

Das Mädchen liegt ganz ängstlich da und denkt: Wer wird kommen und mich wegholen? Als sie so daliegt, schwinden ihr die Sinne. Als sie plötzlich die Augen öffnet, sieht sie, daß sie am Tor der verfallenen Herberge angelangt ist. Sofort streicht sie das Henna von ihren fünf Fingern ans Tor...

Sie verbringt die Nacht mit dem Prinzen bei Spielen und Scherz. Sobald sie am Morgen schläft, holt Deli-Güdschük sie. Als er zur Herberge zurückkehrt, sieht er am Tor den Handabdruck mit Henna, stimmt ein lautes Gelächter an und sagt:

„So viele Herbergen, Bäder, Häuser und Geschäfte es in Jemen gibt, bis zum Tor des Palastes des Padischahs hin sollen sie alle einen Handabdruck von Henna tragen!"

Schließlich gehen an jenem Tag die Leute hinaus, um das Tor mit den Hennaspuren zu suchen. Sie sehen, daß überall Hennaspuren sind.

An diesem Tag wird wieder eine Beratung einberufen. Da sagt ein anderer Wesir:

„Mein Padischah, wir wollen ein Fähnchen anstecken lassen. Die Sultanin soll es heimlich an das Tor der Herberge stecken, in die sie geht.“

Sie billigen es und sagen der Sultanin Bescheid.

Als die Sultanin in jener Nacht wieder die Augen vor dem Tor der Herberge öffnet, steckt sie das Fähnchen heimlich in einen Spalt des Tores.

Nachdem Deli-Güdschük am Morgen das Mädchen heimgebracht hat und in die Herberge zurückkehrt, sieht er, daß am Tor ein Fähnchen steckt, und er stimmt ein lautes Gelächter an.

„Überall sollen Fähnchen stecken! Eins soll in die Mütze des Padischahs gesteckt werden!“

Als am Morgen die Leute des Padischahs sich aufmachen, um zu suchen, wo eine Herberge mit einem Fähnchen sei, was sehen sie da? Hier und dort und da — überall flattert ein Fähnchen.

Der Padischah sagt:

„Meine Tochter, du bist bis auf meine Mütze gestiegen! Wie soll ich deinen Feind finden?“

Wieder wird eine Beratung einberufen. Die Wesire sagen:

„Mein Padischah, es gibt kein Mittel. Wir wollen einen Ausrufer überall ausrufen lassen. Vielleicht kommt derjenige, der das getan hat, von allein.“

Der Ausrufer gibt bekannt:

„Wer es auch immer sei, der die Tochter des Padischahs jede Nacht wegholt, er soll kommen! Der Padischah wird ihm auf Allahs Geheiß seine Tochter geben.“

Deli-Güdschük sagte zum Prinzen:

„Jetzt geh und sage: Ich bin es!“

„Ach, Deli-Güdschük“, sagt der Jüngling, „ich möchte kein Unglück über mich bringen.“

„Es wird nichts geschehen, ich werde einen Ausweg finden. Schnell, geh!“

Der Jüngling geht zum Padischah und sagt:

„Mein Padischah, ich bin es, der deine Tochter holt!“

Der Padischah gerät in Zorn:

„Ach, du gemeiner Kerl, du wagst es auch noch, mir vor die Augen zu treten?“

Sofort ruft er seine Henker und befiehlt:

„Ergreift ihn!“

Sie ergreifen ihn, binden ihm Hände und Füße und werfen ihn in das unterirdische Gefängnis ...

Sie lassen wieder durch einen Ausrufer unter den Leuten bekanntmachen: „Der Widersacher der Tochter des Padischahs ist gefunden worden. An dem und dem Ort wird er hingerichtet. Alle sollen sich dort versammeln!“

Schließlich holt man den Jüngling und bringt ihn mit Pauken und Trompeten zur Richtstätte. Deli-Güdschük aber nahm Menschengestalt an. (In Wirklichkeit war er ein schöner Mensch, er war der Mann des Mädchens aus der Herberge. Wenn er wollte, wurde er so klein und verwandelte sich in Deli-Güdschük.) Zu der Zeit aber, als man den Jüngling zur Hinrichtung brachte, ließ er sich von einem Barbier rasieren. Der Barbier zog bald das Rasiermesser so und so über den Riemen, bald lief er zum Fenster. Deli-Güdschük sagte:

„Mein Lieber, wenn du rasierst, dann rasiere! Wenn es aber draußen etwas zu sehen gibt, sag es, wir wollen es uns auch ansehen!“

„Aber, mein Herr“, sagt der Barbier, „der Widersacher der Tochter des Padischahs ist gefunden worden! Entschuldigt, deshalb bin ich neugierig.“

„Wenn es so ist“, sagt Deli-Güdschük, „dann wollen wir zusammen schnell hingehen und zusehen.“

Sofort schließt der Barbier seinen Laden. Mit Deli-Güdschük zusammen tritt er auf die Gasse hinaus. Pauken und Trompeten, Tumult! Der Galgen war errichtet worden. Gerade als dem Jüngling die Schlinge um den Hals gelegt wurde, geht Deli-Güdschük von dem Barbier weg. Auf dem Wege hatte er ein Kuhknie gefunden, das bespricht er, und es wird ein großer Erlaß. An vier, fünf Stellen das Siegel des Padischahs ... Deli-Güdschük geht sofort zu den Henkern und sagt:

„Das ist ein Erlaß des Padischahs, lest ihn!“

Die Henker lesen den Erlaß:

„Der Jüngling, den ihr gefaßt habt, ist unschuldig, ich habe ihm verziehen. Er soll mein Blutssohn sein.“

Auf diesen Erlaß hin ließen die Henker den Jüngling auch sofort los. Deli-Güdschük tritt zum Prinzen, und sie brechen zur Herberge auf.

Unterwegs sagt der Jüngling:

„Ach, Deli-Güdschük, ich hatte große Angst."

Deli-Güdschük aber antwortete:

„Wann es auch immer sei, ich werde dich retten, sei unbesorgt!"

Am nächsten Tag gibt der Ausrufer wieder einen Befehl des Padischahs bekannt:

„Das vorige Mal ist ein Versehen unterlaufen. Wer jener Bursche auch sei, der Padischah wird ihm seine Tochter zur Frau geben. Er möge zum Padischah kommen!"

Aber der Padischah konnte vor Ärger die ganze Nacht nicht schlafen.

Deli-Güdschük spricht wieder zu dem Jüngling:

„Auf, geh zum Padischah ... Fürchte dich nicht! Solange ich lebe, kann dir niemand etwas tun."

Der Jüngling geht zum Padischah.

„Ich bin da, mein Padischah!"

Der Padischah beginnt wieder zu drohen:

„Oh, du gemeiner Kerl! Du wagst es noch, mir vor die Augen zu treten? Diesmal werde ich dich nicht den Henkern übergeben, sondern dich mit meinen eigenen Händen töten."

Er packte den Jüngling am Kragen und zieht seinen Dolch. Er will schon zustechen, da bleibt seine Hand in der Luft hängen.

„Schnell, gebt mir einen Revolver!" ruft er.

Als er seinen Revolver in der anderen Hand hat, bekommt er auch in dieser Hand einen Krampf.

„Ich will wenigstens mit einem Fußtritt Rache nehmen", sagt er, will ihm einen Fußtritt versetzen und hebt sein rechtes Bein.

Da bleibt sein Bein so in der Luft hängen.

Diesmal beginnt er um Hilfe zu rufen.

Hierauf erscheint Deli-Güdschük.

„Mein Padischah!" sagt er. „Derjenige, der all diese Dinge getan hat, ist nicht dieser Jüngling, sondern ich bin es. Er aber ist der Sohn des Padischahs von Ägypten. Du sollst diesem Prinzen auf Allahs Geheiß deine Tochter geben, sonst werde ich dir noch Schlimmeres als dies antun!"

Da jammert der Padischah:

„Ach, ich gebe sie ihm ja schon! Sie mögen glücklich sein! Bring bloß meine Arme und Beine wieder in Ordnung!"

Auf Allahs Geheiß lösen sich die Hände und Füße des Padischahs wieder ...

So feierten sie vierzig Tage und vierzig Nächte Hochzeit. Der Prinz hält die Brautnacht ab! In dieser Nacht sagt Deli-Güdschük:

„O Prinz, mein Dienst ist zu Ende, auf Wiedersehen! Allah möge euch beschützen ... Wenn du später einmal in Bedrängnis bist, rufe mich Deli-Güdschük, dann werde ich dir zu Hilfe eilen."

Als er diese Worte gesagt hat, geht er hinaus und entschwindet den Blicken ...

Der Prinz und die Prinzessin bleiben fünf, zehn Tage dort. Danach schicken sie an den Padischah von Ägypten einen Boten, um ausrichten zu lassen, daß der Prinz zusammen mit der Tochter des Padischahs von Jemen komme. Schließlich empfängt man sie auf Geheiß seines Vaters mit Jubel und Trubel und einem großen Festgeleit.

Sie haben das Ziel ihrer Wünsche erreicht, wir wollen auch unser Ziel erreichen ...

Vom Himmel fielen drei Äpfel herab, einer für mich, einer für die Märchenerzählerin und einer für Frau Sidika[1].

31

Allah ist gnädig, und der Sohn des Padischahs wird mein Mann sein

Es war einmal eine Wäscherin, die hatte eine sehr schöne, kluge Tochter. Jeden Tag stieg dieses Mädchen auf den Wipfel des Baumes in ihrem Garten und strickte. Diesem Baum gegenüber war das Zimmer eines Prinzen.

[1] Die Erzählerin des Märchens.

Als das Mädchen eines Tages strickt, wird an der Tür geklopft, ein Bettler kommt und erbittet um Allahs willen ein Stück Brot.

Das Mädchen sagt:

„Als meine Mutter ging, hatte sie mir ein Blätterteiggebäck gemacht, das werde ich dir geben."

Der Bettler aber fragt:

„Gut, meine Tochter, aber was wirst du essen?"

Da antwortet das Mädchen:

„Allah ist gnädig, und der Sohn des Padischahs wird mein Mann sein!"

Der Bettler nimmt das Blätterteiggebäck und geht.

Der Prinz hatte am Fenster gesessen, und als er das hört, bricht er in Lachen aus, lacht und fragt:

„Mädchen, warum hast du das gesagt?"

Sie aber antwortet:

„Mein Prinz, das habe ich aus Spaß gesagt."

Der Prinz hält dem Mädchen ein Lira hin und gibt es ihm.

Das Mädchen nimmt das Lira.

Der Bettler aber kam jeden Tag, und wenn das Mädchen jeden Tag sagte: „Warte, ich gebe dir mein Blätterteiggebäck", sagte der Bettler: „Was wirst du dann essen?" Wenn sie dann sagte: „Allah ist gnädig, und der Sohn des Padischahs wird mein Mann sein", gefiel das dem Prinzen, und er warf ihr wieder ein Lira zu.

Zeit kommt, Zeit vergeht, der Sohn des Padischahs verlobte sich.

Als das Mädchen eines Tages wieder sagte: „Allah ist gnädig, und der Sohn des Padischahs wird mein Mann sein", erwiderte der Prinz:

„Mädchen, ich bin verlobt, ich heirate die Tochter des Padischahs von Ägypten."

Da sprach das Mädchen:

„Es möge dir gut gehen, mein Prinz, ich sage das zum Spaß!"

Nun beginnen die Hochzeitsfeiern, Einladungen und Vergnügungen. Das Mädchen sagt dem Bettler jeden Tag das gleiche.

Die Braut kommt aus Ägypten. Die Tochter des Padischahs von Ägypten war aber kein Mädchen mehr! „Wenn dies bekannt wird, werden sich gewiß die Leute der beiden Paläste umbringen. Was wird dann sein?“ fragt man sich.

Die Mutter des Prinzen rät:

„Hier gegenüber wohnt die Tochter einer Wäscherin, die wollen wir in der ersten Nacht neben meinen Sohn legen.“

Dazu fordert die Mutter des Mädchens:

„Meine Tochter soll im Dunkeln ins Brautgemach gehen, das ist unsere Bedingung!“

Die Mutter des Prinzen läßt die Tochter der Wäscherin rufen, läßt auch ihre Mutter rufen und sagt:

„Wir werden so viel Geld bezahlen, wie Ihr wollt. Heute nacht soll Eure Tochter zu meinem Sohn kommen!“

Sie sagen: „Gut!“

Es wird Abend, die Lämpchen verlöschen. Der Bursche tritt ins Brautgemach. Das Mädchen sagt im Bett:

„Mein Padischah, bei uns ist es Sitte, in der ersten Nacht der Frau ein Geschenk zum Andenken zu geben.“

Der Prinz hatte einen Ring mit einem Rubin am Finger, den zieht er ab und steckt ihn dem Mädchen an den Finger. Diese Nacht bleiben sie bis zum Morgen zusammen.

Als der Prinz eingeschlafen ist, steht das Mädchen leise auf und geht hinaus. Die Tochter des Padischahs von Ägypten, die an der Tür wartet, geht nun zu dem Prinzen.

Am nächsten Tag steigt das Mädchen wieder auf den Baum. Der Prinz aber sitzt mit seiner Frau am Fenster. Sowie der Bettler kommt, sagt das Mädchen wieder:

„Allah ist gnädig, und der Sohn des Padischahs wird mein Mann sein!“

Als der Bursche aber sagt: „Sieh, Mädchen, ich habe geheiratet“, zeigt sie den Ring an ihrem Finger und sagt wieder das gleiche.

Der Prinz wundert sich. Er sieht, daß seine Frau keinen Ring am Finger hat, und fragt sie:

„In der Nacht habe ich dir ein Geschenk gegeben, wo ist es?“

Das Mädchen wundert sich:

„Was für ein Geschenk?“

Der Sohn des Padischahs erkennt die ganze Wahrheit, ruft seine Mutter und sagt:

„Ich will dieses Mädchen nicht!"

Die Tochter der Wäscherin war sehr schön. Sofort wird vierzig Tage und Nächte Hochzeit gefeiert, sie nehmen sie und schicken die andere weg. Sie haben das Ziel ihrer Wünsche erreicht, und wir wollen auf den Diwan steigen.

32

Meine Tochter, deren Hand von einem Veilchenblatt verletzt wird

Es war einmal, und es war auch nicht ... In früheren Zeiten war einmal eine Mutter mit ihrer Tochter. Die Mutter war neunzig Jahre alt, die Tochter siebzig ... Als sie eines Tages im Garten spazierengingen, rief die Mutter ihrer Tochter zu:

„Meine Tochter, deren Hand von einem Veilchenblatt verletzt wird, lauf nicht in der Sonne umher, du wirst ganz schwarz!"

Gerade in diesem Augenblick ritt der Padischah jenes Landes auf seinem Pferd an der Mauer des Gartens vorbei und hörte diese Worte.

Als er in den Palast kam, beschrieb er seiner Mutter dieses Haus und sagte:

„Gehe schnell hin und freie für mich um dieses Mädchen!"

Die Mutter des Padischahs nahm sich noch andere Frauen mit, und sie kamen zu jenem Haus.

Die Mutter des Mädchens öffnete die Tür und bat die Brautwerberinnen herein. DiF Frauen legten den Grund ihres Kommens dar.

Zuerst sagte die alte Frau:

„Ich habe keine Tochter."

Aber als die Mutter des Padischahs wiederholte, was ihr Sohn im Garten gehört hatte, wußte sie nicht, was sie sagen sollte.

Dieses Mal sagte sie:

„Ich habe nur eine einzige Tochter auf der Welt. Ich kann es nicht aushalten, mich von ihr zu trennen."

Die Freierinnen sagten:

„Kann man gegen den Willen des Sultans aufbegehren, liebe Frau?"

Mit einem Wort, die arme Frau sah, daß es keinen Ausweg gab, und sagte:

„Bis jetzt ist meine Tochter noch zu keiner Brautwerberin herausgekommen, ich kann sie Euch nicht zeigen. Geht und sagt dem Padischah: Wenn er einverstanden ist, den Verlobungsring, ohne das Mädchen zu sehen, durch das Schlüsselloch ihr auf den Finger zu stecken, gebe ich meine Tochter her."

Die Brautwerberinnen gingen und sagten dem Padischah die Antwort der Frau.

Er war einverstanden.

Inzwischen steckte das alte Weib den Finger ihrer Tochter in Milch und massierte ihn mit verschiedenen Mitteln. Sie verwandelte den schwarzen, trockenen Finger der siebzig Jahre alten Frau in den blendendweißen, weichen Finger eines bildschönen fünfzehnjährigen frischen Mädchens.

Der Tag kam, und die Brautwerberinnen steckten den Verlobungsring durch das Schlüsselloch und staunten:

„Ihr Finger ist so schön! Wer weiß, wie bildschön sie selbst ist!"

Sie sagten, daß sie die Braut nach einer Woche holen würden, und kehrten in den Palast zurück. So kündigten dort Trommeln und Pfeifen dem ganzen Land die Hochzeit des Padischahs an, hier aber weint die Mutter des Mädchens und schlägt sich an die Brust:

„In einer Woche wird alles herauskommen, was werden wir dann tun?"

Die Zeit war um. Als eine Woche vergangen war, kam der Hochzeitszug und erreichte das Tor. Die alte Frau ließ niemanden an die Tochter heran, da sie die Bedingung gestellt hatte, daß niemand ihre Tochter sehen sollte. Alle Vorbereitungen führte sie selbst zu Ende, ließ die Tochter den Wagen besteigen, ging auch selbst mit und setzte sich neben sie.

So kam der Brautzug zum Palast. Man führte die Braut hinein, neben ihr wieder nur ihre Mutter ... Damit es nicht zu erkennen war, daß ihre Wangen eingefallen waren, schob sie ihr ein riesiges Stück Zuckerzeug in die Backen ...

Schließlich trat der Padischah in das Zimmer und näherte sich dem Mädchen. Gerade als er den Schleier aufheben wollte, fiel dem Mädchen das Zuckerzeug aus dem Mund.

Die Braut rief: „Ach ... mir ischt der Tschucker ausch dem Mund gefallen!" und bückte sich, um ihn aufzuheben.

Der Padischah sagte: „Was für Zucker, um Allahs willen?" und sah aufmerksam in das Gesicht seiner Braut. Und was sah er da? Eine alte Frau von siebzig Jahren, bucklig und runzlig. Vor Zorn war er wie von Sinnen, er umfaßte die Braut und warf sie aus dem Fenster in den Garten. Die Braut blieb auf den Zweigen eines großen Baumes im Garten vor dem Fenster hängen.

Da brachten die Peris den Sohn ihres Padischahs an diesen Baum. Dem Peri-Prinzen war nämlich ein Knochen im Halse steckengeblieben, und niemand hatte ein Mittel finden können, um ihn herauszuholen. Der Prinz fand das so lustig, daß diese alte Frau in Brautkleidern in den Zweigen des Baumes hing, und lachte so, daß die Blase in seiner Kehle platzte und der Knochen heraussprang. Als dies die Peris sahen, gingen sie zu ihrem Padischah und überbrachten ihm die Freudenbotschaft, daß sein Sohn von den Schmerzen erlöst sei.

Da befahl der Padischah den Peris:

„Demjenigen, der meinen Sohn aus dieser Not befreit hat, soll jeder Wunsch erfüllt werden!"

So überlegten die Peris, welchen Wunsch diese alte Frau haben könne: Jugend, Schönheit ...

Eine sagte:

„Mein Gesicht soll die Braut bekommen ..."

Eine andere:

„Meine Hände soll die Braut bekommen!"

Eine dritte:

„Meine Gestalt soll die Braut bekommen!"

Und wieder eine andere:

„Meinen Charakter soll die Braut bekommen!"

Die eine gab ihr ihr Haar, die andere ihr Alter. Mit einem Wort, was jede als Schönstes besaß, schenkte sie der Braut.

Am nächsten Tag sagte der Padischah: „Gestern war ich ärgerlich und habe die arme Alte hinausgeworfen. Ich will einmal sehen, was aus ihr geworden ist", und ging hinab.

Er kam zu dem Baum, hob den Kopf und blickte hin, und was sah er da? Zwischen den Zweigen sitzt ein Mädchen, schön wie der Vollmond. Er ließ die Braut herabsteigen und flehte:

„Ach, meine Sultanin, ich habe einen Fehler begangen, entschuldige!"

Er gab einen Befehl, und es war noch einmal vierzig Tage und vierzig Nächte lang Hochzeit ...

Sie aßen und tranken und haben das Ziel ihrer Wünsche erreicht.

33

Das Bad der Reichen

Es war einmal eine Wäscherin. Eines Tages sagte deren Tochter zu ihr: „Mutter, ich werde ins Bad gehen", stand auf und ging.

Im Bad setzte sich das Mädchen an ein Marmorbecken. Die Badeverwalterin kam und sagte:

„Mein Mädchen, steh auf, die Frau des Padischahs ist gekommen und wird sich hierhersetzen!"

Das Mädchen stand auf und setzte sich an ein anderes Becken.

Die Badeverwalterin kam und sagte: „Mein Mädchen, steh auf, die Frau eines Beys wird kommen!" und hieß das Mädchen aufstehen.

So wechselte das Mädchen vier-, fünfmal das Becken. Sie nahm von hier und dort Wasser und badete sich, ging aber tränenüberströmt nach Hause.

Ihre Mutter fragte:

„Meine Tochter, weshalb weinst du?"

Das Mädchen sagt:

„Mutter, ich will unbedingt das Bad eines Reichen haben! Und wenn ich danach sterben müßte, dann will ich sterben!"

Es wird Morgen. Die Frau geht in ein Herrenhaus Wäsche waschen. Während sie wusch, weinte sie die ganze Zeit. Die Frau des Hauses kommt und fragt:

„O Frau Fatma, warum bist du so bedrückt?"

Die Frau sagt:

„Gestern ist meine Tochter ins Bad gegangen, hat sich aber nicht richtig waschen können, und seit dem Abend weint sie und sagt: ‚Ich will unbedingt das Bad eines Reichen haben!' Daran denke ich."

„Ach, Frau Fatma, was gibt es Leichteres als dies? Ich werde alles vorbereiten, du wirst mit deiner Tochter meinen Wagen nehmen, und ihr werdet euch baden."

Die Hausherrin steht sofort auf, macht ein mit Gold- und Silberfäden durchwirktes Einschlagtuch zurecht und packt eine goldene Schüssel und einen goldenen Kamm hinein. Sie läßt Frau Fatma ein schönes Kleid anziehen und bestellt auch ihren Wagen. Die Waschfrau setzt sich in den Wagen und fährt nach Hause. Ihre Tochter zieht sich auch an und schmückt sich und setzt sich in den Wagen. Da merken sie, daß die Herrin kein Geld gegeben hat, und sie selbst haben auch kein Geld.

Im Bad steigen sie aus dem Wagen, alle Badedienerinnen empfangen sie am Tor, sie treten in die Gänge ein und öffnen die besten Badezellen. (Die Badezellen waren für zwei oder mehrere Badende bestimmt, es waren da zwei einander gegenüber aufgestellte Ruhebetten.)

Nach kurzer Zeit kommt eine andere vornehme Dame zu dem anderen Ruhebett, und das Mädchen befreundet sich mit dieser Dame. Sie fragen einander nach dem Befinden, das Mädchen bestellt Tee und Kaffee, sie gehen hinein, baden sich und gehen hinaus. Die Mutter zittert bei dem Gedanken, was das Mädchen wohl ohne Geld machen wird.

Schließlich rechnen sie mit der Badeverwalterin ab, die später gekommene Dame holt ein Goldstück aus ihrer Tasche, gibt es der Badeverwalterin und läßt das Mädchen nicht bezahlen.

Da sagt das Mädchen zu der Dame:

„Wenn es so ist, wollen wir heute abend bei uns Suppe essen!"

Die Dame nimmt an. Das Mädchen aber hatte gedacht, daß sie nicht annehmen wird. Die Mutter zitterte vor Angst wie Espenlaub.

Der Kutscher fragt:

„Wohin fahren wir, gnädige Frau?"

Das Mädchen antwortet:

„Dorthin, wo ich anhalten lasse."

Der Wagen fährt los, da sieht das Mädchen plötzlich ein großes Herrenhaus, dessen beide Tore geöffnet sind, und vor dem Tor fachen Diener Feuer in einem Kohlenbecken an.

Das Mädchen sagt zu dem Kutscher:

„Halt an!"

Sie steigen aus dem Wagen aus, und das Mädchen sagt leise zu dem Kutscher:

„Komm morgen und hol uns ab!"

Im Haus sind Dienerinnen und Mägde, alles ist vorhanden. Aber alle tragen Trauerkleidung. Die Frau dieses Hauses war gestorben, und an diesem Tag war der vierzigste Tag. Die Dienerinnen dachten, die neue Herrin sei gekommen. Sie lassen das Mädchen, die Frau an ihrer Seite und die Mutter, in ein Zimmer eintreten. Da geht das Mädchen hinaus und sagt zu den Dienerinnen:

„Heute nacht haben wir Gäste, deckt den Tisch! Wenn der Herr kommt, sagt es mir!"

Die Dienerinnen decken sofort den Tisch mit allen möglichen Speisen. Die Frauen setzen sich und essen. Eine der Dienerinnen kommt und gibt dem Mädchen ein Zeichen, daß der Herr gekommen sei.

Das Mädchen geht hinaus. Sie hat ihren Kopf mit einem Gebettuch bedeckt und tritt vor den Herrn. Sie fällt dem Herrn zu Füßen und erzählt ihm ihre Erlebnisse: daß sie die Tochter der Wäscherin Fatma ist, wie sie ins Bad gegangen sind und wie sie, weil sie im Bad kein Geld hatten und eine Frau bezahlt hatte, diese Frau zum Essen eingeladen haben. Alles erzählt sie.

„Ich habe das Tor des Hauses offen gefunden und bin eingetreten. Nehmt uns diese Nacht auf! Morgen ist mein

Hals dünner als ein Haar; wenn Ihr wollt, tötet mich!" sagt sie.

Der Herr mustert das Mädchen von oben bis unten, denn das Mädchen war sehr schön, und nachdem sie das Bad verlassen hatte, war sie noch schöner geworden. Der Herr will das Mädchen gleich heiraten. Sie lassen sofort einen Imam kommen und werden getraut, und in dieser Nacht hält der Herr mit dem Mädchen Hochzeit.

Die Mutter zittert bis zum Morgen in ihrem Bett wie Espenlaub. Am Morgen erzählt das Mädchen ihrer Mutter, daß sie geheiratet hat. Die Mutter freut sich auch sehr.

Nun schicken sie den Gast mit dem Wagen, der gekommen war, nach Hause. Der Mann legt auf das Frau Fatma und ihrer Tochter gegebene Einschlagtuch eine Diamantbrosche und schickt es der Frau des Herrenhauses. Die Mutter setzt sich in die Kutsche und bringt das dort hin. Als diese Frau die Mutter sieht, sagt sie:

„Ach, Frau Fatma, ich habe gestern vergessen, Geld mitzugeben!"

Die Frau aber erzählt ihre Erlebnisse und sagt:

„Auf unseren Kopf hat sich der Glücksvogel gesetzt."

Sie haben das Ziel ihrer Wünsche erreicht, und wir steigen auf den Diwan.

34

Wenn ich eine Gans schicke, rupfst du sie dann?

Ein Padischah ging eines Tages in Verkleidung aus, wanderte umher und kam an eine Hütte. Dort saß ein Mädchen von fünfzehn Jahren an einem Stickrahmen und arbeitete. Das Mädchen lud den Padischah ein. Der Padischah war mit seinem Wesir zusammen. Der Padischah fragte:

„Meine Tochter, wo ist dein Vater?"

Das Mädchen antwortete:

„Er ist gegangen, um aus wenigem viel zu machen."

„Wo ist deine Mutter?" fragte er.

Da antwortete das Mädchen:

„Sie ist gegangen, um aus einem zwei zu machen."

Der Padischah sagte:

„Euer Haus ist sehr schön, aber der Schornstein ist schief."

Das Mädchen antwortete:

„Der Schornstein ist schief, aber der Rauch steigt gerade auf."

„Wenn ich dir eine Gans schicke, rupfst du sie dann?"

„Bis auf die Daunen", antwortete das Mädchen.

Der Padischah sagte „Auf Wiedersehen!" und ging hinaus.

Der Wesir war ziemlich dumm und verstand nichts von alledem. Der Padischah sagte zu dem Wesir:

„Wenn du weißt, was die Antworten des Mädchens bedeuten, dann ist es gut, wenn nicht, dann ist dein Kopf des Henkers."

Der Wesir sagte:

„O weh, mein Padischah, gib mir drei Tage Zeit!"

Der Wesir ging spornstreichs zu dem Mädchen und sagte:

„Gestern bin ich mit dem Padischah zu euch gekommen. Wenn ich nicht herausfinde, was du gesagt hast, ist mein Kopf verloren."

Da antwortete das Mädchen:

„Ich werde es sagen, aber für jede Antwort will ich hundert Goldstücke haben."

Der Wesir gab ihr das Geld. Das Mädchen sagte:

„Mein Vater ist Bauer, er ist gegangen, um aus wenigem viel zu machen. Meine Mutter ist Hebamme, sie ist gegangen, um aus einem zwei zu machen."

Als der Wesir fragte: „Gut, aber als der Padischah sagte: ‚Euer Schornstein ist schief', antwortetest du: ‚Aber der Rauch steigt gerade auf', was soll das bedeuten?", antwortete das Mädchen:

„Weil ich schiele, sagte der Padischah so. Ich antwortete: ‚Der Rauch steigt gerade auf', das heißt, ich wollte damit sagen, daß ich gut sehe."

Als der Wesir fragte: „Gut, aber der Padischah hat gefragt: ‚Wenn ich eine Gans schicke, rupfst du sie dann?' Was heißt das?", antwortete das Mädchen: „Diese Gans bist du", und auf diese Weise bekam sie für jede Frage hundert Goldstücke.

Tschan-Kuschu, Tschor-Kuschu[1]

Es war einmal, und es war auch nicht ... Es waren einmal drei Schwestern. Jeden Tag spannen sie Garn, verkauften es, webten Linnen und verdienten sich ihren Lebensunterhalt damit. Eines Tages fragte der Padischah dieses Landes:

„Lala, gibt es jemanden, der mich nicht fürchtet?"

„Nein, es gibt niemanden, mein Padischah", sagte er.

Der Padischah sagte:

„Das will ich einmal prüfen!"

Der Lala antwortete:

„Gut, prüfen wir es, mein Padischah!"

Der Padischah sagte:

„Wir wollen einen Ausrufer überall bekanntgeben lassen: ‚Der Padischah befiehlt, daß diese Nacht nirgendwo Licht brennen soll ...' Dann wollen wir gehen und sehen, ob es jemanden gibt, der sich nicht vor mir fürchtet ..."

Kurzum, die Ausrufer geben überall bekannt:

„Der Padischah hat befohlen, daß diese Nacht nirgendwo Licht brennen soll!"

Es wird Nacht. Der Padischah verläßt mit seinem Lala den Palast und ergeht sich in der Stadt. Alles ist finster. Als sie zu einem verfallenen Haus kommen, sehen sie, daß durch den Türspalt Licht dringt, und nähern sich dem Haus. Im Zimmer brennt eine Lampe, drei Mädchen sitzen dort, haben Wolle gesponnen und weben Linnen. Sie unterhalten sich auch miteinander.

Eines der Mädchen sagt nach einer Weile:

„Ach, wenn mich der Padischah nimmt, webe ich ihm ein Zelt ... solch ein Zelt, daß des Padischahs ganzes Heer darin Platz hat, aber eine Seite davon soll noch zusammengelegt bleiben."

Das mittlere Mädchen sagt:

„Da hast du dir aber etwas ausgedacht! Wenn der Padischah mich nimmt, webe ich ihm eine Tischdecke. Sein ganzes

[1] Kusch — Vogel.

Heer hat daran Platz, aber eine Seite davon bleibt noch zusammengelegt."

Nun sagt das jüngste Mädchen:

„Da habt ihr euch aber etwas ausgedacht! Wenn der Padischah mich nimmt, werde ich ihm einen Knaben und ein Mädchen mit goldenen Haarschöpfen gebären."

Der Padischah macht an dieses Haus ein Zeichen und kehrt in seinen Palast zurück.

Am folgenden Tag schickt er Leute hin, auf Allahs Befehl freien sie um das älteste Mädchen. Es ist Hochzeit, und die Hochzeitsgesellschaft holt die Braut in den Palast. Sie leben zwei, drei Tage miteinander. Schließlich sagt der Padischah zu seiner Frau:

„Nun, du hattest doch etwas versprochen! Du wolltest mir soundso ein Zelt weben."

„Oh, mein Padischah", erwidert das Mädchen, „ist das eine Sache für solche Paläste? Das war ein Wort, das am Spinnrad gesagt wurde ..."

Als sie so spricht, wird der Padischah zornig und befiehlt:

„Werft sie in die Küche, sie soll Zwiebeln schneiden!"

Sie lassen das Mädchen in die Küche gehen, damit sie Zwiebeln schneiden soll ...

Diesmal nimmt der König das mittlere Mädchen und läßt es in den Palast bringen. Auch mit ihr lebt er zwei, drei Tage. Schließlich fragt sie der Padischah:

„Nun, Mädchen, auch du hattest doch etwas versprochen! Du wolltest mir soundso ein Tischtuch weben, was wartest du noch? Weshalb hast du es nicht gemacht?"

„Oh, mein Padischah", sagt dieses Mädchen, „ist das eine Sache, an die man hier denken kann? Das ist am Spinnrad gesagt worden und ist vorbei ..."

Der Padischah wird auch auf dieses Mädchen böse. Er ruft seine Leute und sagt:

„Werft auch diese hinaus, sie soll in der Küche Knoblauch schneiden!"

Sie werfen das mittlere Mädchen hinaus, damit sie neben ihrer älteren Schwester Knoblauch schneiden soll ...

Die Reihe kommt an das jüngste Mädchen. Es ist Hochzeit, und man bringt sie als Braut in den Palast. Danach vergehen drei bis fünf Tage. Schließlich erinnert der Padischah auch sie an das, was gesprochen worden war, indem er sagt: „Nun, du hattest doch etwas versprochen!“

Das Mädchen sagt: „Habe noch Geduld, mein Padischah, nach neun Monaten und zehn Tagen ...“

Der Padischah wartet noch darauf, daß sich die neun Monate und zehn Tage vollenden ... Der Leib der Sultanin wird von Tag zu Tag größer, und der Padischah trägt sie auf Händen, in der Hoffnung, daß sie Kinder mit goldenen Haarschöpfen gebären wird. Die beiden älteren Schwestern in der Küche werden von Eifersucht geplagt, und sie fragen:

„Oh, was werden wir tun, wenn sie, wie sie gesagt hat, Kinder mit goldenen Haarschöpfen zur Welt bringt?“

So vergehen neun Monate. Die restlichen Tage werden gezählt ... Eine Hebamme wird angenommen. Eines der Mädchen geht heimlich zu der Hebamme und sagt:

„Ach, Frau Hebamme, hier hast du eine Handvoll Gold. Finde irgendeinen Ausweg! Sobald die Sultanin gebärt, laß die Kinder verschwinden und lege an ihre Stelle zwei Hundejunge!“

Die Monate und Tage waren um, das jüngste Mädchen gebärt. Die Hebamme sieht, daß es zwei Kinder wie Lichtkugeln sind, mit goldenen Haarschöpfen, das eine ein Mädchen, das andere ein Knabe. Die Hebamme nimmt sie sofort und legt zwei Hundejunge an ihre Stelle.

Dem Padischah wird gemeldet:

„Mein Padischah, die Sultanin hat entbunden, aber zwei Hundejunge geboren.“

Der Zorn des Padischahs übersteigt diesmal alle Grenzen, und er befiehlt:

„Bringt dieses Mädchen weg und grabt es bis zum Hals in Steine ein! ... Ihr soll jeden Tag Abwaschwasser in den Mund gegossen werden!“

Jenes Mädchen dort ist nun in Steine eingegraben ... Wir wollen zu den Kindern gehen ... Die Kinder legt die Hebamme in eine Truhe und wirft sie in das Meer. Die Truhe schwimmt auf dem Meer dahin ... Ein Derwisch, der von der Welt zurückgezogen lebte, hatte in der Nähe des Meeres auf einem Berg ein Zelt aufgeschlagen und verrichtete dort seinen Gottesdienst. Er ging auf die Jagd, fing Fische und aß, was ihm Allah zur Nahrung schickte, und dankte dafür. Er ist ein alter Derwisch, der sich nicht um die Dinge der Welt kümmert. Eines Tages geht er wieder an das Ufer des Meeres Fische fangen und sieht, daß sich eine Truhe auf dem Wasser dreht und näherkommt. Er streckt sofort seinen Stab zu der Truhe hin und sagt:

„Bei Gott, wenn es ein Ding ist, werfe ich es wieder ins Meer zurück. Wenn es ein lebendiges Wesen ist, soll es mein Gefährte sein!“

Er zieht an der Truhe und holt sie heraus. Er öffnet sie und sieht etwas, was er noch nie gesehen hat: Zwei Kinder, die wie Stücke des Mondes aussehen, ein Mädchen und ein Knabe, wie Lichtkugeln.

„O Gott“, sagt er, „die hast du mir gesandt, schicke wenigstens auch Nahrung für sie!“

Auf einmal sieht er, daß eine Hirschkuh vom Berg herabsteigt. Ihr Euter ist prall gefüllt und droht vor Milch zu bersten. Sofort steckt der alte Derwisch eine der Zitzen dem einen der Kinder in den Mund und dem anderen die andere. Die Hirschkuh läßt die Kinder richtig trinken, bis sie satt sind, dann verläßt sie sie und geht ... So kam die Hirschkuh morgens und abends. Bis die Kinder abgestillt waren, vertritt dieses Tier Mutterstelle an ihnen. Der Derwisch dankte Gott; diese Kinder waren für ihn eine Zerstreuung ...

Schließlich werden die Kinder drei, vier Jahre alt. Die Hirschkuh kommt nicht mehr. Jetzt ernährt und sättigt der Derwisch sie mit Wild.

Die Jahre vergehen, die Kinder wachsen, sie werden zwölf, dreizehn Jahre alt.

Eines Tages sagt der Derwisch zu ihnen:

„O mein Sohn und meine Tochter, meine Todesstunde ist gekommen, ich werde sterben! Dort ist meine Doppelflinte, da ist mein Fischnetz. Ich habe euch nichts anderes zu hinterlassen. Wenn ich gestorben bin, lebt vergnügt weiter ... Und nun soll eins von euch mein Grab schaufeln, und das andere soll Wasser für mich warm machen. Wascht mich und begrabt mich ... Wenn ihr in Not geratet, betet zu meinen Häupten, und Allah wird euer Helfer sein!“

Er hatte ihnen schon alles erklärt und sie beten gelehrt ...

Die Kinder weinten:

„Oh, du liebes Väterchen Derwisch, wie sollen wir ohne dich allein auf dem Berg leben?"

Doch es nützte alles nichts, der Derwisch stirbt im gleichen Augenblick. Die Kinder klagen und seufzen nun ... Aber was hilft das? Schließlich setzen sie dort, wie der alte Derwisch gesagt hat, einen Herd in Brand und machen Wasser heiß. Nachdem sie ihren Vater ordentlich gewaschen haben, begraben sie ihn. Und von nun an jagten sie Wild und fingen Fische, wie es ihr Vater gemacht hatte, und erhielten sich so am Leben ...

Wiederum vergeht die Zeit. Schließlich wurden diese Kinder vierzehn, fünfzehn Jahre alt. Eines Tages ging der Padischah zur Jagd. Beim Jagen kommt er zu ihrem Zelt. Plötzlich sieht er, daß da ein wunderschönes Mädchen und ein Bursche sind. Sie gefallen ihm, und er streichelt sie ...

„O Gott", sagt er, „du gibst mir Hundejunge, und was für Kinder erschaffst du auf den Bergesgipfeln ..."

Am Abend kehrte er in seinen Palast zurück, legte seine Hand an die Schläfe und überlegte. Als man ihn fragt: „Mein Padischah, warum bis du so traurig?", entgegnet er:

„Weshalb wohl? Was für schöne Kinder leben auf dem Berggipfel, mir aber hat Allah zwei Hundejunge gegeben ..."

Diese Worte des Padischahs kommen den beiden Schwestern zu Ohren. Sie gehen sofort wieder zu der Frau Hebamme und sagen:

„O weh, Frau Hebamme, die Kinder sind nicht gestorben, sie sind herangewachsen. Sie sind auf dem und dem Berggipfel ... Da hast du eine Handvoll Gold, bring sie um!"

Sofort macht sich die alte Hebamme auf. Sie zieht einen grünen Überwurf an, bindet ein grünes Kopftuch um, zieht gelbe Lederstrümpfe an die Füße, nimmt einen Stock in die Hand, stützt sich auf ihn und geht direkt zum Zelt der Kinder auf dem Berggipfel ... Sie geht in das Zelt hinein und sagt:

„Ach, meine Tochter, o weh, mein Kleines, ich gehe nach Hedschas ... meine Gebetszeit ist gleich um. Ich will hier ein Gebet verrichten."

Das Mädchen läuft herbei und sagt:

„Komm, liebes Mütterchen, komm!“

Sie küßt der Frau Gesicht und Augen. Sie bereitet Waschwasser vor, hält ihr das Handtuch hin und bedient sie ... So verrichtet die Hebamme ihr Gebet; sie setzen sich hin, und nachdem sie einander nach dem Befinden erkundigt haben, fragt die alte Hebamme:

„Meine Tochter, bist du hier allein?“

„Nein, mein liebes Mütterchen“, sagt das Mädchen, „ich habe einen Bruder.“

„Wohin ist er gegangen?“

„Er ist fischen gegangen ... Er bringt etwas, ich koche es und tue es dann auf ...“

„Oh, sehr schön, meine Tochter“, sagt die alte Hebamme ... „Das ist gut, aber du wirst hier allein Langeweile haben. Irgendwo gibt es ein Sein-Kragen-spielt-und-er-selbst-tanzt. Wenn du es deinem Bruder sagst und er es bringt und hier aufhängt, wie schön wird es dich hier auf dem Berggipfel aufheitern ...“

„Ach, mein liebes Mütterchen, ich habe nur ein einziges Brüderchen, wie soll ich es wagen, ihn weit fortzuschicken! Ich kann mich um nichts auf der Welt von ihm trennen.“

„Ach, meine Tochter, das ist ein junger Bursche! Was soll denn schon geschehen, in drei, vier Tagen geht er und kommt wieder ... Aber wie du dich dann vergnügen wirst ...“

Mit einem Wort, sie spricht so viel davon, daß das Mädchen ganz begierig wird und sagt:

„Gut, ich werde meinen Bruder um die Sache bitten, die du genannt hast.“

„Wenn es Abend ist“, sagt das alte Weib, „verbinde deinen Kopf. Wenn dein Bruder fragt: ‚Was ist mit dir los?‘, sagst du: ‚Was soll ich so allein auf dem Berggipfel tun? Irgendwo gibt es ein Sein-Kragen-spielt-und-er-selbst-tanzt. Bring es mir, ich will mich vergnügen!‘“

So besprechen sie es miteinander. Das alte Weib geht hinaus und verschwindet.

Das Mädchen verbindet seinen Kopf und schmollt. Sie geht ihrem Bruder mit solch einem schmollenden Gesicht entgegen und nimmt ihm das Netz nicht aus der Hand. Der Bursche wundert sich und fragt:

„Was ist dir, meine Schwester?“

„Was soll mir wohl sein, du denkst gar nicht an mich! Ich sitze allein wie ein Geist auf dem Berggipfel. Ich habe auch Wünsche wie jeder Mensch ... Irgendwo gibt es ein Sein-Kragen-spielt-und-er-selbst-tanzt. Bring es mir, ich vergnüge mich damit, wenn du nicht da bist!“

Der Bursche sagt:

„Meine Schwester, laß das, wer weiß, wo das ist, was du haben möchtest! Vielleicht werde ich dort sterben. Was wirst du dann machen? ...“

Das Mädchen besteht darauf:

„Du wirst gehen!“

Der Bursche liebte seine Schwester über alle Maßen und mochte sie nicht traurig sehen.

Schließlich sagt er:

„Ja, ich werde doch gehen!“

Als es Morgen ist, steht er auf und vollzieht eine religiöse Waschung. Er verrichtet am Kopf vom Grab des Derwischs ein Gebet von der Dauer zweier Verneigungen. „O Gott, gib mir Erfolg auf meiner Reise!“ sagt er und geht davon.

Als er so geht und geht, trifft er auf dem Weg einen Derwisch.

„Mein Sohn, wohin gehst du?“ fragt dieser Derwisch.

„Irgendwo gibt es ein Sein-Kragen-spielt-und-er-selbst-tanzt. Ich gehe, um es zu holen.“

„Ach, mein Sohn, derjenige, der dich schickt, schickt dich ins Verderben. Aber gehe nur, Allah soll dir helfen!“ sagt er. „Nimm diese drei Okka Kauharz! Jetzt hör mir gut zu! Auf dem Weg wirst du einer Devfrau begegnen. Wenn ihr Fliegen in den Mund fliegen und aus dem Gesäß herauskommen, schläft sie. Wenn sie ins Gesäß hineinfliegen und aus dem Mund herauskommen, ist sie wach. Wenn sie wach ist, lege ihr sofort ein Okka Kauharz in den Mund und umfasse ihre rechte Brustwarze. Dann zeigt sie dir den Weg, du kannst sie danach fragen.“

Der Bursche verläßt den Derwisch. Er geht noch eine Weile und kommt zu der Devfrau. Als er sieht, daß die Fliegen in ihr Gesäß hineinfliegen und aus dem Mund herauskommen, wirft er sogleich das Kauharz in ihren Mund, umfaßt ihre Brustwarze und saugt daran — schmatz-schmatz. Da sieht sie hin und sagt:

„Ach, du Mensch, wenn du nicht meine rechte Brustwarze umfassen würdest, würde ich dich zermalmen und in mein Kauharz mischen ... Wohin gehst du denn?“

„Irgendwo soll es ein Sein-Kragen-spielt-und-er-selbst-tanzt geben. Das gehe ich holen.“

„Das kenne ich nicht. Ich habe etwas von hier entfernt eine ältere Schwester, die kennt es. Geh zu ihr, sie soll es dir sagen!“

Der Bursche macht sich wieder auf den Weg, und er geht und geht ... Er trifft eine zweite Devfrau; er sieht auch bei ihr, daß die Fliegen in ihr Gesäß hineinfliegen und aus ihrem Mund herauskommen. Er wirft ihr auch ein Okka Kauharz in den Mund und umfaßt ihre Brustwarze. Da sagt die Frau des Devs:

„Ach, du Mensch, was soll ich machen, da du mein Kind geworden bist? Woher kommst du, und wohin gehst du?“

„Irgendwo gibt es ein Sein-Kragen-spielt-und-er-selbst-tanzt. Das gehe ich holen.“

„Das kenne ich nicht. Ich habe etwas von hier entfernt eine ältere Schwester, sie kennt es. Geh zu ihr und frage!“

Der Bursche geht von dort weiter, wieder läuft er eine Weile und kommt zur dritten Devfrau. Er sieht auch bei ihr, daß die Fliegen in ihr Gesäß hineinfliegen und aus ihrem Mund herauskommen. Das übriggebliebene Stück Kauharz wirft er ihr in den Mund und saugt an ihrer Brustwarze. Die Frau des Devs sagt:

„Oh, Bursche, wenn du nicht an meiner Brustwarze saugen würdest, würde ich dich zermalmen und in mein Kauharz mischen! Wohin gehst du?“

„Irgendwo gibt es ein Sein-Kragen-spielt-und-er-selbst-tanzt. Das gehe ich holen.“

„Ach, mein Kindchen“, sagt die Frau des Devs, „wer dorthin geht, kommt nicht heil zurück, aber geh, wir wollen einmal sehen, was dir geschieht! Paß jetzt auf, was ich dir sage: Du gehst und gehst von hier aus weiter ... dann triffst du auf ein eisernes Tor. Da ist ein Jasminstrauch, von dem pflückst du einen Zweig ab. Mit dieser Gerte schlägst du an das eiserne Tor und sagst: ‚O Allah, oh, im Namen Allahs' und rufst ‚Tschan-Kuschu'. Wenn von innen eine Stimme ‚Tschor-Kuschu' antwortet, wirst du zu Stein. Wenn eine Stimme kommt: ‚Ja, mein Lieber', sagst du: ‚Öffne das Tor!' Dann öffnet sich das Tor, und ein Neger kommt heraus. Der Neger hat langes Haar, das wickelst du dir um die Hand und schlägst ihn mit jener Jasmingerte, bis sein ganzer Körper weiß wie Schnee wird. Sowie der Neger weiß wird, wünschst du dir, was du willst ..."

Der Jüngling hört sich an, was die Devfrau sagt, verabschiedet sich, macht sich wieder auf den Weg und geht und geht ... Er geht zu jenem eisernen Tor, bricht, wie die Devfrau gesagt hat, eine Gerte von dem Jasminbusch und klopft an das Tor. Er ruft:

„Tschan-Kuschu!"

Von drinnen antwortet eine Stimme:

„Tschor-Kuschu!"

Da wird der Bursche bis zum Knie zu Stein. Er sagt noch einmal:

„Tschan-Kuschu!" ...

„Tschor-Kuschu!"

Er wird bis zur Hälfte zu Stein.

Er ruft noch einmal: „Tschan-Kuschu!", und als die Antwort „Tschor-Kuschu" kommt, ist der Bursche bis an den Scheitel aus Stein ...

Kommen wir zu seiner Schwester! Dieses Mädchen wartet und wartet, einen Tag, fünf Tage, zehn Tage ... der Bruder will nicht kommen ... sie rauft sich die Haare, weint und klagt ... Schließlich geht sie zu Häupten des Grabes ihres Vaters und verrichtet ein Gebet mit zwei Verneigungen, macht sich auf und geht die Wege, die ihr Bruder auch gegangen ist.

Nachdem sie eine Weile gegangen ist, begegnet sie auch jenem Derwisch. Der Derwisch fragt sie ebenfalls, wohin sie geht. Das Mädchen sagt es.

„O Mädchen", sagt der Derwisch, „du hast deinen Bruder ins Verderben gestürzt, nun gehst du auch dorthin ..."

Er gibt ihr auch drei Okka Kauharz und beschreibt, was sie tun soll, wenn sie der Frau des Devs begegnet ...

Das Mädchen trifft, genau wie es ihr Bruder getan hatte, alle drei Devfrauen und wirft ihnen Kauharz in den Mund und saugt an ihren Brustwarzen ... Was die dritte Devfrau dem Burschen gesagt hat, wiederholt sie auch dem Mädchen.

Schließlich kommt das Mädchen an das eiserne Tor und klopft — poch — mit der Jasmingerte, ruft „Tschan-Kuschu!", und von drinnen kommt eine Stimme:

„Ja, meine Liebe!"

Da sagt das Mädchen:

„Öffne die Tür, Tschan-Kuschu!"

Sie klopft dreimal, und dreimal antwortet es. Beim dritten Mal öffnet sich die Tür, und heraus kommt ein Neger, schwarz wie Kohle. (Aber dieser Neger war eigentlich ein Mädchen. Wenn Burschen kommen, wird er böse und macht sie zu Stein. Bis jetzt war noch kein Mädchen hergekommen.) Als der Neger kommt, sagt er:

„Bitte, meine Dame!"

Sofort wickelt das Mädchen das Haar des Negers um ihre Hand und schlägt ihn tüchtig mit der Jasmingerte, schlägt ihn, bis der Körper des Negers weiß wie Milch wird. Als der Neger ganz weiß ist, sagt er:

„Befiehl, meine Sultanin!"

„Schnell", sagt das Mädchen, „die Steine, die hier sind, sollen alle zu Menschen werden! Mein Bruder soll bis zuletzt bleiben!"

Sie sieht plötzlich, daß hier Menschen wie zum Jüngsten Gericht versammelt sind. Einige steigen auf ihre Pferde, andere nehmen ihre Waffen in die Hand ... alle Leute, alle diese Steine wurden wieder lebendig. Jeder nahm wieder seine alte Gestalt an, alle gehen in ihre Länder, in ihre Siedlungen und in ihre Häuser ...

Als allerletzter wird ihr Bruder zum Menschen.

Die beiden Geschwister stürzen aufeinander zu und umarmen sich. Das Mädchen sagt zu dem Neger:

„Du, geh voran und zeige uns den Weg!"

Er geht voran und zeigt ihnen den Weg. Da sehen sie plötzlich: Hinter ihnen kommen Gärten, Felder, Pferde, Wagen, Paläste, Diener. Ein ganzes Land kommt mit ihnen. An der Stelle, wo ihr Zelt war, am Ufer des Meeres, entsteht eine große Stadt. Und diese Leute, die da kamen, waren nämlich das Sein-Kragen-spielt-und-er-selbst-tanzt. Es herrscht Freude und Lust an diesem Ort ...

Eines Tages ging der Padischah wieder auf die Jagd ... Er sieht, daß da Häuser und Paläste stehen ... Er wundert sich sehr. Plötzlich kommt ihm ein Neger entgegen: Das ist der Neger, den das Mädchen gebracht hat. Er grüßt und spricht:

„Mein Padischah, bitte, ruht Euch bei uns etwas aus!"

Der Padischah kommt, und sie setzen sich. Die beiden Geschwister bereiten Speisen. Der Neger hatte das Mädchen Männerkleidung anziehen lassen. Die Kinder bedienen den Padischah zuvorkommend. Sie speisen. Als sie Kaffee trinken, wird der Padischah betrübt und beginnt zu weinen. Der Neger fragt:

„Mein Padischah, warum seid Ihr betrübt?"

„Ach", sagt der Padischah, „frag nicht! Ich habe kein Kind auf der Welt ... diese Kinder haben mein Blut so in Wallung gebracht ... deshalb bin ich traurig."

Da reißt der Neger dem Mädchen plötzlich den Fez ab. Das Haar des Mädchens wallt über die Schultern herab.

„Mein Padischah", sagt der Neger, „dies ist Eure Tochter, und das ist Euer Sohn. Ihre Mutter ist in dem Spülichtloch eingegraben. Die all dieses Böse getan haben, sind die Hebamme und die Tanten ..."

Der Padischah erinnert sich an alles, was er getan hat, und ist vor Reue wie vom Blitz getroffen. Er fällt nieder und verliert die Besinnung ... Als er nach einer Weile zu sich kommt, drückt er die Kinder an seine Brust.

„Auf, holt schnell ihre Mutter heraus und bringt sie ins Bad!" sagt er.

Dann geht das Mädchen mit ihrem Bruder und ihrem Vater zusammen in den Palast.

Zuerst ruft der Padischah die Hebamme und sagt zu ihr:

„Willst du vierzig Beile oder vierzig Maultiere?"

„Vierzig Beile auf den Kopf des Feindes", sagt die Frau Hebamme, „mir aber gib vierzig Maultiere, und ich will in mein Land ziehen!"

Er fragt auch die verräterischen Schwestern:

„Vierzig Beile oder vierzig Maultiere?“

Kurzum, man bindet diese drei an die Schwänze von Maultieren und schlägt mit Peitschen auf deren Hinterteile. Jede der Frauen wird an dem Gipfel eines Felsens zerschlagen.

Die Mutter der Kinder pflegen Ärzte und Doktoren und machen sie wieder gesund ...

Der Neger aber sagt:

„Erlaubt mir, daß ich in mein Land gehe!“

Man erlaubt es ihm, und er geht.

Alles kommt zu einem guten Ende. Sie haben das Ziel ihrer Wünsche erreicht, wir wollen auch unser Ziel erreichen.

36

Der faule Mehmet

Es war einmal, und es war auch nicht ... In früheren Zeiten, als das Sieb noch im Stroh lag, als das Kamel Ausrufer, der Floh Barbier war und ich die Wiege meines Vaters — schaukel-schaukel — hin- und herwiegte ... Wer läuft und läuft und vorwärtstreibt und ohne Erlaubnis in den Garten geht, dem geht es so, hee ...

Es war einmal ein Padischah, der hatte drei Töchter.

Eines Tages langweilte sich der Padischah. Um sich zu unterhalten, rief er seine Töchter zu sich und fragte sie, wie sehr sie ihren Vater lieben. Als das älteste Mädchen behauptete: „Mein lieber Vater, ich liebe dich wie die ganze Welt“, sagte der Padischah:

„Ich werde dich dem Sohn des Oberwesirs geben.“

Als das mittlere Mädchen sagte: „Mein lieber Vater, ich liebe dich mehr als meine Seele“, freute er sich wieder sehr und sagte:

„Ich werde dich dem Sohn meines zweiten Wesirs geben.“

Als die Reihe an die jüngste Tochter kam, sagte sie:

„Mein lieber Vater, gib mir einen Tag Zeit, morgen werde ich dir sagen, wie ich dich liebe!“

Der Padischah sagte:

„Gut, meine Tochter.“

Die Mädchen verließen das Zimmer.

Das jüngste Mädchen sah im Traum einen Derwisch. Dieser Derwisch sagte zu ihr:

„Meine Tochter, morgen wirst du zu deinem Vater sagen: ‚Ich liebe dich wie Salz!'"

Das Mädchen antwortet: „Gut."

Am nächsten Tag ging sie geradewegs zu ihrem Vater, und als sie sagte: „Mein lieber Vater, ich liebe dich wie Salz", wurde der Padischah sehr böse. Sofort rief er den Henker und sagte:

„Nimm diese Unehrerbietige und schlage ihr den Kopf ab und bringe mir ihr blutiges Hemd!"

Der Henker sagte: „Zu Befehl!", nahm das Mädchen und ging aus dem Palast. Er brachte sie auf einen Berg und sprach:

„Meine Sultanin, ich bringe es nicht übers Herz. Gib mir dein Hemd und geh, wohin du willst! Allah möge dir beistehen! Aber hüte dich davor, daß man dich vom Palast aus sieht, sonst wird man dich töten."

Er nahm das Hemd des Mädchens, tötete einen Vogel, bestrich das Hemd mit dessen Blut und brachte es dem Padischah.

Das Mädchen machte sich auf den Weg und weinte unaufhörlich. Am Tage ging es seines Weges, in der Nacht suchte es seine Zuflucht unter den Bäumen. Eines Tages sah es in der Ferne ein Feuer und lief darauf zu. Als sie herankam, sah sie, daß es eine winzig kleine Hütte war. Sofort klopfte sie an die Tür, die Tür wurde geöffnet, und eine weißhaarige Frau steckte den Kopf heraus. Das Mädchen sagte:

„Tante, ich bin vom Unglück verfolgt. Nimmst du mich als Gast auf?"

Die arme Frau sagte:

„Meine Tochter, wir sind sehr arm. Wenn du dich mit dem begnügst, was wir haben, bist du willkommen. Wir werden auch für dich eine Ecke finden, wo du liegen kannst."

Das Mädchen ging hinein und sieht, daß die Hütte gänzlich leer ist ... In der Ecke ein Bett, auf dem ein Jüngling, stark wie ein Löwe, liegt. Das Mädchen hockte sich in eine Ecke. Die arme Frau gab ihr etwas trockenes Brot, und das

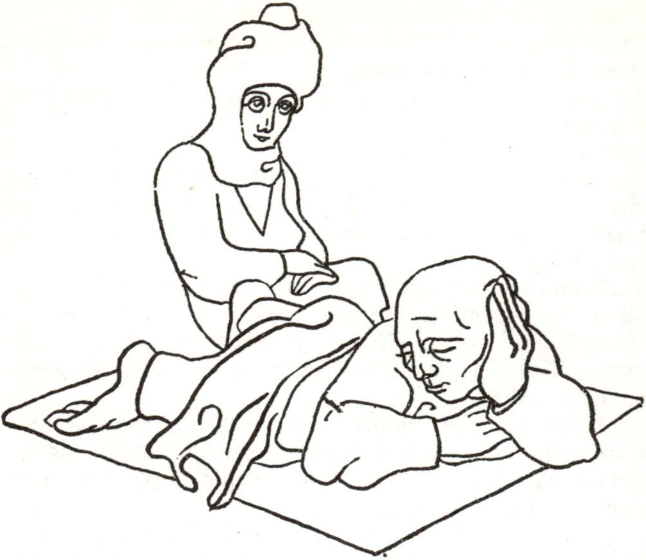

Mädchen aß es. Als es dunkelte, erhielt auch sie einen Platz angewiesen. Müde und erschöpft schlief das Mädchen, kaum daß es sich hingelegt hatte, ein. Am nächsten Morgen standen die alte Frau und das Mädchen auf. Das Mädchen zeigte auf den, der im Bett lag, und fragte:

„Tante, wer ist das?"

Die Frau sagte:

„Ach, meine Tochter, das ist mein Sohn. Seit zehn Jahren liegt er. Ich gehe, um Geld für ein Stück Brot zu verdienen, bringe es, und wir essen es."

„Was hat er denn? Ist er krank?"

„Ich weiß es nicht, meine Tochter. Er liegt eben so und steht überhaupt nicht auf."

Da wundert sich das Mädchen sehr ... Als die Frau ihr Tuch um den Kopf band und hinausging, sagte sie zu dem Mädchen:

„Meine Tochter, paß gut auf Mehmet auf!“

Der Bursche hieß Mehmet. Sie ermahnte auch den Burschen:

„Mein Sohn, laß unseren Gast in Frieden!“

Dann zeigte sie dem Mädchen einen Stock, einen ganz langen Stock mit einem Haken an der Spitze ...

„Wenn es soweit ist, daß Mehmet austreten muß, zieht er mit dem Haken am Ende dieses Stockes den Nachttopf herbei und schiebt ihn wieder an seinen Platz, wenn er fertig ist. Der Haken ist ein Feuerhaken, und mit seiner Hilfe kann Mehmet selbst austreten. Kümmere dich nicht darum!“

Die Frau geht hinaus und macht sich auf den Weg ... Das Mädchen kommt zu Mehmet und sieht, daß er ein kerngesunder Jüngling ist. Sie ist sehr neugierig und sagt:

„Mehmet, richte dich ein kleines bißchen auf, ich will dich hochheben!“

Der Bursche wehrt ab:

„Ach nein, mein Gast, ich kann nicht aufstehen. Hüte dich, noch einmal zu mir zu sagen: ‚Steh auf!‘“

Als das Mädchen befiehlt: „He, du, ich sage dir, richte dich ein bißchen auf, hör doch auf mich!“, beginnt Mehmet zu weinen.

„O weh, ich kann nicht aufstehen, zwing mich nicht!“

Das Mädchen merkt, daß er gar nicht krank, sondern faul ist. Sie geht geradewegs in den Garten, bricht einen kräftigen Knüppel ab, geht hinein und sagt zu Mehmet:

„Steh auf, sonst schlage ich dich mit diesem Knüppel!“

Mehmet klagt wieder:

„O weh, ich kann nicht aufstehen, mein Gast, zwing mich nicht!“

Aber das Mädchen kümmert sich nicht darum, schlägt ihn einmal, und Mehmet weiß nicht, wohin er sich wenden soll. Mit aller Kraft schnellt er vom Bett hoch, ruft: „O weh, mein Gast, es ist doch schade um mich, schlag mich nicht!“ und versucht, dem Mädchen die Hände festzuhalten. Doch sie gibt ihm noch einen Stockhieb und noch einen und noch einen ... Schließlich erhebt sich Mehmet nicht nur aus dem Bett, nein, er springt bis an die Decke .... Er beginnt das Mädchen anzuflehen:

„O weh, mein Gast, ich will tun, was du willst, aber schlag mich nicht!“

„Aha, siehst du? So ist es richtig. Steh einmal auf, zieh dich an, geh auf den Markt und verdiene Geld! Tut es dir nicht leid um diese alte Frau, daß du in deinem Alter daliegst und sie arbeiten läßt?“

Mehmet zieht sich an und gürtet sich und fragt das Mädchen:

„Was soll ich jetzt tun, mein Gast?“

„Du wirst auf den Markt gehen und sagen: Ich bin Lastträger! und diesem und jenem die Lasten tragen, dann wirst du Geld verdienen.“

Mehmet sagt: „Meinetwegen“, und geht auf die Straße hinaus. Er hat seit zehn Jahren kein Tageslicht gesehen, und das Herumlaufen auf der Straße gefällt ihm sehr. Er kommt zum Markt und spricht einen reichen Mann an:

„Ich bin Lastträger.“

Der Mann hatte eben jemanden gesucht, der ihm die Sachen tragen sollte. Mehmet lädt sich die Sachen auf, und sie gelangen zusammen an das Haus des reichen Mannes. Die Frau des reichen Mannes sieht, daß er ein Kerl mit rechtschaffenem Gesicht und kräftigen Händen ist, und sagt:

„Komm jeden Tag und versieh den Dienst bei uns, wir wollen dir monatlich Geld geben!“

Mehmet verspricht: „Gut“, und nimmt sein Geld.

Er geht wieder auf den Markt zu, arbeitet bis zum Abend und verdient eine schöne Summe Geld. Dann kauft er Fleisch und Brot und noch eine Menge anderer Sachen und will nach Hause zurückkehren . . .

Lassen wir ihn erst einmal auf dem Markt Handel treiben.

Als am Abend seine Mutter kommt, sieht sie, daß das Haus blitzsauber ist und Mehmets Bett nicht an seinem Platz steht. Sie beginnt zu weinen.

„O weh, was ist mit meinem Mehmet geschehen? Ist er etwa gestorben?“

„Nein, Tante“, sagt das Mädchen, „Mehmet ist nicht gestorben, er ist gesund geworden und gegangen, Geld zu verdienen.“

Die arme Frau gerät außer sich, als sie das hört. Da

kommt Mehmet mit vollen Händen zur Tür herein ... Er küßt seiner Mutter die Hand. Zu dem Mädchen aber sagt er:

„Sieh, mein Gast, ich habe Geld verdient und euch dies mitgebracht."

Das Mädchen sagt:

„Gut gemacht, Mehmet!"

Sie setzen sich. Lachend und scherzend essen und trinken sie und verbringen die Zeit angenehm ... Schließlich geht Mehmet jeden Tag zu dem Herrn, verrichtet seine Arbeiten und bringt Essen nach Hause.

Mehmets Herr aber war ein großer Kaufmann. Er wird in ein anderes Land fahren, um Waren zu holen. Eines Tages fragt er Mehmet:

„In Handelsangelegenheiten muß ich dort und dorthin gehen, kommst du mit mir?"

Mehmet antwortet:

„Ich will meinen Gast fragen. Wenn er es gestattet, komme ich mit."

Mehmet tut nichts, ohne seinen Gast um Rat zu fragen, schließlich gewöhnte sich der Herr an Mehmets Gast ...

Es wird Abend, und Mehmet erzählt seinem Gast, was der Herr gesagt hat. Das Mädchen gibt seine Erlaubnis. Am nächsten Tag sagt Mehmet zu dem Herrn:

„Ich habe meinen Gast befragt, ich werde mit Euch gehen."

Der Herr gibt Mehmet sehr viel Geld und sagt:

„Nimm dies und bringe es nach Hause! Bis wir wieder von der Reise zurückkehren, sollen deine Mutter und dein Gast darüber verfügen."

Mehmet bringt das Geld nach Hause. Er sagt zu seiner Mutter und seinem Gast „Auf Wiedersehen!" und geht zu dem Herrn. Sie machen sich mit mehreren Kaufleuten auf den Weg, sollen sie gehen ...

In diesem Land gab es an dem Weg, auf dem die Karawane zog, einen großen Brunnen, dessen Wasser jedes Jahr zu dieser Jahreszeit austrocknete. Man ließ einen Mann hinein, und dann kam das Wasser, aber der hinabgelassene Mann kehrte nicht zurück. So wird auch diesmal, als sich die Karawane dem Brunnen nähert, gemeldet, daß das Wasser des Brunnens eingetrocknet ist, daß das ganze Volk des Landes kein Wasser hat und umkommt ... Dieses Jahr aber war Mehmets Herr an der Reihe, jemanden in den Brunnen hinabzulassen.

Die Kaufleute sprachen:

„Jetzt wollen wir einmal sehen, wen du in den Brunnen hinabläßt. Laß ihn hinab!"

Was soll der Kaufmann tun, er sagt zu Mehmet:

„Weiter oben am Wege gibt es einen Brunnen, dessen Wasser versiegt ist. Geh dorthin und öffne dem Wasser einen Weg!"

Der arme, ahnungslose Mehmet stimmt zu:

„Mit Vergnügen, mein Herr!"

Sie machen sich sofort auf den Weg und erreichen den Brunnen. Sie sagen zu Mehmet:

„Komm, wir werden dich mit diesem Seil anbinden und in den Brunnen hinablassen. Wenn du dem Wasser den Weg freigelegt hast, rufst du: ‚Zieht!', und wir werden dich hinaufziehen."

Dann lassen sie ihn in den Brunnen hinab.

Soll Mehmet in den Brunnen hinabsteigen! ... Als er den halben Weg zurückgelegt hat, kommt ihm ein Derwisch mit strahlendem Gesicht und einem weißen Bart entgegen. Mehmet grüßt ihn:

„Selamünaleyküm, Vater Derwisch!"

Der Derwisch erwidert: „Aleykümselam, Kind", hält Mehmet an und sagt:

„Mein Sohn, du wirst noch siebenmal tiefer steigen. Dort wirst du einen Neger sehen, mit der einen Lippe auf der Erde und der anderen am Himmel. Neben dem Neger ist das schönste Mädchen der Welt und ihm gegenüber ein Frosch auf Watte. Der Neger wird dich fragen: ‚Ist dieser Frosch schöner oder diese Weltschöne?' Du sagst: ‚Was soll diese Weltschöne, die Augen dieses Frosches haben mich verliebt gemacht.' — Nun geh, guten Weg!"

Als er dies alles gesagt hat, streicht er Mehmet über den Rücken und entschwindet seinen Blicken.

Mehmet steigt tiefer in den Brunnen hinab und sieht, daß da ein Neger ist, so wie der Derwisch gesagt hat, mit der einen Lippe auf der Erde und der anderen am Himmel, neben ihm die Weltschöne, ihm gegenüber ein Frosch auf Watte ... Der Neger fragt sogleich:

„Mehmet, ist diese Weltschöne schöner oder dieser Frosch?“

Als der Jüngling sagt: „Ach, was soll diese Weltschöne, bei Gott, die Augen dieses Frosches haben mich verliebt gemacht“, erwidert der Neger: „Gut gesprochen, Mehmet“, holt aus seinem Mantelbausch drei Granatäpfel und sagt:

„Nimm sie, aber hüte dich, sie jemandem zu zeigen, und bring sie geradewegs nach Hause! Los, mein Löwe, guten Weg!“

Da beginnt das Wasser — gluck-gluck — zu fließen. Mehmet, dessen Arbeit nun beendet war, ruft nach oben:

„Los, zieht mich hinauf!“

Alle wundern sich. Sie ziehen Mehmet nach oben, aber sie können überhaupt nicht begreifen, wie er unversehrt geblieben ist, denn seit Jahren konnte niemand wieder zurückkehren, der dort hinabgestiegen war. Sie umringen Mehmet und fragen ihn:

„Was hast du gesehen? Was war in dem Brunnen?“

Mehmet sagt:

„Gar nichts war da! Ich habe dem Wasser den Weg freigelegt und bin da herausgekommen.“

Jedenfalls freuen sich die Leute in der Karawane darüber und setzen ihren Weg fort.

Eines Tages erreichten sie das Land, in das sie hatten ziehen wollen. Die Kaufleute treiben Handel. Mehmet kauft auch Geschenke für seine Mutter und seinen Gast. Als die Geschäfte erledigt waren, machen sie sich wieder auf den Weg und treffen einen Monat später in ihrem Lande ein. Mehmet geht auch in sein Haus und teilt die Geschenke an seine Mutter und seinen Gast aus. Er nimmt auch die Granatäpfel aus seinem Mantelbausch und gibt sie hin. Sie legen sie auf das Wandbrett. Nach dem Essen bekommen sie brennenden Durst.

Die Frau sagt:

„Meine Tochter, bring einen von den Granatäpfeln dort, wir wollen ihn essen!“

Das Mädchen nimmt den Granatapfel vom Wandbrett, und was sieht sie da, als sie ihn mit dem Messer aufschneidet? Das Innere des Granatapfels funkelt — glitzer-glitzer —, jeder Kern ein Juwel. Mehmet und seine Mutter wundern sich, was das ist. Aber die Tochter des Padischahs sagt, weil sie weiß, daß das wertvolle Juwelen sind:

„Ach, hütet euch, jemandem davon zu erzählen!"

Einen Kern davon gibt sie Mehmet und sagt:

„Bring den morgen zu einem Juwelier und verkaufe ihn!"

Als es Morgen wird, nimmt Mehmet den Granatapfelkern und bringt ihn in ein Juweliergeschäft. Der Juwelier will ihn Mehmet für einen niedrigen Preis abhandeln, aber zufällig kam da gerade ein anderer Juwelier in das Geschäft und sagt: „Ich werde ihn kaufen!"

„Ich werde ihn kaufen", sagt der erste.

Da strömen alle Juweliere des Basars zusammen und können nicht den ungefähren Preis abschätzen, jeder bot mehr als der andere ... Schließlich bietet einer von ihnen sehr viel Geld, bekommt ihn und sagt zu Mehmet:

„Wenn du noch welche hast, bring sie her, ich kaufe sie."

Mehmet nimmt das Geld und läuft nach Hause.

Indem sie so die Kerne des Granatapfels verkaufen, werden sie die reichsten Leute des Landes. Mehmet ist nun nicht mehr der Diener Mehmet, sondern der angesehene Kaufmann Mehmet Bey ... Er läßt große Häuser bauen, hält sich Köche, Diener, und sie beginnen in Pomp und Prunk zu leben. Die Tochter des Padischahs heiratet Mehmet ...

Schließlich wird Mehmet Bey durch seine Schönheit und Vornehmheit zum Liebling dieses Landes; seine Paläste stehen von früh bis spät offen, und die Gäste, die essen und trinken, sind ohne Zahl ...

Wollen wir zu dem Padischah kommen ... Er hatte das Mädchen dem Henker übergeben, und danach vergeht eine Zeit, und er bereut, daß er sein Kind hat töten lassen, aber er kann nichts ändern. Er kann keine Ruhe finden, nachts und tagsüber brachte er ganze Stunden mit Seufzen und Stöhnen zu. Niemand vermag ihn von seinem Schmerz zu heilen. Schließlich sagen sie zu ihm:

„Mein Padischah, begib dich in Verkleidung auf die Reise, dann wirst du deinen Schmerz wenigstens etwas vergessen!“

Der Padischah überläßt die Krone und den Thron seinem ältesten Sohn und macht sich auf den Weg. Er reist von einem Land zum anderen und kommt als Derwisch verkleidet schließlich in das Land, in dem seine Tochter lebt. Er geht in ein Kaffeehaus. Weil es Sitte dieses Landes war, daß jeder Fremde, ob arm oder reich, bei Mehmet Bey als Gast blieb, stellen sie diesen Derwisch auch Mehmet Bey vor. Er bringt den Derwisch in sein Haus, geht zu seiner Frau und sagt:

„Heute abend wird dieser Derwisch bei uns als Gast bleiben.“

Als das Mädchen durch den Türspalt sieht, erkennt sie ihren Vater. Sofort ruft sie den Oberkoch und gibt ihm folgenden Befehl:

„In keiner von den Speisen, die du heute kochst, soll Salz enthalten sein! Von der Suppe bis zur Pastete sollst du alles ohne Salz kochen!“

Der Oberkoch sagt: „Zu Befehl!“, geht in die Küche und führt den Befehl der Herrin aus.

Es wird Abend, und man setzt sich zum Essen. Alle Gäste beginnen zu essen, aber der Hausherr hat die anderen vorbereitet, und sie lassen nichts verlauten ... (Die Frau hatte Mehmet Bey alles erzählt, was sie erlebt hatte ...) Der Derwisch beginnt auch zu essen, er nimmt einen Schluck von der Suppe, sieht, daß das Salz fehlt, denkt: Ach, sie haben wohl zu salzen vergessen — und legt seinen Löffel hin; aber zu sagen „Das Salz fehlt“ und um Salz zu bitten, würde er sich auch schämen ... Man setzt ihm eine andere Speise vor, er nimmt auch zwei Löffel davon und schiebt das Essen beiseite ...

All dies beobachtet das Mädchen durch den Türschlitz ... Sie sieht, daß der Derwisch von keiner Speise etwas ißt und daß Mehmet Bey fragt:

„Vater Derwisch, warum ißt du nichts? Schmecken dir unsere Speisen nicht?“

Da sagt der Padischah, obwohl er sich schämt: „Allah bewahre, alles sind sehr gute Speisen, aber es ist wohl vergessen worden, sie zu salzen", seufzt, und seine Augen füllen sich mit Tränen.

Mehmet weiß ja Bescheid und fragt den Padischah:

„Vater Derwisch, ist Salz eine so große Gottesgabe? Was macht das aus, man kann das Essen auch ohne Salz essen ..."

Der Padischah seufzt noch einmal, wehklagt und beginnt zu weinen.

„Ach, was für eine größere Gottesgabe kann es geben als Salz?"

Als er das sagt, kommt das Mädchen sofort herein und sagt:

„Mein lieber Vater, da ja das Salz eine so große Gottesgabe ist, warum habt Ihr mich dann dem Henker übergeben, als ich sagte: ‚Ich liebe Euch wie Salz?'"

Als der Padischah seine Tochter sieht, gerät er außer sich vor Freude und ruft: „Ach, meine Tochter, bist du am Leben? Verzeihe mir!" und fällt dem Mädchen um den Hals.

Vater und Tochter liegen einander in den Armen. Voll Freude salzen sie nun die Speisen und essen sie. Sie machen noch einmal vierzig Tage und vierzig Nächte Hochzeit. Dann begeben sich alle zusammen in das Land des Padischahs. Dort wird wieder vierzig Tage und vierzig Nächte Hochzeit gefeiert.

Nach diesem Tage verbringen sie nun ihr Leben in Prunk und Pracht, manchmal im Lande des Padischahs und manchmal im Lande von Mehmet Bey.

Sie haben das Ziel ihrer Wünsche erreicht, und wir steigen auf den Murat-Hügel[1] ...

[1] Wunsch-Hügel.

37

Der Bauer und Sultan Mahmut

Es war einmal, und es war auch nicht ... In früheren Zeiten, als das Sieb noch im Stroh lag ... da war einmal ein Padischah, der hieß Sultan Mahmut.

Dieser Sultan Mahmut streckte sich, als er an einem Sommertag spazierenging, auf freiem Feld unter einem Birnbaum aus. Er aß eine Birne, die auf die Erde gefallen war. Dann ließ er den Besitzer des Birnbaumes rufen und sagte zu ihm:

„Ich habe eine von deinen Birnen gegessen, nimm es mir nicht übel ... Wenn du irgendwann wegen einer Sache nach Istanbul kommst, such mich auf! Wenn du nach Sultan Mahmut fragst, kann es dir jeder zeigen."

Die Zeit kommt und vergeht, und unser Bauer hat mit einem anderen Bauern Streit wegen eines Feldes. Bei Gericht, in dem Ort, wo er wohnte, hatte er den Prozeß verloren. Weil er sich im Recht wußte, traf ihn dieses Urteil schwer. Er bemühte sich eifrig, die Angelegenheit zu regeln, aber er konnte nicht zu seinem Recht kommen ... Da sagte seine Frau:

„Ich werde einen Korb Birnen fertigmachen, und du geh und suche Sultan Mahmut auf! Er kann sich unserer Sache annehmen ..."

Der Bauer befolgte die Worte seiner Frau, ging nach Istanbul und fragte überall nach Sultan Mahmut und fand das Schloß des Padischahs. Sultan Mahmut gewährte ihm Audienz; nach den Begrüßungsworten, nach einer angenehmen Unterhaltung und nach Essen und Trinken gab der Sultan einen Befehl, und man führte den Bauern in ein schönes Gästezimmer und brachte ihn zu Bett.

In der Nacht mußte der Mann einmal hinausgehen. Um den Weg zu finden, öffnete und schloß er mehrere Türen, entfernte sich weit von dem Ort, an dem er gelegen hatte, und verirrte sich ... Schließlich kamen ihm die Wächter entgegen ... Sie fragten, was er suche und wer er sei ... Der Mann konnte nicht sagen, was ihn bedrückte ... „Das

muß ein Spion sein", sagten sie und steckten ihn, so wie sie ihn ergriffen hatten, in eine Zelle ...

Inzwischen waren genau drei Jahre vergangen ... Eines Tages erinnerte sich der Padischah des Bauern, der ihm Birnen gebracht hatte, ließ ihn suchen und nach ihm forschen. Als er erfuhr, daß er im Gefängnis war, tat es ihm sehr leid, und er rief: „Wünsche dir etwas von mir!"

„Mein Sultan", sagte der Bauer, „ich wünsche mir ein Beil, einen Strick und einen Koran."

Als der Padischah, der wissen wollte, weshalb sich der Bauer die drei Dinge wünsche, danach fragte, sagte der Bauer:

„Mit dem Beil werde ich den Birnbaum fällen, unter dem du gelegen hast. Mit dem Strick werde ich meine Frau aufhängen, weil sie mich mit einem Korb Birnen zu dir geschickt hat ... Auf den Koran werde ich meine Hand legen und schwören, daß ich einen Mann namens Mahmut nicht mehr grüßen werde."

Der Padischah, dem diese Worte sehr gefielen, gab ihm eine Tragetasche voll Gold und wünschte ihm Glück auf den Weg.

38

Üselek

Es war einmal, und es war auch nicht. In einem Dorf hatte eine arme Frau einen Sohn namens Üselek. Üselek ging in die Schule. Der Lehrer verlangte jeden Donnerstag von den Schulkindern eine Freitagsgabe. Weil Üselek und seine Mutter nichts besaßen, konnte er nichts mitbringen.

Eines Tages sagte seine Mutter: „Mein Sohn, bring du auch etwas hin, genau wie die anderen", und schlachtete ihr einziges Huhn. Sie kochte auch Pilav dazu und gab ihn ihrem Sohn in die Hand.

Üselek, der sich in seinem Leben nicht einmal an trockenem Brot hatte sattessen können, litt Höllenqualen. Er setzte sich am Wegesrand hin und aß den Pilav und das Huhn. Weinend kam er zur Schule. Der Lehrer fragte Üselek:

„Was ist mit dir, mein Sohn?"

„Lieber Lehrer, ich hatte dir Pilav und gekochtes Huhn gebracht. Als ich kam, flog ein Hahn vom Aschenhaufen, und mein Huhn lief hinter ihm her. Als sie weggelaufen waren, habe ich put-put gerufen und dem Huhn Pilav gestreut und konnte es doch nicht halten."

Der Lehrer, der die Pfiffigkeit dieses Kindes erkannte, dachte: Daß er bloß nicht noch den Honig und die Sahne aufißt, die jene Kinder der Reichen gebracht haben! und sagte:

„Mein Sohn, mach dir nichts daraus, daß es weggelaufen und weggeflogen ist. Das ist nicht so schlimm! Hüte dich nur, die Sachen an dem Fenster dort zu essen, denn sie sind giftig, du wirst davon sterben!"

Als der Lehrer zum Unterricht in das andere Zimmer gegangen war, nahm Üselek das Rasiermesser des Lehrers, das unter des Lehrers Bett lag. Er ging, tauschte es auf dem Markt bei einem Bäcker gegen ein feines Weißbrot ein und kam zurück. Er tat sich an allem gütlich, was der Lehrer zu essen hatte. Als sein Magen voll war, ging er weinend zu dem Lehrer. Der Lehrer sagte:

„Was ist denn nun mit dir los?"

„Lieber Lehrer, ich habe dein Rasiermesser mit auf den Abtritt genommen und wollte mir die Fingernägel schneiden und habe es in die Grube fallen lassen. Weil ich dachte: Wie soll ich jetzt dem Lehrer in die Augen sehen?, habe ich alle Sachen gegessen, die du als Gift bezeichnet hast, bin aber nicht gestorben, hihi ..."

Der Lehrer zog die Stirn kraus, sagte aber nichts. Er war nur sehr verblüfft und schüttelte den Kopf ...

Darüber geriet Üselek in Angst und entschloß sich, aus dem Dorf auszureißen. Er machte sich auf den Weg. Da kamen staubbedeckte Reisende mit Maultieren.

Üselek sagte zu ihnen: „Liebe Leute, ich werde mit euch gehen", und schloß sich ihnen an.

So gelangten sie an ein Dorf. Auf der Weide gegenüber dem Dorf luden sie ihre Lasten ab, dann sagten sie zu Üselek:

„Los, Kind, los, gehe in jenes Dorf, bitte um etwas Brot und bring es her!"

Üselek ging ins Dorf. Aus einem Haus duftete es nach Fett, und er begab sich zu dem Haus. Vorsichtig steigt er auf das Dach des Hauses. In jenem Haus hatte man Pasteten gebacken und aufs Dach gelegt, damit sie abkühlen. Üselek füllte seinen Rucksack mit den Pasteten. An einer Ecke des Daches lag ein Hund. Da öffnete sich die Tür des Hauses, und als jemand herauskam, warf Üselek dem Hund ein Stück Pastete hin, und kaum hatte es der Hund ins Maul genommen, rief er:

„Weg, weg ... er möge erblinden ... bis ich auf das Dach gekommen bin und die Pasteten retten konnte, hat er ein Tablett voll aufgefressen!"

Mann und Frau, denen es leid um die Pasteten war, jagten den Hund fort. Üselek entkam und ging zu seinen Gefährten.

Sie aßen die Pasteten mit großem Appetit und machten sich wieder auf den Weg ...

Sie kamen an ein anderes Dorf. Da schickten sie Üselek wieder, um Brot zu beschaffen. Üselek ging auch diesmal zu einem Haus, aus dem es nach Fett roch. Er trat in den Vorhof ein und stieg die Treppe hoch. Er wandte den Kopf vorsichtig nach der Tür des Zimmers um und lauschte; da sagte ein Mann zu seiner Frau:

„Was ist das, Frau, wohin geht diese Pastete nun wieder?"

„Eben war ein Bettler hier und hat darum gebeten. Er hat gesagt: Macht mir um Eures einzigen Kindes willen etwas Pastete! Und da habe ich sie ihm gemacht", sagte die Frau.

Da rief Üselek von draußen:

„Na, Mutter, ist sie noch nicht fertig?"

Diese Frau aber hatte die Pastete für einen Liebhaber gemacht, der war in dem anderen Zimmer versteckt. Als der Ehemann hinausgegangen war, wurde die Frau böse auf Üselek und machte ein Zeichen: Los, verschwinde! Üselek aber verstand das als: Geh in jenes Zimmer und warte einen Augenblick! Als die Frau in das Zimmer kam, in dem ihr Mann war, ging Üselek in das andere Zimmer. Der Liebhaber der Frau, der in jenem Zimmer verborgen war, hatte zuerst Angst vor Üselek, merkte dann aber, daß das ein Fremder war. Schweigend warteten beide. Die Frau dachte, daß Üselek fortgegangen sei, und brachte ein Tablett mit Pasteten in das Zimmer, in dem sie warteten, und sagte zu ihrem Liebhaber: „Iß und geh!" und ging zu ihrem Mann.

Von dem anderen Tablett aber begannen dort Mann und Frau zu essen. Üselek machte sich sofort an die Pasteten, nahm ein riesiges Stück in den Mund, und damit seine Hände nicht müßig seien, während er aß, füllte er seinen Rucksack mit Pasteten voll. Der andere Mann flüsterte:

„He, was machst du Bursche denn da? Diese Pasteten sind für mich, und du packst sie alle ein!"

Üselek sagte laut:

„Was soll ich machen? ... Iß du, ich esse auch!"

Als der Mann sagte: „Still, sprich leise, man soll uns nicht hören! ... Allah soll dich strafen!", sagte Üselek wieder laut:

„Allah hat viele Strafen, etwas soll er auch dir geben!"

Der andere wurde böse auf Üselek und gab ihm eine Ohrfeige. Üselek aber hob das leere Pastetentablett hoch und ließ es auf den Kopf des Mannes niedersausen. Der Kerl nahm die Beine in die Hand und floh. Sowie Üselek den Rucksack vollgefüllt hatte, rannte er zu seinen Gefährten und kam erst dort wieder zu Atem. Sie aßen die Pasteten. Üselek trennte sich von ihnen ...

Üselek ging in ein anderes Dorf. Am Rande des Dorfes traf er zwei Kinder, die gekommen waren, um Almosen zu erbetteln.

„Kinder", sagte er, „ihr seid arm und ich auch. Wenn ihr tut, was ich sage, werden wir schnell reich werden. Ich werde euer Vater sein, und ihr sollt mich Vater nennen ... Wenn ich mich mit jemandem prügeln sollte, sterbe ich zum Schein und zeige durch nichts, daß ich am Leben bin. Ihr aber sagt: ‚Du hast unseren Vater getötet. Wir werden dich einsperren lassen!' und weint. Wenn sie sagen: ‚Wir wollen euch Geld geben, sagt es nur den Gendarmen nicht!', fordert dreihundert Lira. Wenn ich begraben werde, werde ich es schon so einrichten, daß ich nicht ersticke. Aber wenn die Frageengel[1] kommen, werde ich euch zurufen: ‚Ihr Toten im Himmel und auf der Erde, kommt herbei!' Ihr aber seid hinter den Grabsteinen verborgen und kommt herbei und ruft: ‚Wir kommen!' und rettet mich vor den Keulenhieben des Frageengels."

Die drei Betteljungen kamen in das Dorf und sammelten etwas. Als sie an das Haus eines reichen Mannes gekommen waren, brachte Üselek den Mann in Zorn, und der Mann gab Üselek eine Ohrfeige. Üselek aber stellte sich scheintot. Die Kinder begannen zu weinen.

Das eine Kind lief los und rief:

„Ich werde es den Gendarmen sagen!"

Der Mann flehte die beiden Kinder an. Er gab ihnen dreihundert Lira und beschwichtigte sie ...

[1] Nach mohammedanischem Glauben halten die sogenannten Frageengel bald nach der Beerdigung ein erstes Verhör über die Sünden des Toten ab.

Sie wuschen den Leichnam recht und schlecht und wickelten ihn in ein Leichentuch und wollten ihn wegtragen. Als sie den Sarg auf die Schultern heben wollten, sahen sie, daß ein fremder Hodscha (es war derselbe Hodscha, der in Üseleks Dorf Lehrer gewesen war) mit einem Taschentuch in der Hand dort vorüberging. Das Taschentuch des Hodscha war mit Aprikosen gefüllt. Die Dorfbewohner sagten:

„Hodscha, hier ist die Leiche eines armen Fremden, verrichte das Totengebet! Unser Hodscha ist krank."

Der Hodscha sagte:

„Gut."

Sie bahrten die Leiche auf dem Gebetsstein[1] auf. Der Hodscha legte das Taschentuch, in das die Aprikosen gewickelt waren, neben den Sarg. Als sie dastanden, um das Gebet zu verrichten, lüftete Üselek einen Zipfel des Leichentuches und den Sargdeckel, aß die Aprikosen und tat die Kerne in das Tuch. Als die Dorfbewohner Üselek zu Grabe trugen, nahm der Hodscha das Tuch und ging zurück. Aber als er in das Tuch hineinschaute, sah er eine Menge Aprikosenkerne.

Da sagte er zu sich: „Mensch, du warst ja gar kein richtiger Toter, du bist ja genauso ein Nichtsnutz wie mein Üselek!" und lief wutentbrannt davon.

39

Der Polizeiinspektor

Seinerzeit hatte in Istanbul ein Mann eine Tochter. Das Mädchen wurde vierzehn, fünfzehn Jahre alt, da starben ihre Eltern. Sie hatten in einer Villa am Ufer gelebt. In dieser großen Strandvilla blieb das Mädchen ganz allein.

Eines Tages putzte sie sich heraus und ging auf den Markt. Sie wanderte umher und kam schließlich an den Laden eines jungen Kaufmanns. Sie kaufte einen Ballen Stoff.

[1] Flacher, hoher Stein, auf dem der Sarg bei der Verrichtung des Totengebets niedergesetzt wird.

Als sie bezahlen will und nach ihrer Tasche greift, läßt sich die Tasche nicht öffnen.

„Entschuldigt, ich habe die Schlüssel zu Hause gelassen. Wenn Ihr wollt, soll meine Tasche hierbleiben."

Der Kaufmann sagt:

„Bitte schön, meine Dame! Es ist kein großer Wert! Sagt Ihr mir Euren Namen?"

Das Mädchen sagt: „Ich heiße Addemekare", läßt ihre Tasche dort, nimmt den Stoff und geht.

Der Händler wartet einen Tag, daß das Mädchen kommen soll, und er wartet zwei Tage, daß das Mädchen kommen soll. Schließlich ist seine Geduld zu Ende. Er bricht das Schloß der Tasche auf, da sieht er, daß die Tasche mit Steinen gefüllt ist.

Er sagt:

„Ei, Mädchen, du hast bei mir etwas gutzumachen!"

Das Mädchen war aber sehr schön, und er sieht sie immer vor sich. Ob er sich hinlegt oder aufsteht, immer denkt er an sie und verzehrt sich danach, das Mädchen wiederzufinden.

Begeben wir uns zu dem Mädchen. Es vergeht ein Tag, es vergehen fünf Tage, und wieder trauerte sie über ihre Einsamkeit.

Eines Morgens geht sie auf die Straße hinaus. Als sie so spazierengeht, trifft sie einen Hodscha.

Der Hodscha fragt sie:

„Was suchst du hier in dieser Gegend?"

Das Mädchen antwortet:

„Ich suche einen passenden Ehemann."

Der Hodscha sagt:

„Wenn das so ist, komm zu mir!"

Das Mädchen: „Du bist verheiratet."

Der Hodscha: „Ich lasse mich von meiner Frau scheiden."

Das Mädchen: „Dann ist es gut. Wo wohnst du?"

Der Hodscha: „In Fatih, die und die Nummer."

Das Mädchen: „Zieh dich jetzt splitterfasernackt aus, dann laufe, ohne dich umzusehen, zu den Bäumen dort drüben und rufe dreimal: ‚Ich schwöre es, daß ich mich von meiner Frau scheiden lasse!' Ich werde hier warten."

Der Hodscha tut, was das Mädchen gesagt hat, und läuft auf die Bäume zu. Sowie das Mädchen die Kleider des Hodscha genommen hat, geht sie in ihre Villa. Sie zieht sich Männerkleidung an, nimmt den Rosenkranz und die Uhr des Hodscha in die Hand und begibt sich direkt zum Haus des Hodscha.

„Der Hodscha schickt seine Uhr und seinen Rosenkranz. Er will zweihundert Lira haben", sagt sie.

Die Frau des Hodscha glaubt das auch und gibt dem Mädchen zweihundert Lira. Das Mädchen nimmt das Geld und kehrt in die Villa zurück.

Nach einiger Zeit klopft der Hodscha — poch-poch — an die Tür seines Hauses. Die Frau des Hodscha sieht vom Erker aus, daß ihr Mann splitterfasernackt ist. Sie öffnet die Tür nicht, sondern ruft:

„Geh, zieh dich dort an, wo du dich ausgezogen hast! Du hast schon einmal zweihundert Lira haben wollen. Wer weiß, welche Dirnen du damit hast bewirten lassen. Sieh nur, wie du zurechtkommst!"

Was der Hodscha auch sagt, und so sehr er fleht, es ist vergebens. Die Frau öffnet die Tür nicht.

Wohin paßt er aber nackt? Ins Bad! So geht der Hodscha schnurstracks ins Bad. Er schickt einem Bekannten Nachricht und läßt sich Kleidung bringen. Aber das Mädchen steht immer vor seinen Augen.

„Sie hat mich um meine Frau, meine beiden Kinder und meine zweihundert Lira gebracht. Wenn ich ihr Gesicht doch nur noch ein einziges Mal sehen könnte", sagte er.

In der Villa langweilt sich das Mädchen wieder. Sie putzt sich und macht sich auf, um sich am Meeresufer zu ergehen. Was sieht sie da? Alles ist in Bewegung, es ist ein Kommen und Gehen, ein Riesenauflauf. Das Mädchen fragt jemanden:

„Was gibt es, was ist los?"

„Der Sohn des Padischahs war in Ägypten zum Studium, er kehrt zurück", sagten sie.

Sofort springt das Mädchen in einen Kahn und kommt erst wieder auf dem Boot zu Atem, das den Prinzen ans Ufer bringt. Sie geht zu dem Prinzen.

Der Prinz sagt bei sich: Was für ein schönes Mädchen haben mir meine lieben Eltern zum Empfang ausgesucht! und läßt das Mädchen neben sich sitzen.

Kurz darauf kommt seine Mutter, um ihren Sohn zu empfangen. Als sie das Mädchen an seiner Seite sieht, freut sie sich und sagt:

„Was für ein schönes Mädchen hat mein Sohn aus Ägypten mitgebracht!"

Sie kommen zum Palast. Man bringt dem Prinzen und dem Mädchen Essen. Der Jüngling schenkt dem Mädchen eine Juwelenschatulle und fragt sie nach ihrem Namen. Das Mädchen sagt:

„Ich schäme mich, ihn zu nennen. Ein sehr häßlicher Name."

„Du selbst bist doch schön, da kann dein Name ruhig häßlich sein."

Das Mädchen ziert und schämt sich und sagt:

„Ich heiße Ente[1], mein Herr."

„Das ist gar nicht schlecht. Ist der Name Ente häßlich?"

So setzen sie sich zum Essen. Heimlich tut das Mädchen dem Prinzen ein Schlafmittel ins Glas. Als der Prinz schläft, legt sie ihn in sein Bett, sie selbst aber geht, nachdem sie die Schatulle genommen hat, so schnell sie kann aus dem Palast.

Am Morgen erwacht der Prinz und sieht, daß niemand bei ihm ist. Er ruft:

„Ente!"

Die Diener sagen:

„Er ist wohl von der Reise erschöpft und kann nicht nach draußen gehen und will die Ente haben."

Sie bringen die Ente.

Der Prinz ruft:

„Was ist das? Das will ich nicht!"

Sie gehen und fangen im Garten eine Ente und bringen sie.

[1] Auch im Türkischen bezeichnet das Wort (ördek) außerdem ein Uringefäß für Kranke.

Als der Prinz sagt: „Diese nicht“, entgegnet seine Mutter: „Mein Sohn, eine andere Ente kennen wir nicht.“

Der Prinz erklärt:

„Ich suche das Mädchen Ente, das Ihr mir gestern zum Empfang geschickt habt.“

Die Sultanin:

„Hast du sie nicht aus Ägypten mitgebracht?“

Der Prinz:

„Habt Ihr sie nicht geschickt, um mich abzuholen?“

Die Sultanin sagt: „Na, so etwas!“

Sie wundern sich darüber:

„War es ein Dschinn, ein Geist, oder war es eine Peri?“

Schließlich kommen alle Leute, um dem Padischah zu gratulieren, weil sein Sohn in Ägypten das Studium beendet hat. Das Mädchen zieht Männerkleidung an, nimmt einen Stock in die Hand und geht zum Palast. Sie setzt sich dort auch irgendwohin. Unter anderem sagt der Padischah zu seinen Gästen:

„Gestern abend ist im Palast etwas Seltsames vorgefallen. Ein sehr schönes Mädchen ist mit dem Prinzen in den Palast gekommen und in sein Zimmer gegangen. Wir hielten sie für eine Sklavin, die er aus Ägypten mitgebracht hat, er aber hielt sie für ein Mädchen, das wir ihm geschickt haben, um ihn abzuholen. Sie hat gesagt, daß sie Ente heißt. Sie hat die Juwelenschatulle genommen, die ihr der Prinz geschenkt hat, und ist verschwunden. Wir können nicht hinter das Geheimnis kommen.“

Sofort erhebt sich der Stoffhändler und sagt:

„Mein Padischah, das muß das Mädchen sein, das auch mich angeführt hat. Sie hat einen Kaschmirstoff genommen, gesagt, sie heiße Addemekare, ist gegangen und hat sich nicht mehr sehen lassen.“

Nach ihm fiel der Hodscha ein:

„Ach, mein Padischah, durch sie bin ich meine Frau, mit der ich schon ewig zusammenlebe, und meine beiden Kinder losgeworden. Bestimmt ist es dasselbe Mädchen, das dies getan hat.“

Dann erzählt er nacheinander, was er erlebt hat.

Der Polizeiinspektor saß neben dem Padischah. Er hört

sich das alles an und sagt, indem er sich an alle drei zugleich wendet:

„Ihr solltet euch was schämen, ihr wollt drei Männer sein und konntet nicht mit einem Mädchen fertigwerden! Wenn ich ihr nicht einen Streich spiele, will ich nicht mehr Polizeiinspektor sein, ich will mir Bart und Schnurrbart abrasieren lassen und umhergehen, als sei ich eine Frau."

Da sagt das Mädchen bei sich: Wir wollen sehen, wer wem einen Streich spielt. — Sie kommt nach Hause und geht einen Monat lang gar nicht aus. Danach zieht sie Kleider eines Helwaverkäufers an und nimmt ein Tablett Helwa[1] auf den Kopf und ruft: „Um der Seelen meiner Großmutter und meines Großvaters willen ...", zieht durch alle Straßen und bietet das Helwa unentgeltlich an. Sie kommt zum Haus des Polizeiinspektors. Gerade zu der Zeit hatte sich seine Exzellenz der Polizeiinspektor angekleidet und gegürtet und war aus der Tür getreten. Das Mädchen geht zu ihm und sagt:

„Um der Seelen meiner Großmutter und meines Großvaters willen, nehmt einen Bissen Helwa, Exzellenz Pascha!"

Als der Pascha schreit: „Verschwinde!", lächelt das Mädchen einschmeichelnd, und kaum hat sie gesagt: „Um Addemekares willen, Exzellenz Pascha", stutzt der Pascha und fragt:

„Kennst du Addemekare?"

Das Mädchen:

„Ja, ich kenne sie ... Heute ist sie in das Sultan-Ahmet-Bad gegangen."

Der Pascha:

„Kannst du sie mir zeigen?"

Das Mädchen:

„Nun gut, ich zeige sie dir, aber so geht das nicht! Du mußt Frauenkleidung anziehen und einen dichten Gesichtsschleier vor das Gesicht halten. Ich werde mich auch umkleiden, und wir gehen zusammen ins Bad."

Der Pascha ist damit einverstanden. Sie ziehen Frauenkleider an und gehen ins Bad. Die Badeverwalterinnen,

[1] Mehlspeiseartige Süßigkeit.

Frau Hatsche und Frau Selha, gehen sofort zu dem Pascha und machen sich daran, ihm den Schleier abzunehmen.

Da sagt das Mädchen:

„Ach, wartet doch etwas, die Dame geniert sich sehr! Sie soll etwas zu sich kommen, dann könnt ihr sie ausziehen."

Sie läßt den Pascha sich auf einen Stuhl setzen und sagt:

„Ich will einmal gehen und sehen, wo Addemekare ist. Wenn ich das herausgefunden habe, komme ich zurück."

Sie geht leise aus dem Bad, begibt sich geradewegs zur Wache und erzählt laut, was geschehen ist:

„Die Gemeinheiten des Polizeiinspektors kennen keine Grenzen, er ist in Frauenkleidern in das Sultan-Ahmet-Bad gegangen."

Augenblicklich besetzen Gendarmen und Bürger das Bad. Sie ergreifen den Polizeiinspektor und verprügeln ihn tüchtig, dann stecken sie ihn sofort in das Gefängnis.

Der Pascha geriet bereits vor Scham in Schweiß. Er hatte nicht einmal die Kraft zu erzählen, wie sich die Sache verhielt.

Am nächsten Tage kommt das Mädchen an dem Gefängnis vorbei. Sie gibt einigen Kindern Geld und sagt:

„Was ich tue, das tut ihr genauso!"

Sie fängt an zu weinen und zu klagen:

„Unser Vater, ach, unser Vater!"

Genau wie sie weinen die Kinder auch und raufen sich die Haare und wehklagen und rufen:

„Unser Vater!"

Das Mädchen sagt:

„Unser Vater ist krank, er kann ja nirgendwohin fliehen. Seid gnädig und gestattet, daß er zu Hause liegen darf."

Die Bitte wird erfüllt. Sowie das Mädchen den Polizeiinspektor in einen Wagen hat steigen lassen, bringt sie ihn zu seiner Villa.

Sie legen den Kranken hin, und ihm zu Häupten ruft das Mädchen: „Mein lieber Herr Papa, mein lieber Herr Papa", und dreht sich im Kreise wie ein Nachtfalter.

Die Frau des Polizeiinspektors konnte nichts von alledem verstehen. Sie fragte das Mädchen:

„Wer bist du, Frau? Was hat das zu bedeuten?"

Das Mädchen sagt:

„Wer ich bin? Wer ich sein kann? Ich bin die Tochter des Inspektors! Mein Vater, der Pascha, hatte in Beyoglu meine Mutter geheiratet, hier aber hat er, vor uns verborgen, Euch geheiratet. Ich wollte meinen Vater in sein Haus in Beyoglu bringen, aber da ich dachte, es wird nicht gut sein, wenn ihn meine Mutter plötzlich sieht, habe ich ihn nicht hingebracht."

Jedesmal, wenn das Mädchen hinausgegangen war, ergriff die Frau des Paschas den Kranken am Kragen und folterte ihn mit ihren Fragen:

„Als ob es noch nicht gereicht hätte, daß du die ganze Nacht bis zum Morgen nicht gekommen bist, nein, du hast noch eine zweite Frau geheiratet und ein Mädchen gezeugt, das so groß ist wie du!"

Der Pascha hatte keine Kraft, ein einziges Wort zu sagen, und hob nur die Brauen.

Die Frau schimpfte:

„Du Schwein, du wirst sterben und lügst noch immer!"

Schließlich wurde der Kranke von Tag zu Tag gesünder. Eines Tages sagt das Mädchen zu der Frau des Paschas:

„Meine liebe Mutter, meinem Vater geht es nun immer besser. Meine Mutter in Beyoglu ist auch neugierig geworden. Ich will gehen und ihr Bescheid sagen."

Sie läuft hinaus und verschwindet.

So wird der Polizeiinspektor wieder ganz gesund und steht auf.

Das Mädchen geht nun zwei Monate überhaupt nicht hinaus. Am Ende der zwei Monate sucht sie eines Tages das Sultan-Ahmet-Bad auf. Als niemand mehr im Bad ist, sagt sie zu den Badeverwalterinnen Hatsche und Selha:

„Nehmt diese fünf Lira und bereitet ein gutes Essen zu. Wir wollen zusammen essen!"

Sie sagen: „Gut", bereiten das Essen zu, gehen zu Tisch und setzen sich. Das Mädchen setzt den Frauen ein Schlafmittel vor. Sowie die Frauen Hatsche und Selha einen Bissen vom Essen genommen haben, werden sie bewußtlos. Das Mädchen packt sie beide übereinander in einen Schrank. Dann ruft sie den Heizer und sagt:

„Heizer, nimm diese fünf Lira, sie sind dein! Für diese zwanzig Lira geh und kauf eine Brautausstattung mit allem, was dazu gehört!"

Der Heizer sagt: „Mit Vergnügen, meine Dame, mit Vergnügen", und geht.

Er bringt die Kleidung.

Das Mädchen sagt:

„Nimm auch diese fünf Lira! Bring diesen Zettel weg und gib ihn dem Polizeiinspektor!"

Sie schreibt auf den Zettel im Namen der Frau Hatsche und Selha:

„Exzellenz Pascha, für Euch haben wir ein sehr schönes Mädchen ins Bad bringen lassen. Wenn es ganz finster geworden ist, kommt!"

Der Pascha schreibt als Antwort:

„Gut, ich komme!"

Das Mädchen legt den Schleier an und setzt sich in Positur. Kurz darauf erscheint der Pascha. Das Mädchen sagt:

„Ich esse gern mit meinem Geliebten zusammen einen Bissen. Deshalb habe ich alles vorbereitet, weil Ihr kommen wolltet."

Sie gehen zu Tisch. Sowie Seine Exzellenz der Pascha einen Bissen gegessen hat, verliert er die Besinnung. Sofort schert das Mädchen dem Pascha den Bart, den Schnurrbart und die Augenbrauen, schminkt ihm das Gesicht, zieht ihm Brautkleider an und legt ihm den Schleier an. Dann bettet sie ihn auf eine Matte und legt ihm an die eine Seite Frau Hatsche, an die andere Frau Selha und bindet alle drei mit einem Seil ganz fest aneinander. Dem Heizer sagt sie:

„Nimm diese zehn Lira und häng die Matte so an eine Zypresse gegenüber dem Palast!"

Der Heizer geht und tut, was das Mädchen gesagt hat. Das Mädchen aber kehrt nach Hause zurück.

Als an jenem Morgen die Bewohner von Istanbul etwas an der Zypresse vor dem Palast hängen sehen, laufen sie zum Padischah und sagen:

„Mein Padischah, Eurem Palast gegenüber hängt etwas, aber wir konnten nicht in Erfahrung bringen, was es ist. Ist das ein Attentat oder der Streich eines Feindes?"

Der Padischah sieht, daß da vor dem Palast das ganze Volk versammelt ist. Er läßt bekanntmachen:

„Wer dies losknüpft und herunterholt, dem setze ich einen monatlichen Sold aus."

Ein alter Mann geht und holt die Matte mit dem, was darin ist, herab. Er bringt sie in die Ratsversammlung und läßt sie dort.

Als sie die Matte nun öffnen, sehen sie, daß es eine Braut mit zwei Frauen ist.

Jemand bückt sich und sieht hin:

„Ah ... die Badeverwalterin, Frau Selha!"

Ein anderer bückt sich und sieht hin:

„Ah ... die Badeverwalterin, Frau Hatsche!"

Da sehen sie sich die Braut aufmerksam an und erkennen den Polizeiinspektor. Die Doktoren kommen und bringen die beiden Badeverwalterinnen wieder zu Bewußtsein. Als man sie fragt: „Was hat das zu bedeuten?", sagen sie:

„Ins Bad war ein schönes Mädchen gekommen, das hat Essen machen lassen. Wir haben zusammen gegessen. Weiter wissen wir nichts."

Man bringt auch den Polizeiinspektor zu sich. Plötzlich öffnet er die Augen und sieht, daß er sich in der Ratsversammlung des Padischahs befindet und um ihn herum ein Gedränge ist ... Vor Verwirrung und Furcht fällt er von neuem in Ohnmacht. Als er nun endlich wieder ganz zu sich kommt, sieht er, daß ihm nichts anderes übrigbleibt, als zu erzählen, was er erlebt hat:

„Die Badeverwalterinnen haben mich mit den Worten ‚Mein Pascha, wir haben ein Mädchen gebracht' in das Bad rufen lassen. Ich habe mich hingesetzt und mit dem Mädchen gegessen. Was dann war, wißt Ihr besser als ich."

Daraufhin wendet sich der Padischah an die Leute um ihn und sagt:

„Ein Bravo dem Mädchen! Es ist mit vier Männern fertig geworden. Wer es auch sei, sie soll heraustreten! Ich werde sie nicht bestrafen."

Da tritt das Mädchen in der Gestalt eines Mannes vor. Hinter ihr ein Lastträger. Sie sagt:

„Mein Padischah, da sind die Stoffe des Stoffhändlers. Da

sind die Kleider des Hodscha und seine zweihundert Lira. Da ist die Schatulle des Prinzen, und da sind die Kleider des Paschas."

Als der Padischah fragt: „Mein Mädchen, schämst du dich nicht, den Pascha des Landes in Schande zu bringen?", sagt das Mädchen:

„Mein Padischah, dies ist ein Mensch, der eingesetzt ist, die Ehre des Landes zu hüten. Statt aber an seine Pflicht zu denken, hat er über ein so armes Mädchen wie mich gehöhnt: ‚Wenn ich ihr nicht einen Streich spiele, werde ich mir diesen Bart und diesen Schnurrbart scheren lassen und als Frau herumlaufen!' Ich aber habe ihm eine Lehre erteilt und getan, was er gesagt hat."

Da sagt der Polizeiinspektor:

„Ich habe die Streiche dieses Mädchens erduldet. Gebt sie mir zur Frau!"

Das Mädchen:

„Das geht nicht, eines Tages wirst du es mir vorhalten."

Der Hodscha:

„Mein Padischah, gebt sie mir!"

Das Mädchen:

„Nein, die Zeit kommt, da wirst du mir vorwerfen, daß ich dich von deiner Frau und deinen Kindern getrennt habe."

Der Prinz:

„Ich will sie nehmen."

Das Mädchen:

„Du bist der Sohn eines Padischahs. Morgen heiratest du zehn wie mich."

Dann sagt sie:

„Der Mann, den ich zuerst kennengelernt habe und der mir gefallen hat, ist der Händler. Ihn werde ich heiraten. Wir arbeiten, verdienen, essen zusammen."

Der Padischah hält diesen Entschluß für richtig. Er erteilt den Befehl, und so wird die Ehe zwischen dem Mädchen und dem Händler geschlossen und vierzig Tage und vierzig Nächte Hochzeit gefeiert.

Sie haben das Ziel ihrer Wünsche erreicht, wir wollen auch unser Ziel erreichen.

40

Saliha die Unheilstifterin

Es war einmal eine sehr kluge Frau namens Saliha, man nannte sie Saliha die Unheilstifterin.

Saliha gab im Haus eines Paschas dessen Frau Unterricht. Die Frau dieses Paschas aber liebte einen Wasserträger. Die Unheilstifterin Saliha merkte das, und als sie eines Tages zum Unterricht ging, waren im Garten vierzig Gänse, und die Gänse schnatterten „gack-gack-gack". Die Frau war etwas einfältig, und Saliha die Unheilstifterin fragte sie:

„Ach, wie erträgst du nur den Lärm dieser Gänse?"

Da antwortete ihr die Frau:

„Was soll ich machen, Frau Saliha?"

Saliha sagte:

„Gib sie mir, ich werde sie lehren!"

Die Frau des Paschas fragte:

„Ach, können sie denn lernen?"

Saliha aber sagte:

„Natürlich können sie lernen! Wenn du sie dann siehst, wirst du dich wundern."

Die Frau gestattete:

„Gut, nimm sie mit!"

Die Unheilstifterin Saliha schlachtete jeden Tag eine von den Gänsen und aß sie.

Es waren vierzig Tage vergangen, da fragte die Frau eines Tages:

„Was machen die Gänse?"

Saliha aber sagte:

„Sie lernen so gut, schick die Dienerinnen aus dem Zimmer, dann werde ich es erzählen!"

Die Frau läßt die Dienerinnen hinausgehen, und als niemand mehr im Zimmer war, sagte Saliha zu ihr:

„Die Gänse lernen gut, aber sie sagen immer ein und dasselbe. Was ich auch tue, ich konnte sie nicht davon abbringen. Sie sagen jeden Tag: Hakka-hukka ... unsere Herrin liebt den Wasserträger."

Die Frau sagt:

„Ach, was soll das heißen? O weh, Frau Saliha! Bring diese Gänse nicht her! Schlachte sie und iß sie!"

Saliha geht nach Hause und dachte wieder: Was soll ich machen? ... Ihr gegenüber war ein griechischer Friedhof ... Auf dem Friedhof hatten sie ein fünf, sechs Monate altes Kind, das Kleider trug, begraben.

In der Nacht steht Saliha auf, geht und holt das Kind aus dem Grab. Es wird Morgen. Sie nimmt das Kind in ihre Arme und geht in ein großes Geschäft. Sie sucht Stoffe aus, die ihr gefallen, und sagt: „Die Frau des und des Paschas will sie haben." Dann fährt sie fort:

„Ich werde sie mitnehmen und der Frau zeigen. Den, der ihr gefällt, soll sie nehmen ... Das Kind soll hier liegenbleiben, ich komme gleich."

Sie geht hinaus, kommt eine halbe Stunde später wieder und sagt:

„Dieser und dieser haben gefallen ... ach, das Kind ist wohl aufgewacht?"

Sie sagen:

„Nein."

Als die Frau das Gesicht des Kindes freimacht, ruft sie:

„O weh! Ihr habt das Kind getötet! Was soll ich jetzt dem Pascha sagen?"

Sie fängt an zu schreien, und der Besitzer des Geschäftes sagt:

„Ach, Frau, hör doch auf!"

Sie leeren seine Kasse und füllen sie in Salihas Rock.

„Sei bloß still! Wir kommen ins Gerede!"

Sie aber nimmt das Geld und geht hinaus. Von diesem Geld kleidet sie sich, schmückt sich und zieht in ferne Länder.

Eines Tages sieht sie in dem Land, in das sie gegangen und in dem sie umhergewandert ist, vor einem Herrenhaus einen Auflauf. Alle haben Tränen in den Augen ...

Saliha fragt:

„Was ist geschehen?"

Sie sagen:

„Die Herrin des Hauses ist gestorben."

Saliha klagt: „O weh! Das war meine Schwester", und wälzt sich hin und her und rauft sich die Haare.

Sie bringen die Frau nach oben.

Am Abend kommt der Herr des Hauses. Als er fragt: „Was ist geschehen?“, antworten sie:

„Es ist die Schwester der Herrin. Sie trauert um ihre Schwester.“

Der Herr des Hauses wundert sich und meint:

„Wir waren fünfzehn Jahre verheiratet, aber sie hat mir nie von einer Schwester erzählt. Wer soll denn das sein?“

Er geht und fragt die Frau, sie aber sagt: „Meine Schwester ist gestorben. Wie soll ich da nicht trauern?“ und wälzt sich hin und her und weint. Das dauert drei Tage und drei Nächte an. Alle Leute des Hauses sind auf den Beinen.

Nach drei Tagen steht Saliha des Nachts auf und geht nach unten. Sie findet einen Krug Honig, zieht sich aus und bestreicht ihren ganzen Körper mit Honig. Dann wälzt sie sich in den Hühnerfedern, die in der Ecke liegen, so daß ihr ganzer Körper mit Federn bedeckt ist. Sie hängt sich Schellen an die Hände, steigt hinauf und geht direkt in das Zimmer des Herrn.

Als sie durch die Tür eintritt, geht sie — kling-klang — zum Hausherrn und sagt zu dem schlaftrunkenen Mann:

„Ich bin Asrail[1]. Ich bin gekommen, um deine Seele zu holen!“

Der Herr aber fleht:

„O weh, nimm nicht meine Seele!“

Sie aber sagt:

„Wenn du die Schwester deiner Frau heiratest, hole ich deine Seele nicht.“

Es wird Morgen. Saliha liegt wieder in ihrem Bett und fängt an zu weinen.

In der nächsten Nacht hängt sie sich wieder die Schellen an, kommt zu dem Mann und sagt:

„Wenn du die Schwester deiner Frau heiratest, hole ich deine Seele nicht.“

Das dauert drei Tage. Als der Mann nun schließlich geht und Saliha einen Heiratsantrag macht, beginnt sie zu schreien:

[1] Todesengel.

„O weh, Herr! Wie kannst du mir einen Heiratsantrag machen? Kann ich mich vielleicht in das Bett meiner Schwester legen?"

Der Mann fleht und bettelt. Schließlich feiern sie Hochzeit.

Diese Saliha wacht eines Tages auf. Sie kleidet sich an und schmückt sich, tritt an den Spiegel und sagt:

„Pfui, du Unheilstifterin Saliha! Du hast die Frau des Paschas betrogen und gesagt: ‚Du liebst den Wasserträger', und dann die Gänse gegessen. Pfui, Saliha! Du hast ein totes Kind aus dem Grab geholt, bist zum Kaufmann gegangen und hast ihn betrogen, indem du gesagt hast: ‚Das habt ihr getötet.' Pfui, Saliha! ... Du hast das Geld genommen, dich angezogen und geschmückt, das Land verlassen und bist hierhergekommen. Du bist in ein Haus eingedrungen, das du gar nicht kanntest, und hast gesagt: ‚Das ist das Haus meiner Schwester.' Du hast dich in Federn gewälzt und mit Honig beschmiert und bist dem armen Mann erschienen, um ihn in Gestalt von Asrail zu betrügen ... Pfui, Saliha! ... Schließlich bist du die Herrin eines großen Hauses geworden. Pfui, du Schamlose, Schändliche! ..."

Plötzlich dreht sie sich um und sieht ihre Schwiegermutter in ihrem Rücken ... Die arme Frau wunderte sich, sie starrte sie mit offnem Munde an, und als Saliha sie sah, sagte sie: „Ach, liebe Mutter, strecke deine Zunge heraus, ich will sie küssen", — und beißt der Frau in die Zunge und reißt sie ihr aus.

Danach schlägt sie den Kopf dieser Frau einmal an die eine, dann an die andere Wand und versetzt sie in Ohnmacht ... Hierauf läuft sie in den Flur hinaus und beginnt zu schreien:

„O weh, kommt herbei! Mit meiner lieben Schwiegermutter ist etwas geschehen, sie hat einen Blutsturz gehabt!"

Die Nachricht erreicht den Sohn der armen Frau. Der Mann kommt und sieht seine Mutter ganz zerschunden und mit blauen Flecken. Er möchte gern wissen, was geschehen ist, und als er fragt: „Liebe Mutter, was ist dir geschehen, was ist dir geschehen?", stößt die arme Frau seltsame Laute aus und weist mit der Hand einmal auf die Wände und einmal auf ihre Schwiegertochter.

Sie holen sofort einen Arzt ... Der Arzt kann überhaupt nicht verstehen, was die Frau sagen will. Darauf spricht Saliha:

„Was ist dabei nicht zu verstehen? Indem sie sagt: ‚All meine Habe und mein Besitz soll meiner Schwiegertochter gehören', vermacht sie es mir!"

Danach gibt sie zwischendurch dem Arzt unauffällig ein Zeichen mit der Hand: Gib ihr ein Gift und töte sie! Ich werde dir Geld geben. — Der Arzt gibt ein Gift und tötet die Frau ...

So herrscht Trauer, und die Leiche wird weggetragen. Danach vergehen fünf, zehn Tage. Der Arzt kommt und sagt zu Saliha:

„Ich will das versprochene Geld."

Sie aber sagt zu dem Arzt:

„Was für Geld?"

„Ja, hast du mir nicht ein Zeichen gegeben: Gib ihr Gift und töte meine Schwiegermutter?"

Als er das sagt, fängt Saliha an zu schreien:

„O weh, dieser Mann hat meine Schwiegermutter getöter ... Nun sage nur, ich soll dir ein Zeichen gegeben haben, sie zu töten? Deine Hose war aufgeplatzt, das habe ich gesehen, und um dich nicht in Schande zu bringen, wollte ich dir das zu verstehen geben, daß ich dir Geld geben will und du sie flicken lassen oder dir eine neue Hose kaufen sollst ..."

Jedenfalls kam man sofort, packt den Arzt am Kragen und wirft ihn ins Gefängnis ... Die Unheilstifterin Saliha aber erwirbt so mühelos Hab und Gut und wird die Frau des Herrn. Nun richtet sie kein Unheil mehr an und bessert sich.

Nachwort und Anmerkungen

Nachwort

Über das Türkische Märchen

1. Historischer Überblick

Will man die Vergangenheit des türkischen Märchens untersuchen, muß man sich vor allem einige voneinander sowohl hinsichtlich des Themas als auch hinsichtlich der Form unterschiedene Erzählgattungen vor Augen halten: eigentliche Zaubermärchen, realistische Märchen, Anekdoten (*fikra*), Schwänke (*lâtife*), Tiermärchen, *Tekerleme* (Lügenmärchen; Kettenmärchen; stereotype, auch reimende, oft des Sinns entbehrende Einleitungsformeln zu den Märchen), Sagen (*efsane*), Legenden (*menkabe*) usw. Außerdem gibt es ein Genre der türkischen Volksliteratur, das unter dem Namen Volkserzählung (*halk hikâyesi*) bekannt ist und in enger Beziehung zum Märchen steht. Zwischen den alten Epen (*destan*) und dem modernen Roman hielt sich diese durch ihre behagliche Breite charakterisierte Erzählgattung einerseits als Übergangsstufe während der Jahrhunderte in der mündlichen Tradition, andererseits hat sie auch eine Art schriftlicher Volksliteratur hervorgerufen, die Volksbücher.

Im folgenden werden wir versuchen, einen kurzen Überblick über die Geschichte des türkischen Märchens zu vermitteln. Zu diesem Zweck geben wir zuerst eine Zusammenfassung über das Märchen und die ihm verwandten Arten der Volksdichtung in der türkischen Literatur von den vergangenen Zeiten bis zu unseren Tagen und befassen uns dann mit den namentlich bekannten Schriftstellern, die ihren Schöpfungen das Märchen zugrunde legten.

Die Türken (d. h. die Bewohner der heutigen Türkei) begannen vom 11. Jahrhundert an in ihr heutiges Heimatland einzuströmen, aber die frühesten in ihrer eigenen Sprache geschriebenen Literaturwerke entstanden in diesem Land erst im 13. Jahrhundert, obwohl es zweifellos eine reiche, aus der alten Heimat mitgebrachte mündliche Tradition gab. Vor der Osmanendynastie und zu Beginn ihrer Herrschaft entwickelte sich die türkische Kultur — also auch die Literatur — selbständig zuerst in Anatolien und später — ungefähr seit dem 15. Jahrhundert — auch in Rumelien.

Untersucht man eine Erscheinung, die mit der türkischen Zivilisation in Zusammenhang steht, so muß man sich verschiedene Elemente dieses kulturellen „Synkretismus“ vor Augen halten. Als erstes ist das nationale, von den Vätern überkommene Erbe zu nennen, das aus vorgeschichtlichen Zeiten stammt, als die Türken noch in ihrer ersten Heimat — in Zentralmittelasien — von äußeren Einflüssen verhältnismäßig unberührt lebten. Dazu kommt das, was von den verschiedenen Religionen, Sprachen und Kulturen anderer Völker aufgenommen wurde, als die Türken sich vor der Zeit des Islam und besonders nach der im 9. Jahrhundert begonnenen Islamisierung weiter nach Westen ausbreiteten. Seit dem 9. Jahrhundert treten sie in enge Kontakte mit den beiden großen Kulturkreisen der islamischen Welt (dem Iran und den arabischen Nachbarländern). Anfangs in geringer Zahl, seit der zweiten Hälfte des 11. Jahrhunderts aber in großen Wellen, beginnen sie, sich nach dem heutigen Iran, nach der heutigen Aserbaidshanischen SSR und nach Kleinasien (Anatolien), später sogar in die europäischen Balkangebiete (Rumelien) und bis zu den Ufern der Donau auszubreiten und dort anzusiedeln. Während sich die Türken mit den Völkern dieser Länder mischen, einigen von ihnen die türkische Sprache aufzwingen und manche türkische Tradition weitergeben, nehmen die Türken selbst einiges von diesen alteingesessenen Völkern an und bereichern damit ihre eigene Kultur.

Es ist natürlich, daß sich die Ergebnisse dieser kulturellen Vermischung während der letzten fünf Jahrhunderte (ungefähr zwischen dem 14. und dem 19. Jahrhundert) viel deutlicher in der mündlichen Volksdichtung als in der schriftlich überlieferten Literatur der oberen Klassen abzeichnen. Aus diesem großen Zeitraum erfahren wir nur wenig über die mündliche Überlieferung des Volkes, weil die Zahl der Gebildeten — und infolgedessen auch die der Schriftsteller — sehr gering war, die sich für Volksliteratur interessierten. Dennoch sind die wenigen schriftlichen Quellen, die uns hierüber unterrichten, längst nicht vollständig und methodisch ausgewertet worden. Die Erforschung der Geschichte der mündlich überlieferten türkischen Volkskultur steht noch in den Anfängen.

Die ersten Quellen zur Geschichte des türkischen Märchens in Anatolien finden wir in den Werken des großen Mystikers Mevlâna Celâleddin Rumî aus dem 13. Jahrhundert. Der Dichter, der in jungen Jahren nach Konya kam und dort bis zu seinem Tode lebte, erzählt, sooft sich die Gelegenheit dazu bietet, Anekdoten, Schwänke, Legenden und Tiermärchen, um seine Gedanken mit konkreten Beispielen zu verdeutlichen. Es kommt vor, daß er angibt, welchen schriftlichen Quellen die Geschichten entnommen sind.[1] Manchmal aber führt er

[1] Vgl. Badīʻuz-Zamān Frūzān-Far, *Ma'haz-i qıṣaṣ u tamsīlāt-i Masnavī* (Quellen der Geschichten und Beispiele im Masnavī), Teheran 1373 Hš.

die überlieferten Erzählungen nur mit der Bemerkung an, „irgendwo habe ich gelesen ...", oder er begnügt sich mit der Feststellung, „ich habe gehört, daß erzählt wird". Die „gehörten" Geschichten sind auf jeden Fall zu der in der mündlichen Überlieferung lebendigen Volksliteratur in Mevlânas Umgebung zu rechnen. Sowohl diese als auch die aus schriftlichen Werken überlieferten Erzählungen nehmen breiten Raum in Mevlânas Werken ein. Ihre Untersuchung wird für die vergleichende Volkserzählforschung wichtige Erkenntnisse zeitigen.

Eine Geschichte aus dem *Fīhi Māfīh* genannten Werk Mevlânas,[1] die er nacherzählt, nachdem er sie von seinem Freund, dem Tebrizer Mystiker Şems, gehört hat, begegnet auch in einem Märchen, das im Katalog der türkischen Märchen unter TTV 256 analysiert worden ist. Das Märchen Nr. 36 unseres Buches ist eine Version desselben (AaTh 986, 910A—C). Eine Erzählung vom Typ der Tekerleme, die wir *Die Abenteuer der drei bresthaften Freunde* genannt haben,[2] finden wir in ihrer ältesten Gestalt im *Mesnevî*, dem großen Werk Mevlânas. In der Variante, in der diese Erzählung — sie lebt in Europa unter dem Namen *Verkehrte Welt* (AaTh 1965; KHM 138 und 159; BP III, S. 117 bis 118; Honti in: HWdDM II, S. 597; Gottfried Henßen in: *Rheinisch-Westfälische Zeitschrift für Volkskunde* 1958, Nr. 1/2, S. 95ff.) — im *Mesnevî* auftritt, besteht die große Bevölkerung einer sehr großen Stadt, von der Breite eines Tellers, vom Umfang einer Zwiebel, alles in allem aus drei Personen: einem Blinden, einem Tauben und einem Nackten. Der Blinde sieht das, was sehr entfernt ist, der Taube hört sogar eine ganz leise Stimme, und der Nackte hat langsaumige Kleider ... Diese drei Freunde vollbringen eine Anzahl seltsamer und komischer Taten, die man bei ihren Gebrechen nicht erwartet hätte ... Während Mevlâna diese Geschichte erzählt, kennzeichnet er sie als „Kindermärchen". Zweifellos sind diese beiden Erzählungen aus der mündlichen Überlieferung in Mevlânas Werke eingeflossen.

Der türkische Dichter Âşık Paşa, der im 13. Jahrhundert in Anatolien lebte, hat den in der türkischen mündlichen Überlieferung weit verbreiteten Schwank des Typs AaTh 1626 (*Dream Bread*) in die Form einer gereimten Erzählung umgegossen.[3] In Âşık Paşas Version treten fol-

[1] *Fīhi Māfīh*, Ausgabe von Badī'uz-Zamān, Teheran 1330 Hš, S. 83f.; Türkische Übersetzung von Meliha Ülker Tarıkâhya, İstanbul 1958, 2. Auflage, S. 112f.

[2] *Mesnevî*, Türkische Übersetzung von Abdülbâkî Gölpınarlı und Veled İzbudak, Bd. III, İstanbul 1943, S. 247—249; vgl. P. N. Boratav, *Les trois compagnons infirmes*, in: *Fabula* II (1959), S. 231—253.

[3] Agâh Sırrı Levend, *Âşık Paşanın bilinmiyen iki mesnevisi daha* (Zu zwei noch unbekannten Mesnevis Âşık Paşas), in: *Türk Dili Araştır-*

gende drei Weggefährten auf: ein Jude, ein Christ und ein Moslem. In den mündlichen Erzählungen, die in unserer Zeit in Umlauf sind, erscheinen drei Derwische, die drei verschiedenen Orden angehören. Sie beschließen, daß derjenige von ihnen, der den schönsten Traum hat, ganz allein das Helwa (oder eine andere Süßigkeit) essen darf. In der alten Erzählung ißt der Moslem das Helwa auf, in der neueren der Bektaşi, ohne seine Gefährten zu wecken, und erfindet eine Erklärung, die sein Verhalten entschuldigen soll... Dieser Schwank ist auch außerhalb der Türkei in anderen turksprachigen Gebieten bekannt: bei den Kazan-Tataren (*Tatar Ärtäkläre*, Kazan 1956, S. 335—336), bei den Tataren Südwestsibiriens (Radloff, *Proben* IV, Texte S. 100) und bei den Gagauzen Bessarabiens (Radloff, *Proben* X, Texte S. 135).

Das höchstwahrscheinlich im 14. Jahrhundert aufgezeichnete anonyme *Dastan-i Ahmed Haramî* stellt die gereimte Form eines Märchens dar, das TTV unter der Nummer 153 und AaTh unter der Nummer 956B erfassen. Hier werden die Abenteuer eines Mädchens erzählt, das einen Räuberhauptmann geheiratet hat, aber nicht weiß, daß er derjenige ist, dessen vierzig Gefährten sie tötete. Der Vergleich mit den mündlichen Versionen zeigt, daß dieses sechs Jahrhunderte alte Märchen aus der mündlichen Überlieferung in die schriftliche Fixierung übergegangen ist (vgl. unser Märchen Nr. 11).

Es gibt eine Anzahl von wortspielartigen Erzählelementen, die wir Tekerleme nennen. Sie sind in den türkischen Märchen sehr beliebt und gehören zu den hauptsächlichsten Merkmalen des Erzählstils und der Erzähltechnik der Märchenerzähler. Einige entsprechen den Eingangsformeln oder Vormärchen, andere den Lügen- bzw. den Kettenmärchen. Verschiedene Mystiker unter den Volksdichtern der Zeit zwischen dem 13. und 16. Jahrhundert benutzten die Tekerleme, wenn sie ihre Gedanken durch Sinnbilder begreiflich machen wollten. In je einem Gedicht von Yunus Emre (13. Jh.), von Âşıkpaşazade (= Âşıkî, 15./16. Jh.) und von Ümmi Sinan (16. Jh.) ist das oben erwähnte *Tekerleme von den drei bresthaften Freunden* enthalten, in jedem sind die komischen Abenteuer nach dem Typ *Verkehrte Welt* durch neue Motive bereichert worden (vgl. Boratav in: *Fabula* II, S. 245f.). Auch einige erhaltene Verse aus zwei satirischen Gedichten des Mystikerdichters Kaygusuz Abdal (14./15. Jh.) bilden die Archetypen für zwei Tekerleme, die in der heutigen mündlichen Märchentradition weiterleben (Radloff, *Proben* VII, Texte S. 49; Boratav, *Zaman zaman içinde* S. 39, 71). Beide Gedichte sind wiederum türkische Varianten des Typs *Verkehrte Welt*: In dem einen Gedicht wird von Schildkröten erzählt, die Flügel be-

maları Yıllığt (Jahrbücher der Forschungen zur türkischen Sprache) II (1954), S. 265ff.

kommen und fortfliegen, von Eidechsen, die einen Fluß zu überqueren wagen, von einer Brücke über dem Fluß Ergene, die aus Wassermangel fast vergeht, von einem Minarett in Edirne, das sich neigt, um Wasser zu trinken, usw. In dem anderen Gedicht erzählt Kaygusuz Abdal, wie man eine Gans herbeischleppt, um sie zu kochen und zu essen. Diese Gans wird zusammen mit vierzig Gefährten vierzig Tage in einem großen Kessel geschmort, halb gar gekocht und fliegt schließlich fort ... Es ist sehr wahrscheinlich, daß Kaygusuz Abdal diese Geschichten von Märchenerzählern seiner Umgebung gehört hat. Auf diese Weise gibt er dem Märchen wieder, was er vom Märchen genommen hat. In seinen anderen Gedichten wie auch in den Prosaschriften zeigt sich Kaygusuz' Sorgfalt beim Nacherzählen der Märchen-Tekerleme. Wir finden auch hier Wortklischees, die wir als Tekerleme-Motive bezeichnen können (vgl. Boratav, *Zaman zaman içinde* S. 36f.). Ein noch älteres Muster für diesen Erzählstil besitzen wir in einer *Risale* (predigtartiger „Vortrag"), die dem berühmten Derwisch Barak Baba zugeschrieben wird, der im 13. Jh. in Anatolien lebte.[1]

Zum Schluß der Betrachtungen über die Zusammenhänge der Tekerleme mit den literarischen Werken[2] wollen wir darauf hinweisen, daß auch einige der osmanischen Geschichtsschreiber ihren Stil mit solchen Wortspielen ausgeschmückt haben. So begegnet uns zum Beispiel die in Märchen (und in Meddah-Geschichten) häufig verwendete Formel für die ständig von Ort zu Ort ziehenden Helden „kona göçe, yiye içe ..." („Immerzu sitzend und wandernd, essend und trinkend ...") sehr oft in den Büchern von Neşrî (dem um 1520 gestorbenen Chronisten des 16. Jahrhunderts) und von Remmal Hoca (16. Jh.), dem Historiker Sahib Girays (zwischen 1532 und 1551 Chan der Krim).[3] Diese Zeugnisse erhellen, daß die genannten Märchenformeln mindestens eine vierhundertjährige Vergangenheit aufweisen.

Seit den Anfängen der türkischen Literatur gibt es sehr umfangreiche Erzählwerke, die meist durch Nachahmen der alten arabischen

[1] Abdülbâkî Gölpınarlı, *Yunus Emre*, İstanbul 1936, (Anhang) S. 202ff.; ders., *Yunus Emre ve tasavvuf*, İstanbul 1961, S. 252ff., 457ff.; P. N. Boratav, *Zaman zaman içinde* S. 35.

[2] Vgl. zu diesem Thema: P. N. Boratav, *Le Tekerleme. Contribution à l'étude typologique et stylistique du conte populaire turc*, Paris 1963 (*Cahiers de la Société Asiatique* Nr. XVII).

[3] *Neşrî Tarihi* (Geschichte des Neşrî), hrsg. von Faik Reşit Unat, S. 334; *Tarih-i Sahib Giray Han* (Geschichte des Sahib Giray Han), Bibliothèque Nationale (Paris), Supplément Turc Nr. 164 und Bibliothek der Leningrader Universität, Orientalische Handschriften, Nr. 488 (an vielen Stellen).

und persischen Vorbilder zustandekamen; die einen sind gereimt, die anderen in Prosa geschrieben. Sie entsprechen den Ritterromanen des mittelalterlichen Europa. Die Helden einiger dieser Erzählungen sind Türken, andere ursprünglich Nichttürken, die aber auch von den Türken als „Nationalhelden" angesehen wurden. Es lohnt sich, von den berühmtesten Werken dieser Art einige vorzuführen:

Das *Hamzaname* berichtet von den Abenteuern Hamzas, des Onkels des Propheten, und wurde im 15. Jahrhundert von dem türkischen Dichter Hamzavî in Versen aufgezeichnet.

Ein anderer Roman behandelt das Leben des chorasanischen Führers Eba-Müslim, der der abbasidischen Dynastie das Chalifat verschaffte. Dieses Erzählwerk sowie das *Hamzaname* genossen hohes Ansehen sowohl in Iran als auch in der Mehrzahl der turksprachigen Gebiete.

Die wunderbaren Abenteuer des Arabers Battal, des Helden der Kämpfe, die sich im 9. Jahrhundert entlang der Grenze von Byzanz zu den arabischen Nachbarländern abspielten, werden in dem *Battalname* genannten Prosawerk vorgestellt. Die erste Niederschrift dieses anonymen Werkes wird ungefähr auf das 13. Jahrhundert festgesetzt. Die in unseren Händen befindliche Fassung ist ein Text, der durch spätere Zusätze stark aufgeschwellt wurde.

Das *Danişmendname* schildert die Kämpfe des Ahmed Danişmend Gazi gegen die „Ungläubigen" (Danişmend hatte im 11. Jahrhundert ein türkisches Fürstentum in Anatolien gegründet). Der verfügbare Text dieses *Danişmendname* ist das Werk eines türkischen Schriftstellers, der unter dem Namen Arif Ali im 14. Jahrhundert lebte.

Außerdem entstanden seit Beginn der türkischen Literatur sehr viele Legendenbücher in Anatolien. Diese Legenden sind mit Sagen (*efsane*) vermischte Biographien von Derwischen (wie Sarı Saltuk, Geyikli Baba u. a.), die bald als Missionare, bald als Kämpfer an den Eroberungen Anatoliens und Rumeliens teilgenommen haben, von den Gründern der später entwickelten und organisierten mystischen Orden und von berühmten Persönlichkeiten wie z. B. Hacı Bektaş, Hacim Sultan, Abdal Musa, Kaygusuz Abdal. Die Abfassungszeit einiger dieser Werke ist bekannt: so wurden das Hacı Bektaş *Vilâyetnamesi* und das *Saltukname* im 15. Jahrhundert niedergeschrieben. Das bisher noch unveröffentlichte *Saltukname* hat ein gewisser Abulhayr Rumî kompiliert, der die aus der mündlichen Überlieferung stammenden Legenden ordnete und zusammenstellte.

Diese phantastischen Romane sind offensichtlich mit sehr vielen Märchenzügen ihrer Entstehungszeit durchsetzt; die Verfasser müssen neben anderen Quellen auch Märchen aus der mündlichen Überlieferung verwendet haben. Die in Indien erlebten Abenteuer des Derwischs Güvenç Abdal im *Vilâyetname* von Hacı Bektaş, die im *Battal-*

name beschriebene Indienreise Battals — Battal will den Ak-Dev (d. h. den weißen Dev) holen, um die Tochter des Emir Ömer freien zu können, wird dabei aber von seinen Feinden in den Höllenschacht geworfen — sind Episoden, die zu einigen Typen unserer Märchen passen. Auf jeden Fall sind sie von den Märchen in jene sagenhaft-epischen Erzählungen übergegangen. Diese Literatur ist, worauf wir oben bereits hingewiesen haben, ebenfalls noch nicht mit Blickrichtung auf die Märchenforschung beleuchtet worden. Die historische Untersuchung der Zaubermärchen wie auch der Legenden und Sagen wird Art und Umfang der in ihnen enthaltenen Motive und Stoffe aufhellen.

Oben erwähnten wir, daß man in den Werken Mevlânas für einige Erzählgattungen, u. a. für die Tiermärchen, die Vorbilder gefunden hat. Die Tiermärchen, die den Menschen Lehren erteilen sollen, erfreuten sich im alten Orient größter Beliebtheit. Auch unter den alten türkischen Dichtern finden sich mehrere, die zu diesen Geschichten griffen. So gibt es eine türkische Fassung des indischen *Pañčatantra* (die arabische Übersetzung erhielt den Titel *Kalīla wa Dimma*), die von einem Schriftsteller mit dem Namen Hoca Mes'ūd (oder Kul Mes'ūd) schon im 14. Jahrhundert angefertigt worden ist. In Anatolien aber, dem Lande Aesops, lebten Tiergeschichten sicher auch in der mündlichen Tradition. Die *Harname* betitelte satirische Erzählung des bedeutenden türkischen Dichters Şeyhî (14. Jh.) ist ein Tiermärchen. Hier werden die Abenteuer eines Esels erzählt, der vor Kummer fast stirbt, da er großes Verlangen hegt, dem massigen, kräftigen Körper eines vergnügt und fröhlich auf der Weide grasenden Ochsen, der imponierende Hörner trägt, zu gleichen, aber nicht in dessen Haut gelangen kann. Sein Unglück wird noch größer, als er seine Hoffnung getäuscht sieht. — Güvahî, ein wenig bekannter Dichter des 16. Jahrhunderts, zehrte stark von der mündlichen Volkstradition und war sehr darauf bedacht, seine Gedichte mit Sprichwörtern zu schmücken. Sein *Pendname* (Abschriften: Nationalbibliothek Wien, Katalog Flügel S. 623 Nr. 660; Süleymaniye-Bibliothek İstanbul, Abteilung Hamidiye, Bücher der Sammlung Lala İsmail Nr. 242) enthält 37 Fabeln, von denen ein bedeutender Teil Tiermärchen sind. Erst die weiteren Forschungen werden zeigen, welche von diesen Fabeln auf mündliche Überlieferung zurückgehen und welche aus älteren Büchern stammen.[1]

[1] Über die Bearbeitung eines Tiermärchenthemas — der Fabel von der Grille und der Ameise (AaTh 280A) von Güvahî — durch Kemal, einen Chronisten des 16. Jahrhunderts, sowie in der türkischen Literatur im allgemeinen s. Robert Anhegger, *Türk edebiyatında ağustosböceği ile karınca hikâyesi*, in: *Türkiyat Mecmuas* IX (1951), S. 79—82; ders., *Die Fabel der Grille und der Ameise in der türkischen Literatur*, in: *Asiatische Studien*, Bern 1949, Nr. 1/2, S. 30—54.

Es gibt auch eine Sammlung von Prosaerzählungen, die den Titel *Lataif* trägt und die im 16. Jahrhundert entstand. Für die Geschichte des türkischen Märchens ist sie von großer Wichtigkeit. Sie wurde von Abdullah (gestorben 1550) zusammengestellt, dem Sohne des Lâmiî. Nach der im Vorwort dieses Buches enthaltenen Notiz zu urteilen, begann Lâmiî das Werk zwar zu schreiben, wollte es aber nicht mehr fortsetzen, als er sah, daß sich die erzählten Tatsachen mit seinem Charakter nicht vertrugen. Er dachte sogar daran, die Manuskripte zu verbrennen. Sein Sohn schließlich vollendete das Werk. Im Vorwort wird gesagt, daß Lâmiî einen Teil der Erzählungen älteren Werken entnahm, den anderen selbst erfand. Hier ist das Wort „erfinden" wohl so zu verstehen, daß der Autor die Erzählungen von einem anderen gehört hat und sie in einem ihm eigenen Stil erzählt.[1] Die Sammlung hat Lâmiî folgendermaßen angeordnet: 1. Erzählungen über Kinder, 2. Erzählungen über Toren, 3. Erzählungen über verschiedene Menschen, 4. Abenteuer unter alten Weibern, 5. Tiermärchen (22 Geschichten), 6. Geschichten über leblose Dinge (11 Geschichten). Wenn wir hervorheben, daß in dieser Sammlung die Hodscha-Nasreddin-Schwänke verzeichnet sind, die damit zum ersten Mal in die Literatur eingingen, dann wird der Wert deutlich, den dieses von Lâmiî und seinem Sohn verfaßte Buch für die Erforschung der türkischen Volksmärchen besitzt.

Ungefähr seit dem 16. Jahrhundert werden in der türkischen Literatur Schwanksammlungen vom Typ der *Lataif* des Lâmiî immer zahlreicher. Ein vollständiger Katalog wurde bisher jedoch noch nicht in Angriff genommen, so wie die Beziehungen zur mündlichen türkischen Überlieferung als auch zur älteren orientalischen Erzählungsliteratur überhaupt noch nicht untersucht wurden.

Die Hodscha Nasreddin zugeschriebenen Erzählungen müssen seit langer Zeit in Buchform in Umlauf gewesen sein. Die älteste Handschrift (Oxford, Bodleiana, OR. 185) trägt das Datum von 1571. Außer diesem Manuskript haben wir in der Nationalbibliothek Paris zwölf Handschriften gesehen, die zwischen dem 16. und dem 19. Jahrhundert geschrieben wurden, und eine Handschrift, die der Bibliothek der Philosophischen Fakultät der Universität Ankara gehört (vgl. P. N. Boratav, *Autour de Nasreddin Hoca*, in: *Oriens* XVI [1963], S. 196f.). Die Untersuchung dieser Handschriften zeitigte folgende Ergebnisse:

1. Die Sammlungen der Hodscha-Nasreddin-Geschichten werden mit der Zeit immer umfangreicher. Während in der Oxforder Handschrift von 1571 nur 41 Geschichten enthalten sind, haben wir 181 Erzählungen in der 1772 geschriebenen Kopie BN. Suppl. Turc 1408.

[1] P. N. Boratav, *Autour de Nasreddin Hoca*, in: *Oriens* XVI (1963) S. 199, 210—221.

2. Viele handschriftliche Sammlungen stellen — auch wenn sie mit *Nasreddin Hoca* betitelt sind — unter dem Namen des Hodscha Nasreddin andere Personen in den Mittelpunkt der Erzählungen. Daraus geht hervor, daß Hodscha Nasreddin im Laufe der Zeit seines Ruhmes wegen Geschichten zugeschrieben worden sind, die mit ihm in keinem Zusammenhang stehen, und zwar nicht nur in der mündlichen Überlieferung, sondern auch in der Literatur.

3. Einige Erzählungen über Hodscha Nasreddin wurden spätestens seit dem 16. Jahrhundert den Bürgern von Sivrihisar zugeschrieben, die seit alters in der türkischen Folklore im gleichen Ruf wie die Schildbürger und die Lalebürger des deutschen Erzählguts stehen. Daß solcherart Geschichten über Einwohner von Sivrihisar erzählt wurden, kann bis in das 15. Jahrhundert zurückverfolgt werden. Die Überlieferung stellt andererseits den Hodscha als einen Mann aus Sivrihisar hin. Das muß auch ein Grund für die Vermischung der Hodscha-Nasreddin-Geschichten mit den Schwänken über die Leute von Sivrihisar sein.[1]

Ganz am Anfang dieser Untersuchung haben wir auf eine breitangelegte romanartige Volkserzählgattung hingewiesen. Es handelt sich hierbei um umfangreiche, mit Gedichten vermischte Erzählwerke, die ungefähr seit dem 16. Jahrhundert von den Volkssängern (*Âşık*) geschaffen und erzählt wurden und die Tradition des alten Epos fortsetzen. Auch heute noch leben sie in der mündlichen Überlieferung in einigen Gebieten Ostanatoliens. Hinsichtlich ihrer Themen kann man sie in zwei große Gruppen einteilen: Heldenerzählungen und Liebesabenteuer. Einige der Liebesabenteuer sind in Romanform gekleidete, durch sagenhafte Züge erweiterte Biographien von Volksdichtern (Âşık), die tatsächlich gelebt haben. Die aus Versen bestehenden Teile stammen aus Gedichten dieser Âşıks. Andere aber sind sowohl in den Prosa- als auch in den Poesieteilen Schöpfungen der Âşıks. Beim Abfassen dieser Volksromane bedienten sie sich verschiedener Quellen, z. B. geschriebener Werke, oder sie verwendeten Alltagsereignisse ihrer Umgebung. Sie legten aber auch mehreren ihrer Hauptthemen ausschließlich Märchen zugrunde.

[1] Sivrihisar — Eine Kleinstadt (*kasaba*), die zu Eskişehir gehört. Heute haben die Einwohner von Sivrihisar (Sivrihisarlı) den Ruhm verloren, die Helden in Erzählungen von einfältigen und dummen Menschen zu sein. In der mündlichen Überlieferung unserer Tage haben deren Platz die Einwohner von Andaval, Karatepe usw. eingenommen. Der älteste Beleg von der schwankhaften Einfalt der Sivrihisarlı findet sich im *Saltukname* (15. Jahrhundert, s. Fahir İz, *Türk edebiyatında nesir* I, İstanbul 1964, S. 317).

Von den Texten dieser Volkserzählungen stammen die in schriftlicher Form in unsere Hände gelangten Kopien aus einer verhältnismäßig späten Zeit, aus dem 19. Jahrhundert. Deshab stößt es auf Schwierigkeiten, genau festzustellen, wann die Märchen in diese Romane eingebaut wurden.

Hier müssen von denjenigen, die das Märchenmaterial in Volkserzählungen (*halk hikâyesi*) analysiert haben, Otto Spies, Walter Ruben und Edith Fischdick erwähnt werden.[1] Sooft sich eine Gelegenheit bot, haben auch wir uns mit diesem Thema beschäftigt.[2] Dazu seien nur ein paar Beispiele angeführt:

Von den Heldengeschichten sind die um Köroğlu sehr beliebt und weit verbreitet und bildeten unter diesem Namen einen umfangreichen Epenzyklus. Ein wichtiger Teil der Episode, die diesem Zyklus zugehört und die unter dem Namen *Hasan Paşa*, *Silistre* oder *Der Diebstahl des Pferdes von Köroğlu* bekannt ist, geht auf ein Märchen zurück, das im Katalog von Aarne-Thompson unter 1540 steht. Dieselbe Erzählung finden wir in TTV 339 und 331 III.

Eine lange Episode einer anderen Köroğlu-Erzählung (*Koca Bey*) — die Abenteuer des Haupthelden nämlich, als er einen Wundervogel namens „Hazaran Bülbül" (Die Hazaran-Nachtigall) von der „Insel der sieben Meere" (Yedi-Derya Adası) holen will — finden wir in den Motiven 1—4 von TTV 206 und im vierten Motiv von TTV 81. Sie begegnet uns auch in AaTh 550.

Ein Teil der Erzählung, die den Titel *Mahzunî* trägt, ist eine Rahmenerzählung; sie deckt sich mit drei Märchen des Aarne-Thompson-Katalogs: 1510 + 217 + 888.

Die Erzählung *Elmas und Mahmud* ist durch Verkettung des Potiphar-Motivs (*Motif-Index* K 2111; TTV 221, Motiv 1; TTV 221 V; TTV 256 IV; TTV 308 III) mit AaTh 881 (TTV 195) entstanden.[3]

[1] Otto Spies, *Türkische Volksbücher*, Leipzig 1928; ders., *Zwei volkstümliche Liebesgeschichten aus dem Orient*, FFC 127, Helsinki 1939; Walter Ruben, *Raznihan ile Mahfiruze* (Raznihan und Mahfiruze), in: *Ülkü* (Ankara) 1941, Nr. 102; ders., *Ozean der Märchenströme* I, Anhang: *Zwölf Erzählungen des Dede Korkut*, FFC 133, Helsinki 1944; Edith Fischdick, *Das türkische Volksbuch Elif und Mahmud. Ein Beitrag zur vergleichenden Märchenkunde*, Walldorf/Hessen 1958.

[2] P. N. Boratav, *Halk hikâyeleri ve halk hikâyeciliği* (Volkserzählungen und Volkserzähler), Ankara 1946, S. 71—80.

[3] Die Frage der Beziehungen des Märchens zum Epos behandelt unser Vortrag über das kirgisische Epos *Er-Töştük* (erschienen in: *Volksepen der uralischen und altaischen Völker*, Wiesbaden 1968, S. 75 bis 86).

Außerdem stellt sich im Hinblick auf die historische Untersuchung der verschiedenen Gattungen des türkischen Märchens die grundlegende Frage, wieweit die klassischen Sammlungen der orientalischen Märchenliteratur mit dem türkischen Märchen in Verbindung stehen.

Wir erwähnten bei den Tiermärchen, daß schon im 14. Jahrhundert das *Kalīla wa Dimna* ins Türkische übersetzt wurde. Sammlungen wie *Die Geschichten aus Tausendundeiner Nacht*, *Farağ ba' da aš-Šidda* (Freude nach Leid), *Ṭuṭī-nāme* (Papageienbuch), *Die Erzählungen von den vierzig Wesiren* gehören zu den viel gelesenen und weitverbreiteten und wurden zu verschiedenen Zeiten ins Türkische übersetzt. Die ursprünglich iranische Erzählung *Ğamaspnāme*, die auch in *Tausendundeiner Nacht* erscheint, hat im Jahre 1430 der türkische Schriftsteller Musa 'Abdî in eine gereimte Version gebracht; diese Fassung fand unter dem Titel *Šāh-mārān* (Schlangenkönig) Eingang in die türkische mündliche Märchentradition. Es besteht kein Zweifel, daß einige Geschichten aus den von uns oben aufgeführten Erzählsammlungen auch zu den Türken gelangten und die Wesenszüge des türkischen Märchens annahmen. Im Katalog der türkischen Volksmärchen (TTV) wurde, sooft es am Platze war, auf die eindeutigen Beispiele hingewiesen.

Das Problem hat aber noch eine andere Seite: Wir wissen, daß die Märchensammlungen des Orients nicht von einem einzigen Verfasser oder Kompilator stammen, daß sie nicht zu einem bestimmten Zeitpunkt abgefaßt wurden und dann schon endgültige, klare Formen annahmen und ohne jegliche Veränderungen auf uns kamen. Sie wurden vielmehr immer wieder durch neue Zusätze bereichert und erweitert, und zwar nicht nur, wenn sie von einer Sprache in eine andere übertragen wurden, sondern auch innerhalb derselben Sprache, und schließlich, wenn sie aus einer Epoche oder aus einer Umgebung in eine andere übernommen wurden. Dem Geschmack der Zeit nicht entsprechende Teile wurden herausgelöst und andere eingesetzt. Auch bei den türkischen Übersetzungen (richtiger: Adaptionen) kann man annehmen, daß ihnen Märchen aus der türkischen mündlichen Überlieferung beigemischt wurden. Die in diese Richtung gehende Untersuchung von Sammlungen wie *Tausendundeiner Nacht*, *Papageienbuch* und *Freude nach Leid*, die schon in sehr früher Zeit ins Türkische adaptiert worden sind, wird für die Geschichte des türkischen Märchens wichtige Ergebnisse zeitigen. Die türkische Sammlung *Freude nach Leid* wird Andreas Tietze veröffentlichen. Ihr Text, ihre Übersetzung mit den Erläuterungen, die der Herausgeber gibt, bringen auf jeden Fall neue und bedeutende Kenntnisse zu unserem Thema.

Mit der Übersetzung der Sammlung *Tausendundeine Nacht* (1704 bis 1712) errang Antoine Galland in Europa großen Ruhm. Das spornte Pétis de la Croix, einen Zeitgenossen Gallands, zu der zwischen 1710 und

1712 veröffentlichten Sammlung *Tausendundein Tag* an, die außer aus arabischen und persischen Büchern übernommenen Geschichten auch Erzählungen aus türkischen Märchenbüchern enthält. Im Jahre 1873 wurde in der Türkei eine Übersetzung von *Tausendundeinem Tag* aus dem Französischen veröffentlicht. Die Sammlung *Tausendundein Tag* ist eine der Quellen des *Muhayyellat-i ledünni ilâhî* (Theologisch-mystische Fantasievorstellungen) von Giritli Aziz Efendi, dem letzten Vertreter der klassischen orientalischen Rahmenerzählungstradition in der Türkei, die im Jahre 1796/97 — ein Jahr vor seinem Tode — vollendet wurde, aber unveröffentlicht geblieben ist. Aziz Efendi benutzte *Tausendundeinen Tag* in einer Übersetzung aus dem Französischen (oder einer anderen westlichen Sprache). Außerdem hat er auch eine Sammlung von Anekdoten und Legenden, das sogenannte *Ibretnüma*, benutzt, das der obenerwähnte osmanische Dichter Lâmiî im 16. Jahrhundert verfaßte. In diesem Buch stammt nur eine einzige Erzählung aus der mündlichen Überlieferung: *Die Geschichte von Receb Beşe*, ein Märchen, das in TTV unter 224 erfaßt wurde (A. Tietze in: *Oriens* I [1948], S. 248—329).

In den siebziger Jahren des 19. Jahrhunderts wendeten sich die türkischen Schrifsteller von der Tradition der orientalischen Erzählung ab und begannen mit den Versuchen, Romane und Novellen nach westlichem Vorbild zu schreiben. Aber die ersten türkischen Romane und Novellen zeigten trotz der gegenteiligen Behauptungen ihrer Autoren sowohl nach Inhalt als auch Form und Stil die Einflüsse der früheren Erzählliteratur. Die Reihe von Kurzgeschichten mit dem Titel *Kissadan hisse* (Die Lehre der Erzählungen) von Ahmed Midhat (1844—1913), der als Vater der modernen türkischen Novellistik gilt, ist doch wohl eher eine Sammlung von vorwiegend Anekdoten, Schwänken, Memoraten usw. aus der mündlichen Überlieferung. Auch in seinen späteren Romanen und Novellen blieb vieles vom Märchenstil und von der besonderen Technik der berufsmäßigen Erzähler erhalten.

Die berufsmäßigen Erzähler (*Meddah*), deren Tradition nunmehr gänzlich erloschen ist, haben noch bis in unsere Zeit hinein (um 1930) besonders in den Kaffeehäusern der großen Städte in einem ihnen eigenen Stil umfangreiche Geschichten erzählt, die sie mit Mimik und Gestik unterstrichen. Sie entnahmen ihre Stoffe auch den Märchen. Man kann annehmen, daß diese Erzählgattung ungefähr nach dem 17. Jahrhundert ihr endgültiges Gepräge erhielt. Es ist eine Tatsache, daß die Meddahs, so wie sie aus den Märchen geschöpft haben, auch das mündliche Märchenrepertoire mit Stoffen aus den oft wirklichkeitsnäheren Meddah-Erzählungen bereicherten.

In *Lataifname*, einer Rahmenerzählung, die die eigentümlichen Züge der Meddah-Erzählungen besitzt und deren älteste Fassung ins 17. Jahrhundert zurückgeht, sind elf verschiedene Geschichten eingeschaltet, von denen zwei bekannte Märchentypen darstellen, und zwar die erste Erzählung (Die Wesirstochter und der Wasserträger, TTV 195, AaTh 881) und die elfte (Der Padischah, der einen Beruf erlernen mußte, um die Tochter eines Armen heiraten zu können, TTV 231) (*Lataif-name*, Steindruck, İstanbul 1852, S. 11—30 und 143—151).

In der Literatur nach 1870 finden wir ein typisches Beispiel für die Bemühungen, den modernen Roman und die Novelle mit den Stoffen der alten Märchen und Meddah-Geschichten zu verschmelzen. Es handelt sich um das 1873/74 gedruckte Buch *Siyer-i Servinaz* (Lebenslauf der Servinaz) des Autors T. Abdî. Der rote Faden der Erzählung entspricht AaTh 892: Es werden die verschiedenen Schicksalsschläge einer jungen Frau erzählt, die ein bösartiger Mann verleumdet hat, weil es ihm nicht gelang, sie zu verführen. Zum Schluß aber kommt die Wahrheit ans Tageslicht, und die junge Frau erlangt ihr Glück wieder.

Dieser Ablauf bildet die Rahmenerzählung, in die TTV 291 (AaTh 653) und TTV 290 (AaTh 945 II) sowie andere sekundäre Erzählungsepisoden eingeschaltet sind, deren Herkunft aus der mündlichen Überlieferung sehr wahrscheinlich ist. Abdî hat alle verwendeten Märchen von übernatürlichen Elementen gereinigt und Personennamen gebraucht, wie sie in den Romanen gebräuchlich sind (z. B. Servinaz, Server Bey), und für Märchen typische geographische Namen (wie Indien, Jemen, Aleppo, Ägypten usw.) beseitigt und an ihre Stelle Namen wie Virburg, Dillanburg u. a. gesetzt, die an europäische Städtenamen anklingen.

Wir wollen jetzt einen Augenblick bei der Einstellung der modernen Novellisten und Romanschreiber zum Märchen verweilen. Wir meinen solche Schriftsteller, die ihren Stoff den Volksmärchen, den Legenden und Sagen entnehmen und ihn nach Wunsch und Belieben verändern und in ganz modernem Stil und mit neuer Technik nacherzählen. Diese Methode beginnt in den Jahren nach 1910 mit der Bewegung *Millî Edebiyat* (Nationale Literatur) und wurde von den Schriftstellern ins Leben gerufen, die die türkische Folklore zur Weiterentwicklung der türkischen Literatur benutzten. Ziya Gökalp (1876—1924) hat einige Märchen in Kunstform umgesetzt, wobei er recht wichtige Veränderungen vornahm und sogar die Politik und Ideologie seiner Zeit zum Ausdruck brachte. Mehrere Novellen Ömer Seyfeddins (1884—1920) stützen sich auf Märchen, Anekdoten, Schwänke und Legenden. Dem unvollendet gebliebenen Roman *Yalnız Efe*[1] liegt, wie der Autor in seinem Vorwort erklärt, eine Legende zugrunde, die Bauern von einem für eine Heilige gehaltenen Räubermädchen erzählen. *Ses duyan kız* (Das Mädchen, das eine Stimme hört) von Yakup

[1] Efe — Titel, den angesehene Zeybek (Angehörige eines türkischen Volksstammes in Westanatolien) zu führen pflegen.

Kadri Karaosmanoğlu (geb. 1889) gehört ebenfalls zum Kreis der Legenden, in denen das Volk ein Mädchen für eine Heilige hält. Die Novelle *Hasan-Boğuldu* von Sabahattin Ali (1907—1948) ist die Nacherzählung einer Liebeslegende bei den Tahtacı-Yörüken[1] in Kazdağı (dem antiken Ida in Troas). Das Schauspiel *Boş beşik* (Die leere Wiege) von Necati Cumalı (geb. 1921) fußt auf einer alten Legende über die traurigen Abenteuer einer Nomadenfrau, der auf einer Wanderung ihr Kind von Raubvögeln entrissen wird. Das Märchen *Sabırtaşı* (Der Geduldstein, TTV 154, 185) gestaltete Necip Fazıl Kısakürek (geb. 1903) unter demselben Titel zu einem Schauspiel um.

In Eflâtun Cem Güney (geb. 1896) begegnen wir einem türkischen Schriftsteller, der Märchen, Sagen und Legenden in ihrer Form und in ihrem Stil nacherzählt, wobei er allerdings die Stoffe nach seinen Ideen verbindet. Er schafft aus Texten, die der mündlichen Überlieferung zu entstammen scheinen, „ein neues Märchen oder eine neue Legende", wobei er manchmal einige aneinanderfügt oder Partien nach seinem Gutdünken kürzt oder erweitert. Sein Stil ist eine recht aufgebauschte und nicht immer glückliche Nachahmung des Märchenstils.

Auch an den Hodscha-Nasreddin-Erzählungen gingen die türkischen Dichter nicht vorüber. Eflâtun Cem Güney, Abdülbâkî Gölpınarlı (geb. 1901) und Aziz Nesin (geb. 1915) haben die Anekdoten, die dem berühmten türkischen Volksweisen zugeschrieben werden, in Prosa und in der Sprache unserer Zeit, jeder aber in seinem eigenen Stil nacherzählt. Fuad Köprülü (geb. 1890) war der erste, der den Versuch unternahm, diese Geschichten in dichterische Form umzusetzen: das Buch wurde 1918 veröffentlicht. Es enthält auch eine Untersuchung über die historische Persönlichkeit des Hodscha Nasreddin. In einer viel erfolgreicheren Form hat Orhan Veli (1914—1950), ein Schrittmacher der neuen türkischen Dichtkunst, den gleichen Versuch unternommen. Sein Buch umfaßt siebzig gereimte Hodscha-Erzählungen.

In einer seiner letzten Novellensammlungen bemühte sich Aziz Nesin, seine sozialen Satiren und Kritiken in Märchenform zu kleiden. Er hat auch in seinem 1964 erschienenen Buch *Yeşil renkli namus gazı* eine Reihe von Schildbürgerstreichen unter dem Titel *Die Verrücktenballade unseres Dorfes* veröffentlicht. Aziz Nesin, der auch hin und wieder in anderen seiner Bücher diesen Stil versucht hat, gilt als einer der erfolgreichsten Schriftsteller unserer Zeit. Diese Darstellungsweise hat eigentlich Refik Halid (geb. 1888) mit seinem Buch *Ay peşinde* (Auf den Spuren der Mondsichel) eingeführt. Ebenso veröffentlichte Sabahattin Ali in seinem Buch *Sırça köşk* (Der Glaspalast) Novellen in diesem Stil.

[1] Tahtacı — Angehörige einer schiitischen Sekte.

Die Bektaşi-Erzählungen haben zwei zeitgenössische Dichter zu ähnlichen Versuchen angeregt: Oğuz Tansel (geb. 1915) und Metin Eloğlu (geb. 1927) richten in ihrem Werk die Waffe der Kritik gegen die Mißstände der Zeit in feinen Pointen, die den Sinn des Kampfes der Bektaşi gegen die negativen und reaktionären Verhaltensweisen wie Obskurantismus, Fanatismus und jede Art von Intoleranz erkennen lassen.

Nach dem Überblick über die Geschichte der türkischen Märchenstoffe wollen wir uns noch kurz der Sammeltätigkeit auf dem Gebiet der türkischen Volkserzählungen zuwenden.

Wie bereits oben hervorgehoben, sind in den literarischen Quellen Angaben über die Folklore selten, weil in alter Zeit die gebildeten Schichten der mündlichen Überlieferung keinen großen Wert beimaßen. Man darf aber dennoch nicht übersehen, daß einige Schriftsteller eine Art folkloristische Arbeit geleistet haben. An ihrer Spitze steht Evliya Çelebi, eine bedeutende Persönlichkeit des 17. Jahrhunderts. Sein Buch birgt unschätzbares Material besonders für die historische Erforschung der religiösen Anschauungen, der Bräuche, der Sagen und Legenden, aber leider ist es bis heute noch nicht unter allen Gesichtspunkten untersucht worden. Wenn man die Sagen um Ortsnamen in Anatolien, Rumelien und allen anderen damals unter osmanischer Herrschaft stehenden Gebieten und die Legenden von Heiligen untersuchen will, kann man bei dieser Arbeit nicht ohne Evliya Çelebis Berichte auskommen.

Wir verweisen außerdem auf den ähnlich sorgfältig sammelnden Hagiographen des 18. Jahrhunderts, der ebenfalls für die heutigen Folkloristen Material bereitstellte, ohne sich des Wertes bewußt zu sein, den seine Arbeiten für die spätere Forschung haben würden. Dieser Mann war, so läßt sich erschließen, ein einfacher Derwisch, İsmail Paşa oğen 'Abdullah. In seinem Buch, dessen Manuskript sich in der Pariser Nationalbibliothek befindet (Suppl. Turc Nr. 933), sind vierzig Legenden von Heiligen zusammengetragen, und zwar besonders von solchen aus dem Gebiet von Edirne, wo er gelebt hat, und aus einigen Orten Rumeliens und Anatoliens, die er bei sich bietenden Gelegenheiten aufsuchte. Von unschätzbarem Wert erweisen sich die richtigen und genauen Bemerkungen, die der Verfasser mit der gleichen pedantischen Sorgfalt wie die Sammler der Sprüche und Taten des Propheten Mohammed niederschrieb, z. B. von wem die betreffende Legende stammt. Ein großer Teil der Legenden sind von den Erzählern (oder sogar von ihm selbst) bezeugte Ereignisse, andere sind „aus zweiter Hand" berichtete Vorfälle.

In den alten Werken trifft man mehr Heiligenlegenden und Sagen verschiedenen Inhalts, weniger ausgesprochene Märchentexte.

Als ältestes Werk der Märchensammlung gilt der *Billûr Köşk* (Kristallpalast). Er enthält 14 Märchen aus der mündlichen Überlieferung. Den Autor des Buches, den Zeitpunkt der Niederschrift sowie das Jahr des ersten Druckes kennen wir nicht. Der Turkologe Georg Jacob erwähnt im Jahre 1899, daß er einen undatierten Druck in der Hand gehabt habe. Von diesem Buch gibt es viele Lithographie- und Druckausgaben, deren jüngste im Jahre 1961 erschien.

Suchen wir in der türkischen Folklore nach einer bewußten und wissenschaftlichen Sammlungs- und Forschungstätigkeit, so können wir nicht vor dem Ende des 19. Jahrhunderts beginnen. Die ersten Arbeiten auf diesem Gebiet verfaßten die europäischen Orientalisten, die sich für die verschiedenen Bereiche der türkischen Kultur interessierten.

Dem ungarischen Orientalisten Ignácz Kúnos gebührt die Ehre, als erster, und zwar in einer sehr umfangreichen Sammlung, türkische Märchen veröffentlicht und den westlichen Folkloristen bekannt gemacht zu haben. Diese 98 Texte umfassende Sammlung von Märchen, aufgezeichnet während seiner Reisen in Rumelien, Istanbul und Anatolien, erschien in zwei Bänden unter dem Titel *Oszmán-török népköltési gyüjtemény* I—II (Budapest, 1887—1889). Außerdem gab Kúnos in der großen Textsammlung zu den Turkdialekten von Radloff (*Proben* VIII, Petersburg 1899) 25 Märchen und 136 Hodscha-Nasreddin-Erzählungen heraus, dann folgten im Jahre 1905 Istanbuler Märchen sowie 1907 in Adakale gesammelte Märchen. Aus den Bemerkungen zu den in Istanbul aufgezeichneten Märchen erfahren wir, daß jeden Tag ein Mann namens Hüsni, der als Schreiber bei einem ungarischen Advokaten in Istanbul arbeitete, zu Kúnos kam und ihm in Istanbul geläufige Märchen erzählte und diktierte, nachdem er sie von seiner Mutter und seiner älteren Schwester gehört und gelernt hatte.

Nach Kúnos waren es auch deutsche Orientalisten, die im Rahmen der Turkologiestudien türkische Märchen sammelten und veröffentlichten. Von ihnen müssen wir vor allem Friedrich Giese, Georg Jacob und Theodor Menzel erwähnen.

Als der französische Orientalist J. A. Decourdemanche einen großen Teil der oben besprochenen Sammlungen untersuchte, machte er den westlichen Forschern durch seine Übersetzung ins Französische ein reiches Material von Hodscha Nasreddin-Erzählungen zugänglich.[1]

Dem Buch von Decourdemanche verdankt Albert Wesselski das türkische Material seiner in Deutsch veröffentlichten zweibändigen

[1] J. A. Decourdemanche, *Sottisier de Nasreddin Hodja, Bouffon de Tamerlan, suivi d'autres facéties turques, traduits sur des manuscrits inédits*, Bruxelles 1878.

großen Sammlung (*Der Hodscha Nasreddin. Türkische, arabische, berberische, maltesische, sizilianische, kalabrische, kroatische, serbische und griechische Märlein und Schwänke*, Weimar 1911).

Wir können in unserem kurzen Abriß nicht fortfahren, ohne auf die Märchensammlungen und -publikationen hinzuweisen, welche von den Forschern solcher Völker veranstaltet wurden, die einstmals innerhalb der Grenzen des osmanischen Imperiums ansässig waren und von denen heute noch Minderheiten auf dem Gebiet der Türkei wohnen und, wenn sie auch hinsichtlich ihrer Sprache von den Türken getrennt sind, mit ihnen auf einigen Gebieten der Tradition Gemeinsamkeiten aufweisen. Man darf nicht vergessen, daß solcherart Material für die Erforschung der türkischen Märchen höchst wichtig ist.[1]

Bei den Türken selbst beginnt die Forschungstätigkeit über ihre Folklore erst viel später als die oben kurz skizzierte Arbeit der Europäer. Das erste Werk über die Märchen floß aus der Feder eines Mannes, dessen Namen wir nicht feststellen können und der nur auf dem Einband des Buches mit den Initialen K.D. zeichnete. Diese Sammlung trägt den Titel *Türk masalları* (Türkische Märchen, İstanbul 1912/13) und enthält 13 Texte.

Der erste, der die Bedeutung der Märchen im Hinblick auf das Verständnis der Kultur und des Geistes des türkischen Volkes und den Aufbau und die Weiterentwicklung einer nationalen türkischen Literatur erkannte, war der Soziologe Ziya Gökalp. Neun in Diyarbekir von ihm gesammelte Märchen wurden in dieser Stadt in der Zeitschrift *Küçük Mecmua* (Kleine Zeitschrift) veröffentlicht, die später in das Buch *Altın Işık* (Goldenes Licht), 1923, aufgenommen wurden.

Vom Jahre 1930 an sind in verschiedenen Gegenden der Türkei Sammlungen — meist von individuellen Wünschen und Zielen bestimmt — entweder als selbständige kleine Bücher oder aber in lokalen Zeitschriften einiger großer Städte der Türkei und in Büchern über die Heimatgeschichte und die Folklore veröffentlicht worden. Besonders in den Jahren von 1932 bis 1950 maßen die örtlichen Zeitschriften und die Buchpublikationen der Volkshäuser (*halkevleri*) den volkskundlichen Veröffentlichungen große Bedeutung bei und publizierten viel Material, wenn auch nicht immer mit guten Methoden.[2]

[1] Bibliographie über die wichtigsten dieser verschiedenen Veröffentlichungen in: *Philologiae Turcicae Fundamenta*, Bd. II, Wiesbaden 1964, S. 8 und 65; vgl. ferner die Rezension der *Typen türkischer Volksmärchen* von Andreas Tietze in: *Oriens* VII (1954), S. 141—152.

[2] Vgl. zur Bibliographie der veröffentlichten Texte: *Philologiae Turcicae Fundamenta*, Bd. II, S. 7f., 62—65; Wolfram Eberhard und P. N. Boratav, *Typen türkischer Volksmärchen*, S. 425—427.

Als der Katalog der türkischen Volksmärchen zusammengestellt wurde (TTV), betrug die Zahl der ausgewerteten, bereits veröffentlichten Märchen rund 500. Der größte Teil der übrigen, im Katalog klassifizierten und analysierten fast 2000 Märchen sind das Ergebnis eines Sammelprogramms, das wir mit den Studenten der Philosophischen Fakultät der Universität Ankara von 1939 bis 1946 zusammen mit Wolfram Eberhard durchführten, der damals an derselben Fakultät arbeitete. Außerdem stellten uns weitere Freunde und Mitarbeiter Material zur Verfügung. Fast 500 Texte, die wir mit Studenten und Mitarbeitern zwischen 1946 und 1948 sammelten, wurden in den TTV nicht analysiert, aber unserer Materialsammlung (nunmehr annähernd 2500 Manuskripte) hinzugefügt. Die Zahl der seit 1950 hier und da gedruckten Texte beträgt nicht mehr als 100. Viele dieser Märchen stehen in einer kleinen Zeitschrift, die seit 1949 in Istanbul unter dem Titel *Türk Folklor Araştırmaları* (Forschungen zur türkischen Folklore) erscheint.[1] Im Sommer 1964 wurden ungefähr 150 Märchen, Legenden und Sagen von Hayrünnisa Boratav in drei Gebieten Anatoliens (Konya, İzmir und Balıkesir) aus einigen Dörfern zusammengetragen; rund weitere 500 Volkserzählungen sammelten wir beide im Sommer 1967 in denselben Gebieten und in denen von Adana, Mersin, Antalya und İstanbul (die Märchen wurden mit einem Tonbandgerät aufgenommen).

So steht heute (1967) den Volkserzählforschern ein Material von ungefähr 3750 türkischen Texten zur Verfügung.

2. Wesen und Merkmale des türkischen Märchens

Die Personen des türkischen Märchens sind — wie auch die anderer Völker — nicht bestimmte Personen einer Gemeinschaft, die zu einem bestimmten historischen Zeitpunkt oder an einem bestimmten Ort gelebt haben, sondern Menschen ohne Namen und ohne eine klar bezeichnete Heimat, wie: ein Padischah, ein Kaufmann, ein altes Weib in irgendeinem Land. Wenn hin und wieder ein Mensch einen Namen trägt, ist der Name einfach gegeben worden, um das Erzählen zu erleichtern, wie Sitti Nusret, oder um eine Eigenart oder einen Zustand seines Trägers hervorzuheben, wie Keloğlan (Grindkopf), Köse (Bartloser) und Altın-Toplu-Sultan (Prinzessin mit der goldenen Kugel). An die Stelle von Menschen treten in manchen Märchen Tiere, wie

[1] Eine Rezension dieser Zeitschrift erschien in *Oriens* ab Bd. X (1957), Nr. 2. Die Teile IV und V dieser Rezensionen betreffen die Märchen-, Sagen- und Legendentexte.

Löwe, Fuchs und Hahn, oder es beteiligen sich an den Abenteuern übernatürliche Wesen wie Devs, Peris oder Drachen.

Wo und wann haben diese Menschen, Tiere und Wesen gelebt? Das Märchen antwortet auf diese Fragen: „In früheren Zeiten ... in einem Land ...“ Wenn hin und wieder der Ort oder das Land genannt werden, in denen sich Begebenheiten abspielen, handelt es sich um Gegenden, deren Verbindung zu den Geschehnissen in Wirklichkeit undenkbar ist. Es ist leicht zu erkennen, daß Länder wie Jemen, China und Ägypten in den türkischen Märchen Länder sind, die zu den Vorgängen in der Erzählung in keiner wirklichkeitsnahen Beziehung stehen. Städte wie Istanbul oder Aleppo darf man in vielen Märchen nur als „eine große Stadt“ auffassen.

Wenn wir das bei meisterhaften Märchenerzählern gesammelte reiche türkische Märchenmaterial untersuchen, so erkennen wir stets die türkischen Menschen wieder, seien sie nun Kinder, Frauen, Männer, Arme oder Reiche, Menschen aus jeder Schicht, von jedem Beruf und jeder Stellung im Staatswesen (Padischah, Wesir, Prinz, Bey und Agha). Wie sich der Mensch durch seine Muttersprache von den Angehörigen anderer Völker unterscheidet, so tragen auch die Eigenarten seines Auftretens den Stempel der Gesellschaft, in der er lebt. Selbst die Gestalten des Märchens stehen nicht außerhalb dieses Gesetzes.

Wollen wir versuchen, die Menschen der türkischen Märchen mit einigen wenigen Strichen zu skizzieren, so beginnen wir am besten bei den Frauen. In den türkischen Märchen nimmt meist die Frau den Platz vor dem Mann ein. Das darf nicht wundernehmen. Das Märchen ist in der Türkei eine Kunst, die wie das *Mâni* (vierzeiliges Lied) und die Trauerklage im weiblichen Milieu gewachsen ist und geradezu als Privileg der Frauen angesehen wird. Weil der Künstler, der das Märchen gestaltet und formt, eine Frau ist, erklärt sich, daß sie ihr Geschlecht mit schärferen Strichen und mit Sorgfalt und Ausschmückung zeichnet, mit Beharrlichkeit ihr Schicksal in den Vordergrund schiebt und ihre Ansprüche an die erste Stelle setzt. In der patriarchalischen Gesellschaftsordnung des Mittelalters hat die Frau nicht dieselben Rechte wie der Mann. Sie steht unter der Herrschaft des Mannes. In der islamischen orientalischen Welt hat sich die Ungleichheit zwischen den beiden Geschlechtern noch verstärkt. Das junge Mädchen ist für den Vater eine verkäufliche Ware. Für den fremden jungen Mann ist sie ein Wesen, um dessentwillen er sogar den Verstand verlieren kann, das Leben opfert. Sobald aber das Mädchen in seinen Besitz gekommen ist und ihn eine Zeitlang mit ihrer Schönheit ergötzt hat, bleibt ihr nur noch die Aufgabe, Kinder aufzuziehen und ein Leben lang diese schwere Last zu tragen und die Wirtschaft zu führen, ohne sich aufzulehnen. Wenn die Frau Mutter von Söhnen und später — wenn sie

Glück hat und es noch erlebt — Schwiegermutter wird, besitzt sie einige Privilegien ... sonst ist es ihr einziges Schicksal, Sklavenbedingungen zu ertragen. Die verschiedenen Tabus haben die Rechte und Kräfte der Frau noch mehr eingeschränkt. So hat sie im Vergleich zum Mann einen doppelt schwierigen Kampf: einmal den gegen das harte Schicksal, dem alle Menschen ihrer Umgebung, ihr Vater, ihr Ehemann und ihre Geschwister unterworfen sind, und zum anderen den gegen das männliche Geschlecht. — Dieses Kämpfenmüssen der Frau äußert sich mannigfach. In den Märchen ist die gerecht empfindende, gutherzige, bescheidene, fleißige, rechtschaffene Frau der Mustertyp. Trägerinnen der Hauptrollen sind meist Frauen dieser Art. (In den Volksepen dagegen gewinnt die Frau Bedeutung, soweit sie den Qualitäten der Männer nahekommt. Ihre eigenen Züge treten in den Hintergrund.) Aber wenn das Mädchen oder die junge Frau auch mit diesen Mustereigenschaften ausgestattet ist, kann sie — wie im Leben, so auch im Märchen — nicht so leicht ein ungetrübtes Dasein führen. Weil sie sich den ungestümen Wünschen des Mannes, von dem sie Schutz und Geborgensein erwartet, nicht beugt, oder weil sie mit ihrer Schönheit und ihren Eigenschaften den Neid der Bösen ihres Geschlechtes — der Stiefmutter, der neidischen älteren Schwestern, der Nebenfrauen und der ränkesüchtigen Nachbarmädchen — erregt, gerät sie in verschiedene mißliche Lagen. Die Waffe der Frau ist meist eine unendliche Geduld. In den Märchen ist eines Tages die lange, mühevolle Prüfung zu Ende, und die schlechten Tage werden gut, einfach durch die Kraft dieses Talismans Geduld oder aber durch Eingriffe von übernatürlichen Wesen als Lohn für das klaglose Dulden bis zum Ende.

Manchmal aber tritt die Frau denen, die ihr Hindernisse in den Weg legen, mit deren eigenen Waffen entgegen. In solchen Fällen ist sie gezwungen, ihre Fraulichkeit abzulegen und sich als Mann zu verkleiden. Dies sind die Frauentypen, die sich damit nicht zufriedengeben, sich zu beugen und Mitleid hervorzurufen, sondern die sich von Anfang an widersetzen, um ihre Überlegenheit zu zeigen und um sich ihr Recht zu suchen, ohne erst auf das Glück zu warten, das das Ende der Geduld ist. Diese Frauen sind meist mit Zügen von bedenkenlosen, außerordentlich schlauen und tollkühnen Mädchen ausgestattet und nach der Art der von ihnen angewendeten List unterschiedlich dargestellt. Ihre gemeinsame Eigenart ist es, daß diese Frauen in ihren Herzen die Rache des Geschlechts, mit dem sie ihr Schicksal teilen, betreiben und den Kampf um Befreiung der Frau von der Unterdrückung in einem dem Märchen angepaßten Rahmen verkörpern.

In den Märchen sind auch Frauenstimmen aller Schattierungen zu hören: Mädchen, die den geliebten Mann aus dem Verließ retten, indem sie dem Zorn des Padischahs ins Auge sehen, dann, um ihn zu finden, als Sklavin von Palast zu Palast verkauft werden; die dem Menschen, der sie rettet und großzieht, bis zuletzt glauben und vertrauen, ohne sich um Schwierigkeit, Härte und Schrecklichkeit der ihnen aufgebürdeten Prüfungen zu kümmern; die sich nicht davon abhalten lassen, den durch ihre Schuld verlorenen Geliebten um den Preis langer Mühen zu suchen, die den schweren Bedingungen, unter denen sie mit dem geliebten Mann zusammenleben müssen, ins Auge sehen und wissen, daß diese das ganze Leben andauern werden, und sie mit lachendem Gesicht annehmen; treue, Mühsal erduldende, mutige, hoffnungsvolle, unbekümmerte, willensstarke, gefühlvolle, bescheidene, sanftmütige, aber trotz alledem, sei, was da wolle, optimistische Mädchen. — Diese unsterblichen Typen der Weltmärchen zeigen sich in den türkischen Märchen in vielleicht schwer zu erfassenden feinen Details mit Farben gemalt, die der türkischen Gesellschaft eigen sind.

Die Frau tritt aber auch in den türkischen Märchen nicht nur als positive Figur mit lieblichem Gesicht auf. Es erscheinen auch die neidischen, älteren Schwestern, die Stiefmutter, die alte Hexe und die Schwiegermutter, die nur hin und wieder böse ist. (Im Gegensatz zu den Vorurteilen, die sie als grausam und böse schildern, ist die Schwiegermutter in den türkischen Märchen meist sanft und gütig.) Durch diese Kontrastfiguren wird die Härte des Kampfes der Guten noch deutlicher hervorgehoben, und die Welt der Frau im Märchen wird in ihrer ganzen Wirklichkeit belebt.

Das Märchen hat dem jungen Mädchen auch ein Glücksideal gezeichnet: Die Belohnung für ihre Tugenden oder ihre geistige Überlegenheit wird sie finden, indem sie ein so schönes Leben führen kann, das der Welt ihrer Träume entspricht. Dorthin gibt es einen Weg: einen Padischah, einen Prinzen, einen Herrensohn oder einen reichen Kaufmann zu heiraten ... Dieses Hauptthema in den türkischen Märchen nur für einen Ausdruck der Träume der unteren Schichten zu halten, ist wohl eine zu ungenügende Erklärung. Diese Tatsache muß auch damit zusammenhängen, daß es in der osmanisch-türkischen Gesellschaft leichter ist als in der mittelalterlichen europäischen und daß es öfter geschieht, daß die Frau durch Heirat die Klasse wechselt. Es ist angebracht, sich diese Tatsache nicht nur für die Frau, sondern auch für den Mann vor Augen zu halten. Die hohen Staatsposten in der alten türkischen Gesellschaftsordnung hörten auf — wenigstens nach einer bestimmten Zeit der osmanischen Geschichte —, Privilegien des Adels zu sein. Wir wissen, daß aus der Knabenlese[1] Hervorgegan-

[1] Knabenlese — Gewaltsame Aushebung von Christenkindern für den Nachwuchs der Janitscharentruppe und den Dienst in den Großherrenpalästen.

gene die höchsten Stufen des Staatsgebäudes erreicht haben, ohne daß Rassen-, Klassen- und Bekenntnisunterschiede berücksichtigt wurden. Im Märchen steht jedem der Weg offen nach dem Spruch: „Entweder Glück oder Untergang!" Wie einer, der im Wettkampf genügend Kraft und Atem hat, so wird derjenige, der einen Ausweg findet und geschickt genug ist, vom Knecht zum Wesir, zum Schwiegersohn eines Padischahs und zum Oberwesir aufsteigen. Gleiches gilt für die Frau. Wieviele Frauen gibt es, die es in dem Haus, in das sie als Sklavin oder Dienerin kommen, bis zur Herrin des Hauses, und im Palast bis zur Königin-Mutter bringen. Die „offiziellen" historischen Zeugnisse berichten über das weitere Leben solcher Frauen und Männer erst, nachdem ihr Stern zu funkeln begonnen hat. In den Märchen aber wird die Zeit „vor ihrem Glück" dargestellt. Außerdem sieht das Märchen den Geringen und den Mächtigen nicht in der Knecht-Herr-Beziehung, sondern als zwei Kräfte, die einander manchmal beistehen, aber oft auch miteinander wetteifern und ihre Kräfte messen. Wenn wir uns diese Verhältnisse in ihrer ganzen Kompliziertheit vor Augen halten, können wir die Abenteuer der Menschen in den türkischen Märchen — der Frauen oder Männer, die sich als Arme den Weg durch die Hindernisse gebahnt und die Macht errungen haben — noch besser verstehen.

Um die nationalen Eigenarten der türkischen Märchen in ihren Grundzügen darzustellen, müssen wir auch bei ihren Männergestalten verweilen. Gerade sie zeigen noch deutlicher als die Frauengestalten, daß das Märchen eine Kunstgattung darstellt, die in den mittleren und armen Volksschichten entstanden und gewachsen ist.

Eine der männlichen Hauptgestalten des türkischen Märchens ist Keloğlan (Grindkopf). Er ist ein armer Bursche, der getreten und umhergestoßen wird. Manchmal ist es auch ein Märchenheld, der nicht den Namen Keloğlan trägt, aber mit dessen Hauptzügen auftritt: der jüngste Prinz, der geringgeschätzt wird, oder irgendein Jüngling, von dem man glaubt, daß er dazu geschaffen ist, mißachtet und umhergestoßen zu werden, der aber schließlich diese Ansicht Lügen straft. Im Keloğlan verkörpern sich ohne Zweifel sowohl die sehnsüchtigen Träume des Armen und Hilflosen als auch der Kampf eines Menschen, der sich ohne Rücksichtnahme in Abenteuer stürzt, sich dabei aber der Mühen des vor ihm liegenden schwierigen Weges bewußt ist. Dieser Kampf Keloğlans geht nicht sehr sanft vor sich. Wenn der Keloğlan von Unrecht betroffen wird, erinnert er sich daran, daß der „Ungläubige mit dem Gottlosen fertig wird", und er weiß, daß er die Bösen für ihre Handlungen büßen lassen kann; auch wenn der Padischah auf seiten desjenigen steht, der unrecht hat, wird er sich nicht vor den unbarmherzigen Schlägen Keloğlans retten können.

Die Stelle des Hodscha Nasreddin der türkischen Schwänke und des Karagöz der türkischen Schattenspiele nimmt in den türkischen Märchen Keloğlan ein. Statt des Schwertes, des Schildes und der Schlachtkeule des berühmten Helden der episch-romanhaften Volkserzählung (*halk hikâyesi*), des Köroğlu oder eines ihm ähnlichen tapferen Jünglings, weiß der Keloğlan seine spitze Zunge, seine gesunden Sinne und seinen überlegenen „Grindkopf"-Verstand zu gebrauchen und mit geschickten Händen seine Beute zu ergreifen. Dieser Bursche, der kein Pferd „mit einem Paar Flügeln an beiden Seiten" hat, vertraut nur auf seine Füße, die nicht davon abgenutzt werden, daß er „sechs Monate und einen Herbst" geht, und dem es nichts ausmacht, von Land zu Land zu ziehen. Er versinnbildlicht zum Teil das Schicksal des türkischen Bauern, der zur Arbeit in die Fremde gezogen ist.

Die Volksüberlieferung versucht, in einer ganz anderen Erzählart den Keloğlan des Märchens dem Köroğlu des Epos gegenüberzustellen: Im Epos hat es Keloğlan auf sich genommen, Köroğlus Schimmel, der als sein einzigartiger Talisman galt, zu stehlen. Keloğlan führt diese Tat mit Erfolg aus, indem er die „Wölfe" von Çamlı-Bel durch seine Listen besiegt, und gelangt an sein Ziel, d. h., er wird der Schwiegersohn eines mächtigen Mannes. Er bricht aber auch nicht sein Wort, das er Köroğlu gegeben hat, als er das Pferd nahm: Eines Tages händigt er Köroğlu, der gekommen ist, sein Pferd zu retten, und dabei dem Tod ins Auge sieht, die Zügel des Schimmels mit eigenen Händen wieder aus.

Köroğlu war ein „Celâli"-Räuber des 16. Jahrhunderts. Wir wissen sehr wenig darüber, was für ein Mensch er in Wirklichkeit war: Einige Erlasse, die an die Beylerbeys und an die Richter geschickt wurden und davon handelten, daß er das Land verwüstet und Leute um sich gesammelt habe, befahlen, daß er gefangengenommen und „entsprechend dem Scheriat[1]" verurteilt werden solle... Die Volkserzählungen aber haben ihm das Wesen eines Epenhelden, das moralische Antlitz eines Heiligen verliehen. Aber wozu sich dem sechzehnten Jahrhundert, Köroğlu, zuwenden? Auch heute leben vielleicht noch Bauern und Städter, die Çakırcalı[2] Unterschlupf gewährten, vielleicht auch noch Polizisten, die ihn jagten. Çakırcalı lebt im Andenken des Volkes weiter wie ein „Vater der Armen", der verwaiste Mädchen mit Mitgift ausstattet und die Dörfer mit Wasser versorgt. Die Räuber gehen — von ihren Vergehen gereinigt — in die Epen und Volkslieder

[1] Scheriat — Religiöses Gesetz, Recht.
[2] Çakırcalı Mehmed Efe — 1911 in einen Hinterhalt gefallener „edler Räuber", s. Enno Littmann, *Tschakydschy. Ein türkischer Räuberhauptmann der Gegenwart*, Berlin 1915.

ein, und auch in den türkischen Märchen erhalten die „Räuber" meist sympathische Züge. An die Stelle der sieben Zwerge des Grimmschen Märchens, bei denen Schneewittchen im Wald Zuflucht gesucht hat, treten in einer türkischen Erzählung, deren Text wir in dieses Buch aufgenommen haben (Nr. 16), „vierzig Räuber", die in den Bergen hausen. Sie sind Menschen, die niemandem etwas zuleide tun und die sich nicht entschließen können, die Leiche des Mädchens, das sie als Schwester aufgenommen haben, zu begraben, und die so feinfühlig sind, sie mit sich von Berg zu Berg in einem goldenen Sarg umherzutragen. Außer dem Namen haben sie mit Räubern nichts gemein.

In unseren Märchen finden sich auch Räuber und Diebe, die ihr eigentliches Handwerk ausüben. Diese sind wie Helden, die der Märchenerzähler als Männertypen schafft, um zu zeigen, wie der berechnende Scharfsinn und der tollkühne Mut, der jederzeit dem Tode gegenübersteht, sogar unter den ungünstigen Bedingungen der Ungesetzlichkeit die mehrfache Übermacht besiegen kann. Im Märchen wird hervorgehoben, daß das Räuber- und Diebesgewerbe lasterhaft und unmoralisch ist, aber der Räuber stößt meist nicht ab und flößt keine Furcht ein: Der eine ist ein idealisierter Kämpfer für das Recht, der andere ein Meisterschalk, der dritte aber ein sonderbarer, lächerlicher Mensch. Es wird sogar in einigen Varianten unseres Märchens *Mehmet der Räuber* (Nr. 11) versucht, die Hartherzigkeit des schrecklichen Räubers, die nicht mit der Menschlichkeit vereinbar ist, als berechtigt zu zeigen, da die in ihm wie mit Asche bedeckte Glut schlummernden Rachegefühle geweckt werden. (Man darf nicht vergessen, daß seine Gefährten von der Tochter des Padischahs getötet wurden.)

Wie es im Liede heißt: „Die Menschen sind alle verschieden wie die Schollen der Erde", so ist es auch im Märchen. Es werden Menschen jeder Schicht und jeder Stellung gezeigt, die nicht nach ihrem Namen, sondern nach ihren Taten eingeschätzt werden, in ihrer Rolle als Padischah, Wesir, Kaufmann, Bauer, Lehrer, Dieb, Richter, Scheich, Derwisch, als schwach, stark, klug, einfältig, harmlos, listig, ehrlich, falsch, grausam und gerecht. Das Märchen stellt vor sein Publikum die verschiedenartigsten Menschen, die „dem Vorbildlichen entsprechen", und solche, denen man „aus dem Wege gehen und vor deren bösen Taten man sich hüten muß". Es gehört zu den Gesetzen des Märchens, daß von zwei entgegengesetzten Kräften, die sich miteinander messen, schließlich die positive siegt, denn das Märchen ist optimistisch. Indem die Fehler nicht übertrieben werden, bei den Strafen nicht zu lange verweilt wird, haarsträubende Einzelheiten vermieden werden, und indem man die Bösen eher lächerlich als furchteinflößend darstellt, werden dieser Optimismus und diese Lebensfreude in unseren Märchen noch mehr unterstrichen.

Der Böse (der negative Typ) wird in den türkischen Märchen meistens im Typ des Köse (des „Bartlosen“) verkörpert: entweder in Gestalt einer Person dieses Namens oder einer Person mit anderem Namen, die seine Eigenarten in sich vereinigt. Dies ist ein Mensch, der Freude daran empfindet, Unglück zu bringen, Böses und Schlechtes zu tun. Doch das türkische Märchen verwendet den Köse nicht nur als furchteinflößendes, sondern auch als lächerliches Element. Außerdem ist der Köse vielleicht die einzige richtig lebendige Figur in der Darstellung der Kette seiner Schandtaten; seine Opfer machen den Eindruck von leblosen Dingen, Schaufensterpuppen oder Zielscheiben. Es ist, als ob das Märchen am Beispiel des Köse den Unerfahrenen eine Probe von zahllosen Falschheiten zeigt, denen sie im Leben begegnen. Außerdem will das Märchen nicht vergessen, daß es eine positive Kraft gibt, die den Köse besiegt; manchmal stellt sie ihm einen Keloğlan oder einen zweiten Köse gegenüber: Der Böse findet die Strafe für seine Handlungen durch die Hand dessen, der ihm überlegen ist, und die Gerechtigkeit wird sich durchsetzen. Aber sogar in solchen Fällen ist es das Hauptziel, die Handlung abwechslungsreich zu gestalten.

Mit seiner ganzen Eigenart, die wir oben herauszuarbeiten versucht haben, finden wir das Märchen in dem ihm eigenen Milieu, in der mündlichen Überlieferung. Seinen ganzen Reichtum können wir nur empfinden, wenn er uns von berufenem Munde vermittelt wird. Sprache, Stil und Wesen des Märchens sind Ausdruck der Umgebung, in der es erzählt wird, und entsprechen der Persönlichkeit des Erzählenden.

Die Märchen zeigen in der mündlichen Überlieferung verschiedene Eigenarten, je nachdem, ob sie aus der Stadt oder dem Dorf kommen. Zu den Texten in diesem Buch, die den Dorfgeschmack wiedergeben, gehören die Märchen *Die sieben Brüder*, *Der Bauer und Sultan Mahmut*, *Meister Nazar*, *Üselek*, *Çember-Tiyar*, bis zu einem gewissen Grade auch *Der Mensch ist undankbar* und *Abu Melek*. Die anderen Texte tragen den Stempel der Stadt — genauer: der Kleinstadt, der Provinzstadt.

Wir nehmen an, daß die Märchen mit ausgesprochenem Großstadtcharakter aus Istanbul stammen, denn die Märchen aus anderen Städten kann man nicht von denen unterscheiden, die vorwiegend die Züge der Kleinstädte tragen. Die Bevölkerung der Kleinstadt lebt in einer Gesellschaftsordnung, die den Bedingungen des Dorfes nahesteht. In den Kleinstädten wohnen Bauern, kleine Handwerker und kleine Beamte nebeneinander ... Die kleinen Beamten sind entweder ortsansässig oder fremd. Unter den Fremden gibt es solche, die aus Großstädten stammen. Aus all diesen Gründen spiegelt das Märchen meist nicht nur die Sprache, den Stil und die Probleme des Ortes wider, an dem es aufgezeichnet wurde, sondern auch des Erzählers. Gleiches gilt für die Texte, die in den Großstädten gesammelt wurden: Mehrere Varianten aus Ankara und Istanbul können die Eigenarten des Dorfes oder der Kleinstadt des Erzählers nicht verleugnen. Der in der Stadt wohnende Märchenerzähler, der ständig oder für eine Übergangszeit in der Großstadt wohnt und aus dem Dorf oder der Kleinstadt kommt, läßt bis zu seiner Verstädterung das spezifische Genre seiner Märchen nicht verlorengehen. Dieser Umstand tritt in den Notizen der Sammler über die Persönlichkeit der Märchenerzähler deutlich hervor.

Als ein Märchen, das die Eigenarten der Großstadt — jedenfalls Istanbuls — unterstreicht, können wir das Märchen *Der Polizeiinspektor* bezeichnen (Nr. 39 dieses Buches). In den Märchen, die aus der Provinz stammen (*Die Zimmermannstochter*, *Prinz Hüsnü Yusuf*, *Die Tochter des Holzfällers*), ist das Haus des Padischahs geradezu das Haus eines reichen Kleinstadtbewohners. Der Padischah geht selbst auf die Jagd: Seine Mutter bereitet seine Jagdzehrung vor, rollt selbst den Teig dafür aus ... Als der Padischah aus dem Fenster auf die Straße blickt, gefällt ihm ein Schafbock in der vorübergehenden Herde sehr ... Sogar in dem Märchen *Der Polizeiinspektor*, das in Ankara von einer aus Çerkeş kommenden Frau erzählt wurde und das wir als aus Istanbul stammend betrachten — dieser Text sieht in der uns vorliegenden Form aus, als käme er aus den Meddah-Erzählungen —, sind die Details, die mit Istanbul und dem Leben des Padischahs und der Menschen in seiner Umgebung zusammenhängen, mit der wachsenden Entfernung von Istanbul provinzieller geworden: Die Leute, die gekommen sind, um dem Padischah zu gratulieren, ihr ungehindertes Ein- und Ausgehen im Palast, die gemütlichen Unterhaltungen in der Versammlung des Padischahs ..., es scheint einem geradezu, als gehe all das Erzählte im Haus eines Präfekten oder Unterpräfekten vor sich, der in einer kleinen Provinzstadt die angesehenen Bürger empfängt.

Wir wollen noch auf folgende Eigenart hinweisen, die mit dem oben Untersuchten zusammenhängt: Auf dem Wege, den das türkische Märchen von der Großstadt bis zur Kleinstadt und dem Dorf zurücklegt, wird es von den übernatürlichen Elementen gereinigt; und zwar in demselben Maße, wie seine Sprache, sein Stil und sein Aufbau einfacher werden. Wesen wie die Peri, der Dev, der Drache werden entweder vollkommen ausgeschieden, oder sie werden zu natürlichen Lebewesen, und manchmal bleiben nur noch die Namen. Der Dev ist ein Riese, der manchmal den Menschen Schaden zufügt. Die Riesen, die wie wir Essen kochen, essen und trinken, haben ihre Frauen und Kinder und ihre Häuser. In mehreren Märchen üben sie den Beruf eines Bauern aus. Wenn sie nicht gerade Menschenfresser wären, könnten sie sich nicht viel von den Menschen des Märchens unterscheiden, besonders, da sich auch unter den Devs solche befinden, die Gutes tun.

Die Landbevölkerung hat den größten Gefallen an Märchen, die mit ihrem Inhalt der Wahrheit entsprechen und gleichzeitig zum Lachen reizen. Außerdem sind auch die Märchen in bäuerlichen Kreisen beliebt, in denen obszöne Scherze und Tätlichkeiten vorkommen, und solche, in denen Hodschas schlechtgemacht und verlacht werden, desgleichen ungerechte Beys und Aghas, ihren Lastern ergebene grausame Padischahs oder jene ohne Autorität, die Personen des Palastes, die ein Werkzeug des Bösen in der Umgebung des Padischahs sind oder das Unrecht anstiften. Diese negativen Typen sind so dargestellt, daß sie immer besiegt werden, wenn es einen Wettstreit oder Kampf gibt. Auch die Tiermärchen haben sich in ihrer reichsten Überlieferung im Dorfmilieu entwickelt.

Die Kinder besitzen ihre eigenen Märchen: Es sind Märchen vom Typ des Däumlings und des Nohut Bebe („Kichererbsen-Kind"), der als kleiner Junge die Devs oder andere ebenso dumme wie böse, aber starke Wesen besiegt. In diesen Märchen erscheinen heldenhafte Kinder von der Größe eines Spielzeugs. Es gibt andere Kindermärchen, in denen Tiere Menschenabenteuer erleben, ohne die Tiereigenarten zu verlieren, oder Märchen, in denen Tiere zu den Menschen in Beziehung stehen. Mehrere Typen der Kindermärchen sind Kettenmärchen. Die Kindermärchen erzählen vorwiegend Frauen, Mütter, Ammen, manchmal auch größere Kinder — meist Mädchen — den kleineren.

Die Märchenauditorien unterscheiden sich nach dem Alter der Hörer und ihrem Geschlecht, die Themen der Erzählungen ebenso. — Es ist schade, daß diese Aspekte der Überlieferung nicht nur nicht in der Türkei, sondern auch nicht in den westlichen Ländern bisher allseitig untersucht worden sind.

Je nachdem, ob der Märchenerzähler eine Frau oder ein Mann ist, zeigt auch die Erzählung Unterschiede. Es gibt Märchen, die den weiblichen oder männlichen Hörern oder Erzählern mehr oder weniger gefallen. Außerdem gibt es Elemente, die der Erzähler desselben Märchens, wieder abhängig davon, ob er Frau oder Mann ist, aufnimmt oder verlorengehen läßt. So bevorzugen in der Türkei die Frauen solche Märchen, in denen übernatürliche Wesen und Ereignisse vorkommen. Außerdem sind, wie wir oben unterstrichen haben, jene Märchen bei ihnen am beliebtesten, in denen die Frau im Verlauf der Handlung die beherrschende Rolle einnimmt oder in deren Mittelpunkt Liebesabenteuer stehen. Den männlichen Märchenerzählern aber gefallen einerseits Märchen, die reich an greller Wirklichkeit, Spott und sogar starker Satire sind, die eine überwiegend moralisierende Funktion annehmen, und andererseits solche, in denen muselmanische Heilige oder sonst Helden der Legende und Epenhelden Gegenstand der Erzählung sind. Vergleicht man ein Märchen, das aus dem Munde eines männlichen Märchenerzählers aufgezeichnet wurde, mit einer Variante desselben Märchens von einer Erzählerin, so tritt dieser Unterschied noch deutlicher hervor. Die männlichen Erzähler geraten außerdem viel häufiger unter den Einfluß der schriftlichen Quellen. Bei ihren Märchen stößt man häufiger auf Texte, die sich ohne weiteres auf bestimmte Märchenbücher zurückführen lassen.

Anmerkungen

Alle Märchen dieses Buches stammen aus meiner Sammlung.

Die Märchen Nr. 13, 14 und 26 erschienen im Originaltext und in deutscher Übersetzung in *Von Prinzen, Trollen und Herrn Fro. Märchen der europäischen Völker*. Jahresgabe 1957, S. 137—142 und 148—155 (Nr. 13); Jahresgabe 1958, S. 240—243 und 243—247 (Nr. 14); Jahresgabe 1957, S. 142—148 und 155—161 (Nr. 26).

Die anderen Märchen (Nr. 1, 5—7, 10, 12, 15—17, 20, 22, 24, 27—29, 32, 36, 37, 39) sind zum ersten Male in *Zaman zaman içinde* und die Nummern 2—4, 8, 9, 11, 18, 19, 21, 23, 25, 30, 31, 33—35, 38, 40 in *Az gittik, uz gittik* (1969) nur türkisch herausgegeben worden.

Die Anmerkungen enthalten folgende Angaben:

1. Stichwort des Ordners, das dem Aufzeichnungsort entspricht, und Nummer des Textes in dem Ordner, in dem sich der Text befindet;
2. Nummer des Märchens in *Zaman zaman içinde* und in *Az gittik, uz gittik*, wenn es dort abgedruckt ist;
3. Typennummer des Märchens im türkischen Katalog (TTV = *Typen türkischer Volksmärchen*, hrsg. von Wolfram Eberhard und Pertev Naili Boratav, Wiesbaden 1953);
4. Typennummer bei Antti Aarne — Stith Thompson, *The Types of the Folktale*, Second revision, Helsinki 1961, FFC 184 (= AaTh). — *Türk Folklor Araştirmalari* (= TFA), siehe Nachwort S. 314. — (In Klammern steht bei späteren Varianten der Ort der Aufzeichnung, d. h. der Ort, aus dem das Märchen stammt, wenn dieser bekannt ist, oder der Heimatort des Erzählers, wenn der Erzähler am Aufzeichnungsort nicht ansässig ist.) Unter „Verbreitung" sind die Dörfer und Städte — kleinere mit Angabe des Bezirks — genannt, aus denen die Varianten stammen.

1. Der Mensch ist undankbar

Kavakdibi 3. Zaman zaman içinde Nr. 20. TTV 65. Vgl. AaTh 160, 910, 911*.

In TTV sind nur 2 Varianten dieses Märchens untersucht (Kavakdibi und Zonguldak). Unser Text stammt aus Kavakdibi/Bursa und wurde 1947 von Salâhattin Tansel bei einem nach Kavakdibi umgesiedelten Flüchtling des Krieges von 1878 aus Artvin aufgezeichnet. Der Name des Erzählers wurde nicht festgestellt. Der Text läßt erkennen, daß er nach den Worten eines Mannes aufgenommen wurde, der unter dem Einfluß des Stils von Volkserzählungen stand. — Die Schlußformel des Märchens ähnelt sehr den Schlußworten im Heldenbuch *Dede Korkut*. — Über eine Variante dieses Märchens bei den Ordo-Mongolen s. Antoine Mostaert, *Folklore Ordos*, Peking 1947, Nr. 25.

2. Der Papagei

İstanbul P 1, 15. Az gittik ... Nr. 21. TTV 74. Vgl. AaTh 510, 923.

Das Märchen wurde 1942 bei meiner Mutter, Frau Sıdıka Boratav, aufgenommen. Eine Variante dieses Märchens steht bei P. N. Boratav, *Contes turcs*, Paris 1955, als Nr. 5, *Le Père Ogre*.

In TTV sind 9 Varianten des Märchens untersucht. Später wurde noch eine Variante verzeichnet: Ankara 64,8 (İstanbul), die Nr. 5 in den *Contes turcs*.

Verbreitung: Balıkesir, İstanbul, Karaağaç, Sıvas.

3. Der Faulpelz

İstanbul P 2, 9. Az gittik ... Nr. 25. TTV 69. AaTh 675.

Am 11. April 1962 von Frau Sıdıka Boratav in Paris erzählt.

4 Varianten sind in TTV untersucht.

Verbreitung: Adakale, İstanbul, Niğde.

4. Die Lämmer Aysche und Fatma

İstanbul P 2, 4. Az gittik ... Nr. 5. TTV 8. AaTh 123.

Von Frau Sıdıka Boratav im Januar 1962 in Paris erzählt.

11 Varianten sind in TTV untersucht.

Verbreitung: Ankara, Gümüşhane, Hasanoğlan/Ankara, İstanbul, Kars.

5. Die Zimmermannstochter

Ankara 62, 16. Zaman zaman içinde Nr. 9. TTV 91. Vgl. AaTh 898, 1442*.

1947 in Ankara von meiner Studentin Fräulein Ulviye Kiper nach den Worten ihrer Mutter aufgezeichnet (Frau Kiper, die das Märchen erzählt hatte, war damals 45 Jahre alt und stand in dem Ruf, gut Märchen erzählen zu können).

In TTV sind 13 Varianten des Märchens untersucht. Danach wurden noch 3 Varianten erfaßt (eine davon unser Text): Ankara 62, 16 (Ankara); Ankara 62, 27 (Bolu); Ankara 65, 7 (Ankara).

Verbreitung: Amasya, Ankara, Bolu, Erzurum, İstanbul, İzmir, Kars, Kastamonu, Sıvas.

Das Sich-selbst-Verbrennen anstelle von Holzverbrennen und die übernatürlichen Handlungen der Peri erscheinen auch variiert in einer Heiligenlegende, s. Hans-Hermann Russak, *Byzanz und Stambul*, Berlin 1941, S. 141; Mehmet Halit Bayrı, *İstanbul Folkloru*, İstanbul 1947, S. 147: Merkez Efendis Frau (in der erstgenannten Untersuchung eine Padischahtochter, in der zweiten die Tochter des Heiligen Sünbül Efendi) verbrennt im Herd ihr Bein anstelle von Holz. — Das Motiv vom Beleben einer Puppe, die eine kinderlose Frau angefertigt hat, begegnet in der Sage *Die Steinpuppe* in anderem Handlungsverlauf am Schluß, verbunden mit einem Wiegenlied (s. TTV 91 V und Boratav in: *Deutsches Jahrbuch für Volkskunde* XII [1966], S. 362).

6. Prinz Hüsnü Yusuf

Ankara 62, 52. Zaman zaman içinde Nr. 11. TTV 93. AaTh 432, 425 D, 425 E.

Das Märchen hat meine Studentin Fräulein Berin Selekman 1947 in Ankara bei der Istanbulerin Frau Hürmüz Okur (damals 45 Jahre alt) aufgenommen.

In TTV sind 16 Varianten des Märchens untersucht. Danach wurden noch 7 Varianten aufgezeichnet: Ankara 62, 52 (İstanbul); Ankara 64, 16 (İzmir); Ankara 65, 12 (Bitlis); Ankara 65, 18; Ankara 65, 58; Ankara 65, 68; TFA 105 (Konya).

Verbreitung: Adakale, Amasya, Ankara, Bitlis, Burdur, Elvan/Ankara, Erzurum, Gönen/Balıkesir, Gümüşhane, İstanbul, İzmir, Kars, Konya, Malatya.

Der Schluß des von uns veröffentlichten Textes weicht von den anderen Varianten insofern ab, als ein lahmer Vogel (eine Peri) durch die Schornsteinöffnung in den Palast gelangt und das Kind des Prinzen und der Sultanin, Bahtiyar, entführt. Ich habe diesen traurigen Schluß, der nicht richtig zu verstehen — vielleicht verderbt — ist, in der hier abgedruckten Variante ausgelassen.

7. Der schwarze Lala

Ankara 17, 24. Zaman zaman içinde Nr. 8. TTV 95. AaTh 425 A.

Das Märchen hat meine Schülerin Fräulein Muazzez Görkey 1943 in Ankara bei Frau Memnune (damals 45 Jahre alt) aufgenommen, die aus Istanbul stammt.

In TTV sind 26 Varianten des Märchens untersucht. Danach wurden noch 3 Varianten aufgezeichnet: Ankara 65, 21; Ankara 65, 28; Ankara 65, 69.

Verbreitung: Adakale, Ankara, Burdur, Çorum, Develi/Kayseri, Gaziantep, İstanbul, İzmir, Kadıköy/İstanbul, Kars, Rumänien (türkische Bevölkerung).

8. Tschember-Tiyar

Ankara 3, 27. Az gittik ... Nr. 22. TTV 98. AaTh 425 A.

Dieses Märchen nahm İlhan Başgöz 1945 von einem 35jährigen Erzähler aus dem Dorf Elvan bei Ankara auf.

In TTV sind 25 Varianten untersucht. Später wurden noch 6 Varianten aufgezeichnet: Ankara 62, 1 (Diyarbekir); Ankara 62, 40 (Çerkeş); Tokat 1, 27 (Tokat); Ankara 64, 50 (Balıkesir); Ankara 65, 64; Ankara 3, 27 (Elvan/Ankara). — Die hier veröffentlichte Variante ist die zuletzt angeführte, eine weitere findet sich in TFA 147.

Verbreitung: Ankara, Balıkesir, Çerkeş/Çankırı, Çorum, Develi/Kayseri, Diyarbekir, Elvan/Ankara, İstanbul, Kavakdibi/Bursa, Niğde, Pazarcik/Bilecık, Thessaloniki, Serik/Antalya, Sıvas, Tarsus/Mersin, Tokat.

9. Der Eselskopf

İstanbul P 2, 2. Az gittik ... Nr. 24. TTV 98. AaTh 425 A, 425 D.

Das Märchen wurde von Frau Sıdıka Boratav im Januar 1962 in Paris erzählt. Sie hat es mit 12 Jahren von einer gewissen Emine Hanım, in Umur Bey im Bezirk Bursa geboren, erzählen hören.

Über die anderen Varianten, die in TTV untersucht sind, sowie die später aufgenommenen s. Anm. zu Nr. 8.

10. Die Tochter des Holzfällers

Ankara 64, 44. Zaman zaman içinde Nr. 13. TTV 152, 157. AaTh 363.

Text, den meine Schülerin Fräulein Leman Beygu 1947 in Ankara bei der aus Erzurum stammenden Frau Edibe Beygu (damals 50 Jahre alt) aufnahm. Frau E. Beygu hörte das Märchen von einer alten Lehrerin.

Zwei Formen dieses Märchens sind auch in TTV untersucht (11 Varianten von TTV 152, 35 Varianten von TTV 157). Später wurden noch 4 Varianten aufgezeichnet: Ankara 64, 44 (Erzurum); Ankara 65, 34 (Elâziz); Ankara 65, 72 (Diyarbekir); TFA 36.

Verbreitung (beide Formen): Adakale, Afyon, Amasya, Ankara, Bayburt/Gümüşhane, Çorum, Develi/Kayseri, Diyarbekir, Elâziz, Erzurum, İstanbul, Kars, Kastamonu, Malatya, Rhodos, Sıvas, Üsküdar/İstanbul.

Das Abenteuer ungefähr in der Mitte des Märchens (das Eindringen des entflohenen Mädchens in Tierverkleidung in das Haus eines Padischahs und ihre Heirat) gehört zu einem anderen Märchen, das in vielen Varianten den Namen *Tüylüce* trägt (TTV 189). — Das Motiv der Errettung des Mädchens vor dem Tode am Ende des Märchens ist auch TTV 153 eigen. — Das Märchen scheint in anderen Abschnitten durch Verschmelzung von TTV 152 und 157 entstanden zu sein.

In diesem Märchen muß das Motiv von dem auf „uff" erscheinenden und Böses vollführenden Menschen mit dem Volksglauben verbunden sein, daß „uff" sagen Schlechtes bedeutet. Die volksläufige Wendung „sage nicht uff, sage Allah" denjenigen gegenüber, die aus Traurigkeit „uff" sagen, ist ein Ausdruck dieses Glaubens. Nach den Vorstellungen in Balıkesir darf man nicht „uff" sagen. „Uff" heißt ein Teufel, der, wenn er mit seinem Namen gerufen wird, sofort vor dem Rufer steht (Osman, Balkır, *Balıkesir' de halk âdetleri*, in der Zeitschrift *Kaynak*, Balıkesir 1935, Nr. 27, S. 567).

11. Mehmet der Räuber
İstanbul P 1, 13. Az gittik ... Nr. 29. TTV 153. AaTh 956 B.

Dieses Märchen nahm ich am 23. 2. 1939 in Istanbul von meiner Mutter auf. Frau Boratav lernte dieses Märchen ungefähr 40 Jahre vorher (um 1900) in Gemlik/Bursa kennen.

In TTV sind 15 Varianten untersucht. Später wurden noch 3 Varianten aufgezeichnet: Ankara 62, 17; Ankara 64, 17 (İstanbul); Ankara 65, 43 (Elâziz).

Verbreitung: Ankara, Bayburt/Gümüşhane, Bolu, Bursa, Elâziz, Gemlik/Bursa, Gümüşhane, Hasanoğlan/Ankara, İstanbul, Safranbolu/Kastamonu, Sıvas.

12. Sitti Nusret
Istanbul P 1, 6. Zaman zaman içinde Nr. 12. TTV 154. AaTh 363, 894 IV.

Das Märchen nahm mein Bruder Nesip Boratav 1928 in Mudurnu von unserer Mutter (damals 41 Jahre alt) auf. Frau Boratav hat dieses Märchen in ihrer Jugend in Kilis gehört und gelernt. Es enthält Züge, die jener Gegend eigen sind (s. die Fußnoten im Text).

In TTV sind 8 Varianten des Märchens untersucht. Später wurde noch eine Variante aufgezeichnet: Ankara 62, 47.

Verbreitung: Adakale, Ankara, Develi/Kayseri, İstanbul, Kastamonu, Kilis/Gaziantep, Sıvas.

13. Der Blitz-Padischah
Ankara 17, 13. Zaman zaman içinde Nr. 15. TTV 155 V. Anfang AaTh 510 und 510 B.

Das Märchen zeichnete Fräulein Muazzez Görkey 1943 in Ankara bei der Istanbulerin Frau Saime auf.

In TTV sind nur 2 Varianten des Märchens untersucht: der vorliegende Text (Ankara 17, 13) und der, den dieselbe Sammlerin von einem anderen Istanbuler Märchenerzähler aufnahm (Ankara 17, 8).

Der Hauptteil dieses Märchens (das Erlebnis des Mädchens, bevor es bei den Peris in Dienst tritt) ist aus den Motiven 1—3 in TTV 189 entstanden.

14. Meister Nazar

Ankara 64, 48. Zaman zaman içinde Nr. 19. TTV 162. AaTh 1640, vgl. 1060, 1049, 1115.

Text, den Fräulein Leman Beygu 1947 in Ankara bei Frau Naciye Ortaç aufgenommen hat. Die Erzählerin gab an, das Märchen von einer alten Frau aus Arapkir/Malatya gelernt zu haben.

In TTV sind 35 Varianten dieses Märchens untersucht. Danach wurden noch 4 Varianten aufgezeichnet: Ankara 62, 63 (İstanbul); Ankara 63, 1 (İzmir); Ankara 64, 48 (Arapkir/Malatya); TFA 130 (Konya).

Verbreitung: Adakale, Afyon, Ankara, Arapkir/Malatya, Ardahan/Kars, Ayancık/Sinop, Bayburt/Gümüşhane, Bergama/İzmir, Çankırı, Göle/Kars, Hasanoğlan/Ankara, İğdir/Kars, İstanbul, İzmir, Karaköse, Kars, Kayseri, Konya, Seydişehir/Konya, Taşköprü/Kastamonu, Tosya/Kastamonu, Ünye/Ordu.

15. Die sieben Brüder

Hasanoğlan 1, 13 und Ankara 3, 16 (Çubuk/Ankara). Zaman zaman içinde Nr. 2. TTV 166.

Der Text Ankara 3, 16 (Çubuk) wurde 1943 von İlhan Başgöz in Ankara aufgenommen, der Text Hasanoğlan 1, 13 1945 von dem Studenten Süleyman Karagöz des Hasanoğlan Köy Enstitüsü.

In TTV sind 7 Varianten untersucht. Entsprechungen dieses Märchens, das in unserem Katalog untersucht ist, gibt es in AaTh nicht. TTV 165 (AaTh 451) steht diesem Märchentyp nahe, auch aus TTV 167 (AaTh 709) sind einige Motive zu erkennen. Der Text im vorliegenden Buch entstand, indem ich den einen der beiden oben angeführten Belege (Hasanoğlan und Çubuk) durch den anderen ergänzt habe.

Verbreitung: Çubuk/Ankara, Develi/Kayseri, Gaziantep, Hasanoğlan/Ankara, Kars, Kırşehir.

16. Fräulein Nardaniye

İstanbul P 1, 5. Zaman zaman içinde Nr. 3. TTV 167. AaTh.709.

Dieses Märchen zeichnete ich 1932 in Istanbul bei meiner Mutter auf.

In TTV sind 15 Varianten untersucht. Später wurde noch eine Variante aufgenommen: Ankara 64, 30 (Ayaş/Ankara).

Verbreitung: Ayaş/Ankara, Erzincan, İstanbul, Kars, Kastamonu, Konya, Malatya, Nevşehir, Rize, Sivas.

17. Schwesterlein, Schwesterlein, lieb Schwesterlein
Ankara 62, 39. Zaman zaman içinde Nr. 1. TTV 168. AaTh 450.

Märchen, das meine Studentin Fräulein Nezahat Aydın 1947 in Ankara aufzeichnete.

In TTV sind 32 Varianten dieses Märchens untersucht, später wurden noch folgende 5 aufgezeichnet: Ankara 62, 39 (Çerkeş/Çankırı); Ankara 64, 13 (İstanbul); Ankara 65, 38; Ankara 65, 67 (Balıkesir); TFA 148 (Elmalı/Antalya).

Verbreitung: Alanya/Antalya, Ankara, Balıkesir, Bursa, Çerkeş/Çankırı, Elmalı/Antalya, Elvan/Ankara, Erzurum, Gümüşhane, Harput, Hasanoğlan/Ankara, İstanbul, İzmir, Kadıköy/İstanbul, Kastamonu, Muğla, Niğde, Niš (Jugoslawien), Safranbolu/Kastamonu, Şavşat/Artvin, Sıvas, Yozgat.

18. Knüppel aus dem Sack
İstanbul P 2, 3. Az gittik ... Nr. 33. TTV 176. AaTh 563.

Von Frau Sıdıka Boratav am 11. April 1962 in Paris erzählt. Ein Vorfall, der sich bei der Aufnahme des Märchens ereignete, verdient erwähnt zu werden. Frau S. Boratav hatte meiner Frau die Erzählung diktiert. Als ich den Text las, bemerkte ich, daß der Gold gebende Esel durch einen Leuchter ersetzt ist, dessen Kerze beim Brennen Goldstücke fallen läßt. Als ich die Erzählerin darauf aufmerksam machte und sie fragte, ob sie nicht wisse, daß in dem Märchen ein Esel vorkommt, antwortete sie, daß in dem Märchen tatsächlich ein Esel hätte erscheinen müssen, sie ihn jedoch vergessen habe. Um die Erzählung aber nicht unvollständig zu lassen, habe sie diesen Leuchter erfunden, der übrigens dieselbe Aufgabe erfülle. — Ein weiteres Ergebnis dieser Änderung ist, daß die Motive einander nicht in der bekannten Reihung folgen.

23 Varianten sind in TTV untersucht. Zwei weitere Varianten wurden später aufgenommen: Kastamonu 4, 35 (Gerze) und Ankara 62, 20 (İsparta).

Verbreitung: Adakale, Ankara, Bayburt/Gümüşhane, Çorum, Develi/Kayseri, Gerze/Sinop, Hasanoğlan/Ankara, İsparta, İstanbul, Kars, Malatya, Samsun, Sıvas, Yozgat.

19. Das Töpfchen
İstanbul P 2, 6. Az gittik ... Nr. 34. TTV 173. AaTh 591.

Im Januar 1962 in Paris von Frau Sıdıka Boratav erzählt.

20. Der Geduldstein
Ankara 64, 46. Zaman zaman içinde Nr. 14. TTV 185. Vgl. AaTh 437, 425 G, 894.

Text, den Fräulein Leman Beygu 1947 in Ankara von der aus Erzurum stammenden Frau Edibe Beygu aufgenommen hat. Die Erzählerin hat dieses Märchen von einer alten Koranlehrerin in Erzurum gehört.

In TTV sind 39 Varianten dieses Märchens untersucht. Danach wurden noch 4 Varianten aufgezeichnet: Ankara 62, 29 (Karaköse); Ankara 62, 76; Ankara 64, 46 (Erzurum); Ankara 65, 36.

Verbreitung: Amasya, Ankara, Arapkir/Malatya, Çankırı, Ceyhan/Adana, Çubuk/Ankara, Develi/Kayseri, Erzurum, Gaziantep, Gümüşhane, Haymana/Ankara, İstanbul, Karaferye (Bulgarien), Karaköse, Kaschgar/Ostturkestan, Nevşehir, Niğde, Sıvas, Turgutlu/Manisa, Yozgat.

21. Die Ilik-Sultanin

İstanbul P 1, 14. Az gittik ... Nr. 30. TTV 187. AaTh 891 A.

Das Märchen wurde 1942 in Istanbul bei Frau Sıdıka Boratav aufgenommen.

In TTV sind 9 Varianten untersucht. Später wurden noch 3 Varianten aufgezeichnet: Ankara 64, 22 (Tokat); Ankara 65, 46 (Bergama); Tokat 1, 15 (Tokat).

Verbreitung: Adakale, Alanya/Antalya, Bayburt/Gümüşhane, Bergama/İzmir, İstanbul, Rhodos, Tokat.

22. Ahu Melek

Ankara 64, 7. Zaman zaman içinde Nr. 10. TTV 189 und 244. AaTh 510 B.

Fräulein N. Kutiş zeichnete das Märchen 1947 in Ankara von Frau Hanife Akgün aus Diyarbekir auf. Frau Akgün (damals 67 Jahre alt) erklärte, daß das Märchen in Diyarbekir erzählt wird. Diese Frau steht in ihrer Gegend in dem Ruf, gut Märchen erzählen zu können. Sie berichtete der Märchensammlerin: „Ich habe dieses Märchen der Frau des Finanzdirektors der Provinz erzählt, und das verspätete Gehalt meines Herrn (d. h. Ehemannes) wurde ihm sofort ausgezahlt."

In TTV 189 sind 21 Varianten des Märchens, in TTV 244 14 Varianten des Märchens untersucht. Später wurden noch 8 Varianten aufgenommen (darunter dieser Text): Ankara 64, 7 (Diyarbekir); Ankara 64, 22 (Tokat); Ankara 65, 25 (Antalya); Ankara 65, 35 (Elâziz); Ankara 65, 65; Ankara 65, 79; Ankara 65, 82; TFA 89 (Serik/Antalya).

Verbreitung: Adakale, Ankara, Antalya, Beograd, Diyarbekir, Elâziz, Erzincan, Gemlik/Bursa, Gönen/Balıkesir, Gümüşhane, İstanbul, Kars, Kavakdibi/Bursa, Manisa, Mersin, Muğla, Nevşehir, Pazarcık/Bilecik, Samsun, Serik/Antalya, Štip (Jugoslawien), Tokat, Yozgat, Zonguldak.

Der hier veröffentlichte Text nimmt gegen Ende eine traurige Wendung, anders als in den übrigen Varianten (vielleicht entstand dieser Schluß unter dem Einfluß der tragisch ausgehenden Volkserzählungen), aber schließlich verhilft ein Derwisch durch sein Dazwischentreten doch noch zu einem glücklichen Ausgang. — In den Schlußzeilen des Märchens zeigt sich auch der Einfluß vom *Perlenzelt* (TTV 186). Es ist offensichtlich, daß Frau Hanife Akgün das Märchen geschaffen hat, indem sie die genannten Typen kontaminierte.

23. Ütelek
İstanbul P 1, 12. Az gittik ... Nr. 28. TTV 189 und 244. AaTh 510B.

Dieses Märchen zeichnete ich am 23. 2. 1939 von meiner Mutter, Frau Sıdıka Boratav auf, die es vierzig Jahre zuvor (etwa 1900) in Gemlik/Bursa kennenlernte.

Über die Varianten dieses Märchens s. Anm. zu Nr. 22.

24. Ich war ein grünes Blatt
İstanbul P 1, 11. Zaman zaman içinde Nr. 4. TTV 190. AaTh 900.

Dieses Märchen zeichnete ich 1939 von meiner Mutter (damals 52 Jahre alt) in Istanbul auf. Der in der Schlußformel des Märchens erwähnte Korkut ist Frau Boratavs Enkel; aus dem Text geht hervor, daß er sich unter den Zuhörern befand, als das Märchen erzählt wurde.

In TTV sind 20 Varianten dieses Märchens untersucht. Später wurden noch 4 Varianten aufgenommen: Ankara 62, 23 (Merzifon/Amasya); Ankara 62, 33; Ankara 62, 55 (İzmir); Ankara 64, 10 (İstanbul).

Verbreitung: Ankara, Bartın/Zonguldak, Bayburt/Gümüşhane, Bursa, Çankırı, Çorum, Diyarbekir, Harput, İstanbul, İzmir, Malkara/Tekirdağ, Manisa, Merzifon/Amasya, Niğde, Safranbolu/Kastamonu, Sıvas, Yozgat.

25. Der schöne Fischer
İstanbul P 2, 10. Az gittik ... Nr. 23. TTV 191. AaTh 879 A.

Am 12. April 1962 von Frau Sıdıka Boratav in Paris erzählt.

6 Varianten sind in TTV untersucht.

Verbreitung: Ankara, Gümüşhane, İstanbul, Kastamonu.

26. Die Tochter des Basilikumgärtners
İstanbul P 1, 3. Zaman zaman içinde Nr. 5. TTV 192. AaTh 879, vgl. 891.

Dieses Märchen habe ich 1939 in Istanbul bei meiner Mutter aufgenommen.

In TTV sind 25 Varianten dieses Märchens untersucht. Danach wurden noch 4 Varianten aufgezeichnet: Ankara 62, 56 (İzmir); Ankara 65, 33 (Elâziz); Ankara 65, 48 (Bergama/İzmir); TFA 116 (Serik/Antalya).

Verbreitung: Adakale, Ankara, Bayburt/Gümüşhane, Bergama/İzmir, Çorum, Çubuk/Ankara, Edirne, Elâziz, Elvan köyü/Ankara, Erzurum, Gönen/Balıkesir, Gümüşhane, İstanbul, İzmir, Kars, Kastamonu, Kayseri, Konya, Malatya, Maraş, Niğde, Serik/Antalya, Tekirdağ.

27. Der Holzschuhmacher und der Padischah

Ankara 62, 53. Zaman zaman içinde Nr. 16. TTV 86 und 207. AaTh 465A, 465C, vgl. 402.

Text, den Fräulein Berin Selekman 1947 in Ankara von dem Istanbuler Şinasi Ötkünç (damals 35 Jahre alt) aufgenommen hat.

In TTV 86 sind 27 Varianten und in TTV 207 6 Varianten untersucht. Später wurden noch 7 Varianten aufgezeichnet, eine weitere findet sich in TFA 135 (Elmalı/Antalya).

Verbreitung: Amasya, Ankara, Avanos/Nevşehir, Balıkesir, Elâziz, Elmadağ/Ankara, Elmalı/Antalya, Elvan köyü/Ankara, Giresun, Gümüşhane, Hasanoğlan/Ankara, Iğdir/Kars, İstanbul, İzmir, Kars, Kastamonu, Kavakdibi/Bursa, Keban/Elâziz, Malatya, Mersin, Niğde, Sıvas, Tokat.

Es ist deutlich zu merken, daß das Märchen aus TTV 86 und 207 zusammengesetzt ist.

28. Dede Gärtner

Ankara 62, 37. Zaman zaman içinde Nr. 18. TTV 213, 204. AaTh 302 II. III, 304, 449.

Das Märchen hat Fräulein Nezahat Aydın 1947 in Ankara bei Märchenerzählern aus Çankırı kennengelernt und niedergeschrieben. Es scheint, daß das Märchen in dieser Form durch Kontamination zweier Märchen entstanden ist: der Anfang TTV 213, der Schluß TTV 204.

TTV 213 ist mit 25 Varianten und TTV 204 mit 8 Varianten untersucht. Eine weitere Variante von TTV 213 findet sich in TFA 45 (Besni/Malatya).

Verbreitung (mit beiden Typen): Amasya, Ankara, Arapkir/Malatya, Arpaçay/Kars, Bayburt/Gümüşhane, Besni, Bitlis, Çankırı, Elmadağ/Ankara, Elvan köyü/Ankara, Gümüşhane, İstanbul, Kars, Kastamonu, Maraş, Mucur/Kırşehir, Nevşehir, Sarıkamış, Sıvas, Tokat.

29. Die Goldkugel-Sultanin

Ankara 62, 58. Zaman zaman içinde Nr. 17. TTV 218. AaTh 552A, vgl. 316.

Das Märchen hat mein Schüler Semih Köseoğlu 1947 in Ankara bei der aus Nevşehir stammenden Frau Melek Öztaş (damals 35 Jahre alt) aufgezeichnet.

In TTV ist nur eine Variante des Märchens untersucht (Kastamonu 4, 8 [Safranbolu]). Danach wurden noch 2 Varianten aufgenommen: Ankara 62, 58 (Nevşehir); Ankara 65, 19.

Verbreitung: Ankara, Nevşehir, Safranbolu/Kastamonu.

Die zweite dieser Varianten gehört nur teilweise, mit den ersten Motiven (Motiv 1—3), zu TTV 218. Damit kontaminiert ist das Motiv eines anderen Märchens (Auszug des Helden, nicht um die Geliebte zu erringen, sondern um aus der Hand des Negers die geraubte Gattin zu befreien). — Das Motiv, „einen weinenden Granatapfel, eine lachende Quitte und den Geisterspiegel zu bringen", stammt aus dem Märchen vom weinenden Granatapfel und der lachenden Quitte (TTV 97; im Katalog sind 13 Varianten untersucht). — Das Motiv von den übernatürlichen Schwägern begegnet auch in TTV 213 IV.

30. Deli-Güdschük

İstanbul P 1, 10. Az gittik ... Nr. 23. TTV 219. Vgl. AaTh 562.

Das Märchen zeichnete ich am 12. 2. 1939 in Istanbul nach den Worten meiner Mutter auf. Sie hat das Märchen um 1900 in Gemlik/Bursa kennengelernt.

In TTV sind 4 Varianten des Märchens untersucht. Später wurde noch 1 Variante aufgenommen: Ankara 64, 29 (Ayaş/Ankara).

Verbreitung: Adakale, Ankara, Ayaş/Ankara, Gemlik/Bursa, İstanbul.

31. Allah ist gnädig, und der Sohn des Padischahs wird mein Mann sein

İstanbul P 2, 8. Az gittik ... Nr. 37. TTV 225. AaTh 870 A.

Am 11. April 1962 von Frau Sıdıka Boratav in Paris erzählt.

7 Varianten sind in TTV untersucht.

Verbreitung: Adakale, Ankara, Artvin, Bayburt/Gümüşhane, Erzurum, İstanbul, İzmir.

32. Meine Tochter, deren Hand von einem Veilchenblatt verletzt wird

Ankara 64, 45. Zaman zaman içinde Nr. 7. TTV 226. AaTh 877.

Das Märchen zeichnete meine Schülerin Fräulein Leman Beygu 1947 in Ankara von der aus Erzurum stammenden Frau Edibe Beygu (damals 50 Jahre alt) auf.

In TTV sind 19 Varianten des Märchens untersucht. Danach wurden noch 3 Varianten aufgenommen (eine davon unser Text): Ankara 64, 5 (Kastamonu); Ankara 64, 45 (Erzurum); Ankara 65, 57.

Verbreitung: Ankara, Erzurum, Gönen/Balıkesir, İstanbul, İzmir, Kastamonu, Thessaloniki, Zonguldak.

33. Das Bad der Reichen
İstanbul P 2, 5. Az gittik ... Nr. 41. TTV 234. Fehlt in AaTh.

Am 11. April 1962 von Frau Boratav in Paris erzählt, die es vor 60 Jahren in Istanbul von einer Nachbarin, Memnune Hanım, gehört hatte.

12 Varianten sind in TTV untersucht.

Verbreitung: Anamur/Mersin, Burdur, Çankırı, Çorum, Erzincan, Eskişehir, İstanbul, Kastamonu, Niğde, Zonguldak.

34. Wenn ich eine Gans schicke, rupfst du sie dann?
İstanbul, P 2, 1. Az gittik ... Nr. 40. TTV 235 V. AaTh 921 F*, vgl. 875, 922.

Dieses Märchen wurde im Januar 1962 in Paris nach den Worten meiner Mutter aufgenommen. Die Erzählerin erinnert sich nicht mehr daran, von wem sie das Märchen gehört hat; sie sagte, daß es ein Abenteuer des Sultans Abdülaziz (1861—1876) sei.

In TTV sind 26 Varianten untersucht (Typ 235); die in TTV 235 V gegebene Variante (Kurzform) ist in dieser Zahl nicht inbegriffen (s. Suat Salih Asral, *Öz Türk Masalları*, Mersin 1935, S. 5—6). Der bearbeitete Text, der in Eflâtun Cem Güney, *Bir varmış, bir yokmuş*, İstanbul 1956, S. 71—76, abgedruckt ist, steht dem Typ 235 V nahe. — Drei andere Varianten wurden später veröffentlicht: die eine stellt die erweiterte Form dar, und zwar den Typ TTV 235 (TFA 104), die anderen beiden die Kurzform, TTV 235 V (TFA 44, 125).

Verbreitung: Ankara, Aydın, Bayburt/Gümüşhane, Bursa, Çorum, Erzurum, Gediz/Kütalya, Gölpazarı/Bilecik, Harput, Hasanoğlan/Ankara, İstanbul, Karacabey/Bursa, Kaschgar/Ostturkestan, Mersin, Pazarck/Bilecik, Ürgüp/Nevşehir, Yozgat.

35. Tschan-Kuschu, Tschor-Kuschu
İstanbul P 1, 1. Az gittik ... Nr. 20. TTV 239. AaTh 707.

Dieses Märchen zeichnete ich am 5. April 1931 nach den Worten meiner Mutter auf. Sie hat das Märchen in ihrer Jugend in Kilis/Gaziantep kennengelernt.

In TTV sind 41 Varianten des Märchens untersucht. Später wurden noch 6 Varianten aufgenommen: Ankara 62, 9 (Rumeli); Ankara 62, 22 (Merzifon/Amasya); Ankara 64, 1 (Kastamonu); Ankara 64, 6 (İstanbul); Ankara 65, 51 (Balıkesir); Ankara 65, 32 (Elâziz).

Verbreitung: Alanya/Antalya, Amasya, Ankara, Araç/Kastamonu, Balıkesir, Boğazlıyan/Yozgat, Çorum, Develi/Kayseri, Elâziz, Elmadağ/Ankara, Elvan/Ankara, Erzurum, Eskişehir, Gümüşhane, İstanbul, İzmir, Kars, Kastamonu, Kilis/Gaziantep, Mersin, Merzifon, Manastır (Jugoslawien), Sarıkamış/Kars, Sıvas, Trabzon, Yazılıkaya/Afyon.

36. Der faule Mehmet

Ankara 64, 9. Zaman zaman içinde Nr. 6. TTV 256. AaTh 986, vgl. 923. In AaTh finden sich unter Nr. 910A—C die Anfangsmotive einiger Varianten unseres Märchens.

Das Märchen hat meine Studentin Fräulein N. Kutiş 1947 in Ankara bei ihrer Großmutter, Frau Mukaddes Duru (damals 63 Jahre alt), aufgenommen. Nach der Notiz der Sammlerin ist dies ein Istanbuler Märchen.

In TTV sind 23 Varianten des Märchens untersucht. Später wurden noch 3 Varianten verzeichnet, darunter auch unser Text: Ankara 62, 13; Ankara 64, 9 (İstanbul); Ankara 65, 11 (Samsun).

Verbreitung: Ankara, Araç/Kastamonu, Arapkir/Malatya, Bayburt/Gümüşhane, Diyarbekir, Erzurum, Eskişehir, Gönen/Balıkesir, İstanbul, Karaferye (Bulgarien), Malatya, Samsun, Sıvas, Zonguldak.

Das Motiv „Der Neger im Brunnen und die Frage, die er an diejenigen stellt, die in den Brunnen hinabsteigen" erscheint in Mevlâna Celâleddins *Fīhi Māfīh*: Eine Karawane hat in der Wüste kein Wasser mehr. Sie kommt zu einem Brunnen; man läßt einen Eimer hinab, eins, zwei ... Der Strick wird abgeschnitten, und mehrere Männer, die hinabsteigen, kommen nicht zurück. Einer der Obengebliebenen sagt: „Ich will in den Brunnen hinabsteigen und nachsehen, wer den Strick abschneidet", steigt hinunter und begegnet im Brunnen einem Neger. Dieser fragt den Mann: „Wo ist es auf der Welt schön?" Der Mann denkt bei sich: „Wenn ich sage, wo es schön ist, gefällt es ihm vielleicht nicht", und antwortet: „Wo der Mensch mit seinem Freund lebt, da ist es schön." Diese Worte gefallen dem Neger. Er läßt die Gefangenen frei, gibt der Karawane Wasser und hört auf zu rauben. (Abdülbâkî Gölpınarlı, *Mevlâna Celâleddin*, İstanbul 1952, 2. Auflage, S. 173—174, s. auch Anm. 1 des Nachwortes S. 299.)

37. Der Bauer und Sultan Mahmut

Hasanoğlan 1, 40. Zaman zaman içinde Nr. 21. TTV 310. Fehlt in AaTh.

Text, den Hasan Gülek, Schüler des Hasanoğlan Köy Enstitüsü, 1945 aufgenommen hat.

In TTV sind 6 Belege des Märchens untersucht.

Verbreitung: Ankara, Bursa, Develi/Kayseri, Erzurum, Hasanoğlan/Ankara, Kastamonu.

38. Üselek

Hasanoğlan 1, 31. Az gittik ... Nr. 44. TTV 361. Vgl. AaTh 1313.

Das Märchen wurde von dem Studenten Ali Ulvi Özcan vom Hasanoğlan Köy Enstitüsü am 2. März 1945 aufgenommen.

In TTV ist nur ein Beleg des Märchens untersucht.

Dieses Märchen kommt auch mit anderen Motiven verbunden als Tekerleme, in der ersten Person erzählt, vor (Ankara, Hasanoğlan/Ankara, Hekimhan/Antalya, İstanbul, Malatya, Ula/Muğla). Der Text gehört zu 51D in meinem Tekerleme-Typenverzeichnis (*Tekerleme. Contribution á l' étude typologique et stylistique du conte populaire turc*, Paris 1963, S. 101—103, 177—179). DieTextstelle von den Frageengeln ist offensichtlich verderbt, wie ein von mir am 10. November 1951 in Mudurnu/Bolu aufgenommenes verwandtes Lügenmärchen von einem gewissen Hacı Nuri nahelegt.

39. Der Polizeiinspektor
Ankara 62, 41. Zaman zaman içinde Nr. 22. Diesen Typ, der zwar TTV 368 (s. unten Nr. 40) ähnelt, aber sich doch von ihm unterscheidet, und der in TTV nicht untersucht ist, führe ich unter TTV 368 A auf. Fehlt in AaTh.

Text, den Fräulein Nezahat Aydın 1947 in Ankara von ihrer aus Çerkeş stammenden Mutter Emine Aydın aufgenommen hat. Die Erzählerin war damals 50 Jahre alt.

Unser Text zeigt Eigenarten der Erzählungen der Meddahs. Das Märchen trägt offensichtlich den Stempel Istanbuls.

40. Saliha die Unheilstifterin
İstanbul P 2, 7. Az gittik ... Nr. 36. TTV 368. AaTh 1750, vgl. 1462, 1737.

Im Januar 1962 von Frau Sıdıka Boratav in Paris erzählt.

10 Varianten sind in TTV untersucht. Eine Variante vom neuen Typ, die in *Zaman zaman içinde* als Nr. 22 aufgenommen, aber auch im vorliegenden Band (als Nr. 39) übersetzt worden ist und die Nr. 368A erhalten hat, ist in dieser Zahl nicht inbegriffen. Zwei andere Varianten sind seitdem in TFA 117 und 132 veröffentlicht.

Verbreitung: Adakale, Ankara, Bursa, Çerkeş/Çankırı, İstanbul, İzmir, Kastamonu, Kavakdibi/Bursa, Serik/Antalya, Sıvas, Yozgat.

Inhalt

Anhang